Frank Beekmann

Stichprobenbasierte Assoziationsanalyse im Rahmen des Knowledge Discovery in Databases

Frank Beekmann

Stichprobenbasierte Assoziationsanalyse im Rahmen des Knowledge Discovery in Databases

Mit einem Geleitwort von Prof. Dr. Peter Chamoni

Deutscher Universitäts-Verlag

Bibliografische Information Der Deutschen Bibliothek
Die Deutsche Bibliothek verzeichnet diese Publikation in der Deutschen Nationalbibliografie; detaillierte bibliografische Daten sind im Internet über <http://dnb.ddb.de> abrufbar.

Dissertation Universität Duisburg-Essen, 2003

1. Auflage Mai 2003

Lektorat: Ute Wrasmann / Anita Wilke

Der Deutsche Universitäts-Verlag ist ein Unternehmen der Fachverlagsgruppe BertelsmannSpringer.
www.duv.de

Umschlaggestaltung: Regine Zimmer, Dipl.-Designerin, Frankfurt/Main

ISBN-13: 978-3-8244-2168-8 e-ISBN-13: 978-3-322-81227-8
DOI: 10.1007/978-3-322-81227-8

Geleitwort

Die Entdeckung von Wissen in großen Datenbeständen ist in den letzten Jahren zu einem wesentlichen Forschungsgebiet der betriebswirtschaftlich begründeten Informatik geworden. Die Mischung von klassischen statistischen Verfahren und neueren Algorithmen aus der Künstlichen Intelligenz haben dazu geführt, dass unter dem Begriff „Knowledge Discovery in Databases“ effiziente Verfahren und Vorgehensweisen zur Mustererkennung in umfangreichen Datenbeständen entwickelt wurden, die eine verbesserte Qualität der Informationsaufbereitung für betriebswirtschaftliche Entscheidungssituationen versprechen.

Herr Beekmann untersucht in seiner Dissertationsschrift in diesem Zusammenhang die Einsatzmöglichkeiten der stichprobenbasierten Assoziationsanalyse, die eine beschleunigte Entdeckung von Regeln aus einer Vielzahl von Merkmalskombinationen eröffnen soll. Das Forschungsvorhaben von Herrn Beekmann leitet den wissenschaftlichen Anspruch aus der mathematischen Fundierung von Konfidenzaussagen bei der Bildung von Stichproben zur Generierung von Regelzusammenhängen ab. An einer praxisbezogenen Umsetzung eines von ihm modifizierten KDD-Prozesses in der Telekommunikationsbranche wird die Vorteilhaftigkeit der Vorgehensweise erläutert. Neben der theoretischen Herausforderung, bewiesene und statistisch begründete Handlungsempfehlungen für eine Datenanalyse zu geben, stehen hinter dem Forschungsprojekt konkrete Anforderungen der Unternehmenspraxis (IBM Deutschland GmbH), die projektbegleitend entscheidende Impulse für einen pragmatisch und analytisch nachgewiesenen Lösungsansatz geben. Darüber hinaus zeigt Herr Beekmann die Möglichkeiten des Einsatzes von Filtertechniken auf, um bei wiederholten Analysen bereits bekannte Regeln auszublenden, damit die Regelanzahl verringert wird.

Dem Autor ist es gelungen, ein eigenständiges Konzept der Assoziationsanalyse zu entwickeln, das den bestehenden Verfahren überlegen ist. Die erfolgte Patentanmeldung für eine diesbezügliche Erweiterung des IBM Intelligent Miner ist ein sicheres Indiz für diese herausragende Leistung. Es bleibt zu hoffen, dass die empirisch gestützten und theoretisch fundierten Vorschläge zur Wissensentdeckung in großen Datenbeständen von Herrn Beekmann über die durchgeführten Projektarbeiten hinaus verstärkt Einsatz in der unternehmerischen Praxis finden und die Befunde der vorliegenden Forschungsarbeit die Analyse von Transaktionsdaten erleichtern werden.

Prof. Dr. Peter Chamoni

Vorwort

Die hier vorliegende Dissertationsschrift entstand während meiner Tätigkeit als wissenschaftlicher Mitarbeiter am Lehrstuhl für Wirtschaftsinformatik und Operations Research der Gerhard-Mercator-Universität Duisburg. Wesentliche Impulse, gerade für die Anwendbarkeit meiner Forschungsideen, entstammen einer Kooperation mit der IBM Deutschland GmbH.

Meinem Doktorvater, Herrn Prof. Dr. Peter Chamoni, möchte ich an dieser Stelle für seine stets wohlwollende und umsichtige Förderung meines Forschungsprojektes danken. Weiterhin gilt mein Dank Herrn Prof. Dr. Rainer Leisten für die Übernahme des Zweitgutachtens sowie Herrn Prof. Dr. Klaus Barth und Herrn Prof. Dr. Werner Pascha für ihre Mitwirkung in der Prüfungskommission.

Danken möchte ich auch meinen IBM-Projektpartnern Herrn Prof. Dr. Andreas Rudolph und Herrn Dr. Roland Grund für die vielen fachlichen Diskussionen über die theoretischen Ansätze und die vielfältige Unterstützung bei der Durchführung der Analysen. Der IBM Deutschland GmbH danke ich für die Möglichkeit der Zusammenarbeit, die Bereitstellung des Analysewerkzeugs IBM Intelligent Miner und von Testdaten sowie für das Vertrauen in mein Forschungsprojekt, das sich durch eine Patentanmeldung ausdrückt.

Mein ganz besonderer Dank gilt meinen Kollegen Herrn Dr. Roland Düsing und Herrn Dr. Steffen Stock für die konstruktive Kritik und die vielen intensiven und fruchtbaren Diskussionen. Deren stetes Interesse und Verbesserungsvorschläge haben viel zum Gelingen der Arbeit beigetragen. Herrn Dipl.-Math. Thomas Grosner danke ich für das Korrekturlesen besonders im theoretischen Teil. Schließlich möchte ich mich bei Herrn Dipl.-Ök. Stefan Krebs und Frau Illa Frigge insbesondere für ihre vielen aufmunternden Worte bedanken.

Frank Beekmann

Inhaltsverzeichnis

Abbildungsverzeichnis

Tabellenverzeichnis

1 Einleitung

In der Wirtschaftsinformatik sind in der Vergangenheit immer bessere Konzepte entwickelt worden, um den Entscheidungsträgern Informationen zur Lösung betriebswirtschaftlicher Problemstellungen bereitzustellen. Dazu gehört insbesondere eine effiziente Verwaltung großer Datenmengen, in denen die Informationen gespeichert werden. Die Daten selbst können Muster beinhalten, aus welchen weitergehendes Wissen[1] über die durch die Daten dargestellten Objekte abgeleitet werden kann.

Dieses Wissen lässt sich zur Lösung vielfältiger betriebswirtschaftlicher Problemstellungen verwenden, wie durch die wachsende Anzahl von Anwendungen von Verfahren zur Wissensentdeckung in großen Datenbeständen in den letzten Jahren gezeigt wird. Das junge Forschungsgebiet, welches diese Art der Wissensentdeckung als Zielsetzung besitzt, wird Knowledge Discovery in Databases genannt.

1.1 Motivation

Dem Forschungsgebiet Knowledge Discovery in Databases wird unter anderem die Erzeugung von Assoziationsregeln untergeordnet. Diese Regeln zeigen Zusammenhänge zwischen gemeinsam auftretenden Elementen eines Datenbestandes an. Ein typisches Beispiel sind Regeln über Verbundkäufe, die aus großen Transaktionsdatenbeständen im Rahmen einer Warenkorbanalyse generiert werden.

Obwohl immer effizientere Algorithmen zur Generierung von Assoziationsregeln entwickelt wurden, ist die Durchführung eines solchen Regelerkennungsprozesses sehr zeitintensiv. Deshalb werden Assoziationsanalysen auf großen Datenbeständen häufig nicht zeitnah zum Datenentstehungszeitpunkt durchgeführt, wodurch Anwendungsmöglichkeiten von Assoziationsregeln eingeschränkt werden.

Darüber hinaus ist die Anzahl der generierten Regeln in praktischen Anwendungen oftmals so groß, dass diese Regeln kaum durch einen Entscheidungsträger vollständig überblickt werden

---

1 Zum Wissensbegriff vgl. die Ausführungen von *Frawley, Piatetsky-Shapiro und Matheus (1991, S. 3)* sowie von *Fayyad, Piatetsky-Shapiro und Smyth (1996b, S. 8 f.)*. Die Abgrenzung dieses Begriffs wird hierbei nur formal aus der Sicht des Knowledge Discovery in Databases vorgenommen, wobei nicht auf alternative Definitionsansätze insbesondere der Wirtschaftswissenschaft eingegangen wird. *Düsing (2000, S. 1)* führt beispielsweise aus, dass „... aus den zugrunde liegenden Daten zweckorientiertes Wissen ..." abgeleitet wird, was nach *Wittmann (1959, S. 14)* durch Informationen dargestellt wird.

können. Zur Auswahl der interessantesten Regeln sind Bewertungsmaße vorgeschlagen worden, welche sich jedoch nur auf eine einzelne Regelentdeckung beziehen. Die Möglichkeit, Regeln aus bereits durchgeführten Assoziationsanalysen zur Verringerung der Regelanzahl einer nachfolgenden Assoziationsanalyse zu verwenden, wurde bislang noch nicht beachtet.

1.2 Zielsetzung

Die Zielsetzung der in dieser Arbeit dargestellten Untersuchung ist es zu zeigen, dass eine Assoziationsanalyse auch auf einem sehr geringen, aus einer Stichprobe des Gesamtdatenbestandes resultierenden Datenbestand durchgeführt werden kann, ohne dass die dadurch gewonnenen Regeln sowie deren Bewertungsmaße stark von den im Gesamtdatenbestand vorkommenden Regeln und deren Maßen abweichen. Dazu sollen theoretisch Abweichungsmaße und damit verbundene notwendige Stichprobenumfangsbestimmungen vorgestellt werden, welche gegenüber den in der Literatur bislang genannten Ansätzen Verbesserungen darstellen. Praktisch soll die Anwendungsmöglichkeit dieses Ansatzes an einem Unternehmensdatenbestand überprüft werden, wodurch die Zeitverbesserung dargestellt werden kann, die aus diesem Ansatz resultiert.

Dabei soll ferner die Anwendung der stichprobenbasierten Assoziationsanalyse zur Lösung von Problemstellungen in der Telekommunikationsbranche überprüft werden. Diese Anwendung kann in ein Kontrollsystem für Prozessdaten eingebettet werden, bei welchem ein Filteransatz entwickelt werden soll, mit dem bekannte Regeln bei wiederkehrender Analyse auf dem gleichen Grunddatenbestand herausgefiltert werden können.

Die stichprobenbasierte Assoziationsanalyse soll vor dem Hintergrund neuer betriebswirtschaftlicher Anwendungsmöglichkeiten dargestellt werden. Diese ergeben sich einerseits aus der Übertragungsmöglichkeit für das geringe zu analysierende Datenvolumen, wenn beispielsweise der Datenentstehungsort und der Regelerzeugungsort voneinander getrennt sind. Andererseits können sich neue Anwendungsmöglichkeiten wegen der kurzen Analysezeit ergeben, zum Beispiel wenn Regeln zeitnah zur Datenentstehung angewendet werden sollen. Die aufgezeigten Anwendungsmöglichkeiten sollen im Ausblick für zukünftige Anwendungen genauer erläutert werden.

1.3 Gang der Untersuchung

In Abb. 1.1 ist der Ablauf der Untersuchung zusammenfassend dargestellt.

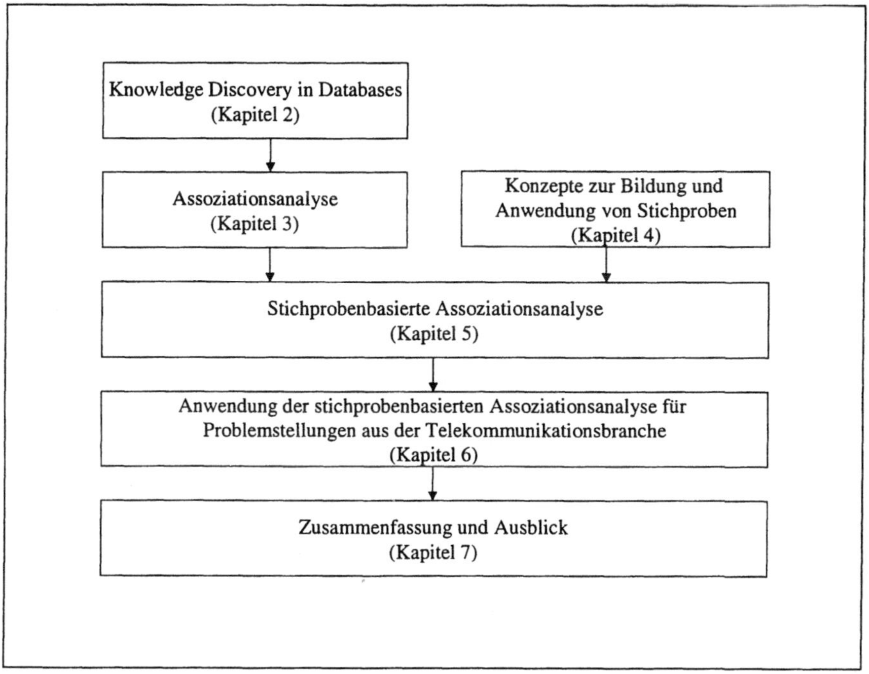

Abb. 1.1: Gang der Untersuchung

Im Anschluss an diese Einleitung wird in Kapitel 2 das Forschungsgebiet des Knowledge Discovery in Databases abgegrenzt, vor dessen Hintergrund die Assoziationsanalyse stattfindet.

In Kapitel 3 erfolgt eine Darstellung von Verfahren zur Bestimmung von Assoziationsregeln sowie die Vorstellung einiger Maße, mit denen Assoziationsregeln bewertet werden können. Dabei wird der in der Zielsetzung genannte Filteransatz erläutert.

Im weiteren Verlauf der Arbeit (Kapitel 4) werden notwendige Konzepte zur Bildung und Anwendung von Stichproben aufgezeigt, die in den nachfolgenden Ausführungen verwendet werden.

Die Anwendung dieser Konzepte auf die Assoziationsanalyse ist Gegenstand von Kapitel 5. Dabei werden zunächst bei gegebenem Stichprobenumfang Genauigkeitsschranken angegeben, mit denen die auf der Stichprobe generierten Regeln die im Gesamtdatenbestand tatsächlich vorliegenden Regeln approximieren. Weiterhin werden für vorgegebene Genauigkeitsanforderungen Formeln abgeleitet, mit denen der zur Erreichung dieser Genauigkeiten notwendige Stichprobenumfang bestimmt werden kann. Dabei wird auch gezeigt, dass die in dieser Arbeit vorgestellten Möglichkeiten der Stichprobenumfangsbestimmung besser sind als die bisher vorgeschlagenen Ansätze. Die vorgestellten Konzepte werden dann anhand von künstlich erzeugten Daten getestet, womit beispielhaft die Anwendung des stichprobenbasierten Ansatzes dargestellt wird.

Auf der Grundlage dieser theoretischen Betrachtungen wird in Kapitel 6 die Effizienz des stichprobenbasierten Ansatzes im Hinblick auf die Zeit und die Genauigkeit dargestellt. Dafür wird zunächst eine neue Anwendungsmöglichkeit der stichprobenbasierten Assoziationsanalyse beschrieben, mit der Probleme bei der Vermittlung und Abrechnung von Interconnectionsverbindungen im festnetzbasierten Telekommunikationsnetz erkennbar sind. Anhand eines Kommunikationsdatenbestandes wird die Anwendbarkeit des vorgestellten Ansatzes nachgewiesen und Möglichkeiten zur monetären Bewertung der entdeckten Regeln in Bezug auf die damit erreichbare Kosteneinsparung angegeben. Darüber hinaus wird der Zeitvorteil gegenüber der Durchführung der Assoziationsanalyse auf dem Gesamtdatenbestand sowie die Genauigkeit der Regeln dargestellt. Weiterhin wird auch die praktische Anwendbarkeit des Filteransatzes an dieser Anwendung demonstriert.

Den Abschluss der Arbeit bildet Kapitel 7, in dem neben einer Zusammenfassung der Ergebnisse neue, sich aus dem stichprobenbasierten Ansatz ergebende, betriebswirtschaftliche Anwendungsmöglichkeiten dargestellt werden.

2 Knowledge Discovery in Databases

In diesem Kapitel werden grundlegende Begriffe im Zusammenhang mit Knowledge Discovery in Databases (KDD) erklärt. Ausgehend von einer Definition des Begriffs Knowledge Discovery in Databases (Abschnitt 2.1) werden das zugehörige Forschungsgebiet dargestellt (Abschnitt 2.2) sowie der Knowledge-Discovery-in-Databases-Prozess erläutert (Abschnitt 2.3).

2.1 Begriffsdefinition

Der Begriff Knowledge Discovery in Databases trat erstmals als Bezeichnung eines Workshops im Jahre 1989 in Detroit auf, dessen Zielsetzung es war, Ansätze verschiedener Forschungsrichtungen zur Entdeckung inhärent in großen Datenbeständen vorkommenden Wissens zusammenzuführen.[2] *Frawley, Piatetsky-Shapiro und Matheus (1991, S. 3 ff.)* erläutern und grenzen den Begriff erstmalig ab.

In dieser Abgrenzung wurde Knowledge Discovery in Databases einerseits als Bezeichnung für das Forschungsgebiet verwendet, andererseits auch als Bezeichnung für den zugehörigen Prozess der Wissensentdeckung. Seitdem wurde der Begriff KDD in der Literatur zweideutig benutzt, was oftmals zu Unstimmigkeiten in Definitionen für KDD führt. In dieser Arbeit werden deshalb die Begriffe KDD und KDD-Prozess verwendet.[3] KDD ist die Bezeichnung für das Forschungsgebiet, das die Entwicklung von Methoden und von Werkzeugen zur Durchführung des KDD-Prozesses beinhaltet.

Frawley, Piatetsky-Shapiro und Matheus (1991, S. 3) definieren zur Erläuterung des Begriffs Knowledge Discovery in Databases zunächst den Begriff Knowledge Discovery als:

„Knowledge Discovery is the nontrivial extraction of implicit, previously unknown, and potentially useful information from data."

Die folgenden Ausführungen stellen die Auslegung dieser Definition durch *Frawley, Piatetsky-Shapiro und Matheus (1991, S. 3 ff.)* dar. Der zentrale Begriff ist Wissen

---

2 Dieser Workshop wurde anlässlich der 11. International Joint Conference of Artificial Intelligence abgehalten. Die Beiträge sind in *Frawley und Piatetsky-Shapiro (1991)* zusammengefasst. Die erste Tagung zum Thema KDD fand unter der Bezeichnung First Conference on Knowledge Discovery in Databases and Data Mining im Jahre 1995 in Montreal statt.

3 Dieses wird auch von *Fayyad, Piatetsky-Shapiro und Smyth (1996b, S. 4)* so vorgeschlagen.

(„knowledge"), unter welchem ein Muster in den Daten verstanden wird, das die Eigenschaften Interessantheit und Sicherheit besitzt.[4] Die Bestimmung des Begriffs Interessantheit erfolgt durch die Attribute „... novel, useful, and nontrivial to compute."[5] Unter Sicherheit wird verstanden, dass ein entdecktes Muster mit einer bestimmten Häufigkeit im Datenbestand auftreten muss. Des Weiteren gehen die Autoren auf die Wissenspräsentation ein, bei der ein wesentliches Merkmal ist, „... understandable by human users ..."[6] zu sein. Dies wird dadurch erreicht, dass die Muster in einer vom Menschen interpretierbaren Sprache vorliegen müssen.[7] Schließlich wird gefordert, dass Methoden zur Mustererkennung effizient sein müssen, worunter eine vorhersagbare und akzeptable Laufzeit verstanden wird.

Fayyad, Piatetsky-Shapiro und Smyth fassen im Jahre 1996 diese Aussagen unter Rückgriff auf die oben vorgestellte Begriffsbestimmung des Knowledge Discovery folgendermaßen zu einer grundlegenden Definition des KDD zusammen:

„*Knowledge Discovery in Databases* is the non-trivial process of identifying valid, novel, potentially useful, and ultimately understandable patterns in data."[8]

Im Folgenden werden die einzelnen Komponenten dieser Definition genauer erläutert.[9] Die Eigenschaft nichttrivial (*„non-trivial"*) bedeutet, dass die Verfahren zur Wissensentdeckung mehr leisten müssen als einfache statistische Berechnungen.[10] Dadurch soll ausgedrückt werden, dass insbesondere Modelle zur Beschreibung der erkannten Muster in den betrachteten

---

4 Zur Definition des Begriffs Wissen vgl. die Ausführungen in Fußnote 1.

5 *Frawley, Piatetsky-Shapiro und Matheus (1991, S. 4).*

6 *Frawley, Piatetsky-Shapiro und Matheus (1991, S. 5).*

7 Interessanterweise gehören für *Frawley, Piatetsky-Shapiro und Matheus (1991, S. 3)* damit die häufig angewendeten Künstlichen Neuronalen Netze nicht zu den Verfahren des KDD. *Düsing (1997, S. 140 ff.)* erläutert das Vorliegen von Wissen in einer impliziten Darstellungsform.

8 *Fayyad, Piatetsky-Shapiro und Smyth (1996b, S. 6).* Diese Definition wird in der Literatur sehr häufig zitiert, erklärt jedoch den Begriff KDD als Prozess und nicht als Forschungsgebiet, was zu den oben angesprochenen Unstimmigkeiten über den Begriff KDD führt. In den weiteren Ausführungen definieren *Fayyad, Piatetsky-Shapiro und Smyth (1996b, S. 9)* den Begriff KDD-Prozess sogar explizit, was die Inkonsistenz in der Definition unterstreicht. Das Problem kann gelöst werden, indem in obiger Definition der Begriff Knowledge Discovery in Databases durch den Begriff Knowledge-Discovery-in-Databases-Prozess ersetzt wird und mit Knowledge Discovery in Databases nur der Forschungsbereich bezeichnet wird, der diesen Prozess zum Inhalt hat.

9 Die folgenden Ausführungen basieren auf der Interpretation von *Fayyad, Piatetsky-Shapiro und Smyth (1996b, S. 6 ff.)* und stellen die Sichtweise des Knowledge Discovery in Databases im Rahmen dieser Arbeit dar.

10 *Frawley, Piatetsky-Shapiro und Matheus (1991, S. 4)* nennen als Beispiele für triviale Prozesse Durchschnittsbildung und Maximalwertbestimmung und erklären: „To be nontrivial, a system must do more than blindly compute statistics ...".

Daten erstellt werden.[11] Darüber hinaus wird aus dieser Eigenschaft abgeleitet, dass die im KDD-Prozess eingesetzten Verfahren einen gewissen Grad an Autonomie bei der Mustererkennung und der Modellerstellung besitzen müssen.[12]

Mit diesem nichttrivialen Prozess sollen Muster („*patterns*") in den Daten entdeckt werden, welche bestimmten Eigenschaften genügen, wodurch nach obiger Diskussion Wissen erzeugt wird. Die einzelnen Bedingungen, die diese Muster erfüllen müssen, werden im Weiteren erläutert.

Die Muster müssen zunächst gültig („*valid*") sein, was durch das Vorliegen einer bestimmten Sicherheit beschrieben wird.[13] Entdeckte Muster gelten nur selten für den gesamten Datenbestand, da fast immer einige Daten existieren, die nicht die Regelmäßigkeit des Musters aufweisen. Dadurch wird eine daraus abgeleitete Aussage aber nicht falsifiziert, sondern die Sicherheit verringert, mit der sie begründet werden kann. Es ist wichtig, stets Muster bezüglich deren Sicherheit zu beurteilen, um die Qualität der Analyseergebnisse abschätzen zu können. In vielen praktischen Arbeiten fehlen die Validierungen der Ergebnisse beispielsweise anhand eines unbekannten Datenbestandes.

Eine weitere Eigenschaft für die zu ermittelnden Muster ist die Neuartigkeit („*novel*"). Durch den KDD-Prozess sollen nicht Bestätigungen bisherigen Wissens generiert werden, sondern neues, bislang verborgenes Wissen entdeckt werden. Als Maß für die Neuartigkeit eines Musters wird oft die Abweichung vom erwarteten Wert vorgeschlagen.

Daneben wird die Eigenschaft der potenziellen Nützlichkeit („*potentially useful*") gefordert. Die Anwendung aufwendiger Verfahren zur Mustererkennung soll Wissen erzeugen, das sich in der Praxis gewinnbringend einsetzen lässt. Hier sollte versucht werden, eine Nützlichkeitsfunktion zur Messung heranzuziehen. Diese kann beispielsweise durch Kosten- oder Zeitverbesserungen abgeleitet werden, die sich aus gefundenen Mustern ergeben.[14]

Die Forderung, verständliche („*understandable*") Muster als Ergebnis zu erhalten, zeigt ein weiteres Merkmal des KDD-Prozesses. Es ist wichtig, dass nicht nur Verfahrensexperten die

---

11 Vgl. *Frawley, Piatetsky-Shapiro und Matheus (1991, S. 59), Fayyad und Stolorz (1997, S. 102)* sowie *Berson, Smith und Thearling (2000, S. 109 ff.).*

12 Vgl. hierzu *Frawley, Piatetsky-Shapiro und Matheus (1991, S. 4)* und *Fayyad, Piatetsky-Shapiro und Smyth (1996b, S. 7)* sowie *Bissantz (1996, S. 5 ff.)*, der sich insbesondere auf *Matheus, Chen und Piatetsky-Shapiro (1993, S. 903)* stützt. *Lackes, Mack und Tillmanns (1999, S. 251)* unterscheiden die zum KDD-Prozess gehörigen Data-Mining-Methoden in „unsupervised", wenn die Verfahren autonom arbeiten, und anderenfalls in „supervised".

13 Vgl. hierzu und zu den folgenden Ausführungen *Fayyad, Piatetsky-Shapiro und Smyth (1996b, S. 6 ff.).*

14 Vgl. *Fayyad, Piatetsky-Shapiro und Smyth (1996c, S. 83).*

Muster verstehen und deuten können, sondern auch Anwendungsexperten. Deshalb liegt ein wesentlicher Entwicklungsbereich, auf den die Forschung bisher wenig eingegangen ist, auf der Ergebnisdarstellung. Insbesondere Ansätze zur grafischen Darstellung von Ergebnissen werden zur Zeit heftig diskutiert. Verständlich wird ein Muster durch seine Darstellungsform, für die Ansätze zur Messung existieren.[15]

Als Gesamtmaß für die Attribute gültig („valid"), neuartig („novel"), potenziell nützlich („potentially useful") und verständlich („understandable") führen *Fayyad, Piatetsky-Shapiro und Smyth (1996b, S. 8)* den Begriff Interessantheit ein, der sich damit zur ersten Definition unterscheidet. Es wird erläutert, dass es für verschiedene Anwendungen möglich ist, Interessantheitsmaße für Muster zu entwickeln. Liegt ein derartiges Maß über einer bestimmten, durch den Anwender vorgegebenen Schranke, so ist damit Wissen erzeugt worden.[16]

Auf dieser Definition des Knowledge Discovery in Databases basieren viele weitere Arbeiten, die sich mit der Abgrenzung des Forschungsbereiches beschäftigen. Eine wesentliche Eigenschaft des KDD-Prozesses wird in der Literatur in der Anwendung hypothesenfreier Analyseverfahren gesehen.[17] Damit ist gemeint, dass der Anwender keine Hypothesen vorgibt, die es anhand des Datenbestandes zu testen gilt, sondern er erhält Hypothesen aus den Mustern, die im Rahmen des KDD-Prozesses generiert werden. Dieses Vorgehen wird als datengetriebene Analyse oder als hypothesengenerierende Analyse bezeichnet.[18] Das Pendant hierzu ist die hypothesengetriebene bzw. hypothesenverifizierende Analyse, die beispielsweise in der Testtheorie Beachtung findet.[19] Bei dieser Art der Analyse werden jedoch im Widerspruch zur Definition des KDD keine Muster generiert, sondern lediglich die Existenz vorgegebener Muster überprüft. Diese Prüfung erfolgt ferner mit einfachen statistischen Methoden, wodurch zusätzlich die Forderung der Nichttrivialität des KDD-Prozesses verletzt ist. Deshalb wird in

---

15 Maße für die Einfachheit von Mustern sind in *Fayyad, Piatetsky-Shapiro und Smyth (1996b, S. 8)* zu finden.

16 Weitere Vorschläge für Interessantheitsmaße sowie eine Metrik bezüglich dieser Maße geben *Bayardo und Agrawal (1999, S. 146 ff.)* an. *Piatetsky-Shapiro (1991, S. 231 ff.)* beschreibt neben möglichen Interessantheitsmaßen auch Eigenschaften, die derartige Maße besitzen sollten. Ein guter Überblick über subjektive Interessantheitsmaße ist in *Silberschatz und Tuzhilin (1995, S. 276 ff.)* sowie in *Silberschatz und Tuzhilin (1996, S. 972 ff.)* gegeben.

17 Vgl. hierzu die Ausführungen in *Kurz (1998, S. 257)* sowie in *Cabena et al. (1997, S. 12), Krahl, Windheuser und Zick (1998, S. 23), Alpar und Niedereichholz (2000, S. 3)* und *Gebhardt (1994, S. 9)*.

18 Vgl hierzu und zum Folgenden *Fayyad, Piatetsky-Shapiro und Smyth (1996c, S. 85)* sowie *Lusti (2002, S. 263)*, der zusätzlich noch den Begriff modellgetriebene Datenanalyse für die hypothesenverifizierende Analyse einführt.

19 Diese Art der Analyse wird von *Zytkow und Baker (1991, S. 32)* auch als „data dredging" bezeichnet. Im Gegensatz dazu zählen einige Autoren die hypothesenverifizierende Analyse als Verfahrensklasse des KDD unter der Bezeichnung „top-down Vorgehensweise" (vgl. *Kurz (1998, S. 255 f.)*) oder unter „Datenmustererkennung im weiteren Sinne" (vgl. *Hagedorn, Bissantz und Mertens (1997, S. 602 f.)*).

dieser Arbeit bei der Mustererkennung nur von der Anwendung hypothesengenerierender Verfahren ausgegangen.

2.2 Einordnung des Forschungsgebietes

Das Forschungsgebiet KDD ist durch das Zusammenfügen von Komponenten mehrerer bestehender Forschungsrichtungen hervorgegangen. Die originären Hauptrichtungen Maschinelles Lernen, Datenbanksysteme, Statistik, Expertensysteme und Visualisierung werden im Folgenden kurz vorgestellt und deren Einfluss auf das Knowledge Discovery in Databases aufgezeigt.[20] Dabei werden ebenfalls Kriterien aufgezeigt, anhand derer eine Abgrenzung von KDD und den jeweiligen Bereichen vorgenommen werden kann. Abb. 2.1 stellt die in der Literatur hauptsächlich genannten Einflussgebiete zusammenfassend dar.

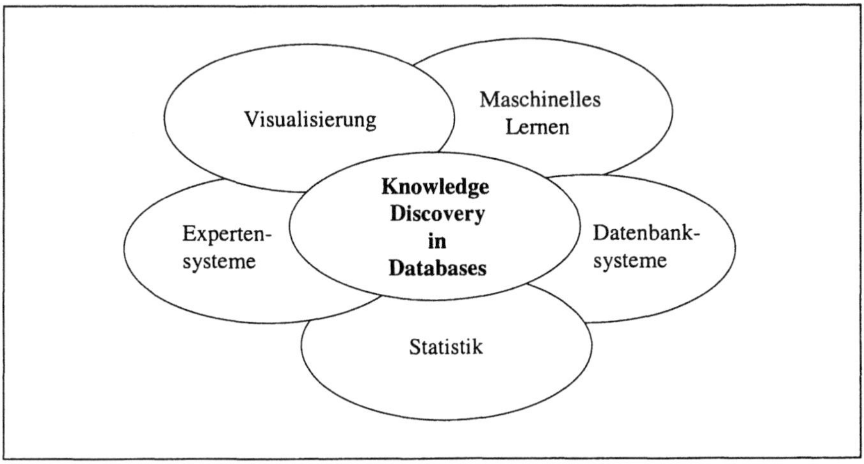

Abb. 2.1: Einflussbereiche des Forschungsgebietes KDD[21]

---

20 Erste Überlegungen, welche Forschungsrichtungen das Gebiet KDD beeinflussen, sind bereits von *Frawley, Piatetsky-Shapiro und Matheus (1991, S. 5 ff.)* angegeben worden.

21 In Anlehnung an *Adriaans und Zantinge (1996, S. 6)*.

Die Gemeinsamkeit dieser Forschungsrichtungen besteht in der Zielsetzung, dass in allen Bereichen Wissen aus großen Datenbeständen extrahiert bzw. gespeichert werden soll.[22]

Ein wesentliches Abgrenzungsmerkmal zwischen KDD und den genannten Einflussbereichen besteht darin, dass KDD den gesamten Prozess der Wissensentdeckung zum Forschungsgegenstand hat, während die genannten Bereiche jeweils nur auf einzelne Teilphasen des KDD-Prozesses wirken.[23]

Das Forschungsgebiet *Maschinelles Lernen* ist ein Teilgebiet der Künstlichen Intelligenz und zielt darauf ab, Methoden bereitzustellen, mit denen künstliche Systeme Wissen generieren können.[24] Ein Vergleich dieser Zielsetzung mit der des KDD zeigt, dass Maschinelles Lernen viele Ansätze enthält, die als Grundlage im KDD eingesetzt werden können.[25] Beispielsweise werden Künstliche Neuronale Netze und Entscheidungsbaumverfahren oft als typische durch Maschinelles Lernen beeinflusste Mustererkennungsverfahren im Rahmen des KDD genannt.[26] Der Haupteinfluss des Maschinellen Lernens auf Knowledge Discovery in Databases liegt in der Bereitstellung von Lernstrategien zur Mustererkennung. Diese Strategien gehören im Wesentlichen zur Klasse des induktiven Lernens, in der die Ableitung von Wissen aus den beobachteten Daten erfolgt und nicht durch Deduktion, also der Ableitung neuen Wissens aus bereits bekanntem mittels Logik.[27] Insbesondere ergibt sich aus dem Einfluss des Maschinellen Lernens eine gängige Einteilung der im KDD verwendeten Verfahren in überwachte und unüberwachte Verfahren.[28]

Die Forschung im Bereich *Datenbanksysteme* befasst sich damit, effiziente Methoden zur Datenspeicherung, zum Datenzugriff und zur Datenmanipulation zu entwickeln.[29] Diese

---

22 Vgl. hierzu *Fayyad, Piatetsky-Shapiro und Smyth (1996b, S. 4 f.).*

23 Vgl. *Düsing (2000, S. 5).*

24 Vgl. *Carbonell, Michalski und Mitchell (1983, S. 3 f.)* sowie *Mitchell (1997, S. 1 ff.). Görz und Wachsmuth (2000, S. 13)* weisen explizit darauf hin, dass Maschinelles Lernen als Teilgebiet der Künstlichen Intelligenz insbesondere Methoden für die Anwendung in den Analyseverfahren des KDD bereitstellt.

25 *Witten und Frank (1999, S. 2 ff.)* geben eine gute Einführung, wie Methoden des Maschinellen Lernens zur Mustererkennung im Knowledge Discovery in Databases verwendet werden können.

26 Vgl. hierzu *Wrobel, Morik und Joachims (2000, S. 517 ff.).*

27 Für eine Beschreibung unterschiedlicher Lernstrategien vgl. *Carbonell, Michalski und Mitchell (1983, S. 7 ff.).*

28 Vgl. zum Beispiel *Rudolph (1999, S. 4). Carbonell, Michalski und Mitchell (1983, S. 9 ff.)* bezeichnen die Grundidee dieser Verfahren als „learning by examples", was eine spezielle Ausprägung des induktiven Lernens ist.

29 Vgl. *Frawley, Piatetsky-Shapiro und Matheus (1991, S. 5)* sowie für eine Definition eines Datenbanksystems *Garcia-Molina, Ullman und Widom (2002, S. 1 f.), Elmasri und Navathe (2000, S. 4 f.), Date (2000, S. 5 ff.), Härder und Rahm (1999, S. 4 ff.)* sowie *Schlageter und Stucky (1983, S. 21 ff.).*

Methoden sind damit Grundlage für jeden KDD-Prozess. Der Einfluss der Entwicklungen im Bereich Datenbanksysteme führt zu einer stetigen Prozessverbesserung durch eine immer effizientere Speicherung von Daten. Insbesondere die Entwicklung des Data-Warehouse-Konzeptes[30] als Datengrundlage für Analysen sowie die Forschung im Bereich On-Line Analytical Processing[31] (OLAP) als neues Konzept der Datenbereitstellung haben wesentliche Einflüsse auf Knowledge Discovery in Databases. Die Anwendungsmöglichkeiten dieser Konzepte sind Gegenstand der aktuellen Forschung.

Einen starken Einfluss auf Knowledge Discovery in Databases besitzt die *Statistik*, deren Aufgabe die Analyse von Daten zur Erkenntnisgewinnung ist. Einerseits werden statistische Verfahren zur Wissensentdeckung, insbesondere solche der multivariaten Statistik, verwendet. Andererseits finden statistische Methoden in den vorgelagerten Phasen des KDD-Prozesses Anwendung, wie beispielsweise die Nutzung von Stichprobenauswahlverfahren.[32]

Statistische Verfahren sind jedoch im Wesentlichen nicht geeignet, Analysen auf nominalen bzw. strukturierten Daten durchzuführen.[33] Damit ergibt sich ein stark eingegrenzter Wirkungsgrad dieser Methoden auf in der Praxis vorkommende Datenbestände. Darüber hinaus erfordert die Anwendung statistischer Methoden einen hohen Grad an Methodenkenntnis und Einflussnahme des Analysten, wodurch die Gruppe der Anwender dieser Methoden stark eingeschränkt ist.

Expertensysteme lassen sich den allgemeineren Wissensbasierten Systemen unterordnen,[34] und ihr Einsatz verfolgt das Ziel, Wissen über einen bestimmten Bereich von Fachexperten darzustellen und im Wesentlichen als Regelsystem zu speichern. Damit soll die Möglichkeit geschaffen werden, das explizite Wissen eines Experten ohne dessen Mitwirkung zu benutzen.[35] Eine wesentliche Aufgabe dieses Forschungsfeldes ist die Entwicklung von Lösungsmöglichkeiten, um das Expertenwissen zu extrahieren.[36] Beispielsweise kann dies

30 Nährere Ausführungen zum Data-Warehouse-Begriff werden in Abschnitt 2.3.2.2 gegeben.

31 Eine Darstellung dieses Konzeptes erfolgt in Abschnitt 2.3.3.2.2.

32 Zur Bedeutung der Statistik in Rahmen des KDD vgl. *Hand (1998, S. 113 ff.)* sowie *Elder und Pregibon (1996, S. 99 ff.)*.

33 Vgl. *Frawley, Piatetsky-Shapiro und Matheus (1991, S. 7)*. Zum Begriff des strukturierten Datentyps vgl. *Ernst (2000, S. 474 ff.)*.

34 Vgl. *Lister (1989, S. 267 ff.)* sowie *Petersen (1996, S. 24)*.

35 Zur Definition und zum Aufbau von Expertensystemen vgl. *Claus und Schwill (2001, S. 234 f.)* sowie *Voß und Gutenschwager (2001, S. 353 ff.)*.

36 Vgl. *Michie (1987, S. 139 ff.)* sowie *Puppe, Stoyan und Studer (2000, S. 606 ff.)*.

dadurch erreicht werden, indem aus einer Menge gelöster Problemfälle Regeln induktiv generiert werden. Die Methoden, die zu diesem Zweck angewendet werden, lassen sich teilweise auf Datenbestände anwenden, wodurch ein Einfluss des Forschungsbereiches Expertensysteme auf Knowledge Discovery in Databases begründet ist. Ein weiterer Einfluss besteht in der Verwendung des erkannten Wissens eines KDD-Prozesses. Dieses kann in Expertensysteme bzw. in die allgemeineren Wissensbasierten Systeme integriert werden, um damit die Wissensbasis als Komponente derartiger Systeme zu erweitern.[37] Neben diesen ursprünglichen Einflüssen gibt es eine neuere Richtung, in welche der Forschungsbereich Expertensysteme auf KDD wirkt. Mit der Implementierung effizienter Werkzeuge und der daraus folgenden häufigeren Durchführung von KDD-Prozessen wächst der Wunsch der Analysten, geeignete Unterstützungssysteme, beispielsweise bei der Methodenauswahl, für diese Prozesse zu erhalten. Diese Unterstützungen können durch Expertensysteme geliefert werden, was aktueller Gegenstand der Forschung ist.[38]

Methoden der *Visualisierung* finden im KDD-Prozess in mehreren Phasen Anwendung und unterstützen damit den Analysten in seiner Tätigkeit.[39] Erstens werden Visualisierungsmethoden für die Sichtung der Datenbasis angewendet, damit der Analyst daraus Zusatzwissen in den KDD-Prozess einfließen lassen kann. Beispielsweise können hierdurch einfache Zusammenhänge in den Daten erkannt werden, die entscheidungsunterstützend bei der Reduktion von Attributen wirken. Zweitens bietet die Visualisierung interessante Formen der Regeldarstellung neben der formalen oder verbalen Beschreibung von Regeln.[40] Die Entwicklung immer leistungsfähigerer Computer und deren grafischer Komponenten führen zu einer zunehmend stärkeren Beachtung des Einsatzes von Methoden aus diesem Forschungsgebiet für die Darstellung der Regeln. Weiterhin bieten sich Methoden der Visualisierung an, die Daten derart aufbereiten und grafisch darstellen, dass ein Anwender daraus Muster bzw.. Zusammenhänge erkennen kann, um direkt einige Aufgabenstellungen des KDD zu bearbeiten.[41] Beispielsweise können Cluster entdeckt werden, wenn die Daten in einem Koordinatensystem

---

37 Vgl. *Puppe, Stoyan und Studer (2000, S. 613 ff.)* sowie *Quinlan et al. (1987, S. 160 ff.)*.

38 Vgl. hierzu die Ausführungen in *Breitner (1998, S. 5 ff.)*.

39 Für ein Beispiel grafischer Unterstützung in den Phasen des KDD-Prozesses vgl. zum Beispiel das Visualisierungswerkzeug MineSet-System, dargestellt in *Brunk, Kelly und Kohavi (1997, S. 135 ff.)*.

40 Beispiele für die grafische Regeldarstellung sind in *Lee, Ong und Quek (1995, S. 201 f.)* angegeben. In *Huang und Lin (2000, S. 157 ff.)* ist beispielsweise eine grafische Darstellungsmöglichkeit von durch ein Clusterverfahren entdeckten Clustern vorgeschlagen.

41 Für eine ausführliche, zusammenfassende Darstellung von Visualisierungsmethoden vgl. *Keim (2002, S. 31 ff.)* sowie *Keim und Kriegel (1996, S. 926 ff.)*.

dargestellt werden.[42] Einige Autoren, wie beispielsweise *Keim und Kriegel (1996, S. 924)*, leiten daraus ab, Visualisierungstechniken zur Klasse der für die eigentliche Mustererkennung im KDD-Prozess verwendeten Methoden zu zählen. Dabei liegt jedoch die Auffassung zu Grunde, dass die hypothesengenerierenden Verfahren nicht zwingend autonom arbeiten und damit selbstständig Muster entdecken müssen. Die Anwendung visueller Methoden zur Mustererkennung impliziert die bewusste Einbindung der Fähigkeit des Analysten, grafische Zusammenhänge zu erkennen, wodurch er selbst Hypothesen generiert und damit die Eigenschaft der Autonomie des Verfahrens verletzt wird.[43] *Fayyad, Piatetsky-Shapiro und Smyth (1996b, S. 22)* weisen auf diese andere Art der Hypothesengenerierung hin und grenzen wegen der geforderten Autonomie der Verfahren im Zusammenhang mit KDD die Verfahren zur Visualisierung zur eigentlichen Mustererkennung aus. Dieser Argumentation wird auch in dieser Arbeit gefolgt, so dass Visualisierungstechniken im Weiteren nicht unter den zur Mustererkennung angewendeten Verfahren genannt werden.

2.3 Vorgehensmodell

Um die Zielsetzungen des Knowledge Discovery in Databases erfolgreich zu erreichen, sind in der Literatur einige unterschiedliche Vorgehensmodelle vorgeschlagen worden. Bei genauerer Analyse dieser Modelle zeigt sich aber, dass sie sich im Wesentlichen in der Aufteilung in einzelnen Phasen unterscheiden.[44]

Das Ergebnis einer aktuellen Internetumfrage ist, dass in praktischen Anwendungen überwiegend das CRISP-DM-Modell verwendet wird.[45]

---

42 Als einfache Darstellungen auch multidimensionaler Daten werden in der Literatur häufig die von *Chernoff (1973, S. 361 ff.)* vorgeschlagenen Chernoff-Gesichter oder die von *Inselberg (1985, S. 69 ff.)* beschriebene parallele Koordinatentechnik genannt. Diese Techniken sind jedoch, so *Keim und Kriegel (1995, S. 265)*, bezüglich der Verarbeitung großer Datenmengen, d. h. mehr als 1000 Datensätze, nur begrenzt einsetzbar.

43 *Hagedorn, Bissantz und Mertens (1997, S. 608)* verwenden hierfür den Begriff interaktive Hypothesengenerierung. Eine Diskussion über die Einordnung der Visualisierungstechniken befindet sich in *Fayyad und Grinstein (2002, S. 2 ff.)*.

44 Eine zusammenfassende Analyse, bei der einige der am häufigsten zitierten Modelle vorgestellt werden, ist in *Säuberlich (2000, S. 22 ff.)* aufgezeigt. Hierin werden die Modelle von *Brachman und Anand (1996, S. 51)*, *Fayyad, Piatetsky-Shapiro und Smyth (1996b, S. 10)*, *John (1997, S. 5 ff.)*, *Wirth und Reinartz (1996)* (zitiert nach *Säuberlich (2000, S. 31 ff.)*), das CRISP-DM-Modell (dargestellt in *Wirth und Hipp (2000, S. 31 ff.)*; CRISP-DM ist die Abkürzung für „cross-industry standard process for data mining") sowie ein eigenes Modell vorgestellt. Ein weiteres bekanntes Vorgehensmodell ist das von *Adriaans und Zantinge (1996, S. 37 ff.)*.

45 Vgl. *Piatetsky-Shapiro (2002a)*.

Gemeinsam wird in allen Modellen die Interaktion des Analysten sowie die Iteration der Prozessschritte berücksichtigt. Interaktion bedeutet, dass der Prozess wesentlich von der Steuerung durch einen Analysten abhängig ist.[46] Während des Prozesses sind vielfach Entscheidungen etwa in Form einer Parameterwahl zu treffen, die den Prozess und damit auch das Ergebnis beeinflussen. Da wegen des starken Anwendungsbezugs für diese Entscheidungen wenig spezielle Entscheidungshilfen existieren, sind Ergebnisse eines KDD-Prozesses oftmals fehlerhaft oder nicht adäquat genug. In solchen Fällen ist es notwendig, einzelne Prozessphasen mit modifizierten Entscheidungen zu wiederholen, wodurch die genannte Iterativität des Prozesses entsteht. Interaktivität und Iterativität sind ein wesentliches Merkmal des KDD-Prozesses.

Im Folgenden wird, wie in Abb. 2.2 illustriert, ein Prozessmodell mit vier Phasen vorgestellt.

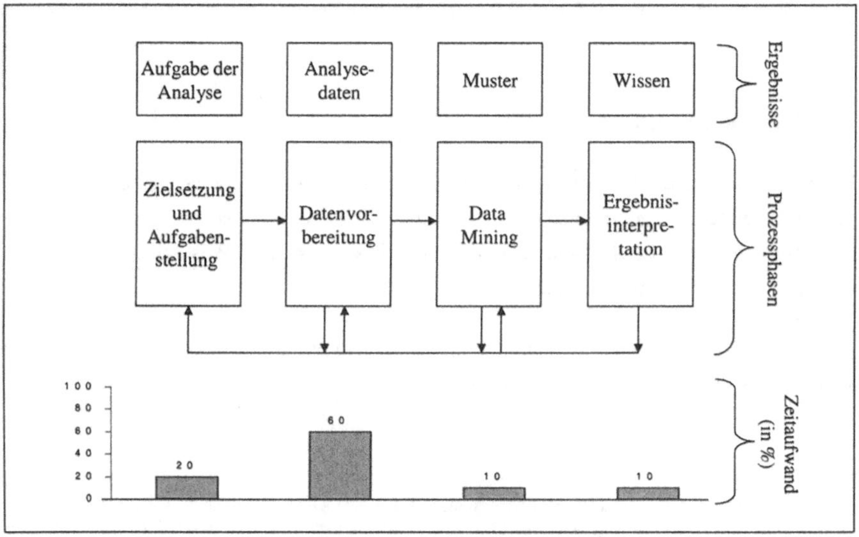

Abb. 2.2: Modell eines KDD-Prozesses

46 *Reinartz (1999, S. 11 ff.)* gibt einen guten Überblick über die verschiedenen Akteure, die an einem KDD-Prozess beteiligt sind. Zum Projektmanagement eines KDD-Prozesses vgl. *Delmater und Hancock (2001, S. 257 ff.).*

Dabei sind zunächst die Ergebnisse, die nach Durchführung jeder Phase vorliegen, und danach die einzelnen Prozessphasen dargestellt. Darunter ist die Verteilung des Zeitaufwandes angegeben, der in den einzelnen Phasen benötigt wird.[47]

Die einzelnen Prozessphasen werden in den folgenden Abschnitten genauer erläutert.

2.3.1 Zielsetzung und Aufgabenstellung

Mit der Anwendung des durch einen KDD-Prozess entdeckten Wissens soll ein betriebswirtschaftliches Ziel erreicht werden, welches sich aus allgemeineren Problemstellungen ergibt. Dieses Ziel kann beispielsweise die Bewertung neuer Kunden anhand eines Prognosemodells sein oder eine Beschreibung, in welche Käufergruppen sich bestehende Kunden segmentieren lassen. Diese Beispiele zeigen bereits, dass unterschiedliche Typen von Zielsetzungen, nämlich Vorhersage und Beschreibung, für die Anwendung eines KDD-Prozesses existieren. Für *Fayyad, Piatetsky-Shapiro und Smyth (1996b, S. 12)* lassen sich alle Zielsetzungen bezüglich des KDD in diese beiden Arten der Zielsetzung unterscheiden.

Eine erfolgreiche Wissensentdeckung bedingt neben dem Verständnis der zu Grunde liegenden Zielsetzung eine präzise Ableitung und Formulierung der Aufgabenstellung, die als Basis für die weiteren Prozessphasen dient. Hierbei wird zunächst festgelegt, welche Art von Wissen entdeckt und wie es angewendet werden soll. Beispielsweise könnte als Aufgabe formuliert werden, dass durch Mustererkennung ein Klassifikationsmodell[48] zu erstellen ist, um zukünftig neue Kunden in Käuferklassen einteilen zu können.

Aus der Formulierung derartiger Aufgabenstellungen ergeben sich Entscheidungshilfen für die weiteren Prozessphasen, beispielsweise über die Art der auszuwählenden Daten oder der Methoden, die zur Mustererkennung anzuwenden sind.

Obwohl diese erste Phase so bedeutungsvoll ist, gehen darauf nur wenige den KDD-Prozess erklärende Modelle ein. Die vielfältigen anwendungsbezogenen Aufgabenstellungen lassen sich vom Anwendungsbezug abstrahieren, wodurch eine Einteilung der Aufgaben in Aufgabentypen möglich ist. Durch eine derartige Einordnung kann die Datenauswahl und die Methodenauswahl effizient unterstützt werden.

---

47 Vgl. hierzu *Cabena et al. (1997, S. 43)* sowie *Pyle (1999, S. 11)*, der zusätzlich den Einfluss der einzelnen Phasen auf den Erfolg eines KDD-Projektes beschreibt.

48 Zum Begriff des Klassifikationsmodells vgl. Abschnitt 2.3.1.1.

In der Literatur gibt es keine einheitliche Auffassung darüber, welches die wichtigsten Aufgabenstellungen sind und wie sie gegliedert werden können. *Säuberlich (2000, S. 54 f.)* zieht einige in der Praxis durchgeführte und vorgestellte KDD-Projekte als Basis für eine Analyse heran, um die wichtigsten Aufgabenstellungen zu finden. Dabei ist kritisch zu beachten, dass die Auswahl der Lösungsmethoden in diesen Projekten, über die auf die jeweilige Aufgabenstellung geschlossen werden kann, wiederum von den in der Literatur genannten und in Werkzeugen implementierten Verfahren abhängig ist.

Da weder eine vollständige Auflistung noch eine zufriedenstellende Einteilung aller im Rahmen des Knowledge Discovery in Databases untersuchten Aufgabenstellungen möglich ist, werden im Folgenden einige oft in der Literatur beschriebene Aufgabenstellungen kurz erläutert. Dabei wird auf die Erstellung eines Klassifikationsmodells (Abschnitt 2.3.1.1), die Erstellung eines Regressionsmodells (Abschnitt 2.3.1.2), die Bildung von Clustern (Abschnitt 2.3.1.3) und die Entdeckung von Abhängigkeiten (Abschnitt 2.3.1.4) eingegangen.[49]

2.3.1.1 Erstellung eines Klassifikationsmodells

Ein Klassifikationsmodell ist eine Abbildung einer Zuordnung von Elementen in vorgegebene Klassen. Dabei wird eine die Klasse angebende Variable durch andere Merkmale der Elemente erklärt. Dieses Modell kann zur Prognose der Klassenzugehörigkeit von Datenobjekten mit unbekannter Klassenzugehörigkeit eingesetzt werden, indem ein solches Datenobjekt anhand einiger seiner Merkmale einer von mehreren alternativen Klassen zugeordnet wird.[50] Die Erstellung des Modells basiert auf einer bereits bestehenden Menge an Datenobjekten, deren Klassenzugehörigkeiten bereits bekannt sind.

Zu unterscheiden ist davon die Klassifikation selbst, worunter die tatsächliche Zuordnung von Datenobjekten mit unbekannter Klassenzugehörigkeit verstanden wird. Diese Zuordnung stellt für sich keine Entdeckung expliziten Wissens dar, sondern ist lediglich die Anwendung eines

---

49 Vgl. hierzu auch *Säuberlich (2000, S. 41)* sowie die Einteilung der Aufgaben von *Fayyad, Piatetsky-Shapiro und Smyth (1996b, S. 13 ff.)*, die mit diesen Aufgaben primär die zu Grunde liegenden Vorhersage- bzw. Beschreibungsziele erreichen wollen. Die häufig genannte Abweichungsentdeckung kann als Ausprägung der Clusteranalyse gesehen werden. Aus diesem Grund wird die Abweichungsentdeckung in dieser Arbeit nicht als eigenständiges Aufgabengebiet des KDD-Prozesses angegeben. Die ebenfalls häufig angegebene Aufgabenstellung der Generalisierung (vgl. *Ester und Sander (2000, S. 189 ff.)*) oder der „summarization" (vgl. *Fayyad, Piatetsky-Shapiro und Smyth (1996b, S. 15)*) kann unter die Entdeckung von Abhängigkeiten gefasst werden, da unter Generalisierung bzw. „summarization" die Entdeckung von zusammenfassenden Beschreibungen für Teilmengen des Datenbestandes verstanden wird, was aber durch die Entdeckung von Abhängigkeiten geschieht.

50 Vgl. *Fayyad, Piatetsky-Shapiro und Smyth (1996b, S. 13).*

Klassifikationsmodells. Auch die häufig zitierte Zuordnung von Objekten durch implizites Wissen, beispielsweise durch die Nächste-Nachbar-Klassifikation,[51] ist keine Wissensentdeckung, obwohl das Ziel erreicht wird, unbekannten Objekten eine Klassenzugehörigkeit zuzuordnen.[52] In der Literatur wird jedoch diese Unterscheidung vernachlässigt und der Begriff Klassifikation für die Erstellung eines Klassifikationsmodells verwendet.

Als typisches Beispiel für die Anwendung eines Klassifikationsmodells wird oftmals eine Kreditwürdigkeitsprüfung angegeben.[53] Hierbei wird aus einem existierenden Datenbestand ein Regelsystem generiert, so dass ein neuer Kunde, der einen Kredit beantragt, anhand seiner in das Regelsystem eingegebenen Kundendaten als kreditwürdig bzw. als nicht kreditwürdig eingestuft werden kann. Weitere Beispiele sind die Klassifikation von Versicherungsanträgen in Risikoklassen[54] oder die Verbesserung der Antwortrate bei Direct-Marketing-Aktionen.[55]

2.3.1.2 Erstellung eines Regressionsmodells

Ein Regressionsmodell ist ein Modell, mit dem eine abhängige, stetige Variable durch mehrere unabhängige Variablen erklärt wird.[56] Dieses Modell kann zur Bestimmung des unbekannten Wertes einer abhängigen Variablen durch die bekannten Werte der zugehörigen unabhängigen Variablen angewendet werden, womit ein Prognosemodell vorliegt. Damit stimmen die Zielsetzungen der Regression und der Klassifikation im Wesentlichen überein. Im Unterschied zu der Klassifikation zielt die Regression jedoch auf stetige Variablen ab, so dass nicht mehr von einzelnen Klassen ausgegangen werden kann.[57]

---

51 Vgl. *Krahl, Windheuser und Zick (1998, S. 74 f.).*

52 Vgl. hierzu die Kritik in *Ester und Sander (2000, S. 107).*

53 Vgl. *Witten und Frank (1999, S. 21).*

54 Vgl. *Williams und Huang (1996, S. 121 ff.).*

55 Vgl. *Haughton und Oulabi (1997, S. 47 ff.).*

56 Vgl. *Fahrmeir, Kaufmann und Kredler (1996, S. 93 ff.)*, die neben den univariaten auch multivariate Regressionsmodelle vorstellen, bei denen nicht nur eine, sondern mehrere abhängige Variablen durch unabhängige Variablen bestimmt werden.

57 Wird im Regressionsmodell die abhängige Regressionsvariable diskretisiert, so entsteht ein Klassifikationsmodell. Aus diesem Grund können auch Methoden zur Klassifikationsmodellerstellung ebenfalls zur Erstellung eines Regressionsmodells herangezogen werden. Dies wird beispielsweise in *Breiman et al. (1984)* vorgeschlagen, worin Entscheidungsbäume zur Klassifikation und zur Regression beschrieben werden.

Ein Beispiel für die Anwendung des entwickelten Regressionsmodells sind Prognosen über das langfristige Absatzvolumen in der Automobilindustrie.[58] Hierbei wird die Variable PKW-Neuzulassungen durch andere quantitative volkswirtschaftliche sowie soziodemographische Größen geschätzt. Eine weitere wichtige Anwendung eines Regressionsmodells ist die Schätzung von Wahrscheinlichkeiten, wobei insbesondere das logistische Regressionsmodell verwendet wird, bei der die abhängige Variable nur einen Wert zwischen 0 und 1 annehmen kann.[59] Schließlich ist die große Klasse der Autoregressionsmodelle zu nennen, welche bei Zeitreihenanalysen eingesetzt wird. Hierbei wird die abhängige Variable durch die unabhängigen Variablen und zusätzlich durch die in der Vorperiode bestimmte abhängige Variable berechnet.[60]

2.3.1.3 Bildung von Clustern

Bei der Bildung von Clustern werden die Objekte repräsentierenden Datensätze zu Gruppen (Cluster) derart zusammengefasst, dass die Datensätze innerhalb eines Clusters möglichst ähnlich, Datensätze aus unterschiedlichen Clustern dagegen möglichst unähnlich sind.[61] Dabei sind die Gruppen im Gegensatz zu den Klassen bei der Klassifikationsmodellerstellung a priori nicht bekannt, sondern sie sind das Ergebnis eines Clusterverfahrens. Durch die Entdeckung der Cluster soll Wissen über Ähnlichkeiten der Objekte entdeckt werden. Hierbei steht die Beschreibung des bestehenden Datenbestandes im Vordergrund.[62]

Das Entdecken von Clustern geschieht weitgehend durch gut entwickelte Methoden, insbesondere aus der multivariaten Statistik. Dadurch ist die Entdeckung von Clustern relativ einfach, wogegen sich die Interpretation der gefundenen Cluster oftmals als problematisch erweist. Typische Beispiele für Anwendungen der Clusterentdeckung befinden sich im

---

58 Vgl. *Hippner (1998, S. 84 ff.).*

59 *Rudolph (1999, S. 201 ff.)* zeigt beispielsweise eine Anwendung im technischen Bereich auf. Für Anwendungen im Rahmen der Marketingforschung vgl. *Krafft (1999, S. 535 ff.).* Eine Einführung zur logistischen Regression befindet sich in *Christensen (1997, S. 116 ff.).*

60 Vgl. hierzu beispielsweise das in *Stulajter (2002, S. 65 ff.)* sowie in *Leiner (1991, S. 68 ff.)* erläuterte ARIMA-Modell (ARIMA steht dabei für „autoregressive integrated moving average process“).

61 Vgl. *Bacher (1996, S. 2).*

62 Vgl. *Küsters (2001, S. 112).*

Marketing etwa beim Auffinden neuer Kundengruppen oder für die Individualisierung der Kundenansprache.[63]

Unter das Finden von Clustern lässt sich, wie *Düsing (2000, S. 23)* ausführt, auch die in der Literatur häufig separat genannte Aufgabenstellung der Abweichungsentdeckung (Ausreißerentdeckung) einordnen.[64] Dabei werden Cluster mit wenig Elementen dahingehend untersucht, ob diese durch Abweichungen induziert wurden.[65]

In der Literatur wird das Bilden von Clustern auch als Clusterung oder auch als Segmentierung bezeichnet. Gelegentlich, insbesondere bei älteren Büchern der Statistik, wird für die Clusterbildung auch der Begriff Klassifikation verwendet.[66]

2.3.1.4 Entdeckung von Abhängigkeiten

Bei der Entdeckung von Abhängigkeiten besteht die Aufgabe darin, Abhängigkeiten zwischen Merkmalen oder einzelnen Ausprägungen dieser Merkmale eines Datenbestandes bzw. einer ausgewählten Teilmenge dieses Bestandes zu erfassen. Dabei werden a priori keine Abhängigkeiten angenommen, wie etwa bei der Regression, sondern es sollen diese selbstständig aufgefunden werden. Zu beachten ist bei dieser Aufgabenstellung, dass zunächst nur Abhängigkeiten gemäß eines Kriteriums ohne eine kausale Erklärung angezeigt werden. Ob tatsächlich diese Abhängigkeiten vorliegen, muss einzeln geprüft werden. Wenn derartige Abhängigkeiten gefunden worden sind, stellen die zugehörigen Modelle zunächst Beschreibungen der im Datenbestand vorliegenden Zusammenhänge dar. Diese können teilweise zu Prognosemodellen erweitert werden.

---

63 Vgl. hierzu *Küppers (1999, S. 126 ff.)*. Für die Anwendung der Clusteranalyse bei Kreditinstituten vgl. *Zimmermann (1995, S. 143 ff.)*.

64 Vgl. auch *Fayyad, Piatetsky-Shapiro und Smyth (1996b, S. 16)*.

65 Ähnlich argumentieren auch *Ester und Sander (2000, S. 4)*, welche Ausreißer als Werte definieren, die zu keinem der gefundenen Hauptcluster gehören.

66 Vgl. zum Beispiel den Titel der Buches von *Bock (1974)*: „Automatische Klassifikation: theoretische und praktische Methoden zur Gruppierung und Strukturierung von Daten (Cluster-Analyse)". Für eine englischsprachige Quelle, die den Begriff „classification" an Stelle von Clusteranalyse verwendet, vgl. beispielsweise *Hand (1981)*.

Eine Möglichkeit der Abhängigkeitsentdeckung besteht im Auffinden von Assoziationsregeln zwischen einzelnen Attributwerten der Datensätze.[67] Zum Beispiel beschreiben derartige Regeln Beziehungen zwischen Artikeln in einem Kaufhaus (Warenkorbanalyse) oder Eigenschaften von Käufern bestimmter Produkte. Ebenfalls werden sequenzielle Assoziationsregeln generiert, mit denen Aussagen beispielsweise über das Kaufverhalten von Kunden über einen längeren Zeitraum möglich sind.[68]

Weiterhin können durch gefundene Abhängigkeiten zusammenfassende Beschreibungen einer ausgewählten Datenmenge entstehen. Dies findet beispielsweise Anwendung in der Interpretation von den durch ein Clusterverfahren entdeckten Clustern oder der Beschreibung von Eigenschaften von Objekten aus selbst gewählten Clustern.[69] Das Finden zusammenfassender Beschreibungen wird von vielen Autoren auch unter einer eigenen Aufgabenstellung genannt. Diese Beschreibungen werden jedoch durch Abhängigkeiten induziert, so dass diese Aufgabe in dieser Arbeit zur Abhängigkeitsentdeckung gezählt wird.[70]

2.3.2 Datenvorbereitung

Nachdem eine Aufgabenstellung für den KDD-Prozess abgeleitet worden ist, wird in der nächsten Phase ein passender Datenbestand zur Analyse ausgewählt. Dabei sind vielfältige, voneinander abhängige Tätigkeiten durchzuführen, die in Abb. 2.3 dargestellt sind.

---

67 Im Gegensatz zu *Fayyad, Piatetsky-Shapiro und Smyth (1996c, S. 85)*, welche die Assoziationsanalyse der Generalisierungsaufgabe zuordnen, da bei der Abhängigkeitsentdeckung nur Abhängigkeiten zwischen Variablen (nicht deren einzelnen Werte) beachtet werden sollen. Die Assoziationsanalyse lässt sich jedoch prinzipiell für diese Art der Abhängigkeitsanalyse verwenden, wie in Abschnitt 3.2 gezeigt wird.

68 Neben der Assoziationsanalyse, die Abhängigkeiten zwischen Attributwerten erkennt, werden auch Abhängigkeiten von Attributen selbst endeckt und modelliert, beispielsweise in Form von probabilistischen Netzen, wie in *Borgelt, Kruse und Lindner (1998, S. 11 ff.)* an einem Beispiel aus der Automobilbranche dargestellt.

69 Eine beispielhafte Anwendung hierfür ist die Betrugserkennung, bei der Indikatoren entdeckt werden sollen, die eine betrügerische Handlung aufdecken. Vgl. hierzu *Chan et al. (1999, S. 72).*

70 Die Beziehungen, die hier gefunden werden, hängen von den Datensätzen und den Attributen ab, wodurch ein Abgrenzungskriterium zur Clusterentdeckung (Beziehungen nur der Datensätze) gegeben ist. Als Abgrenzung zur Klassifikations- und Regressionsmodellerstellung kann die unterschiedliche Zielsetzung herangezogen werden. Die Abhängigkeitsentdeckung bezieht sich auf die Beschreibung der Muster in gegebenen Datenbeständen, während die Erstellung eines Klassifikations- bzw. Regressionsmodells eher zur Vorhersage dient.

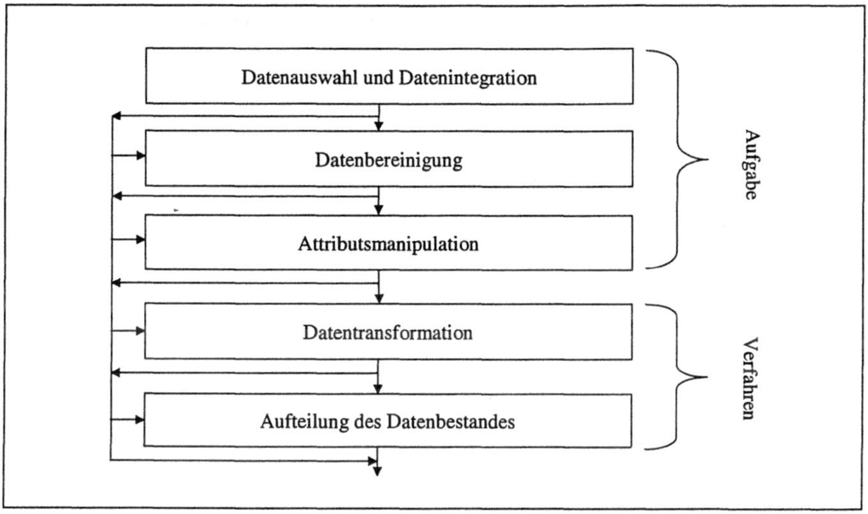

Abb. 2.3: Tätigkeiten bei der Datenvorbereitung

Es handelt sich dabei um die Datenauswahl und Datenintegration, die Datenbereinigung und die Attributsmanipulation, welche hauptsächlich durch die zu bearbeitende Aufgabe beeinflusst werden, wogegen die Datentransformation und die Aufteilung des Datenbestandes eher vom Analyseverfahren determiniert werden. Dabei ist zu beachten, dass die Tätigkeiten von dem Datenbestand und der Aufgabenstellung abhängen und nicht immer vollständig zur Anwendung kommen müssen.

In den folgenden Abschnitten werden die einzelnen Tätigkeiten genauer erläutert.

2.3.2.1 Datenauswahl und Datenintegration

Nach der Ableitung der Aufgabenstellung erfolgt im KDD-Prozess die Datenauswahl der für die Erfüllung der Aufgabe notwendigen Daten. Dazu ist die Kenntnis der insgesamt vorliegenden Datenbasis notwendig.[71] Hierbei sind einerseits eigene Datenquellen zu berücksichtigen, andererseits können Daten von externen Quellen, wie beispielsweise von kommerziellen Anbietern, hinzugezogen werden. Die Nutzung von externen Datenquellen wird auch als Anreicherung bezeichnet. Zum Beispiel gibt es kommerzielle Anbieter, welche demografische

[71] In *Frawley, Piatetsky-Shapiro und Matheus (1991, S. 11)* ist hierfür die Bezeichnung „domain knowledge“ bzw. „background knowledge“ eingeführt worden.

und sozioökonomische Daten, die aufgrund von Beobachtungen und öffentlichen Quellen gewonnen wurden, für bestimmte Regionen sehr fein untergliedert anbieten.[72]

Die Auswahl der zu analysierenden Daten ist neben der Verfügbarkeit[73] der Daten von der Aufgabenstellung abhängig. Dabei ist zunächst zu entscheiden, welche Daten zur Bearbeitung der Aufgabenstellung beitragen können, anschließend muss der Umfang der benötigten Daten bestimmt werden. Ist die Voraussetzung eines relationalen Datenbanksystems gegeben, so ist damit die Auswahl relevanter Attribute (Projektion) und relevanter Datensätze (Selektion) erforderlich.[74]

Bei der Auswahl relevanter Attribute tritt das Problem auf, dass nicht immer durch die Aufgabenstellung vorgegeben wird, welche Attribute wesentliche Einflussgrößen sind. *Berry und Linoff (1997, S. 78)* schlagen deshalb vor, sämtliche Attribute als relevant zu betrachten und auszuwählen. In der Praxis liegen hier jedoch Begrenzungen vor, denn einerseits besitzen viele Analysewerkzeuge Beschränkungen in der Anzahl der zu verarbeitenden Variablen, andererseits können Ergebnisse dadurch einen zu hohen Komplexitätsgrad bekommen.[75]

Die Auswahl der relevanten Datensätze wird ebenfalls durch die Aufgabenstellung determiniert. Durch diese lassen sich häufig Auswahlkriterien für die Selektion der Datensätze ableiten. Neben Kriterien, welche Datensätze auszuwählen sind, ist die Anzahl der zu selektierenden Datensätze zu bestimmen. Die Art der Auswahl ist bestimmt durch die Beschaffungskosten externer Daten, durch die Zeit und die Kosten der Analyse und schließlich durch die Genauigkeit der zu erzielenden Resultate. Je mehr Daten in den nachfolgenden Phasen bearbeitet werden müssen, desto größer sind gegebenenfalls die Beschaffungskosten externer Daten. Darüber hinaus vergrößern sich der Zeitaufwand und daraus ableitend die Kosten für die Inanspruchnahme von Rechnerleistung[76] oder für die Zeit, die ein Analyst mit den

72 Eine Aufzählung von Datenanbietern für externe Daten befindet sich beispielsweise in *Mena (2000, S. 313 ff.)*.

73 Insbesondere sind dabei datenschutzrechtliche Bestimmungen zu beachten. *Schweizer (1999, S. 107 f.)* gibt eine gute Darstellung, was beim Knowledge Discovery in Databases hinsichtlich des Datenschutzes zu beachten ist.

74 Zum Zugriff auf relationale Datenbanken vgl. beispielsweise *Heuer und Saake (2000, S. 298)*.

75 Vgl. hierzu *Bigus (1996, S. 49)* sowie *Krahl, Windheuser und Zick (1998, S. 44)*.

76 Die Kosten für die Inanspruchnahme von Rechnerleistung werden CPU-Kosten genannt. Dabei steht das Akronym CPU für „central processing unit“, was die zentrale Verarbeitungseinheit eines Computers ist. Vgl. hierzu *Ernst (2000, S. 12 ff.)*.

Auswertungen beschäftigt ist. Mit der Verringerung der Datenmenge sinkt jedoch die Sicherheit und damit die Qualität der gefundenen Muster.[77]

Sind Art und Menge der Daten bekannt, müssen sie zu einem Analysedatenbestand integriert werden. Dabei treten vielfältige Integrationsprobleme auf, insbesondere, wenn verschiedene externe Daten zur Anreicherung benutzt werden sollen.[78] Werden beispielsweise für eine Clusterbildung von Kaufhauskunden soziodemografische Daten auf Straßenebene gegliedert hinzugezogen, so muss gewährleistet sein, dass diese Daten mit den originären Kundendaten verknüpft werden können, also in dem Fall ein Attribut für die Straßennamen existiert.

Weitere Probleme bei der Integration entstehen durch Attribute aus unterschiedlichen Dateien, die zwar gleich bezeichnet sind, jedoch unterschiedliche Daten enthalten (homonyme Attribute) sowie durch Attribute mit identischem Inhalt, die jedoch unterschiedlich bezeichnet wurden (synonyme Attribute) und somit redundant gespeichert werden.

Die Problemklassen, die im KDD-Prozess einen Rücksprung zur Datenauswahltätigkeit verursachen, sind fehlende Attribute und fehlende Datensätze. Diese Probleme erscheinen erst in den nachfolgenden Prozessphasen und können a priori nicht ausgeschlossen werden. Beispielsweise können durch die Analyse neue Erkenntnisse darüber gewonnen werden, welche Daten zusätzlich benötigt werden. Damit ist die Anreicherung des Datenbestandes mit weiteren Daten notwendig, der dann die Datenbasis für eine neue Analyse darstellt.

2.3.2.2 Datenbereinigung

In der Datenbereinigung erfolgt eine erste Sichtung der integrierten Daten mit dem Ziel, Verunreinigungen in den Daten zu erkennen. Eine Analyse mit verunreinigten Daten kann zu falschen Ergebnissen führen, weshalb die Analyse der Daten in Bezug auf deren Qualität notwendig ist. Synonym zum Begriff Datenbereinigung wird auch „data cleansing“ oder „data cleaning“ verwendet. Im Wesentlichen lassen sich fünf Problemfelder nennen, mit denen sich ein Analyst im Rahmen der Datenbereinigung auseinander zu setzen hat. Diese sind fehlende Werte, fehlerhafte Werte, Ausreißerwerte, Redundanzen und Inkonsistenzen.

---

77 Beachtenswert ist die Argumentation in *Cochran (1972, S. 16 f.)*, dass durch weniger Daten deren Qualität steigt, da der Aufbereitungsschritt sorgfältiger durchgeführt werden kann.

78 Vgl. *Hernandez und Stolfo (1995, S. 128 ff.)*, worin Integrationsprobleme und deren Lösungsmöglichkeiten aufgezeigt werden.

Fehlende Werte treten häufig in Datenbanken auf, lassen sich jedoch leicht erkennen. Viele Mustererkennungsverfahren im Rahmen des Knowledge Discovery in Databases können nicht auf Daten mit fehlenden Werten angewendet werden, so dass Maßnahmen zur Beseitigung fehlender Werte ergriffen werden müssen.[79] In der Literatur wird häufig vorgeschlagen, Datensätze mit fehlenden Werten zu entfernen oder durch Imputationsverfahren Ersatzwerte für die fehlenden Werte zu bestimmen. Beispielsweise kann dies durch einen festgelegten Vorgabewert[80] oder einen Mittelwert geschehen, oder es wird ein Wert gewählt, der in einem bezüglich eines Ähnlichkeitsmaßes benachbarten Datensatz vorkommt.[81] Diese Vorschläge sind jedoch nicht unkritisch, da die Maßnahmen zur Behandlung fehlender Werte wesentlich von der Aufgabenstellung abhängig sind. Für einige Aufgabenstellungen sind beispielsweise gerade Datensätze mit fehlenden Werten interessant.[82]

Fehlerhafte Werte sind gegenüber fehlenden Werten sehr schwierig zu erkennen. Sie entstehen häufig durch Unachtsamkeit bei der manuellen Dateneingabe oder werden zu Betrugszwecken auch absichtlich falsch eingegeben. Neuere Ansätze, derartige Fehler zu entdecken, verwenden statistische Methoden oder Verfahren der Mustererkennung im Rahmen des Knowledge Discovery in Databases.[83] Für die Maßnahmen zur Behandlung gefundener fehlerhafter Werte gelten die selben Überlegungen wie für fehlende Werte.

Ein weiteres Problem sind Ausreißerwerte, worunter Werte verstanden werden, die sehr stark von den anderen Werten, die einen Normalbereich bilden, abweichen. Solche Daten können in Auswertungen zu fehlerhaften Schlüssen führen. Die Entdeckung von Ausreißerwerten ist ebenfalls schwierig, da die Frage geklärt werden muss, was der Normalbereich eigentlich ist. Darüber hinaus ist zu entscheiden, ob der Ausreißerwert tatsächlich vorgelegen hat, oder ob es sich dabei nicht um einen fehlerhaften Wert handelt. Auch bei der Behandlung von Ausreißerwerten ist insbesondere die Aufgabenstellung des Prozesses zu beachten.

---

79 Auch wenn Mustererkennungsverfahren gegenüber fehlenden Werten robust sind, so kann eine Ersetzung zu wesentlich genaueren Ergebnissen führen, wie beispielsweise in *Feelders (1999, S. 330 ff.)* am Beispiel eines Entscheidungsbaumverfahrens gezeigt wird.

80 Für eine Kritik dieser Wahl vgl. *Berry und Linoff (1997, S. 71)*.

81 Vgl. hierzu *Pyle (1999, S. 275 ff.)*. In *Liu et al. (1998, S. 184 ff.)* wird ein auf Entscheidungsbäumen basierendes Imputationsverfahren erläutert, während in *Ruhland, Wittmann und Lehmann (1997, S. 325 ff.)* auch andere Data-Mining-Verfahren zur Ersetzung fehlender Werte vorschlagen werden.

82 Vgl. hierzu *Adriaans und Zantinge (1996, S. 86)*.

83 Beispiele für derartige Verfahren zeigt *Meidan (o. J.)* in der Beschreibung des Werkzeuges WizRule auf, wobei neben statistischen Methoden eine Assoziationsregelgenerierung vorgeschlagen wird. Vgl. hierzu ebenfalls *Marcus, Maletic und Lin (2001, S. 590 f.)* oder das in *Simoudis, Livezey und Kerber (1995, S. 283 ff.)* vorgeschlagene Recon-System.

Das vierte Problemfeld ist die Redundanz in den Daten. Darunter wird die Speicherung der selben Informationen an mehreren Stellen verstanden, wobei zwischen redundanten Attributen und redundanten Datensätzen zu unterscheiden ist. Aus redundanten Attributen ergeben sich bei der Analyse beispielsweise offensichtliche Beziehungen, wie 1:1-Beziehungen der Attributwerte, die zwar eine Analyse nicht verfälschen, aber wodurch etwa eine bei der Generierung von Assoziationsregeln entstehende Regelmenge unnötig vergrößert wird. Ein Beispiel für eine derartige Redundanz ist das Vorliegen eines Attributes Anrede mit nur den Ausprägungen Herr und Frau neben einem Attribut Geschlecht. Redundante Datensätze werden oftmals durch die Existenz fehlerhafter Werte induziert.[84] Durch diese Art der Redundanz können Analyseergebnisse verfälscht werden, da durch die mehrfache Speicherung der Daten des selben Objektes Gewichtungen entstehen.[85]

Das letzte Problemfeld sind Inkonsistenzen im Datenbestand, die häufig durch die Datenintegration entstehen. Insbesondere sind hierbei unterschiedliche Bezeichnungen semantisch gleicher Datenwerte zu nennen. Beispielsweise können in einem das Geschlecht von Kunden angebenden Attribut sowohl die Ausprägungen {m, w} als auch die Ausprägungen {0, 1} vorliegen. Hierbei handelt es sich nicht um fehlerhafte Daten, sondern um unterschiedliche Darstellungen. Derartige Inkonsistenzen können ebenfalls zu verfälschten Analyseergebnissen führen.

Trotz guter Fortschritte, die im Bereich der Datenbereinigung bei der Entwicklung neuer Lösungsstrategien und Werkzeuge erzielt wurden,[86] bleibt eine wesentliche Aufgabe die manuelle Prüfung ausgewählter Merkmale. Als Hilfsmittel stehen hierfür insbesondere Methoden der Visualisierung bereit.

Vor dem Hintergrund der erläuterten Problemfelder wird in der Literatur immer häufiger die Nutzung eines Data Warehouse als Datengrundlage im Rahmen eines KDD-Prozesses vorgeschlagen. Wegen der zentralen Bedeutung des Data Warehouse in der Wirtschaftsinformatik wird der Begriff und die Einbettung im Rahmen des KDD kurz skizziert. Das Ziel eines Data Warehouse ist es, Entscheidungsträgern relevante Daten zur Entscheidungsunterstützung in

---

84 Ausführliche Beispiele befinden sich in *Adriaans und Zantinge (1996, S. 39 ff.)*.

85 Ansätze zur Erkennung und Behebung von Redundanzen sind beispielsweise in *Goldberg und Senator (1995, S. 137 ff.)* dargestellt.

86 Vgl. hierzu die Forschung unter dem Begriff „data quality mining", der in *Hipp, Güntzer und Grimmer (2001, S. 52 ff.)* erläutert wird.

adäquater Form effizient bereitzustellen. Durchgesetzt hat sich der Begriff Data Warehouse mit der folgenden Definition nach *Inmon (1996, S. 33)*:[87]

„A data warehouse is a *subject oriented, integrated, nonvolatile*, and *time variant* collection of data in support of management's decision."

Ein Data Warehouse wird damit durch die im Folgenden beschriebenen vier Haupteigenschaften erklärt.[88] Themenorientiert (*„subject oriented"*) bedeutet die Beschränkung der Datensammlung auf einen betrieblich relevanten Kernbereich. Dieser basiert auf dem Einsatzzweck des Data Warehouse. Unter dem Attribut vereinheitlicht (*„integrated"*) wird verstanden, dass die aus verschiedenen Vorsystemen stammenden Daten nach Übernahme in das Data Warehouse einen einheitlichen und konsistenten Datenbestand darstellen. Dabei existieren verschiedene Ausprägungen der Vereinheitlichung, wie zum Beispiel der Namensgebung von Attributen oder der Kodierung von Attributwerten. Die dritte Eigenschaft Dauerhaftigkeit (*„nonvolatile"*) bedeutet, dass einmal ins Data Warehouse fehlerfrei übernommene Daten aus den Vorsystemen nicht mehr geändert werden. Mit zeitorientiert (*„time variant"*) ist gemeint, dass die übernommenen Daten eines Data Warehouse einen Zeitbezug aufweisen, damit auch auf historische Daten für die Entscheidungsunterstützung zugegriffen werden kann.

Mit diesem Konzept liegt ein Datenbestand vor, der eine hohe Qualität der Daten bezüglich ihrer Korrektheit besitzt, was zusammen mit der Forderung der Vereinheitlichung den Datenbestand eines Data Warehouse als optimale Datenbasis im Rahmen eines Knowledge-Discovery-in-Databases-Prozesses erscheinen lässt. Der Vorteil der Nutzung des Data Warehouse besteht in der Aufwandsersparnis in den Phasen Integration und Datenbereinigung. Da diese Tätigkeiten, wie in Abb. 2.2 dargestellt, in praktischen Anwendungen erfahrungsgemäß über 60 % des Zeitaufwandes eines KDD-Prozesses beanspruchen, scheint diese Argumentation sinnvoll. Jedoch ist dabei Folgendes zu beachten.

Erstens existieren weiterhin Integrationsprobleme, wenn externe Daten zur Erfüllung einer KDD-Aufgabe benutzt werden sollen. Zweitens liegen Daten im Data Warehouse oft in aggregierter Form aus den operativen Vorsystemen vor, die für viele Analysen zu grob sind, da bei der Aggregation Informationen verloren gehen können. Beispielsweise werden bei einer Warenkorbanalyse die Daten über jeden gekauften Artikel jedes einzelnen Warenkorbes benötigt, die in der Regel nicht im Data Warehouse gespeichert werden, sondern in den

87 Eine hiervon leicht abweichende Formulierung wurde erstmalig in *Inmon (1993, S. 29)* angegeben.

88 Vgl. hierzu und zum Folgenden *Inmon (1996, S. 33 ff.), Mucksch und Behme (2000, S. 9 ff.), Chamoni und Gluchowski (1999a, S. 14 ff.), Stock (2001, S. 80 f.)* sowie *Holthuis (2001, S. 73 ff.).*

operativen Vorsystemen. Im Data Warehouse würde allenfalls der Umsatz bzw. die Gesamtanzahl eines jeden abverkauften Artikels gespeichert werden.[89]

Trotz dieser Probleme wird die Nutzung der Daten eines Data Warehouse in der Literatur oft vorgeschlagen. Dabei wird der Begriff Data Mining als Analysekonzept im Rahmen des Data Warehouse immer stärker diskutiert.[90] Sollen auf die Daten eines Data Warehouse Data-Mining-Verfahren angewendet werden, so ist darauf bei der Konzeption des Data Warehouse bereits zu achten. Dieser Aspekt findet bei Modellierungsansätzen bislang noch zu wenig Beachtung.

2.3.2.3 Attributsmanipulation

Liegt ein bereinigter Datenbestand vor, so können zusätzliche Attribute aus diesen Grunddaten erzeugt werden, wodurch verschiedene Zielsetzungen verfolgt werden. Zunächst kann ein neues Merkmal für bestimmte Aufgabenstellungen wichtig sein. Beispielsweise kann als Größe für eine Kundensegmentierung der Umsatz eines Kunden von Interesse sein, der für die Analyse jedoch erst aus den Daten für die Menge und den bezahlten Preis der gekauften Artikel gebildet werden muss. Hier fließt insbesondere die Interaktivität des Analysten ein, dessen Grundverständnis für die Problemstellung unerlässlich ist.

Eine weitere Zielsetzung der Berechnung neuer Attribute ist die Reduktion der Problemkomplexität, die sich durch die Zusammenfassung bestehender Attribute zu einem neuen ergibt, wodurch die Attributanzahl verringert wird. *Wittmann und Ruhland (1998, S. 88)* unterscheiden bei der Merkmalsreduktion zwischen Merkmalsextraktion und Merkmalsselektion. Bei der Merkmalsextraktion werden, wie im Beispiel dargestellt, bestehende Attribute zu einem neuen zusammengefasst. Als Verfahren zur Merkmalsextraktion wird in der Literatur häufig die Faktorenanalyse genannt.[91] Bei der Merkmalsselektion werden für die Aufgabenstellung

89 Vgl. hierzu *Bradley, Fayyad und Mangasarian (1998, S. 1).*

90 In dieser Arbeit bezeichnet Data Mining die eigentliche Analysephase des KDD-Prozesses. Bei der Nutzung von Data-Warehouse-Daten im Rahmen der Wissensentdeckung wird davon ausgegangen, dass die Datenvorbereitungsphase im KDD-Prozess nicht durchlaufen wird und somit der Prozess direkt mit der Data-Mining-Phase beginnt. Damit wird die Verwendung des Data-Mining-Begriffs im Zusammenhang mit dem Data Warehouse gerechtfertigt.

91 Vergleiche hierzu *Mardia, Kent und Bibby (1979, S. 255 ff.).* Gelegentlich wird, wie beispielsweise von *Famili et al. (1997, S. 13),* auch die Hauptkomponentenanalyse („principal component analysis“) genannt, die nach *Brachinger und Ost (1996, S. 661)* jedoch von der Faktorenanalyse abzugrenzen ist.

nicht oder schwach relevante Merkmale entfernt. Hierfür werden Filter- oder Wrapperverfahren angewendet.[92]

Schließlich wird mit der Berechnung neuer Attribute die Einschränkung der Anzahl unterschiedlicher Ausprägungen einzelner Attribute verfolgt, wodurch sich die Problemkomplexität ebenfalls reduzieren lässt. Beispielsweise kann ein Wertebereich eines Merkmales anders zusammengefasst werden, so dass daraus ein Merkmal mit weniger Werten entsteht. Dies ist etwa dann der Fall, wenn Hierarchien (Taxonomien) in den Daten berücksichtigt werden sollen.

2.3.2.4 Datentransformation

Die Kernaufgabe der Datentransformation ist die Anpassung der Daten an das zu verwendende Verfahren. Hierzu zählt insbesondere die Merkmalskodierung, die stark von den Merkmalstypen abhängt.[93] Dabei werden in der Literatur sehr häufig die Tätigkeiten Normierung, Diskretisierung und Umkodierung unterschieden.

Die Normierung[94] ist notwendig, da einige Algorithmen, beispielsweise eine Vielzahl von Künstlichen Neuronalen Netzen, nur numerische Daten zwischen 0 und 1 verarbeiten können. Damit müssen sämtliche zur Analyse verwendeten Merkmale Werte in diesem Bereich besitzen. Dies gelingt zum Beispiel, indem die Werte eines numerischen Merkmals wie etwa Einkommen, durch den Maximalwert dividiert und somit auf das Einheitsintervall abgebildet werden.

Unter Diskretisierung wird verstanden, die Werte einer kontinuierlichen Variablen in diskrete Klassen einzuteilen, da einige Algorithmen, zum Beispiel zur Erzeugung von Entscheidungsbäumen, nur diskrete Werte verarbeiten können. Eine Diskretisierung kann beispielsweise

---

92 Filterverfahren selektieren Attribute unabhängig vom Data-Mining-Verfahren, während bei den Wrapperverfahren die Attributsselektion Teil des Verfahrens ist. Vgl. hierzu *Kohavi und John (1998, S. 36 ff.).*

93 Einen Überblick über die vorkommenden Merkmalstypen gibt *Pyle (1999, S. 67).*

94 Vgl. *Pyle (1999, S. 239 ff.).*

durchgeführt werden, indem der gesamte Wertebereich der Variablen in äquidistante Intervalle zerlegt wird.[95]

Eine Umkodierung ist die dritte oft durchgeführte Aktion in der Transformationsphase. Dies kann beispielsweise bedeuten, dass Textattribute in numerische Werte umgewandelt werden, da viele Algorithmen nur numerische Werte verarbeiten können. Oftmals ist auch eine 1:n-Kodierung („flattening“) notwendig, bei der ein nominales Merkmal mit n Ausprägungen in n binären Merkmalen gespeichert wird.[96]

2.3.2.5 Aufteilung des Datenbestandes

Als letzte Tätigkeit in der Datenvorbereitung im Rahmen des KDD-Prozesses erfolgt die Aufteilung des für die Analyse zur Verfügung stehenden Datenbestandes. Eine Aufteilung ist beispielsweise zur Gütebestimmung der Ergebnisse notwendig. Ein typisches Beispiel ist die Erstellung eines Trainingsdatenbestandes und eines Testdatenbestandes für ein Klassifizierungsmodell. Mit dem Trainingsdatenbestand wird das Modell erstellt, welches anschließend anhand der Testdaten überprüft wird. Bei der Aufteilung des Datenbestandes ist insbesondere der Zweck der Aufteilung zu beachten. Zum Beispiel ist es bei der Bildung einer Testmenge in vielen Fällen notwendig, eine sorgfältig geplante Stichprobenziehung durchzuführen, da sonst wegen möglicher Strukturen in den Daten die Testergebnisse verfälscht werden können.

Nach dieser Phase liegen Datenbestände vor, auf die direkt die im Folgenden dargestellten Data-Mining-Verfahren angewendet werden können.

---

95 Einen Überblick für Diskretisierungsmöglichkeiten geben *Dougherty, Kohavi und Sahami (1995, S. 197 ff.)* sowie *Ho und Scott (1997, S. 191 ff.)*. Auch die umgekehrte Transformation, die Skalierung qualitativer Daten in quantitative kann notwendig sein, etwa wenn Data-Mining-Verfahren nur qualitative Werte verarbeiten können. Vgl. hierzu *Kauderer und Nakhaeizadeh (1998, S. 102 ff.)*.

96 Vgl. hierzu *Adriaans und Zantinge (1996, S. 46)* sowie *Fahrmeir, Häußler und Tutz (1984, S. 345)*.

2.3.3 Data Mining

In der Data-Mining-Phase findet die Anwendung der Analyseverfahren statt. Da sich hierfür der Begriff Data Mining in der Literatur durchgesetzt hat, wird zunächst die folgende Definition nach *Fayyad, Piatetsky-Shapiro und Smyth (1996b, S. 9)* gegeben:

„Data Mining [sic!] is a step in the KDD-process consisting of particular data mining algorithms that, under some acceptable computational efficiency limitations, produce a particular enumeration of patterns ...".

Hierbei wird zunächst deutlich, dass Data Mining nur eine Phase des KDD-Prozesses ist und somit nicht mit diesem gleichgesetzt werden kann.[97] In dieser Phase wird eine Anzahl von Mustern durch einen Algorithmus generiert, wobei hier die Effizienz der Verfahren ausdrücklich gefordert wird, woraus sich die Effizienzforderung im Rahmen des Knowledge Discovery in Databases ergibt.

Für die Analyse gibt es eine Vielzahl von effizienten Methoden, deren Auswahl für die Bearbeitung einer Aufgabenstellung nicht einfach ist. Wesentliche Kriterien zur Auswahl der richtigen Methode fassen *Küppers (1999, S. 87)* sowie *Berry und Linoff (1997, S. 422 f.)* zusammen. Im nachfolgenden Abschnitt 2.3.3.1 werden ein Überblick und eine Zuordnung von Data-Mining-Methoden zu den in Abschnitt 2.3.1 skizzierten Aufgabenstellungen gegeben und ausgewählte häufig angewandte Verfahren kurz erläutert.

Anschließend erfolgt in Abschnitt 2.3.3.2 eine Abgrenzung des Analyseansatzes Data Mining von den Analyseansätzen Data Access und OLAP, die besonders als konkurrierende Analyseansätze im Zusammenhang mit dem Data-Warehouse-Konzept diskutiert werden.

---

97 Der Begriff Data Mining wird häufig auch synonym zur Bezeichnung Knowledge Discovery in Databases verwendet, was daher resultiert, dass die Bezeichnung Data Mining schon vor 1989 in der Statistik aufgetreten ist und sich als Schlagwort für die Mustererkennung in großen Datenbeständen eignete. Vgl. hierzu *Bradley, Fayyad und Mangasarian (1998, S. 3)*, *Fayyad, Piatetsky-Shapiro und Smyth (1996a, S. 40)* sowie die Erläuterungen bei *Adriaans und Zantinge (1996, S. 5)*. *Piatetsky-Shapiro (2000, S. 59)* zeigt anhand der Anzahl der die jeweiligen Begriffe enthaltenen Internetseiten, dass die Nutzung des Begriffs Data Mining wesentlich stärker gewichtet ist als der Begriff KDD. Das wachsende Interesse am Bereich Data Mining zeigt sich beispielsweise an der Einschätzung von *Claus und Schwill (2001, S. 151)*: „Data Mining gilt als künftig wichtiges Gebiet in Wissenschaft und Wirtschaft."

2.3.3.1 Ausgewählte Verfahren

Wie auch bei den Aufgabenstellungen ist eine vollständige Aufzählung der benutzten Data-Mining-Verfahren nicht möglich. Jedoch können den Aufgabenstellungen typische Verfahren zugeordnet werden, mit denen sie bearbeitet werden können.

Die in der Literatur sehr häufig angewendeten Methoden werden im Folgenden den Aufgabenstellungen (vgl. Abschnitt 2.3.1) zugeordnet und in den folgenden Abschnitten genauer erläutert.[98] Diese sind Entscheidungsbaumverfahren (Abschnitt 2.3.3.1.1), mit denen Klassifikations- und Regressionsmodelle erstellt werden können. Ferner werden Künstliche Neuronale Netze (Abschnitt 2.3.3.1.2) erläutert, die als Klassifikations- bzw. Regressionsmodell sowie bei der Bildung von Clustern Anwendung finden. In Abschnitt 2.3.3.1.3 werden Clusterverfahren beschrieben. Verfahren zur Assoziationsanalyse sind typische Verfahren für die Abhängigkeitsentdeckung und sind Gegenstand von Kapitel 3, so dass sie in diesem Abschnitt nicht genauer erläutert werden. Abb. 2.4 stellt die Zuordnung der Methoden zu den Aufgabenstellungen zusammenfassend dar:

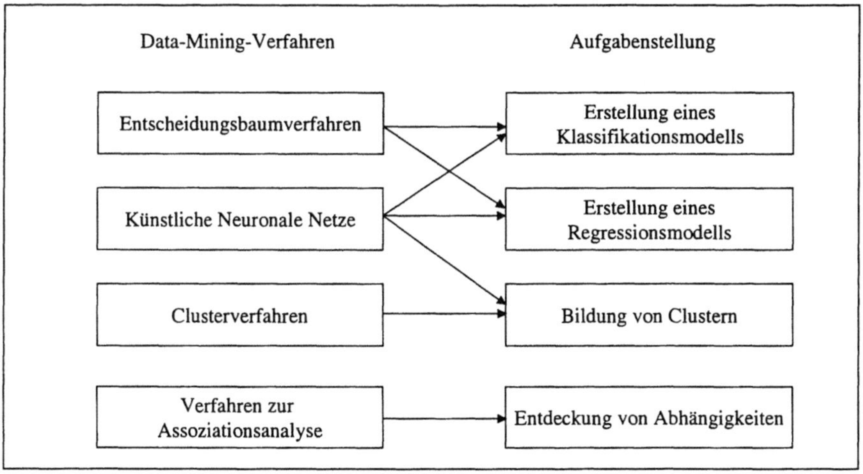

Abb. 2.4: Zuordnung der Verfahren des Data Mining

[98] Vgl. hierzu *Säuberlich (2000, S. 46)* sowie die Umfrage von *Piatetsky-Shapiro (2002b)*.

Es ist schwierig, neben der vollständigen Aufzählung auch eine Klassifizierung der Verfahren vorzunehmen.[99] Durchgesetzt hat sich die aus dem Bereich des Maschinellen Lernens stammende Einteilung in überwachte und unüberwachte Verfahren.[100]

Bei einem überwachten Verfahren ist das Ergebnis, das durch das Modell abgebildet werden soll, a priori bekannt. Dies ist besonders bei Klassifikationsmodellen der Fall, wobei die Datensätze des Analysedatenbestandes jeweils eine bekannte Variable enthalten, in der die Klassenzugehörigkeit codiert ist. Durch das überwachte Verfahren werden Modellparameter derart geändert, dass die durch das Modell generierten Klassifikationswerte mit den tatsächlich vorliegenden größtenteils übereinstimmen. Werden zu viele Objekte durch das Modell fehlerhaft klassifiziert, so müssen die Parameter angepasst werden.

Beim unüberwachten Verfahren werden keine weiteren Vorgaben für das durch ein Muster dargestellte Ergebnis spezifiziert. Hierbei werden die Datensätze unabhängig von Ergebniserwartungen verarbeitet. Modellparameter werden beispielsweise dann angepasst, wenn Muster sich wiederholen.

Da die Einteilung der Verfahren in überwachte bzw. unüberwachte Verfahren nicht unproblematisch ist, gibt es Vorschläge, welche die Verfahren nach den in Abschnitt 2.3.1 erläuterten Hauptaufgaben Beschreibung und Vorhersage klassifizieren. Im Wesentlichen stimmt diese Einteilung jedoch mit der Einteilung gemäß überwachter bzw. unüberwachter Verfahren überein.[101]

Für die Beschreibung der Data-Mining-Verfahren schlagen *Fayyad, Piatetsky-Shapiro und Smyth (1996b, S. 16)* vor, nach den Hauptkomponenten der Verfahren, nämlich Modellrepräsentation, Modellevaluation und Suchverfahren, zu unterscheiden. Dabei wird unter Modellrepräsentation die Darstellungsform der Muster verstanden und unter Modellevaluation die Güte eines Modells. Unter Suchverfahren wird unterschieden, ob das Verfahren Parameter eines Modells mit vorgegebener Struktur bestimmt oder ob das Verfahren darüber hinaus auch

---

99 Mögliche Klassifizierungsindikatoren geben *Hagedorn, Bissantz und Mertens (1997, S. 605)*. Eine problemorientierte Systematisierung der Data-Mining-Verfahren behandelt *Küppers (1999, S. 81 ff.)*. Häufig wird für die Einteilung auch die Bezeichnung Lernverfahren verwendet, die so nicht für alle Data-Mining-Verfahren sinnvoll ist. Beispielsweise werden bei der Assoziationsregelgenerierung klar definierte Größen bestimmt, was eigentlich nicht dem Lernen im Sinne des Maschinellen Lernens (vgl. hierzu *Wrobel, Morik und Joachims (2000, S. 518 f.)*) entspricht. Der Ausdruck kann jedoch sinnvoll bei der Mustererkennung bezüglich der Klassifikationsmodellerstellung oder der Bildung von Clustern angewendet werden.

100 Vgl. etwa *Decker und Focardi (1995, S. 3 ff.)*, *Rudolph (1999, S. 4)* sowie *Krahl, Windheuser und Zick (1998, S. 59 ff.)*.

101 Vgl. *Pyle (1999, S. 33 ff.)*.

die Struktur des Modells anpasst. Bei den folgenden Beschreibungen wird auf diese Komponenten soweit wie möglich eingegangen.

2.3.3.1.1 Entscheidungsbaumverfahren

Entscheidungsbäume sind typische Modelle, die zur Klassifikation eingesetzt werden.[102] Die ersten Generierungsverfahren wurden bereits in den sechziger Jahren entwickelt, deren Verbesserungen heute in den meisten Data-Mining-Werkzeugen zum Standard zählen.[103]

Ziel eines Klassifikationsverfahrens ist die Erzeugung eines Modells, mit dem ein Datenobjekt in eine von mehreren, vorgegebenen Klassen eingeordnet werden kann. Stellen die Klassen Intervalle einer stetigen Regressionsvariablen dar, so kann ein derartiges Verfahren auch zur Regressionsmodellerstellung angewendet werden.[104] Die folgenden Ausführungen beziehen sich aus Vereinfachungsgründen nur auf die Erzeugung von Klassifikationsmodellen. Um derartige Modelle zu erstellen, ist die Existenz eines Datenbestandes notwendig, dessen Datenobjekte ein ausgezeichnetes, die Klassenzugehörigkeit angebendes Merkmal besitzen. Es handelt sich dabei um eine sogenannte Trainingsmenge, die in einem überwachten Verfahren verarbeitet wird.

Die Grundidee bei den Entscheidungsbaumverfahren besteht in der sukzessiven Aufsplittung der Trainingsmenge, so dass sich in den daraus resultierenden Teilmengen homogenere Gruppen bezüglich der Klassifikationsvariablen befinden. Als Beispiel liege für eine Kreditwürdigkeitsprüfung eine Menge von Datensätzen vor, die jeweils einen Kunden beschreiben. Dabei werden 50 % der Datensätze als kreditwürdig bezeichnet, während die restlichen Datensätze das Klassifikationsmerkmal kreditunwürdig aufweisen. Durch eine Aufteilung des Datenbestandes sollen zwei Teilmengen derart entstehen, dass sich in der einen Teilmenge mehr Datensätze mit der Eigenschaft kreditwürdig befinden, wogegen in der anderen Teilmenge die als kreditunwürdig gekennzeichneten Datensätze überwiegen. Beide Teilmengen weisen

---

[102] In einigen Publikationen, wie etwa in der von *Breiman et al. (1984)*, findet deshalb auch der Begriff Klassifikationsbäume Anwendung.

[103] Erste Arbeiten legten *Hunt, Marin und Stone (1966)* mit der Vorstellung ihres „concept learning systems" (CLS) vor, woraus eine Klasse von Verfahren zur Generierung von Entscheidungsbäumen entstand. Eine weitere Klasse von Verfahren basiert auf der in *Morgan und Sonquist (1963a)* und in *Morgan und Sonquist (1963b)* vorgestellten „automatic interaction detection" (AID) Technik.

[104] Die Anwendung von Entscheidungsbaumverfahren zur Regressionsmodellerstellung ist prinzipiell möglich, wird aber wegen der sehr gut entwickelten statistischen Verfahren, die für diese Aufgabe eingesetzt werden, kaum durchgeführt.

damit eine bessere Homogenität bezüglich der Klassifikationsvariablen als der Ausgangsdatenbestand auf.

Die Regel, nach welcher die Aufteilung einer Menge in Teilmengen durchgeführt wird, ist ein wesentliches Unterscheidungsmerkmal der Entscheidungsbaumverfahren. Erfolgt die Aufteilung anhand jeweils eines Merkmales der Datensätze, so liegen die klassischen univariaten Verfahren vor, während neuere, sogenannte multivariate Entscheidungsbaumverfahren auch Linearkombinationen von Attributwerten zur Bestimmung der Aufteilungsregel verwenden.[105]

Das Ergebnis eines solchen Verfahrens kann wie in Abb. 2.5 grafisch als Baum dargestellt werden.

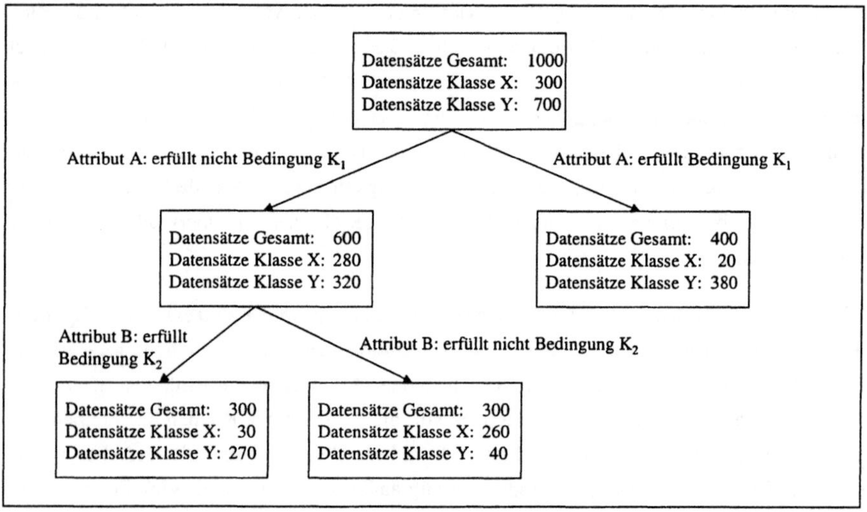

Abb. 2.5: Beispiel eines Entscheidungsbaumes

Dieser Baum besteht aus Knoten, welche die Teilmengen des Datenbestandes repräsentieren, und Kanten, an denen die jeweilige Aufteilungsvorschrift angegeben ist. Die Bezeichnungen in den Knoten sind Angaben über die Elemente in den jeweiligen Mengen differenziert nach deren Ausprägungen des Klassifikationsmerkmales. An den Kanten sind die Ausprägungen der Merkmale notiert, nach denen die entsprechende Ausgangsmenge in ihre Teilmengen

[105] Eine generelle Betrachtung multivariater Entscheidungsbäume geben *Brodley und Utgoff (1995, S. 47 ff.)* sowie *Liu und Setiono (1998, S. 280 ff.)*. Vorschläge für multivariate Entscheidungsbäume geben *Loh und Shih (1997, S. 827)*, *Brodley und Utgoff (1992, S. 2 ff.)* sowie *Brown, Pittard und Park (1996, S. 700 ff.)*. Für einen Überblick, welche Methoden zur univariaten Attributsauswahl herangezogen werden vgl. *Fayyad und Irani (1992, S. 105 ff.)* sowie *Shih (1999, S. 312 ff.)*.

aufgespalten wurde. Ausgezeichnete Knoten sind der Wurzelknoten, der keinen Vorgängerknoten besitzt, und die Endknoten, die keine Nachfolgerknoten besitzen.[106] Der Wurzelknoten repräsentiert die gesamte Trainingsmenge, auf deren Grundlage das Modell erstellt wird, während die Endknoten Mengen von Datensätzen darstellen, deren Homogenität bezüglich der Klassifikationsvariable hinreichend groß ist, so dass alle Elemente dieser Menge einer bestimmten Klasse zugeordnet werden.

In Abb. 2.5 ist beispielsweise zu erkennen, dass im Wurzelknoten insgesamt 1000 Datensätze betrachtet werden, von denen 300 einer Klasse X und 700 einer Klasse Y angehören. Die erste Aufteilung des Gesamtdatenbestandes erfolgt durch die Überprüfung, ob ein Attribut A eine Bedingung K_1 erfüllt oder nicht. Durch diese Separation entsteht in dem Beispiel ein Knoten, der 380 Datensätze der Klasse Y beinhaltet und nur 20 Datensätze der Klasse X.

Anhand eines Entscheidungsbaumes können neue Objekte in eine Klasse eingeordnet werden, indem der zugehörige Datensatz vom Wurzelknoten ausgehend gemäß der Aufteilungsregeln an den Kanten immer weiter in die entsprechenden Teilmengen eingeordnet wird, bis schließlich ein Endknoten erreicht wird, dessen Klassenzugehörigkeit auf das Objekt übertragen wird. In dem in Abb. 2.5 dargestellten Beispiel, kann für einen neuen Datensatz, dessen Attribut A die Bedingung K_1 erfüllt, eine voraussichtliche Zugehörigkeit zur Klasse Y abgeleitet werden. In ähnlicher Weise kann aus dem Entscheidungsbaum eine Regelbasis erzeugt werden, indem die einzelnen Aufteilungskriterien als Prämissen und die Klasse des Endknotens als Konklusion benutzt wird.[107]

Wie bereits angemerkt, lassen sich die Entscheidungsbaumverfahren nach deren jeweiligen Aufteilungsregeln differenzieren. Unterschieden wird dabei nach dem Maß für die Homogenität eines Knotens sowie der aus diesem Maß folgenden Anzahl der Teilknoten, in die ein Knoten aufgeteilt werden kann.[108] Es lassen sich anhand dieser Maße folgende drei Klassen bekannter Verfahren differenzieren. Die erste Verfahrensklasse basiert auf den „concept learning systems“ (CLS) von *Hunt, Marin und Stone (1966)*, woraus Quinlan den bekannten

---

106 Die hier verwendeten Begriffe zur Beschreibung eines Baumes stammen aus der Graphentheorie. Siehe hierzu etwa die Definitionen in *Aigner (2001, S. 88 ff.)*, *Jungnickel (1994, S. 17 ff.)* sowie in *Turau (1996, S. 47)*.

107 In der Literatur und in Data-Mining-Werkzeugen wird der Entscheidungsbaum häufig modifiziert dargestellt. In den Knoten werden dabei die zur Aufspaltung betrachteten Attribute notiert, während die Bedingungen auf den Kanten eingetragen sind. Vgl. dazu *Ester und Sander (2000, S. 126)*, *Han und Kamber (2001, S. 284)* oder *Fayyad (1994, S. 602)*. In der in Abb. 2.5 gewählten Darstellung sind jedoch mehr Informationen über das Klassifikationsmodell enthalten.

108 Vgl. hierzu den Überblick von *Borgelt und Kruse (1998, S. 83 ff.)*.

ID3-Algorithmus und den C4.5-Algorithmus entwickelte.[109] Eine zweite Klasse von Verfahren entstammt den in *Morgan und Sonquist (1963a)* und in *Morgan und Sonquist (1963b)* vorgestellten Automatic-Interaction-Detection-Verfahren (AID-Verfahren), woraus die Erweiterungen zum THAID-Algorithmus und zum bekannten CHAID-Algorithmus resultierten.[110] Als dritte Verfahrensklasse ist die CART-Gruppe zu nennen, deren Algorithmen zwar nur binäre Aufteilungen zulassen, dafür jedoch auch für die Erstellung eines Regressionsmodells einsetzbar sind.[111] Neben diesen univariaten, hauptsächlich in Anwendungen genannten Verfahren ist eine Vielzahl weiterer Algorithmen für unterschiedliche spezialisierte Anforderungen entwickelt worden.[112]

Die Güte eines Entscheidungsbaumes kann anhand der Fehlklassifikationsquote gemessen werden.[113] Diese gibt den Anteil der durch das Modell fehlerhaft klassifizierten Datensätze zur Gesamtanzahl der klassifizierten Datensätze an. Wichtig ist, dass diese Fehlklassifikationsquote nicht auf dem Trainingsdatenbestand, sondern auf einer davon unabhängigen Testmenge zu ermitteln ist.[114] Darüber hinaus kann auch eine Fehlklassifikationsquote bezüglich des zur Modellierung eingesetzten Datenbestandes ermittelt werden.[115] Diese Größe ist jedoch in ihrer Aussagefähigkeit beschränkt, da sie durch weitere Aufteilungen der Endknoten

---

109 Vgl. für den ID3-Algorithmus *Quinlan (1986)* sowie für den C4.5-Algorithmus *Quinlan (1993)*. Wesentlich für die Attributauswahl ist die Nutzung des in *Shannon (1948a)* und *Shannon (1948b)* eingeführten Entropie-Maßes, welches insbesondere in der Informationstheorie verwendet wird. Für eine Anwendung des C5.0-Algorithmus, welcher Nachfolger des C4.5-Algorithmus ist, vgl. *McQuatt et al. (1999, S. 340 ff.)*.

110 Für den THAID-Algorithmus (THAID steht für Theta-AID) vgl. *Messenger und Mandell (1972)*. Eine Darstellung des CHAID-Algorithmus (CHAID bedeutet Chi-square-AID) befindet sich in *Kass (1980)*. In diesen Algorithmen finden statistische Messgrößen, wie etwa der χ^2-Wert beim CHAID-Algorithmus, als Auswahlmaß Anwendung. Für betriebswirtschaftliche Anwendungen des CHAID-Algorithmus vgl. die Aufstellung in *Temme und Decker (1999, S. 5)* sowie *Baron und Phillips (1994, S. 78 ff.)*.

111 CART ist die Abkürzung für den von *Breiman et al. (1984)* vorgestellten Algorithmus „classification and regression trees". Das Auswahlmaß ist wesentlich vom Gini-Index beeinflusst. Zur Anwendung dieses Verfahrens bezüglich der Regression vgl. auch *Apté und Weiss (1997, S. 206 ff.)* sowie für einen multivariaten Regressionsbaum *Forouraghi, Schmerr und Prabhu (1994, S. 608 ff.)*. In die CART-Gruppe gehören die aktuell diskutierten Algorithmen SLIQ („supervised learning in Quest"; vgl. *Mehta, Agrawal und Rissanen (1996)*) und SPRINT („scalable parallelizable induction of decision trees"; vgl. *Shafer, Agrawal und Mehta (1996)*).

112 Für Performanzvergleiche zwischen den Verfahren vgl. *Mingers (1989, S. 331 ff.)* sowie *Lim, Loh und Shih (2000, S. 11 ff.)*.

113 Dabei wird neben der reinen Fehlklassifikationsrate auch eine Bewertung der Fehlklassifikationen beispielsweise in Form von Kosten betrachtet, welche wiederum in die Aufteilungsregeln einfließen. Vgl. hierzu *Ting (1998, S. 140 ff.)*.

114 Die Testmenge muss vor der Modellierung des Entscheidungsbaumes erstellt werden, und die Datensätze müssen dieselbe Struktur wie die Trainingsmenge besitzen. Die Erzeugung der Testmenge geschieht in der Tätigkeit Aufteilung des Datenbestandes (vgl. Abschnitt 2.3.2.5).

115 Diese Quote ist in der Regel ungleich Null, da in einem Endknoten alle Datensätze derselben Klasse zugeordnet werden, unabhängig von der tatsächlich vorliegenden Klassenzugehörigkeit.

in homogenere Knoten verringert werden kann. Je stärker die Auffächerung des Baumes jedoch ist, desto fehlerhafter werden Klassifizierungen auf einem unbekannten Datenbestand wie der Testmenge sein.[116]

Um diesen Effekt einzuschränken, wird bei Entscheidungsbäumen die Technik des Pruning angewendet. Dabei wird durch Entfernen einzelner Knoten und Kanten die Fehlklassifikationsquote auf der Testmenge verringert, während sie sich auf der Trainingsmenge hinreichend gering vergrößert. Das Pruning dient ebenfalls dazu, den Baum so einfach wie möglich zu halten.[117]

Vorteile der Entscheidungsbaumverfahren sind eine leicht verständliche Darstellung der Regeln, die zur Klassifikation eingesetzt werden können. Nachteilig wirkt sich in der Praxis oft aus, das gerade bei geprunten Bäumen nicht alle Endknoten eine eindeutige Klassifikation ermöglichen, und dass Entscheidungsbäume schnell unübersichtlich werden können. Dennoch haben sie sich im Rahmen des KDD als starke Verfahren zur Klassifikation erwiesen.

2.3.3.1.2 Künstliche Neuronale Netze

Künstliche Neuronale Netze (KNN) entstammen dem Gebiet der Künstlichen Intelligenz und verfolgen das Ziel, durch Nachbildung der Arbeitsweise des menschlichen Gehirns,[118] welches aus Neuronen und deren Verknüpfungen besteht, Aufgaben des KDD zu bearbeiten. Künstliche Neuronale Netze werden für die Aufgaben Erstellung eines Klassifikationsmodells, Erstellung eines Regressionsmodells und für die Clusterbildung erfolgreich angewendet.[119]

---

116 Ist die Fehlklassifikationsquote bezüglich der Trainingsmenge gering, bezüglich der Testmenge aber sehr hoch, so wird dies auch als Overfitting bezeichnet. Vgl. hierzu *Ester und Sander (2000, S. 131 f.)* sowie *Schaffer (1993, S. 155 ff.)*, der einen Überblick über Strategien zur Vermeidung des Overfitting gibt.

117 Für einen Überblick über Pruningstrategien vgl. *Bohanec und Bratko (1994, S. 228 ff.)* sowie *Ester und Sander (2000, S. 133 ff.)*.

118 Vgl. *Zell (2000, S. 23 f.)* sowie *Mallot, Hübner und Stürzl (2000, S. 73 f.)*. Diese eher biologische Sichtweise entstammt aus dem Forschungsgebiet Künstliche Intelligenz. Aus mathematischer Sicht kann ein Künstliches Neuronales Netz als Funktionsapproximation dargestellt werden, die unabhängig von der eher bildlichen Sichtweise hergeleitet worden ist (vgl. hierzu *Rudolph (1999, S. 232 ff.)*.

119 Zur Verwendung Künstlicher Neuronaler Netze im Rahmen des KDD vgl. *Fayyad, Piatetsky-Shapiro und Smyth (1996a, S. 46 f.)*. Eine Darstellung der Entwicklung Künstlicher Neuronaler Netze gibt *Hamilton (1993, S. 21 ff.)* sowie *McCord Nelson und Illingworth (1990, S. 26 ff.)*.

Ein Künstliches Neuronales Netz besteht aus einer Anzahl von als Neuronen bezeichneten Verarbeitungseinheiten und deren zugehörigen Verbindungen. Letztere dienen dazu, Ausgabewerte von Neuronen zu gewichten und diesen Wert als Eingabewert an verbundene Neuronen weiterzuleiten. Die Neuronen bestehen aus einer Eingabefunktion, einer Aktivierungsfunktion und einer Ausgabefunktion. Durch die Verbindungen erhält ein Neuron mehrere gewichtete Eingabewerte von vorgelagerten Neuronen. Diese Werte werden durch die Eingabefunktion zu einem Wert verknüpft, und aus diesem wird durch Anwendung der Aktivierungsfunktion ein Aktivierungszustand des Neurons bestimmt. Durch diesen wird durch die Ausgabefunktion ein Ausgabewert des Neurons ermittelt. Dieser kann wieder über Verbindungen an ein nachfolgendes Neuron weitergeleitet oder als Ausgabewert eines Netzes genutzt werden.[120]

Durch die Verbindungen zwischen den Neuronen entsteht ein Netzwerk, das sich in verschiedene Schichten segmentieren lässt. Ausgezeichnete Schichten sind einerseits die Eingabeschicht, deren Neuronen die Eingabewerte direkt durch die benutzten Daten und nicht durch Ausgabewerte vorgelagerter Neuronen erhalten. Andererseits gibt es eine Ausgabeschicht, deren Neuronen keine Nachfolgeneuronen besitzen, sondern deren Ausgabewerte für Aussagen über den Datenbestand genutzt werden können. Neben diesen beiden Schichten, welche die Schnittstellen des Systems zur Umwelt darstellen, gibt es Künstliche Neuronale Netze mit Zwischenschichten, deren Neuronen also Daten von vorangehenden Neuronen erhalten, diese verarbeiten und die Ausgabewerte an nachfolgende Neuronen weitergeben.[121]

Die Modellierung eines Künstlichen Neuronalen Netzes erfolgt durch die Vorgabe einer Grundstruktur, welche Anzahl, Typ und Anordnung der Neuronen sowie die Verbindungseinheiten mit deren Gewichtsspezifikationen umfasst. Anschließend wird dieses Modell anhand eines Datenbestandes angepasst und zwar indem die Gewichte der Verbindungseinheiten nach bestimmten Lernregeln verändert werden.[122]

---

120 Zum Aufbau und Funktionsweise von künstlichen Neuronen vgl. *Grauel (1992, S. 28 ff.)*, *Hoffmann (1993, S. 14 ff.)*, *Brause (1995, S. 38 ff.)*, *Köhle (1990, S. 63 ff.)*, *Kratzer (1990, S. 22 ff.)* sowie *Rojas (1996, S. 23)*.

121 Zur Topologie der Künstlichen Neuronalen Netze vgl. den Aufbau des Buches von *Kinnebrock (1994, S. 5 f.)* und *Brause (1995, S. 7 ff.)* sowie *Kratzer (1990, S. 33 ff.)*.

122 Dieser Prozess wird auch als Training des Modells bezeichnet. Zum Training Künstlicher Neuronaler Netze vgl. *Neuneier und Zimmermann (1998)*, *Kratzer (1990, S. 165 ff.)*, *Anders (1997, S. 89 ff.)* sowie *Nauck, Klawonn und Kruse (1996, S. 24 ff.)*. Für Darstellungen von Lernregeln vgl. *Rojas (1996, S. 77 ff.)*, *Hoffmann (1993, S. 57 ff.)*, *Köhle (1990, S. 84 ff.)* und *Zell (2000, S. 83 ff.)*. Einen Überblick über allgemeine Lerntheorien und deren Simulation in Künstlichen Neuronalen Netzen geben *Lenz und Meretz (1995, S. 89 ff.)*.

Die Grundstruktur und die Lernregeln sind wesentliche Unterscheidungsmerkmale Künstlicher Neuronaler Netze.[123] Im Folgenden werden die wichtigsten im Data Mining zur Anwendung kommenden Arten Künstlicher Neuronaler Netze dargestellt. Der eine Typ wird als vorwärts gerichtetes Künstliches Neuronales Netz bezeichnet und als Regressions- oder Klassifikationsmodell verwendet, der andere Typ ist als Kohonen-Netz oder als selbstorganisierende Karte bekannt, mit dem Clusterbildungen vorgenommen werden können.

Ein einfaches vorwärts gerichtetes Netz besteht aus einer Eingabeschicht, einer Zwischenschicht und einer Ausgabeschicht, wie es in Abb. 2.6 grafisch dargestellt wird.[124] Die Eingabewerte sind dabei ausgewählte Attributwerte des zu verarbeitenden Datensatzes, der Ausgabewert ist der durch die Verarbeitung resultierende Wert, der als Regressionsschätzer oder als Klassifikator verwendet werden kann.

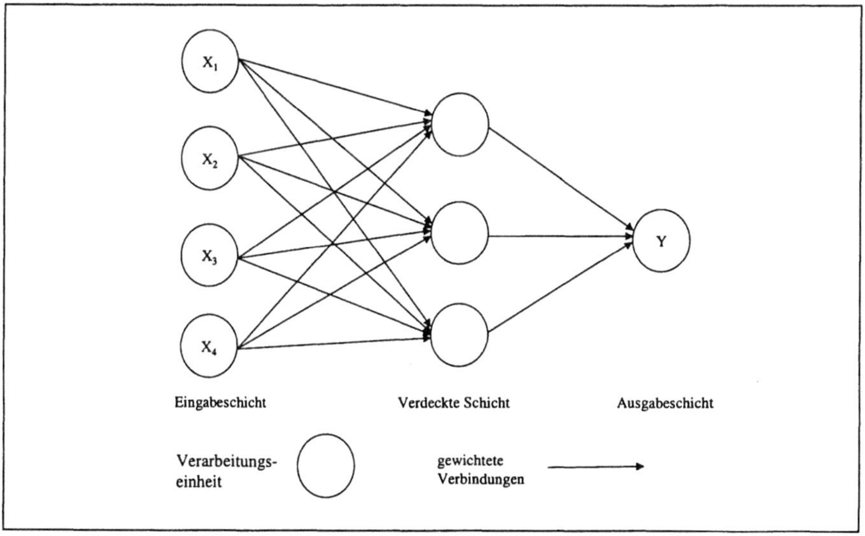

Abb. 2.6: Vorwärts gerichtetes Künstliches Neuronales Netz

[123] Einen Überblick über Klassifikationsmerkmale für Künstliche Neuronale Netze zeigen *Düsing (1997, S. 93 ff.)* sowie *Dorffner (1991, S. 77 f.)* auf.

[124] In diesem Fall besteht die Ausgabeschicht nur aus einem Neuron, was aber nicht allgemeingültig ist. In der englischsprachigen Literatur werden vorwärts gerichtete Netze als „feed forward networks" bezeichnet. Die bekanntesten Netze dieser Art, welche im Data Mining Anwendung finden, sind die auf *Rosenblatt (1958)* basierenden mehrschichtigen Perceptrons. Vgl. hierzu *Kinnebrock (1994, S. 25 ff.)*, *Brause (1995, S. 89 ff.)* sowie *Zell (2000, S. 97 ff.)*.

Da ein Klassifikationsmodell erstellt werden soll, ist wie bei den Entscheidungsbäumen ein Datenbestand notwendig, dessen Datensätze eine Klassifikationsvariable enthalten. Die Daten der einzelnen Merkmale eines jeden Datensatzes werden in die Eingabeneuronen eingegeben. Diese verarbeiten die Eingabewerte, ermitteln den Aktivierungszustand und geben die Ausgabewerte über die gewichteten Verbindungen an die Neuronen der Zwischenschicht weiter. Diese Verarbeitungsprozedur wiederholt sich bei den Neuronen der Zwischenschicht und es erfolgt eine Weitergabe der Werte an das Neuron der Ausgabeschicht. Der zugehörige Ausgabewert spiegelt den durch das Künstliche Neuronale Netz bestimmten Wert der Klassenzugehörigkeit wider. Im Falle einer Abweichung von der tatsächlich vorliegenden Klasseneinteilung setzt ein Lernalgorithmus ein, bei welchem die Gewichte der Verbindungseinheiten derart modifiziert werden, dass anschließend der Ausgabewert des Modells mit der tatsächlichen Klassifikationsvariablen übereinstimmt.[125]

Die Güte dieses Modells kann wie bei den Entscheidungsbäumen durch die Fehlklassifikationsquote ermittelt werden. Um mit dieser sinnvolle Aussagen über die Modellgüte treffen zu können, muss neben dem Trainingsdatenbestand auch ein davon unabhängiger Testdatenbestand vorliegen. Der bei den Entscheidungsbäumen dargestellte Unterschied zwischen Fehlklassifikationsquoten bezüglich des benutzten Datenbestandes tritt auch bei diesen Modellen entsprechend auf.[126]

Vorwärts gerichtete Netzwerke sind in der Praxis sehr erfolgreich zur Erstellung von Klassifikations- und Regressionsmodellen eingesetzt worden.[127] Nachtteilig bei diesen Netzen ist, dass aus ihnen keine expliziten Klassifikations- bzw. Regressionsregeln ableitbar sind und dass ausschließlich Daten mit numerischen Merkmalsausprägungen verarbeitet werden können.

---

125 Dieser Fall wird als Adaption der Gewichte bezeichnet. Die Darstellung eines Wertes aus den Grunddaten wird Reproduktion genannt. Das hier geschilderte Verfahren ist unter dem Begriff „back propagation" bekannt. Vgl. hierzu *Brause (1995, S. 240 ff.)*, *Freeman und Skapura (1992, S. 89 ff.)* sowie *Kinnebrock (1994, S. 39 ff.)*.

126 Vgl. dazu die Erläuterungen in Abschnitt 2.3.3.1.1. Zum Problem des Overfitting und zu dessen Behebung beispielsweise durch Pruning im Künstlichen Neuronalen Netz vgl. *Brause (1995, S. 253 ff.)* sowie *Zimmermann (1994, S. 58 ff.)*.

127 *Graf (1995, S. 188 ff.)*, *Poddig (1994, S. 254 ff.)* und auch *Baun (1994, S. 171 ff.)* zeigen ein Regressionsmodell zur Finanzmarktanalyse. *Lohrbach (1994, S. 99 ff.)*, *Kerling und Poddig (1994, S. 436 ff.)* und *Schmidt von Rhein und Rehkugler (1994, S. 502 ff.)* zeigen Anwendungen Künstlicher Neuronaler Netze zur Kreditwürdigkeitsprüfung auf. Die Entdeckung interessanter Käuferklassen mittels Künstlicher Neuronaler Netze beschreiben *Dastani (2000, S. 57 ff.)* sowie *Jung und Wiedmann (1999, S. 437 ff.)*. Beispiele zur industriellen Anwendung Künstlicher Neuronaler Netze befinden sich in *Schöneburg (1993)* und in *Croall und Mason (1992)*.

Die durch *Kohonen (1982)* eingeführten selbstorganisierenden Karten, auch Kohonen-Netze genannt, bestehen aus einer Eingabeschicht und einer Ausgabeschicht und werden zur Clusterbildung eingesetzt.[128] Die Eingabewerte entsprechen den Attributsausprägungen ausgewählter Attribute der einzelnen Datenobjekte. Bei der Eingabe eines entsprechenden Datensatzes werden durch Weitergabe der gewichteten Ausgabewerte der Eingabeneuronen alle Ausgabeneuronen aktiviert. Dasjenige Ausgabeneuron, welches die höchste Aktivierung besitzt, wird als Repräsentant eines Clusters gewählt, in dem der Datensatz liegt. Anschließend werden die Gewichte aller zu diesem Neuron führenden Verbindungseinheiten nach einer Lernregel vergrößert. Entsprechend werden Gewichte aller Neuronen, die in einer Umgebung des am stärksten aktivierten Neurons liegen, vergrößert. Diese Schritte werden anschließend für den nächsten Datensatz im Datenbestand wiederholt. Durch dieses Vorgehen entstehen Cluster, die durch die Gewichte der Verbindungen der Repräsentanten dieser Cluster beschrieben werden können. Die Bezeichnung selbstorganisierende Karte (self organizing map) kommt daher, dass durch diese Gewichte eine grafische Darstellung der Anordnung von Ausgabeneuronen erstellt werden kann, so dass Cluster auch grafisch erkennbar sind. Kohonen-Netze sind zur Erkennung von Clustern erfolgreich eingesetzt worden.[129]

2.3.3.1.3 Clusterverfahren

Clusterverfahren werden verwendet, um Datensätze bezüglich eines Ähnlichkeitskonzeptes zu Gruppen (Cluster) zusammenzufassen. Die Datensätze innerhalb einer Gruppe sollen möglichst ähnlich sein, wogegen Datensätze aus unterschiedlichen Gruppen möglichst verschieden sein sollen.[130]

Clusterverfahren sind somit ein typisches Hilfsmittel, um die Aufgabe der Segmentierung des Datenbestandes durchzuführen. Darüber hinaus eignen sich derartige Verfahren bei Betrachtung von Clustern mit sehr wenigen Datensätzen zur Abweichungsanalyse. Durch die Verfahren werden Gruppen gebildet, ohne dass diese a priori bekannt sind. Damit lassen sich alle Clusterverfahren in die Klasse der unüberwachten Verfahren einteilen.

---

128 Vgl. hierzu und zum Folgenden *Kohonen (2001, S. 105 ff.)*, *Ritter et al. (1991, S. 283 ff.)*, *Nauk, Klawonn und Kruse (1996, S. 125 ff.)*, *Freeman und Skapura (1992, S. 263 ff.)*, *Kinnebrock (1994, S. 77 ff.)*, *Zell (2000, S. 179 ff.)* sowie *Rojas (1996, S. 389 ff.)*.

129 Eine Anwendung eines Kohonen-Netzes zur Kundenprofilerkennung zeigt *Saathoff (2000, S. 135 ff.)* auf. Einen generellen Überblick über Anwendungsgebiete dieser Netze und damit verbundener Probleme im Marketing fassen *Poddig und Sidorovitch (2001, S. 393 ff.)* zusammen.

130 Vgl. *Bacher (1996, S. 2)*.

Grundlage für die Anwendung der Clusterverfahren ist die Definition geeigneter Ähnlichkeitsmaße[131] sowohl zwischen je zwei Datensätzen als auch zwischen einzelnen Clustern.[132] Zur Definition von Ähnlichkeitsmaßen sind die Datentypen der Attribute zu beachten. Liegen Datensätze mit ausschließlich quantitativen Attributwerten vor, so lässt sich als Abstandsmaß beispielsweise das Euklidische Abstandsmaß oder die City-Block-Metrik wählen. Bei ausschließlich qualitativen Attributwerten kann als Ähnlichkeitsmaß die Anzahl der übereinstimmenden Attributwerte zweier Datensätze benutzt werden.[133]

Clusterverfahren lassen sich in hierarchische und in partitionierende Verfahren unterscheiden, deren Grundstruktur im Folgenden kurz skizziert wird.[134]

Bei den hierarchischen Verfahren werden iterativ Partitionen[135] des Datenbestandes gebildet, wobei eine neue Partition aus einer Operation auf einer bestehenden Partition resultiert. Hierbei gibt es zwei Arten von Operationen, wodurch eine weitere Aufteilung der hierarchischen Clusterverfahren in agglomerative und divisive Verfahren induziert wird.

Bei den agglomerativen Verfahren werden in einem Iterationsschritt zwei Cluster einer Partition mit der größten Ähnlichkeit bezüglich eines Ähnlichkeitsmaßes zu einem Cluster zusammengefasst, so dass eine neue Partition entsteht, deren Clusteranzahl geringer ist. Ausgangspunkt bei den agglomerativen Verfahren ist eine Partition, in der jeder Datensatz als eigenes Cluster aufgefasst wird. Sukzessive werden dann die neuen Partitionen ermittelt, bis schließlich eine Partition erstellt wurde, die aus nur einer Menge, dem Gesamtdatenbestand, besteht. Die Anzahl der verschiedenen Partitionen entspricht der Anzahl der Datensätze im Gesamtdatenbestand. Die agglomerativen Verfahren unterscheiden sich im Wesentlichen in

---

131 Äquivalent zu diesen Maßen können auch Verschiedenheitsmaße oder Distanzmaße angewendet werden. Im Folgenden wird nur mit Ähnlichkeitsmaßen argumentiert. Mit der notwendigen Auswahl eines Ähnlichkeitsmaßes unterscheiden sich die Clusterverfahren von den im letzten Abschnitt erläuterten Kohonen-Netzen, bei denen kein Ähnlichkeitsmaß zur Clusterbildung verwendet wird.

132 Wird ein Datensatz als Cluster angesehen, existiert damit auch ein Ähnlichkeitsmaß zwischen einem Datensatz und einem Cluster.

133 Ein derartiges Ähnlichkeitsmaß wird beispielsweise von dem im IBM-Intelligent-Miner implementierten Verfahren Demografisches Clustern benutzt. Für weitere Definitionen von Ähnlichkeits- bzw. Distanzmaßen vgl. *Kaufmann und Pape (1996, S. 440 ff.)*, *Grimmer und Mucha (1998, S. 115 ff.)* sowie *Bock (1974, S. 24 ff.)*.

134 Zur Typenklassifiktion der Verfahren vgl. *Grimmer und Mucha (1998, S. 127 f.)*.

135 Eine Partition ist eine Menge von disjunkten Mengen, die den Gesamtdatenbestand überdecken (vgl. *Rudolph (1999, S. 36 ff.)*).

der Definition des Ähnlichkeitsmaßes zwischen den Clustern. Bekanntester Vertreter ist das Single-Linkage-Verfahren, welches auch als Nearest-Neighbor-Verfahren bekannt ist.[136]

Im Gegensatz dazu werden bei den divisiven Verfahren Cluster einer Partition derart in zwei Cluster aufgeteilt, dass die Datensätze innerhalb eines jeden Clusters eine möglichst hohe Ähnlichkeit, während die Datensätze eines Clusters zum anderen eine möglichst geringe Ähnlichkeit besitzen. Ausgangspunkt für ein vollständiges Verfahren ist die Partition, die als einzige Menge den Gesamtdatenbestand beinhaltet, welche nach der dargestellten Operation in immer kleinere Teilmengen aufgespalten wird, bis schließlich die Partition entsteht, deren Cluster aus jeweils den einzelnen Datensätzen besteht. In der Praxis ist, wie *Grimmer und Mucha (1998, S. 133)* sowie *Küsters (2001, S. 113)* konstatieren, die Anwendung der divisiven Verfahren eher selten anzutreffen.[137]

Bei den hierarchischen Verfahren entsteht eine Folge von Partitionen, die sich in der Anzahl der Cluster unterscheiden. Es ist damit möglich, nach Durchführung eines solchen Verfahrens eine beliebige Partition auszuwählen und zu verwenden. Insbesondere muss damit die Anzahl der Cluster vor Anwendung des Verfahrens nicht festgelegt werden. Dies ist ein wesentlicher Vorteil gegenüber den partitionierenden Clusterverfahren. Nachteilig ist anzumerken, dass hierarchische Verfahren zur Anwendung auf große Datenbestände schlecht geeignet sind.[138] In den meisten Data-Mining-Werkzeugen werden daher überwiegend partitionierende Verfahren verwendet.

Bei den partitionierenden Verfahren wird eine feste Clusteranzahl vorgegeben, so dass jeder Datensatz sukzessive in die Klasse eingeteilt wird, deren Ähnlichkeit zum Datensatz am größten ist. Bekanntester Vertreter der partitionierenden Verfahren ist das k-Means-Verfahren, das hier beispielhaft dargestellt wird.[139] Eine Menge von Datensätzen soll in k Gruppen aufgeteilt werden. Dazu werden die ersten k Datensätze ausgewählt und als Zentrum jeweils eines Clusters betrachtet. Der (k+1)-te Datensatz wird jetzt demjenigen Cluster zugeordnet, zu dessen Zentrum er die größte Ähnlichkeit aufweist. Anschließend wird das Clusterzentrum neu

---

136 Vgl. zu den agglomerativen Verfahren *Rudolph (1999, S. 132 ff.)*, *Bock (1974, S. 383 ff.)*, *Grimmer und Mucha (1998, S. 129 ff.)* und *Kaufmann und Pape (1996, S. 446 ff.)*. Die Integration des Average-Linkage-Verfahren befindet sich in dem CLUSMIN-System, welches in *Bissantz (1996, S. 91 ff.)* dargestellt ist (CLUSMIN ist dabei die Abkürzung für „*cluster mining*").

137 Einen Überblick über die divisiven Verfahren gibt *Rudolph (1999, S. 137 ff.)*, der diese Verfahren noch weiter in polythetische und monothetische Verfahren klassifiziert.

138 Vgl. *Rudolph (1999, S. 143)*, *Bacher (1996, S. 302)* sowie *Grabmeier (2001, S. 325)*.

139 Vgl. hierzu und zum Folgenden *Ester und Sander (2000, S. 51 ff.)*, *Grimmer und Mucha (1998, S. 136 ff.)* sowie *Bacher (1996, S. 308 ff.)*.

berechnet und zwar als Mittelwert aller Datensätze, die sich in diesem Cluster befinden. Dieses Verfahren wird nun für jeden Datensatz wiederholt, bis schließlich alle Datensätze auf die k Cluster verteilt sind.[140]

Neben den vorgestellten Verfahren gibt es weitere Ansätze zur Clusterbildung, bei denen beispielsweise ein Datensatz in mehrere Cluster mit einem Zugehörigkeitsmaß eingeordnet wird (Fuzzy-Methoden) oder bei denen Cluster durch Wahrscheinlichkeitsverteilungen beschrieben werden (Erwartungsmaximierungsverfahren (EM-Verfahren)).[141]

Problematisch bei Clusterverfahren ist neben der Auswahl eines geeigneten Ähnlichkeitsmaßes die Interpretation der Cluster. Der Anwender muss selbst die Bedeutung der Cluster bestimmen. Manchmal können aus den Clusterzentren Merkmale gefunden werden, mit denen sich alle Datensätze eines Clusters von denen der anderen Cluster unterscheiden lassen. Häufig treten jedoch Erklärungsprobleme auf. Regeln für die Zuordnung können beispielsweise auf der Grundlage eines Entscheidungsbaumes abgeleitet werden.[142]

2.3.3.2 Abgrenzung zu anderen Analyseansätzen

Die Verfahren des Data Mining lassen sich von anderen Ansätzen zur Datenanalyse wie Data Access oder On-Line Analytical Processing (OLAP) abgrenzen. Das in Abschnitt 2.3.2.2 vorgestellte Data Warehouse dient dabei als Beispiel für die Nutzung dieser drei konkurrierenden Analyseansätze. Ein Data Warehouse stellt ein Konzept dar, welches neben einer Datenbank die Komponenten Datenschnittstelle und Benutzungsschnittstelle beinhaltet.[143] In Abb. 2.7 wird die Data-Warehouse-Architektur skizziert.

---

140 Ein Anwendungsbeispiel für das k-Means-Verfahren zur Kundensegmentierung in Kreditinstituten stellen *Hippner und Schmitz (2001, S. 612 ff.)* dar. Ebenfalls das k-Means-Verfahren sowie weitere Clusterverfahren mit Anwendung auf die Kundensegmentierung sind in *Gossens (2000, S. 163 ff.)* ausgeführt.

141 Zur Fuzzy-Clusterung, insbesondere zum Fuzzy-k-Means-Verfahren, vgl. *Lieven et al. (1995, S. 148 ff.)*. Zum EM-Verfahren vgl. *Ester und Sander (2000, S. 59 ff.)*.

142 Hierbei handelt es sich um die Anwendung mehrerer Data-Mining-Verfahren, was als hybrides Verfahren bezeichnet wird. Eine Untersuchung, die diesen Ansatz nutzt, ist in *Dattlio et al. (2000, S. 420 ff.)* bezogen auf eine Anwendung zur Segmentierung und Beschreibung von Jahresabschlüssen italienischer Unternehmungen dargestellt. Für ein weiteres Beispiel für ein hybrides Verfahren in diesem Bereich vgl. *Hruschka, Probst und Fettes (2000, S. 480 f.)*.

143 Vgl. hierzu und zum Folgenden *Groffmann (1997, S. 12 f.)* sowie *Stock (2001, S. 82 ff.)*.

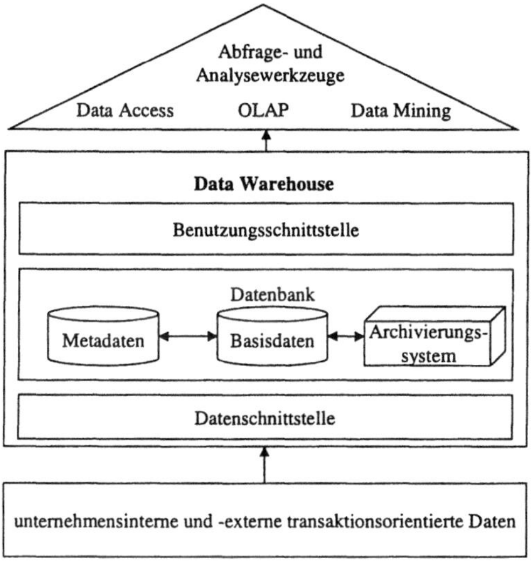

Abb. 2.7: Data-Warehouse-Architektur[144]

Die *Datenschnittstelle* dient zur Durchführung des Datenimports der ins Data Warehouse zu transferierenden Daten aus den operativen Vorsystemen. Dabei werden Qualitätsprüfungen durchgeführt, damit die Daten konsistent übernommen werden. Hieraus ergibt sich die in Abschnitt 2.3.2.2 dargestellte Diskussion um die Verwendung der Daten eines Data Warehouse im Rahmen des Knowledge Discovery in Databases.

In der *Datenbank* befinden sich einerseits die Basisdaten, welche die entscheidungsrelevanten Daten aus den Vorsystemen darstellen. Ferner sind Metadaten in dieser Komponente abgelegt, die eine Beschreibung der im Data Warehouse abgelegten Daten liefern. Durch ein Archivierungssystem werden Datenspeicherungen und Datensicherungen durchgeführt.

---

144 In Anlehnung an *Groffmann (1997, S. 13).*

Die *Benutzungsschnittstelle* dient dem Zugriff der Entscheidungsträger auf die im Data Warehouse abgelegten Daten mittels der jeweils passenden Analyseansätze Data Access, OLAP oder Data Mining.[145]

Im Folgenden werden die Analyseansätze Data Access (Abschnitt 2.3.3.2.1) und OLAP (Abschnitt 2.3.3.2.2) genauer erläutert und vom Data-Mining-Ansatz abgegrenzt.[146] Die Abgrenzung kann durch Betrachtung der unterschiedlichen Abfrageergebnisse geschehen, die diese Ansätze liefern.

2.3.3.2.1 Data Access

Unter Data Access wird der Analyseansatz verstanden, dessen Zielsetzung das Auffinden zweckorientierter Informationen in nicht-multidimensionalen Datenmodellen ist.[147] Abfrageergebnis ist somit eine Menge einzelner Werte nach denen explizit gefragt wurde, sei es als ad-hoc-Abfrage oder im Rahmen eines Berichtes. Historisch gesehen ist Data Access der älteste Analyseansatz, der bis Anfang der neunziger Jahre vorherrschend war. Die Anfragen bei diesem Ansatz erfolgen durch Datenmanipulationssprachen wie beispielsweise SQL („structured query language") in relationalen Datenbanken.[148]

Mit Data Access kann zwar mit den Daten gearbeitet werden, aber Beziehungen zwischen einzelnen Merkmalen oder Merkmalswerten, wie es die Zielsetzung des Data Mining ist, lassen sich nicht finden.

---

145 Vgl. *Bange (2001, S. 64 ff.).* Neben diesem Verständnis wird Data Mining oftmals als Oberbegriff für alle Ansätze betrachtet, die einen Analysten in die Lage versetzen, ad-hoc-Analysen oder benutzerdefinierte Analysen von Daten durchzuführen mit der Zielsetzung, Entscheidungsprobleme zu lösen (vgl. *Mattison (1997, S. 18)*). Nach dieser Auffassung zählen die Analysekonzepte On-Line Analytical Processing (OLAP) und Data Access zum Gebiet Data Mining.

146 Vgl. hierzu und zum Folgenden die Ausführungen zum Suchraum von *Düsing (2000, S. 16 ff.). Bange (2001, S. 64 f.)* wählt als Unterscheidungsmerkmal den Komplexitätsgrad der Analyseverfahren. *Schinzer, Bange und Mertens (1999, S. 98)* sehen als Klassifikationskriterium zusätzlich noch den Freiheitsgrad an, den ein Analyst bezüglich der zu den Ansätzen zugehörigen Verfahren besitzt.

147 Vgl. hierzu und zum Folgenden *Düsing und Heidsieck (2001, S. 95 f.).* Das Attribut nicht-multidimensional bedeutet in diesem Zusammenhang beispielsweise ein relationales, ein hierarchisches oder ein Netzwerkdatenmodell. Zu den einzelnen Datenmodellen vgl. *Gabriel und Röhrs (1995, S. 114 ff.).*

148 Vgl. *Kleinschmidt und Rank (2002, S. 20 ff.).*

2.3.3.2.2 On-Line Analytical Processing

Die Zielsetzung für das On-Line Analytical Processing (OLAP) besteht in der Bereitstellung eines Konzeptes zur Analyse entscheidungsrelevanter Daten für Entscheidungsträger. Dieser Ansatz soll sich damit von dem Analysekonzept unterscheiden, das auf Daten für administrative und dispositive Aufgaben angewendet wird und als On-Line Transaction Processing (OLTP) bekannt ist.[149] Daraus ergeben sich zunächst als wesentliche Anforderungen für On-Line Analytical Processing der Datenzugriff auf aggregierte und auch historische Daten, der dynamisch, d. h. intuitiv und interaktiv durch den Entscheidungsträger erfolgt. Diesem wird damit ein Navigieren durch die Daten ermöglicht, das ihm Erkenntnisse über die entscheidungsrelevanten Daten bringen soll. Das Datenmodell soll sich in diesem Ansatz der Analyse anpassen, woraus eine konzeptionell multidimensionale Sichtweise der Daten resultiert. Diese Multidimensionalität ist ein wesentliches Abgrenzungskriterium zum Data Access.

Der Begriff On-Line Analytical Processing wurde von *Codd, Codd und Salley (1993)* durch eine Zusammenstellung von zwölf Regeln eingeführt, die für ein OLAP-Werkzeug gelten müssen. Später wurde die Liste der Regeln noch ergänzt.[150] Kritiker sehen diese von Codd et al. vorgeschlagene Definition als zu stark produktbezogen an.[151]

Im Jahre 1995 wurde eine produktunabhängige Definition für OLAP-Systeme gegeben, die unter dem Begriff FASMI als Abkürzung für *„fast analysis of shared multidimensional information“* bekannt geworden ist.[152] In dieser Definition sind die Kernanforderungen an ein OLAP-System festgelegt. Ein Entscheidungsträger muss damit schnell (*„fast“*) mit den für ihn relevanten Analysetechniken (*„analysis“*) im Mehrbenutzerbetrieb (*„shared“*) auf die konzeptionell multidimensionalen (*„multidimensional“*), entscheidungsrelevanten Daten (*„information“*) zugreifen können.[153]

---

149 Vgl. hierzu und zum Folgenden *Stock (2001, S. 84 ff.), Totok (2000, S. 55 ff.), Düsing und Heidsieck (2001, S. 96 ff.)* sowie *Chamoni und Gluchowski (1999b, S. 263 ff.)*.

150 Vgl. *Düsing und Heidsieck (2001, S. 98 ff.)*.

151 Vgl. *Behme (1997, S. 545)*, der bemerkt, dass inzwischen über 50 OLAP-Regeln existieren. Nach *Thomsen (1997, S. 497)* existieren sogar mehr als 300 derartiger Regeln.

152 Vgl. *Pendse (2002)*.

153 Vgl. *Stock (2001, S. 84 ff.)* und *Totok (2000, S. 61 ff.)*. Als andere Übersetzungsmöglichkeit der Charakteristiken nennen *Düsing und Heidsieck (2001, S. 100)* Geschwindigkeit, Analysemöglichkeit, Sicherheit, Multidimensionalität und Kapazität.

Kern des On-Line Analytical Processing ist die konzeptionell multidimensionale Sichtweise auf die Daten. Abb. 2.8 zeigt ein Beispiel eines einfachen dreidimensionalen Datenraumes.

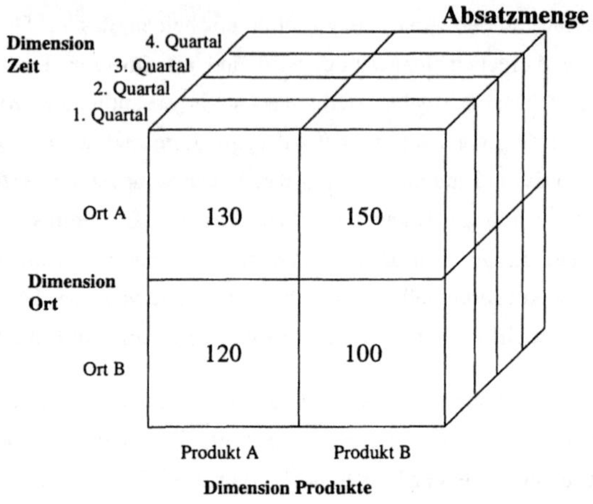

Abb. 2.8: Beispiel für einen Datenwürfel

Die für einen Entscheidungsträger relevanten Daten, beispielsweise betriebswirtschaftliche Kennzahlen, werden Fakten genannt. In dem in Abb. 2.8 dargestellten Beispiel sind diese Fakten Absatzzahlen, die nach bestimmten Kriterien angeordnet sind, mit denen die Fakten spezifiziert werden. Diese Kriterien, im Beispiel ORT, ZEIT, PRODUKT, spannen den Datenraum auf und werden als Dimensionen bezeichnet.

Die Darstellung der Informationen in diesem Würfel erlaubt Entscheidungsträgern darin zu navigieren, um interaktiv und intuitiv neue Erkenntnisse zu gewinnen. Typische Operationen, mit denen navigiert werden kann, sind die Vertauschung der Achsen, um eine neue Sicht auf die Daten zu erhalten (Pivotierung/Rotation), das Erzeugen aggregierter (bzw. diversifizierter) Informationen durch Zusammenfassen (bzw. Aufteilen) von Kennzahlen bezüglich einer Dimensionshierarchie (Roll-up/Drill-down/Drill-across) und das Herausfiltern bestimmter Bereiche des Datenwürfels durch Einschränkung der Dimensionselemente (Slice and Dice).[154]

---

154 Für eine genaue Beschreibung der Operationen vgl. *Düsing und Heidsieck (2001, S. 104 ff.)*. Einige Autoren, wie *Holthuis (2001, S. 45)*, bezeichnen das Slicing auch als Rotation. Diese Auffassung ist dann korrekt, wenn Daten nur im zweidimensionalen Raum dargestellt werden können. Bei einer dreidimensionalen grafischen Darstellung der Fakten, wie es beispielsweise *Han (1998b, S. 6)* vorschlägt, ist jedoch eine Unterscheidung sinnvoll.

Zu Data Mining lässt sich On-Line Analytical Processing wie folgt abgrenzen. Die Analyseergebnisse beim On-Line Analytical Processing sind resultierend aus der Suche auf einem multidimensionalen Suchraum ebenfalls multidimensional. Es werden dadurch keine in den Daten vorliegenden Beziehungsmuster angezeigt, wie es Ziel des Data Mining ist.[155] Durch die Darstellung der Suchergebnisse besteht allerdings für einen Entscheidungsträger die Möglichkeit, zufällig Beziehungsmuster zu entdecken. Diese Erkenntnis erfolgt, so auch *Totok (2000, S. 73)*, jedoch durch den Analysten selbst und nicht automatisch, was der Autonomiebedingung der Data-Mining-Verfahren entgegensteht.

Die Eigenschaften des OLAP-Konzeptes können effizient bei der Datensichtung eingesetzt werden.[156] Die Integration von OLAP und Data Mining wurde dabei auch als OLAP-Mining bezeichnet.[157] Ebenso eignen sich OLAP-Methoden, um Muster in Form von Regelmengen nach einer durchgeführten Data-Mining-Analyse genauer zu untersuchen und dadurch zu interpretieren. Diese Interpretation ist Gegenstand der letzten im Folgenden dargestellten Phase des KDD-Prozesses.

2.3.4 Ergebnisinterpretation

Die Ergebnisse der Data-Mining-Phase sind Muster, die in den Daten erkannt, oder Modelle, die anhand der Daten generiert worden sind. Diese Muster müssen nun mit Blick auf die Zielsetzung des KDD-Prozesses, interessantes und neues Wissen zu finden, interpretiert und bewertet werden.[158]

Dabei treten vielfältige Schwierigkeiten auf, die bei der Diskussion der Verfahren bereits angerissen worden sind. Oftmals zeigt sich in Untersuchungen, dass keine interessanten Muster vorliegen. Die Ursache könnte zum Beispiel in einer ungünstigen Wahl von Parametern in der Data-Mining-Phase liegen. Hier ist dann zu überlegen, ob eine Modifikation der Parameter oder der Einsatz eines anderen Data-Mining-Verfahrens bessere Ergebnisse erzielen könnte. In dieser Überlegung zeigt sich das iterative und interaktive Vorgehen bei der Durchführung eines KDD-Prozesses.

---

[155] Damit besteht also der wesentliche Unterschied im Untersuchungsraum, wie *Düsing (2000, S. 17 f.)* erläutert.

[156] Vgl. *Han (1998a, S. 2 ff.)* sowie *Han (1998b, S. 98 ff.)*.

[157] Vgl. zur Integration von Data Mining und OLAP sowie der Nutzung von OLAP im übrigen KDD-Prozess auch *Chamoni (2001, S. 555 f.)*.

[158] Bewertungsmaße sind beispielsweise in *Berson und Smith (1997, S. 510 ff.)*, *Müller, Hausdorf und Schneeberger (1998)* sowie in Fußnote 16 angegeben.

Ein weiteres Problemfeld in praktischen Anwendungen besteht darin, dass häufig große Regelmengen erzeugt werden, die kaum überblickt werden können. In Abschnitt 3.5.3 wird ein Ansatz vorgestellt, mit dem viele bereits bekannte und damit uninteressante Regeln einer großen Menge von Assoziationsregeln herausgefiltert werden können. Für die Aufgabe der Musteranalyse eignen sich, wie bereits erläutert, visuelle Verfahren oder eine Analyse mittels OLAP.

Werden interessante Muster gefunden, so ist definitionsgemäß Wissen erzeugt, was nun zur betriebswirtschaftlichen Nutzung verwendet werden kann.[159] Beispielsweise besteht die Möglichkeit, ein erzeugtes Klassifikationsmodell für die zukünftige Kreditwürdigkeitsprüfung zu verwenden, oder die Kenntnis von Kunden-Clustern kann für neue Werbestrategien eingesetzt werden.

Auf diese den KDD-Prozess schließende Phase der Ergebnisinterpretation wird in der Literatur nur wenig eingegangen.

159 Für die Integration des gefundenen Wissens in den betriebswirtschaftlichen Entscheidungsprozess vgl. *Siebes (2002, S. 524 ff.).*

3 Assoziationsanalyse

In diesem Kapitel wird die im Rahmen des Knowledge Discovery in Databases angewendete Assoziationsanalyse dargestellt, mit deren Verfahren Abhängigkeiten in Form von Assoziationsregeln erkannt werden können. Diese Verfahren sind typische Data-Mining-Verfahren (vgl. Abschnitt 2.3.3.1).

Ziel der Assoziationsanalyse ist es, das gemeinsame Auftreten von Datenwerten, sogenannten Items, zu messen und daraus Regeln abzuleiten. Diese Items können einerseits gleichartige Dinge beschreiben, zum Beispiel Artikel, die in einem Warenhaus gekauft werden können. In diesem Fall liegt eine mengentheoretische Sichtweise vor, die zunächst beschreibenden Charakter besitzt. Andererseits können die Items aber auch Werte verschiedenartiger Variablen sein. Beispielsweise könnten für Personen Messungen der Variablen Größe und Gewicht betrachtet werden. Jeder Messwert der Variable Größe und der Variable Gewicht würde ein Item darstellen. Es kann nun ein Zusammenhang zwischen einzelnen Messwerten ermittelt werden, der schon eher zu Erklärungszwecken herangezogen werden kann. Dies ist insbesondere dann der Fall, wenn durch das Item das Eintreten eines Ereignisses beschrieben wird. Der Zusammenhang einzelner Attributwerte ist damit von einer Korrelationsanalyse zu unterscheiden, bei welcher die Korrelation ein Maß für den linearen bzw. monotonen Zusammenhang von Variablen, hier Größe und Gewicht, aber nicht von einzelnen Variablenwerten darstellt.[160]

Ergebnis einer Assoziationsanalyse ist eine Menge von Regeln, die folgende Form besitzen:

Wenn Item A vorliegt, dann tritt in x Prozent der Fälle auch Item B auf. Dies kommt in y Prozent der Gesamtfälle vor.

Im Folgenden werden zunächst Anwendungsgebiete der Assoziationsanalyse aufgezeigt (Abschnitt 3.1), anschließend die wesentlichen Kenngrößen von Assoziationsregeln erläutert (Abschnitt 3.2). In Abschnitt 3.3 werden dann Algorithmen zur Generierung von Assoziationsregeln vorgestellt, woran sich eine Darstellung von Erweiterungen der Assoziationsregeln anschließt (Abschnitt 3.4). Eine Beschreibung von Möglichkeiten zur Bewertung von Assoziationsregeln hinsichtlich ihrer Interessantheit beschließt das Kapitel (Abschnitt 3.5).

---

160 Vgl. zum Korrelationsbegriff *Fahrmeir et al. (1999, S. 135 ff.)*, *Bosch (1998, S. 51 ff.)*, *Hartung, Elpelt und Klösener (2002, S. 72 ff.)* und *Schlittgen (2000, S. 176 ff.)*.

3.1 Anwendungsgebiete

Ursprüngliches Hauptanwendungsgebiet der Assoziationsanalyse ist die Warenkorbanalyse, bei welcher aus einem Bestand an Kassenbondaten Verbundkäufe entdeckt werden sollen. Die Items sind hierbei die einzelnen Artikel, die gekauft werden können. Eine Beziehung (Assoziation) besteht, wenn mehrere Items zusammen in einem Warenkorb auftreten. Dieser Warenkorb kann formal als Menge von Items beschrieben werden. Ergebnis einer Warenkorbanalyse könnte eine Regel sein, wie zum Beispiel: *In 80 Prozent der Fälle in denen Artikel X gekauft wurde, wurde auch Artikel Y gekauft.* Hieraus lassen sich Marketingstrategien ableiten, beispielsweise zur Artikelpositionierung oder zu Werbezwecken.[161]

Ein weiteres Anwendungsbeispiel für die Assoziationsanalyse ist im Gesundheitswesen zu finden.[162] Die Krankenkassen in Australien nutzten die Assoziationsanalyse, um nicht notwendige ärztliche Untersuchungen festzustellen. Dazu wurden die Behandlungsdaten einer großen Anzahl von Patienten mit Hilfe der Assoziationsanalyse untersucht. Ergebnis dieser Analyse waren Regeln, die Aussagen über die kombinierte Durchführung medizinischer Tests ermöglichten. Unter anderem konnte festgestellt werden, dass ein bestimmtes Testverfahren oftmals an Stelle eines günstigeren, gleich effizienten Tests angewendet wurde, wodurch den Krankenkassen erhebliche Mehrkosten entstanden sind.[163]

Ein anderes Anwendungsgebiet der Assoziationsanalyse liegt im Telekommunikationsbereich.[164] Mittels der Assoziationsanalyse konnten hier Regeln abgeleitet werden, mit denen Fehler innerhalb eines Prozessablaufs für telefonische Serviceanforderungen entdeckt werden konnten.

Im Finanzsektor stellt *Eickbusch (2000, S. 150 ff.)* die Nutzung der Assoziationsanalyse vor, um Regeln für die Kundenabwanderung in Banken zu generieren. *Meidan (o. J.)* sowie *Marcus, Maletic und Lin (2001, S. 590 f.)* beschreiben die Anwendung von Assoziationsregeln, um fehlerhafte Werte in Datenbanken zu entdecken.

Neben den hier nicht zeitbezogenen Assoziationsregeln ist auch eine Vielzahl von Anwendungen der sequenziellen Assoziationsregeln entwickelt worden. *Ester und Sander (2000, S. 249)*

---

161 Vgl. zur Nutzung von Assoziationsregeln im Handel die Ausführungen von *Michels (2001, S. 945 ff.)*.

162 Vgl. hierzu und zum Folgenden *Viveros, Nearhos und Rothman (1996, S. 288 ff.)*.

163 Für einen weiteren medizinischen Anwendungsfall vergleiche die Ausführungen von *Ali, Manganaris und Srikant (1997, S. 117 f.)*, die aufzeigen, wie Regeln zur effizienten Anwendung medizinischer Tests generiert werden können.

164 Vgl. hierzu und zum Folgenden *Ali, Manganaris und Srikant (1997, S. 116 f.)*.

nennen beispielsweise eine derartige Anwendung im Bereich Text-Mining und im Web-Mining, in welchem Regeln generiert werden, um Abhängigkeiten zwischen Mengen von Begriffen zu entdecken sowie häufige Zugriffsmuster anhand von Web-Log-Daten aufzufinden.

3.2 Einfache Assoziationsregeln und Kenngrößen

In diesem Abschnitt erfolgt eine formale Definition der Assoziationsregeln. Wie bereits erläutert, sollen durch eine Assoziationsanalyse Beziehungen zwischen Items gemessen werden, aus denen dann Regeln abgeleitet werden. Hierbei liegt die Idee zu Grunde, dass diese Beziehungen durch gemeinsames Auftreten der Items in Mengen entstehen.[165] Voraussetzung für eine Assoziationsanalyse ist somit das Vorliegen einer Grundmenge von n Items, welche im Folgenden mit $\mathcal{I} = \{I_1, I_2, ..., I_n\}$ bezeichnet wird.

Um ein gemeinsames Auftreten der Items in Mengen untersuchen zu können, ist ferner das Vorhandensein eines Datenmodells notwendig, welches die Mengen von Items beschreibt. Hierfür sind mehrere Möglichkeiten denkbar.[166]

Erstens kann die Datenbasis als Menge von Mengen, die Items enthalten, aufgefasst und gespeichert werden. Derartige Mengen von Items werden in Anlehnung an die Warenkorbanalyse Transaktionen oder Itemmengen („Itemsets") genannt.[167] In Tab. 3.1 ist dieses Modell anhand von Transaktionen bestehend aus den Items der Menge {a, b, c, d} dargestellt, was im Folgenden als Transaktionsmodell bezeichnet wird.

Transaktionsnummer	**Itemmenge**
1	{a, b, c}
2	{a, c, d}
3	{a, b}
4	{a, d}
5	{a, c, d}

Tab. 3.1: Transaktionsmodell

165 Hier zeigt sich deutlich der Einfluss der Warenkorbanalyse. Attributsausprägungen von Merkmalen können jedoch ebenfalls auf diese Darstellung abgebildet werden.

166 Vgl. hierzu und zum Folgenden *Adamo (2001, S. 6 ff.)*.

167 Jeder Warenkorb wird dabei als eine Transaktion gesehen und als Menge von Artikeln abgebildet.

Als zweite Möglichkeit der Darstellung ist das Transaktionslistenmodell zu nennen. Hierbei werden nicht den einzelnen Transaktionen deren Items zugeordnet, sondern es werden jedem Item die Transaktionsnummern zugeordnet, in denen das entsprechende Item enthalten ist. Auch hier gibt es keine feste Länge der Listen. Die Transaktionen des oben angegebenen Transaktionsmodells sind in Tab. 3.2 dargestellt.

Item	Transaktionsnummern
a	1, 2, 3, 4
b	1, 2
c	1, 4
d	1, 3, 4

Tab. 3.2: Transaktionslistenmodell

Ein drittes Modell ist das binäre Tabellenmodell, welches aus einer relationalen Tabelle besteht, deren Einträge nur aus den Werten 0 und 1 bestehen. Die Spalten dieser Tabelle repräsentieren jeweils ein Item aus $\mathcal{I}$. Eine Zeile spiegelt das Vorliegen einer Transaktion wider. Für jedes Item, das in dieser Menge vorhanden ist, wird in der jeweiligen Spalte eine 1 eingetragen, alle anderen Zeilenelemente erhalten den Wert 0 zugeordnet. Tab. 3.3 demonstriert eine Darstellung der Mengen des Transaktionenmodells in einer binären relationalen Tabelle.

Transaktionsnummer	a	b	c	d
1	1	1	1	0
2	1	1	0	1
3	1	1	0	0
4	1	0	0	1
5	1	0	1	1

Tab. 3.3: Binäres Tabellenmodell

Die bislang vorgestellten Modelle beziehen sich auf Mengen, die keine feste Länge haben. Da eine Assoziationsanalyse jedoch auch verwendet werden kann, um Assoziationen zwischen einzelnen Attributwerten unterschiedlicher Attribute eines Datenbestandes zu entdecken, ist auch eine allgemeine relationale Tabelle als Grundlage für eine Assoziationsanalyse denkbar. Diese besteht aus Zeilen und Spalten, wobei jede Zeile eine zusammengehörige Menge von Items beschreibt. Der Unterschied zum oben vorgestellten Transaktionenmodell ist, dass die Anzahl der Elemente in den Mengen stets gleichgroß ist. In Tab. 3.4 sind Kundendaten anhand einer relationalen Tabelle dargestellt.

Datensatznummer	Wohnort	Familienstand	Anzahl Kinder
100	Duisburg	ledig	0
200	Köln	verheiratet	2
300	Duisburg	ledig	1
400	Dinslaken	verheiratet	0
500	Moers	verheiratet	3

Tab. 3.4: Allgemeine relationale Tabelle

Alle vier Modelle lassen sich offensichtlich ineinander überführen, weshalb die folgenden Erläuterungen auf das Transaktionsmodell beschränkt sind. Ausgangspunkt ist damit das Vorliegen einer Menge $\mathcal{D}$ von Itemmengen.[168]

Für die späteren Erläuterungen der Algorithmen zur Assoziationsanalyse wird die Länge einer Itemmenge benötigt, welche durch die Anzahl der darin enthaltenen Elemente bestimmt ist. Eine k-Itemmenge ist eine Itemmenge der Länge k.

Allgemein besteht eine Regel aus zwei Teilen, der Prämisse und der Konklusion.[169] Die Prämisse gibt an, welches Ereignis eintreten muss, um auf die Konklusion schließen zu können. Formal gilt also:

$$\text{Prämisse} \rightarrow \text{Konklusion.}$$

Diese Regelstruktur kann auf Assoziationsregeln übertragen werden. Als Prämisse und als Konklusion werden dabei disjunkte Itemmengen betrachtet. Wird die Prämisse durch die Itemmenge $X \subseteq \mathcal{I}$, die Konklusion durch die Itemmenge $Y \subseteq \mathcal{I}$ bezeichnet, so lässt sich eine Assoziationsregel in der Form

$$X \rightarrow Y$$

schreiben, die folgendermaßen interpretiert werden kann. Wenn die Items der Menge X auftreten, dann treten auch die Items der Menge Y auf.

Im Allgemeinen drücken Regeln Gesetzmäßigkeiten in der Form „Wenn die Prämisse gilt, dann gilt die Konklusion“ aus. Liegt also das durch die Prämisse beschriebene Ereignis vor, so muss notwendigerweise auch das durch die Konklusion beschriebene Ereignis eintreten.

---

168 $\mathcal{D}$ ist Teilmenge der Potenzmenge von $\mathcal{I}$. Die Potenzmenge einer Menge I ist die Menge aller Teilmengen, die aus I gebildet werden können.

169 Für Prämisse wird auch oft der Ausdruck Regelrumpf („body“), für Konklusion der Begriff Regelkopf („head“) verwendet.

Werden Regeln durch Datenmengen erzeugt, so kann jedoch der Fall eintreten, dass bestimmte Mengen einen Widerspruch zur Regel aufzeigen. In der formalen Logik würde damit eine Regel falsifiziert. Im Rahmen der Assoziationsanalyse werden aber trotzdem solche Regeln betrachtet, indem sie mit einem Gültigkeitsmaß versehen werden. Um dieses Gültigkeitsmaß zu definieren, bedarf es folgender formaler Definition.

Eine Transaktion $t \in \mathcal{D}$ *unterstützt eine Regel* $X \rightarrow Y$, wenn $(X \cup Y) \subseteq t$ gilt.

Dies bedeutet, dass ein Datensatz eine Regel unterstützt, wenn sich die Regel in dem Datensatz widerspiegelt. Ausgehend von der Warenkorbanalyse würde eine Transaktion eine Regel „Wenn Artikel A gekauft wird, dann wird auch Artikel B gekauft" unterstützen, wenn diese Transaktion die Artikel A und Artikel B beinhaltet.

In gleicher Weise kann die Unterstützung einer Itemmenge definiert werden als:

Eine Transaktion $t \in \mathcal{D}$ *unterstützt eine Itemmenge* X, wenn $X \subseteq t$ gilt.

Mit diesen Begriffen können nun Gültigkeitsmaße für die Regeln definiert werden. Zunächst ist es wichtig zu wissen, wie oft eine Regel im Gesamtdatenbestand vorkommt. Eine Regel, die beispielsweise nur einmal festgestellt wird, hat keinen Nutzen für Aussagen über die Allgemeinheit. Definiert wird deshalb die Größe des Supports als Verhältnis der Anzahl der eine Regel unterstützenden Transaktionen zur Gesamtanzahl der Transaktionen:

$$\text{Support}(X \rightarrow Y) = \frac{\left|\{t \in \mathcal{D} \mid (X \cup Y) \subseteq t\}\right|}{|\mathcal{D}|}. \tag{3.1}$$

Es wird bei der Analyse von Assoziationsregeln gefordert, dass ein Mindestanteil der Transaktionen eine Regel unterstützen muss, damit die Regel relevant ist. Dieser Wert wird als Mindestsupport (MinSup) bezeichnet.

Der Support einer Itemmenge ist analog zum Support einer Regel als das Verhältnis der ein Itemset unterstützenden Transaktionen zur Gesamtanzahl der Transaktionen definiert:

$$\text{Support}(X) = \frac{\left|\{t \in \mathcal{D} \mid X \subseteq t\}\right|}{|\mathcal{D}|}. \tag{3.2}$$

Da es sowohl Transaktionen gibt, die eine Regel $X \rightarrow Y$ unterstützen, als auch solche, die nur die Itemmenge der Prämisse X, jedoch nicht die Konklusion unterstützen, gilt die Konklusion der Regel nur in einem bestimmten Prozentsatz der Fälle, in denen die Prämisse eingetreten ist. Hieraus lässt sich ein weiteres wichtiges Maß für Assoziationsregeln ableiten, die Konfidenz. Diese gibt das Verhältnis zwischen der Anzahl der Transaktionen, die Prämisse und

Konklusion einer Regeln unterstützen, zur Anzahl der Transaktionen, welche die Prämisse unterstützen, an:

$$\text{Konfidenz}(X \rightarrow Y) = \frac{|\{t \in \mathcal{D} \mid (X \cup Y) \subseteq t\}|}{|\{t \in \mathcal{D} \mid (X \subseteq t\}|}. \tag{3.3}$$

Werden in diesem Bruch Zähler und Nenner durch die Gesamtanzahl der Transaktionen dividiert, so ergibt sich folgende, häufig in der Literatur erscheinende, äquivalente Formel für die Konfidenz:

$$\text{Konfidenz}(X \rightarrow Y) = \frac{\text{Support}\,(X \rightarrow Y)}{\text{Support}(X)}. \tag{3.4}$$

Ähnlich wie beim Support, wird ein Mindestkonfidenzwert (MinKonf) vorgegeben, ab dem ein Analyst eine Regel als wichtig bewertet.

Mit den vorgestellten Maßen Support und Konfidenz, lässt sich eine Steuerung der Assoziationsregelgenerierung durchführen. Ziel einer solchen Analyse soll es sein, alle Regeln zu finden, deren Supportwerte größer einem vorgegebenen Mindestsupport und deren Konfidenzwerte größer einer bestimmten Mindestkonfidenz sind.[170] Algorithmen zur Aufdeckung von Assoziationsregeln, die derartigen Anforderungen genügen, sind Gegenstand des folgenden Abschnitts.

---

170 In praktischen Anwendungen ist oftmals die Wahl des Mindestsupportwertes bzw. des Mindestkonfidenzwertes ein Problem, auf das im Rahmen dieser Arbeit nicht weiter eingegangen wird. Vgl. hierzu *Liu, Hsu und Ma (1999, S. 338 ff.)*, die eine Methode vorschlagen, mit der mehrere, unterschiedliche Mindestsupportwerte in einer Assoziationsanalyse beachtet werden können.

3.3 Algorithmen zur Bestimmung von einfachen Assoziationsregeln

Im Jahre 1993 wurde von *Agrawal, Imielinski und Swami (1993)* das Problem der Assoziationsanalyse eingeführt und der erste, als Template bezeichnete Algorithmus zur Generierung von einfachen Assoziationsregeln vorgestellt.[171] Unter einfachen Assoziationsregeln werden die im letzten Abschnitt vorgestellten Regeln verstanden, welche ohne weitere Spezifikationen wie beispielsweise Taxonomien oder qualitative Merkmale erzeugt werden. Fast zeitgleich zum Template-Algorithmus wurde im Jahre 1993 ein anderer Algorithmus namens SETM von Houtsma und Swami vorgestellt.[172] Verbesserungen dieser Algorithmen wurden im Laufe der Zeit entwickelt. Im Jahre 1994 wurde von Agrawal und Srikant der Apriori-Algorithmus vorgestellt, auf den sich die meisten Arbeiten zum Thema Assoziationsanalyse beziehen. Wegen seiner zentralen Bedeutung wird dieser Algorithmus in seiner Grundform in Abschnitt 3.3.1 vorgestellt. Ein Überblick weiterer Algorithmen zur Erzeugung einfacher Assoziationsregeln sowie eine Klassifizierung dieser Algorithmen erfolgt in Abschnitt 3.3.2.

3.3.1 Apriori-Algorithmus

Die Berechnung von Assoziationsregeln geschieht in zwei Phasen. In der ersten Phase werden alle Itemmengen bestimmt, deren Supportwerte größer als eine bestimmte vorgegebene Schranke MinSup sind. Von diesen Mengen werden dann Partitionen und daraus Regeln gebildet, die eine Konfidenz größer als ein vorgegebener Wert MinKonf besitzen.

Für die erste Phase wird der in Abb. 3.1 abgebildete Apriori-Algorithmus vorgeschlagen.

[171] Dieser Algorithmus wurde später in Anlehnung an die Namen der Entwickler als AIS bezeichnet. Vgl. hierzu *Agrawal und Srikant (1994b, S. 487).*

[172] Vgl. *Houtsma und Swami (1993, S. 8 ff.)*, die SETM als Abkürzung für „set-oriented mining for association rules" wählen.

```
1  L1 = {Large-1-Itemsets}
2  for (k=2; Lk-1 ≠ 0; k++) do begin
3          Ck = Apriori-gen(Lk-1); // Berechnung neuer Kandidaten
4          for all transactions t ∈ D do begin
5                  Ct = Subset(Ck, t ); // Berechnung aller Kandidaten, die in t enthalten sind
6                  for all c ∈ Ct do
7                          c.count ++;
8          end
9          Lk={c ∈ Ck| c.count ≥ MinSup}
10 end
11 Answer = ∪k Lk
```

Abb. 3.1: Apriori-Algorithmus[173]

Ziel ist es in diesem Algorithmus, die Menge aller Itemmengen herauszufinden, die einen Support größer als MinSup besitzen. Eine Itemmenge, die diese Eigenschaft besitzt, wird als Large-Itemset[174] bezeichnet.

Die Bestimmung der Large-Itemsets wird bezüglich der Länge der Itemsets durchgeführt. Gestartet wird mit der Menge der einelementigen Large-1-Itemsets (Zeile 1). Diese Menge wird durch einfaches Zählen der Häufigkeiten der einzelnen Items im Datenbestand $\mathcal{D}$ und anschließendem Vergleich mit der Größe MinSup bestimmt.

Ausgangspunkt ist dann eine nichtleere Menge aller Large-(k-1)-Itemsets L_{k-1} (Zeile 2). Um die Large-k-Itemsets zu finden, werden zunächst sogenannte Candidate-k-Itemsets bestimmt, die potenzielle Large-k-Itemsets sein könnten. Dazu wird die weiter unten beschriebene Prozedur Apriori-gen aufgerufen, welche die Menge C_k der Candidate-k-Itemsets zurückgibt (Zeile 3).

Zu diesen Candidate-k-Itemsets werden dann die im Datenbestand vorkommenden Häufigkeiten berechnet (Zeilen 4 - 8). Dies geschieht, indem zunächst in der Prozedur Subset für jede Transaktion t alle in t vorkommenden k-Itemsets bestimmt werden, die zugleich in der Menge der Candidate-k-Itemsets C_k enthalten sind. Anschließend wird für jede dieser Mengen ein Zähler inkrementiert (Zeile 6, 7), der nach Durchlauf aller Transaktionen angibt, wie oft ein bestimmtes Candidate-k-Itemset durch die Transaktionen unterstützt wird.

173 In Anlehnung an *Agrawal und Srikant (1994b, S. 489).*

174 Aus Vereinheitlichungsgründen mit der Fachliteratur werden im Folgenden die englischen Begriffe verwendet. In späteren Veröffentlichungen werden die Large-Itemsets auch als Frequent-Itemsets bezeichnet.

Diejenigen Candidate-k-Itemsets, die sich durch Vergleich der Auftretenshäufigkeiten mit der Größe MinSup als Large-k-Itemsets herausstellen, werden in die Menge der Large-k-Itemsets L_k aufgenommen (Zeile 9).

Wenn L_k nicht leer ist, so wird mit dieser Menge die Schleife ab Zeile 2 wiederholt. Der Algorithmus terminiert, wenn die Menge der Large-k-Itemsets leer ist und somit keine weiteren Obermengen, welche die MinSup-Bedingung erfüllen könnten, gefunden werden können.

Damit ist die erste Phase der Regelgenerierung abgeschlossen. Insbesondere in diesem Teil setzen Forschungen zur Effizienzverbesserung der Verfahren an. Bevor auf die zweite Phase eingegangen wird, werden die Prozeduren zur Kandidatengenerierung Apriori-gen und zur Teilmengenzählung Subset erläutert.

Die Berechnung der Candidate-k-Itemsets erfolgt in der Prozedur Apriori-gen, deren Hauptprinzip es ist, dass eine Itemmenge I nur dann einen Support größer als MinSup besitzen kann, wenn sämtliche Teilmengen von I diese Supporteigenschaft aufweisen. Diese Eigenschaft wird in der Literatur mit „closure property" bezeichnet.[175] Besitzt nämlich mindestens eine Teilmenge X einer Itemmenge Y einen Support, der kleiner als der Wert MinSup ist, so gilt dies auch für Y. Demnach können potenzielle Candidate-k-Itemsets nur Obermengen der bereits vorliegenden Large-(k-1)-Itemsets sein. Um in diesem Sinne sämtliche Obermengen der Large-(k-1)-Itemsets zu finden, kann die in Abb 3.2 dargestellte Prozedur angewendet werden.

```
1 insert into C_k
2 select p.item_1, p.item_2, ..., p.item_{k-1}, q.item_{k-1}
3 from L_{k-1}p, L_{k-1}q
4 where p.item_1=q.item_1, ... , p.item_{k-2}=q.item_{k-2}, p.item_{k-1}<q.item_{k-1};

5 for all itemsets c aus C_k do
6         for all (k-1)-subsets s of c do
7               if (s ∉ L_{k-1}) then
8                  delete c from C_k
```

Abb. 3.2: Apriori-gen-Prozedur[176]

In den Zeilen 1 - 4 wird zunächst über SQL-Befehle eine Datei C_k angelegt, die sämtliche Erweiterungen der bestehenden Mengen aus L_{k-1} um ein Element enthält. Dabei werden solche Large-(k-1)-Itemsets verknüpft, welche in den ersten k-2 Elementen identisch sind. Dabei ist zu beachten, dass die Items in den Mengen lexikographisch geordnet sind. D. h. es gilt

175 Vgl. *Brin, Motwani und Silverstein (1997, S. 267)* sowie *Adamo (2001, S. 173)*.

176 Vgl. *Agrawal und Srikant (1994b, S. 483 f.)*.

$Item_1 < Item_2$, wenn der Name des $Item_1$ alphabetisch vor dem Namen des $Item_2$ auftritt. Durch diese Ordnung werden Doppelzählungen vermieden.

Im zweiten Teil der Prozedur (Zeilen 5 - 8) werden solche Candiate-k-Itemsets entfernt, die mindestens eine Teilmenge besitzen, welche nicht in der zu Grunde liegenden Menge der Large-(k-1)-Itemsets liegt. Diese Candidate-k-Itemsets können nach der erläuterten „closure property" nicht einen Supportwert von mindestens MinSup besitzen.

Folgendes Beispiel veranschaulicht die Generierung von Candidate-Itemsets. Gegeben sei folgende Menge der Large-3-Itemsets $L_3=\{\{1, 2, 3\}, \{1, 2, 4\}, \{1, 3, 4\}, \{1, 3, 5\}, \{2, 3, 4\}\}$. Daraus werden alle Mengenpaare verknüpft, die in den ersten 2 Elementen übereinstimmen. Diese Mengenpaare und deren Verknüpfung sind in Tab. 3.5 dargestellt.

Menge p	Menge q	Verknüpfung
{1, 2, 3}	{1, 2, 4}	{1, 2, 3, 4}
{1, 3, 4}	{1, 3, 5}	{1, 3, 4, 5}

Tab. 3.5: Generierung von Candidate-Itemsets

Für jede durch die Verknüpfung entstandene Menge wird schließlich beim Pruning geprüft, ob jede Teilmenge mit drei Elementen in der Menge L_3 enthalten ist. Dies gilt in diesem Fall nur für die Menge $\{1, 2, 3, 4\}$, so dass damit gilt $C_4 = \{\{1, 2, 3, 4\}\}$.

Um die Prozedur Subset zur Teilmengenbestimmung effizient durchführen zu können, wird ein Hashverfahren angewendet.[177] Dabei wird zunächst ein Hashbaum generiert, in den die Candidate-Itemsets einsortiert werden. Anschließend werden die in einer Transaktion vorkommenden Candidate-Itemsets anhand dieses Hashbaumes bestimmt.

Ein Hashbaum ist eine logische Struktur, in der Elemente, hier Candidate-Itemsets, gespeichert werden. Diese Speicherung erfolgt in den Blattknoten eines aus mehreren Schichten bestehenden Baumes. Darüber hinaus gibt es innere Knoten des Baumes, in denen über eine als Hashfunktion bezeichnete Zuordnungsvorschrift ein Verweis auf Knoten einer tieferen Schicht berechnet wird. Abb. 3.3 stellt ein Beispiel für einen Hashbaum dar, in dem einige Itemsets mit einer Hashfunktion $h(k) = k \bmod 3$ eingeordnet worden sind.[178]

---

177 Vgl. hierzu und zum Folgenden *Agrawal und Srikant (1994b, S. 490)* sowie *Ester und Sander (2000, S. 165 f.)*. Zum Hashverfahren allgemein, was auch als gestreute Speicherung bezeichnet wird, vgl. *Ernst (2000, S. 538)*.

178 Zur besseren Darstellungen werden die Items mit natürlichen Zahlen bezeichnet anstatt wie bisher mit Buchstaben. Für die Anwendung einer Hashfunktion ist es möglich, Buchstaben in Zahlen zu transformieren.

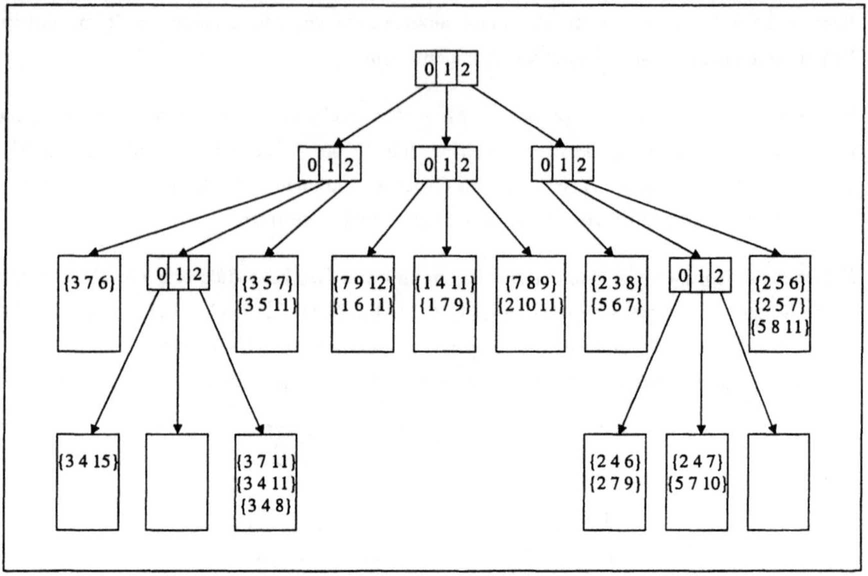

Abb. 3.3: Hashbaum zur Prozedur Subset[179]

Dabei wird der Baum unter Beachtung der wesentlichen Voraussetzung, dass eine Ordnung der Items existiert,[180] wie folgt generiert. Zunächst wird das erste Item c_1 einer Itemmenge $\{c_1, c_2, ..., c_n\}$ durch die Hashfunktion im Wurzelknoten bewertet. Daraus ergibt sich, in welchen Knoten das Itemset weitergleitet wird. Ist dieser Knoten kein Blattknoten, so wird das nächste Element des Itemsets mit der Hashfunktion des Knotens bewertet und weitergeleitet. Anderenfalls wird das Itemset in dem Blattknoten gespeichert, sofern noch Kapazität frei ist. Ist dies nicht der Fall, so wird der Blattknoten aufgespalten, indem er zu einem inneren Blattknoten mit einer Hashfunktion transformiert wird, der über diese die Verteilung der Itemsets an die Nachfolgeblätter verteilt. In einem dieser Blätter wird dann das Itemset gespeichert.

Zum Beispiel wird das Itemset {3, 5, 7} wie folgt in den Baum in Abb. 3.3 eingefügt. Zunächst wird im ersten Knoten das erste Item 3 bewertet, was wegen $h(3) = 3 \bmod 3 = 0$ dazu führt, dass das Itemset zu dem Knoten weitergeleitet wird, auf den der von 0 ausgehende Pfeil zeigt. In diesem Knoten wird das zweite Item 5 bewertet mit $h(5) = 5 \bmod 3 = 2$. Somit wird das Itemset weitergeleitet zu dem Blattknoten, auf den der von 2 ausgehende Pfeil zeigt, und dort einsortiert.

179 In Anlehnung an *Ester und Sander (2000, S. 165).*

180 Diese Ordnung ist hier durch die „<"-Relation der natürlichen Zahlen gegeben.

Liegt ein Hashbaum vor, so können nun sämtliche Teilmengen einer Transaktion, die zugleich Candidate-Itemsets sind, effizient gefunden werden. Dazu wird folgende Suchstrategie für jede Transaktion $t = \{t_1, t_2, \ldots, t_n\}$ ausgeführt. Beginnend mit der Bewertung des ersten Items t_1 im Wurzelknoten, wird die Transaktion gemäß der Baumstruktur weitergeleitet. Ist dieser Knoten ein Blattknoten, so wird für alle darin gespeicherten Candidate-Itemsets geprüft, ob diese in t enthalten sind und ggf. vermerkt. Ist der Knoten kein Blattknoten, so werden alle nachfolgenden Items der Transaktion in diesem Knoten bewertet und t gemäß Zuordnungsvorschrift weitergeleitet. Dort wiederholt sich diese Prozedur, bis alle zugehörigen Blattknoten gefunden wurden. Ist dies der Fall, so wird die Transaktion wieder vom Wurzelknoten aus in den Baum geleitet, die Anfangsverzweigung erfolgt allerdings mit einem anderen Item aus t. Dieses Verfahren wird für jedes Item der Transaktion durchgeführt, so dass bei Beendigung dieses Vorgehens sämtliche Teilmengen von t, die zugleich auch Candidate-Itemsets sind, bekannt sind. Bei diesen Itemsets wird nun ein Zähler inkrementiert.

Das folgende Beispiel demonstriert die Suche nach den Candidate-Itemsets einer Transaktion $t = \{1, 3, 7, 9, 12\}$ anhand des Hashbaums aus Abb. 3.3. Zunächst wird das Item 1 im Wurzelknoten bewertet und an den zweiten Knoten der zweiten Schicht weitergeleitet. In diesem wird das nächstfolgende Item 3 bewertet, was eine Weiterleitung in den vierten Knoten der dritten Schicht impliziert. Da dieser Knoten ein Blattknoten ist, werden alle darin enthaltenen Itemsets auf deren Teilmengenbeziehung zu t geprüft. Das Itemset {7, 9, 12} wird dabei als Teilmenge von t erkannt. Anschließend wird im zuletzt verwendeten inneren Knoten das dem Item 3 nachfolgende Item 7 bewertet und die Prozedur entsprechend weitergeführt. Wird das Verfahren vollständig ausgeführt, so zeigt sich, dass nur vier Blattknoten des Baumes und deren Vorgängerknoten benötigt wurden. Anstatt also sämtliche Candidate-Itemsets auf deren Teilmengenbeziehung zu prüfen, reicht eine kleine, logisch sortierte Anzahl aus, wodurch ein effizientes Suchen möglich ist.

Nachdem damit der Apriori-Algorithmus vollständig erklärt worden ist, zeigt Abb. 3.4 ein Beispiel zur Verdeutlichung des Ablaufs.[181]

---

181 Vgl. hierzu *Ester und Sander (2000, S. 164)* sowie *Agrawal und Srikant (1994a, S. 9 f.)*.

Transaktionen:

Transaktionsnummer	Itemset
100	{a, c, d}
200	{b, c, e}
300	{a, b, c, e}
400	{b, e}

1. Phase C_1

Itemset	Support
{a}	2/4
{b}	3/4
{c}	3/4
{d}	1/4
{e}	3/4

L_1

Itemset	Support
{a}	2/4
{b}	3/4
{c}	3/4
{e}	3/4

2. Phase C_2

Itemset	Support
{a, b}	1/4
{a, c}	2/4
{a, e}	1/4
{b, c}	2/4
{b, e}	3/4
{c, e}	2/4

L_2

Itemset	Support
{a, c}	2/4
{b, c}	2/4
{b, e}	3/4
{c, e}	2/4

3. Phase C_3

Itemset	Support
{b, c, e}	2/4

L_3

Itemset	Support
{b, c, e}	2/4

Abb. 3.4: Beispiel zum Ablauf des Apriori-Algorithmus

Auf Basis der im Transaktionsmodell angegebenen Transaktionen sollen Assoziationsregeln mit einem Supportwert von mindestens 40 % bestimmt werden. Es sind dann für jeden Iterationsschritt des Algorithmus die entsprechenden Mengen C_k und L_k ($k = 1, 2, 3$) tabellarisch dargestellt. Dabei wird die Datenbasis bei jeder Iteration vollständig durchlaufen.

Mit dem Apriori-Algorithmus ist es möglich, sämtliche Large-Itemsets eines Datenbestandes zu erzeugen. In der zweiten Phase der Bestimmung von Assoziationsregeln werden nun aus diesen Large-Itemsets die Regeln generiert. Hierzu kann der in Abb. 3.5 dargestellte Algorithmus angewendet werden.

```
1  for all large Itemsets l_k, k ≥ 2 do
2      call Genrules(l_k, l_k)

3  Procedure Genrules (l_k: Large-k-Itemset, a_m: Large-m-Itemset)
4      A = {(m-1)-Itemsets a_{m-1} | a_{m-1} ⊆ a_m}
5      for all a_{m-1} ∈ A do begin
6          conf = support(l_k)/support(a_{m-1});
7          if (conf ≥ MinKonf) then begin
8              output the rule a_{m-1} → l_k - a_{m-1}, with confidence = conf
                                          and support = support(l_k);
9              if (m-1>1) then
10                 call Genrules(l_k, a_{m-1})
11         end
12     end
```

Abb. 3.5: Algorithmus zur Regelerzeugung[182]

Für jedes Large-k-Itemset wird die Prozedur Genrules aufgerufen (Zeile 1 - 2). Übergeben wird zweimal die gleiche Itemmenge, wovon eine in der Prozedur als l_k und die andere als a_m bezeichnet wird (Zeile 3).

Die Grundidee ist, zunächst alle Regeln mit Prämissenlänge k-1 zu generieren. Wenn eine Regel mit einer Prämisse aus k-1 Items das MinKonf-Kriterium erfüllt, so lassen sich eventuell weitere Regeln mit kleineren Prämissen finden. Somit wird in Zeile 10 die Genrules-Prozedur erneut aufgerufen. Besitzt eine Regel nicht eine Konfidenz von mindestens MinKonf, so wird diese Forderung auch nicht durch Verkleinerung der Prämissenlänge erfüllt. Dies wird wie folgt begründet. Wird aus einem Itemset A ein Item i entfernt, so besitzt das resultierende Itemset A-{i} einen Support, der mindestens genauso groß ist wie der Support von A. Da dieser Supportwert als Nenner in die Konfidenzberechnung der zugehörigen Regeln eingeht, kann die Konfidenz einer Regel mit kleinerer Prämissenlänge höchstens so groß sein wie die ursprünglich betrachtete.[183]

Um die Regeln mit Prämissenlänge m-1 zu generieren, wird in Zeile 4 die Menge A gebildet, die aus sämtlichen (m-1)-Teilmengen von a_m besteht. Zu beachten ist, dass bei der ersten Übergabe m = k gesetzt wird und somit bei der ersten Bildung von A die (m-1)-Teilmengen gerade die (k-1)-Teilmengen des übergebenen Large-k-Itemsets sind. Für jede (m-1)-Teilmenge wird der Wert conf bestimmt, der den Konfidenzwert der Regel $m_{k-1} \rightarrow l_k - m_{k-1}$ wiedergibt (Zeile 6).

---

182 Vgl. *Agrawal und Srikant (1994a, S. 12 ff.)*. Neben diesem als „simple algorithm" bezeichneten Algorithmus schlagen *Agrawal und Srikant (1994a, S. 13 f.)* noch einen zweiten unter dem Namen „faster algorithm" vor.

183 Zu beachten ist, dass bei der Berechnung der Konfidenz in diesem Fall der Zähler gleich bleibt.

Ist dieser Konfidenzwert kleiner als MinKonf, so wird die Regel nicht weiter beachtet. Im anderen Fall wird die Regel ausgegeben. Anschließend, wenn die Prämissenlänge größer als eins ist, wird die Prozedur Genrules erneut aufgerufen, um somit weitere Regeln mit kleinerer Prämissenlänge zu generieren. Der Algorithmus terminiert, wenn alle Large-Itemsets untersucht worden sind.

Folgendes Beispiel ist die Fortsetzung des Beispiels zur Illustration der ersten Phase und verdeutlicht die Regelgenerierung der zweiten Phase anhand des übergebenen Large-Itemsets {b, c, e}. Ein Mindestkonfidenzwert von 80 % sei vorgegeben.

Dieses Itemset wird zweimal gespeichert unter l_3 und a_3. Anschließend wird die Menge A gebildet als A={{b, c}, {b, e}, {c, e}}.

Gewählt wird {b, c} womit die Konfidenz für die Regel {b, c} → {e} mit 2/2 = 100 % bestimmt wird. Da der Konfidenzwert größer als 80 % ist, wird die Regel ausgegeben.

Anschließend wird die Prozedur mit den Mengen l_3 = {b, c, e} und a_2 = {b, c} wiederholt. Nun wird A = {{b}, {c}} gesetzt und zunächst {b} gewählt, um die Konfidenz der Regel {b} → {c, e} mit 2/3 zu bestimmen. Die Regel wird nicht ausgegeben, da die Mindestkonfidenzschranke nicht erreicht wurde, und {c} wird gewählt. Die Konfidenz der Regel {c} → {b, e} ist mit 2/3 ebenfalls kleiner als die Mindestkonfidenzschranke.

Die Prozedur wiederholt sich nun analog für die Mengen {b, e} und {b, c}, und es wird schließlich noch die Regel {c, e} → {b} ausgegeben.

3.3.2 Weitere Algorithmen

Wie in der Einleitung des Abschnitts 3.3 erläutert, ist der erste zur Erzeugung von Assoziationsregeln vorgeschlagene Algorithmus der AIS-Algorithmus. Kern in diesem ist wie beim Apriori-Algorithmus die Bestimmung von neuen Large-Itemsets aus den in der vorhergehenden Iteration generierten. Der Unterschied zum Apriori-Algorithmus liegt in der Generierung möglicher Candidate-Itemsets, der beim AIS-Algorithmus sehr rechenintensiv ist. Im ebenfalls bereits angesprochenen und 1993 veröffentlichten SETM-Algorithmus werden die Large-Itemsets durch SQL-Befehle generiert.

Im Jahre 1994 wurde dann der Apriori-Algorithmus vorgestellt. In der gleichen Veröffentlichung erscheint eine Abwandlung des Apriori-Algorithmus, der AprioriTid-Algorithmus. Hierbei ist die eingegebene Datenbasis von der des Apriori-Algorithmus verschieden, die nämlich in Form des Transaktionslistenmodells vorliegt. Der Algorithmus läuft schneller, allerdings muss im Allgemeinen eine Vorverarbeitung der Datensätze durchgeführt werden.

Eine Verschmelzung der Algorithmen Apriori und AprioriTid führt zu dem ebenfalls von *Agrawal und Srikant (1994b, S. 490 ff.)* vorgeschlagenen AprioriHybrid-Algorithmus.

Die bisher vorgestellten Algorithmen besitzen die Gemeinsamkeit, dass im k-ten Iterationsschritt jeweils Large-Itemsets der Länge k generiert werden. Dabei muss die Datenbasis bei jedem Iterationsschritt einmal durchlaufen werden, was ein Leistungsnachteil ist.[184] Im Jahre 1995 veröffentlichten *Savasere, Omiecinski und Navathe (1995, S. 434 ff.)* den Partition-Algorithmus. Dieser unterscheidet sich von den bisher vorgestellten Algorithmen dadurch, dass die gesamte Datenbasis zunächst in Teilmengen zerlegt wird, die in den Arbeitsspeicher des Auswertungscomputers eingelesen werden können, und auf denen lokale Large-Itemsets generiert werden. Diese lokalen Large-Itemsets werden dann zu globalen Large-Itemsets verknüpft. Insgesamt benötigt der Partition-Algorithmus nur zwei gesamte Durchläufe der Datenbasis. Ein weiterer Unterschied zu den vorangestellten Algorithmen ist, dass das Bestimmen der Supportwerte nicht durch Zählung geschieht, sondern durch Angabe der Größe der Schnittmengen, die aus allen Transaktionsnummern bestehen, welche eine bestimmte Itemmenge unterstützen.

Ein weiteres, verbessertes Verfahren entwickelten *Park, Chen und Yu (1995, S. 178 ff.)*. Sie gaben eine Möglichkeit für die schnellere Generierung der ersten Candidate-Itemsets, also die mit je zwei Items, an. Dieser Algorithmus ist unter dem Namen „direct hashing and pruning" (DHP) bekannt und basiert auf einem Hashverfahren.

Im Jahre 1996 stellte *Toivonen (1996, S. 136 ff.)* einen Algorithmus vor, in dem zur Vorabschätzung der Large-Itemsets eine Stichprobe des Gesamtdatenbestandes verwendet wird. Für diese Large-Itemsets werden anschließend die tatsächlichen Supportwerte anhand des Gesamtdatenbestandes zur weiteren Verarbeitung bestimmt.

Im Folgejahr wurde in *Brin et al. (1997, S. 256 ff.)* eine Erweiterung des Apriori-Algorithmus unter dem Namen „dynamic itemset counting" (DIC) veröffentlicht. Die Grundidee hinter diesem Verfahren ist, in der Kandidatengenerierungsphase nicht den genauen Support zu bestimmen, sondern die Supportberechnung zu stoppen, sobald ein Itemset einen Supportwert größer als der vorgegebene Mindestsupport besitzt.

Im Wesentlichen unterscheiden sich die Algorithmen in der Phase der Generierung der Large-Itemsets. Um die Abläufe der Algorithmen genauer zu analysieren und daraus ein Klassifikationsschema ableiten zu können, wird im Folgenden der zu Grunde liegende Suchraum

---

[184] Eine Auflistung von Schwachpunkten des Apriori-Algorithmus geben *Relue, Wu und Huang (2001, S. 466 f.)*.

beschrieben. Es wird davon ausgegangen, dass eine Grundmenge von Items I = {1, 2, ..., n} vorliegt, in denen eine Ordnung existiert. Als Ordnung wird hier die „<"-Relation der natürlichen Zahlen gewählt. Der Suchraum, in dem die Large-Itemsets gefunden werden sollen, ist dann die Potenzmenge von I. Diese kann in Schichten, deren Bildungskriterium die Anzahl der Elemente der Teilmengen ist, aufgeteilt werden. Abb. 3.6 zeigt diese auch als Gitter bezeichnete Einteilung für den Fall, dass I = {1, 2, 3, 4} gewählt wird. Dabei geben die Kanten an, aus welchen Mengen die in der darunterliegenden Schicht befindlichen Mengen gebildet worden sind.

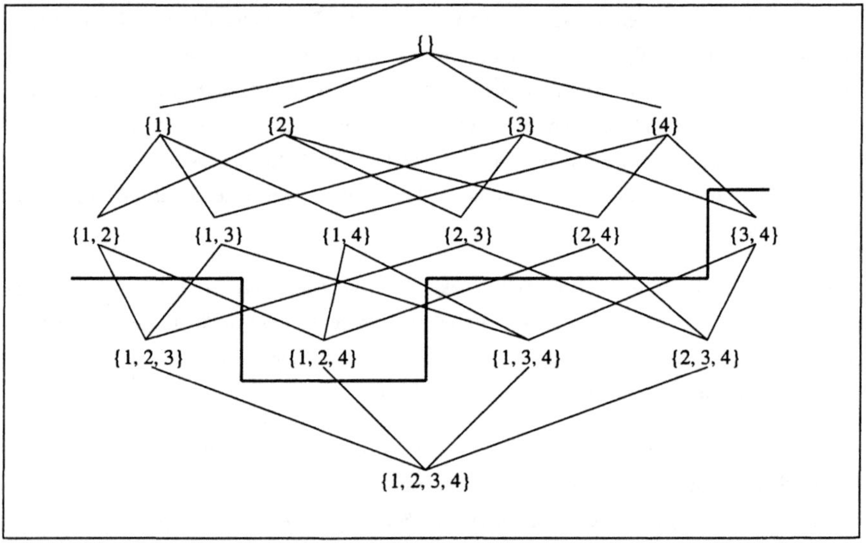

Abb. 3.6: Gitter zur Darstellung einer Potenzmenge[185]

Die breite Linie ist eine Trennlinie der Large-Itemsets von den nicht-Large-Itemsets. Die Itemsets oberhalb dieser Linie besitzen einen Support größer als MinSup, die Itemsets unterhalb der Linie dagegen nicht. Der Grund, warum derartige Gebiete abgegrenzt werden können, liegt in der bereits erläuterten „closure property", nach der alle Teilmengen eines Large-Itemsets ebenfalls von diesem Typ sein müssen.

Algorithmen können anhand der Suchweise der Large-Itemsets bzw. der Trennlinie im Suchraum unterschieden werden. Dazu wird der Suchraum oftmals weiter partitioniert, d. h. es

185 In Anlehnung an *Hipp, Güntzer und Nakhaeizadeh (2000, S. 59).*

werden Mengen zu Gruppen zusammengefasst.[186] Als Beispiel soll folgender in Abb. 3.7 dargestellte Baum dienen.

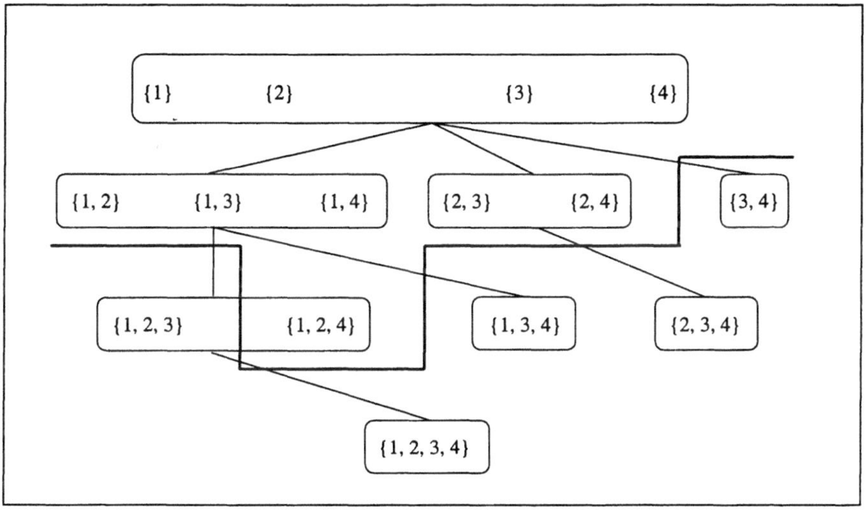

Abb. 3.7: Gitter mit Partitionierung[187]

Als wesentliches Klassifizierungsmerkmal der Algorithmen schlagen *Hipp, Güntzer und Nakhaeizadeh (2000, S. 60 f.)* vor, die Suchstrategie im Suchraum bzw. im weiter partitionierten Suchraum zu beachten. Als Suchstrategien stehen „breadth first search" (BFS) oder „depth first search" (DFS) zur Auswahl. Bei der letzteren Strategie werden nach der Untersuchung einer Klasse die Mengen der im Baum nachfolgenden Klassen untersucht, solange, bis die Grenzlinie erreicht wird. Bei der BFS-Strategie werden die Supportwerte aller Mengen einer Schicht untersucht, bevor anschließend die Supportwerte der Mengen der nachfolgenden Schicht bestimmt werden.

Alle oben angegebenen Algorithmen benutzen die BFS-Strategie. Erst seit 1997 sind Algorithmen wie Eclat[188] oder FP-Growth[189] entwickelt worden, die von *Hipp, Güntzer und Nakhaeizadeh (2000, S. 61)* unter Algorithmen mit DFS-Strategie zugeordnet werden.

---

186 Vgl. hierzu und zum Folgenden *Adamo (2001, S. 9 ff.), Hipp, Güntzer und Nakhaeizadeh (2000, S. 59 f.)* sowie *Zaki et al. (1997b, S. 284 f.)*.

187 In Anlehnung an *Hipp, Güntzer und Nakhaeizadeh (2000, S. 60)*.

188 Vgl. *Zaki et al. (1997b, S. 285)*.

189 Vgl. *Han, Pei und Yin (2000, S. 7 f.)*. Dabei steht FP als Abkürzung für „frequent patterns".

Als weiteres Unterscheidungsmerkmal für Algorithmen zur Assoziationsanalyse empfehlen *Hipp, Güntzer und Nakhaeizadeh (2000, S. 60)* die Art der Supportbestimmung. Hier haben sich zwei Strategien durchgesetzt. Bei der einen werden die Häufigkeiten von Itemsets direkt durch Zählen bestimmt, was möglichst effizient durch Hash-Verfahren durchgeführt werden kann. Die zweite Strategie besteht darin, Schnittmengen von sogenannten „TIDlists" zu bilden. Dabei steht die Abkürzung TID für „transaction identification number", und es wird nach dem Transaktionslistenmodell für jedes vorkommende Item eine Liste gebildet, in der die TID der das jeweilige Item enthaltenden Transaktionen vorkommt. Der Support einer Itemmenge kann durch die Anzahl der Elemente in der Schnittmenge der zugehörigen „TIDlists" bestimmt werden.

Hipp, Güntzer und Nakhaeizadeh (2000, S. 60) klassifizieren die Algorithmen nach den oben dargestellten Klassifikationsmerkmalen und geben Testergebnisse für das Laufzeitverhalten der unterschiedlichen Algorithmen auf verschiedenen Datenbeständen an. Dabei kommen sie zum Ergebnis, dass kein Algorithmus im Vergleich zu den anderen signifikant bessere Laufzeiten bei der Analyse aufweist.[190]

3.4 Erweiterungen der Assoziationsregeln

Die im letzten Abschnitt vorgestellten Algorithmen wurden entwickelt, um einfache Assoziationsregeln zu generieren, deren Basis eine Menge von Transaktionen ist. Das Problem kann auf mehrere Weisen modifiziert werden.

Zum einen sollen Restriktionen beachtet werden können, was bedeutet, dass nur solche Regeln generiert werden, die bestimmten vorgegebenen Bedingungen genügen. Derartige Regeln werden Assoziationsregeln mit Item-Restriktionen („item constraints") genannt (Abschnitt 3.4.1).

Weiterhin sollen Regeln erzeugt werden, die Taxonomien berücksichtigen (Abschnitt 3.4.2). Eine Taxonomie ist eine Hierarchie, die in den Items auftreten kann, wie beispielsweise die Einordnung von Artikeln in Warengruppen.

190 Zu beachten ist hierbei, dass nur die Algorithmen Apriori, Eclat und Partition aufgrund ihrer unterschiedlichen Ablaufstrategien verglichen wurden.

Eine dritte Forschungsrichtung befasst sich mit der Analyse von Assoziationsregeln, wenn quantitative Werte in den Daten vorliegen (Abschnitt 3.4.3). Hierbei ist die zentrale Fragestellung, ob und wie eine Menge von quantitativen Werten sinnvoll diskretisiert werden kann, um daraus Assoziationsregeln abzuleiten.

Eine andere Erweiterung der Assoziationsregeln zielt auf zeitbezogene Assoziationen ab. Hierbei wird den Transaktionen eine Abhängigkeit etwa in Form eines Zeitbezugs unterstellt, und es werden sequenzielle Assoziationsregeln (Abschnitt 3.4.4) generiert. Die folgenden vier Abschnitte geben einen kleinen Einblick in die jeweilige Thematik.

3.4.1 Item-Restriktionen

In vielen in der Praxis vorkommenden Aufgabenstellungen werden Regeln gesucht, die neben den Support- und Konfidenzanforderungen weitere vorgegebene Bedingungen erfüllen müssen. Beispielsweise sollen bei einer Warenkorbanalyse nur Regeln generiert werden, deren Konsequenzen bestimmte Artikel beinhalten.

Eine einfache Methode zur Erzeugung derartiger Regeln besteht darin, eine Assoziationsanalyse für einfache Regeln durchzuführen und anschließend alle Regeln herauszufiltern, welche den vorgegebenen Bedingungen nicht genügen. Dies hätte aber zur Folge, dass ein großer Analyseaufwand notwendig wäre.

Effizienter ist es, die Restriktionen bereits während der Analyse zu beachten, um damit Aufwand beispielsweise bei der Bestimmung der Large-Itemsets zu reduzieren. *Srikant, Vu und Agrawal (1997, S. 69 ff.)* schlagen folgende Möglichkeiten zur Lösung des Problems vor.

Die Erzeugung der Regeln erfolgt in drei Phasen. In der ersten Phase werden wie im Fall einfacher Assoziationsregeln (vgl. Abschnitt 3.3) alle Large-Itemsets bestimmt, welche zusätzlich die vorgegebenen Restriktionen erfüllen. In dieser Phase sind zwei Aufgaben zu erfüllen, die Generierung der potenziellen Large-Itemsets und die Bestimmung deren Häufigkeiten. Die Technik der Bestimmung der Häufigkeiten ist identisch mit dem bei den einfachen Assoziationsregeln beschriebenen Verfahren. Nur in der Phase der Generierung von Candidate-Itemsets müssen Modifikationen vorgenommen werden, wozu unterschiedliche Methoden vorgeschlagen wurden.[191]

---

[191] Vgl. *Srikant, Vu und Agrawal (1997, S. 70 ff.)*.

In der zweiten Phase, die zur Generierung von Assoziationsregeln mit Item-Restriktionen angewendet wird, werden alle Teilmengen der in Phase 1 bestimmten Large-Itemsets erzeugt und in einem weiteren Durchlauf der Datenbasis deren Supportwerte bestimmt. Der Grund dafür liegt in der anschließenden Berechnung des Konfidenzwertes, für den notwendigerweise auch Teilmengen betrachtet werden müssen, die den Restriktionen nicht genügen.

In der dritten Phase werden wieder aus den Large-Itemsets die Regeln generiert, deren Konfidenz größer einer Schranke MinKonf ist. Dazu kann der in Abb. 3.5 vorgestellte Algorithmus verwendet werden.

Item-Restriktionen können nicht nur bezüglich einfacher Assoziationsregeln vorgegeben werden, sondern auch für komplexere Regeln, wie zum Beispiel die im folgenden Abschnitt erläuterten Assoziationsregeln mit Taxonomien.

3.4.2 Taxonomien

Die bisherigen Assoziationsregeln wurden ohne weiteres Wissen über die Itemstruktur generiert. Das bedeutet, dass jedes Item als gleichwertig betrachtet wurde. In vielen Datensätzen gibt es jedoch Items, die sich in bestimmte Klassen einteilen lassen, so dass damit zusätzliche Informationen in die Analyse einfließen können.

Srikant und Agrawal (1995b, S. 408 ff.) erweiterten die Theorie der Assoziationsregeln, indem sie Assoziationsregeln mit Taxonomien betrachteten. Ein Taxonomie beschreibt eine Hierarchie in den Daten, wie beispielsweise eine Hierarchie der Artikel eines Kaufhauses, die zu Warengruppen zusammengefasst werden. Statt Assoziationen von Artikeln auf niedrigster Ebene zu betrachten, wird die Hierarchie der Warengruppen mitberücksichtigt. Dadurch können generalisierendere Regeln erzeugt werden, weshalb auch in der englischsprachigen Literatur der Ausdruck „generalised association rules" Verwendung findet.

Abb. 3.8 zeigt ein Beispiel einer Taxonomie, die in einem Kaufhaus vorliegen kann. Dabei gibt die Wurzel die höchste Hierarchiestufe an, die in einzelne Unterklassen aufgeteilt werden kann. In dem demonstrierten Beispiel besteht die Produkthauptgruppe GETRÄNKE aus den Unterklassen ALKOHOLISCHE GETRÄNKE und NICHT-ALKOHOLISCHE GETRÄNKE. Diese Unterklassen bestehen wieder aus einzelnen Unterklassen, welche die Artikel weiter beschreiben. Denkbar wäre eine noch weitere Zergliederung auf Markenebene.

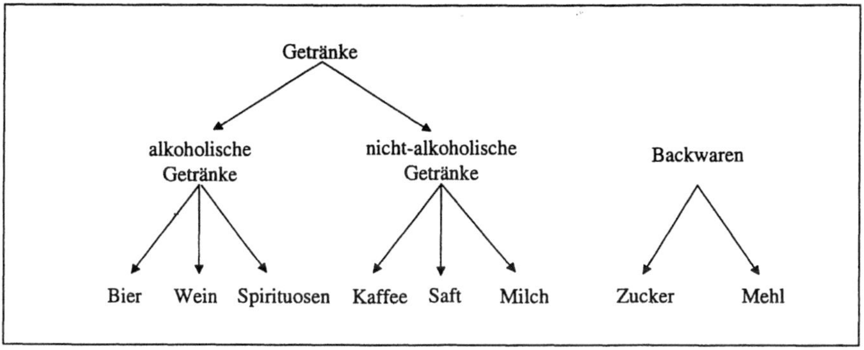

Abb. 3.8: Beispiel einer einfachen Taxonomie

Eine wie hier dargestellte Taxonomie, die jedem Knoten genau einen übergeordneten Knoten zuordnet, wird einfache Taxonomie genannt. Eine Erweiterung davon ist die multiple Taxonomie, die beispielhaft in Abb. 3.9 dargestellt ist.[192]

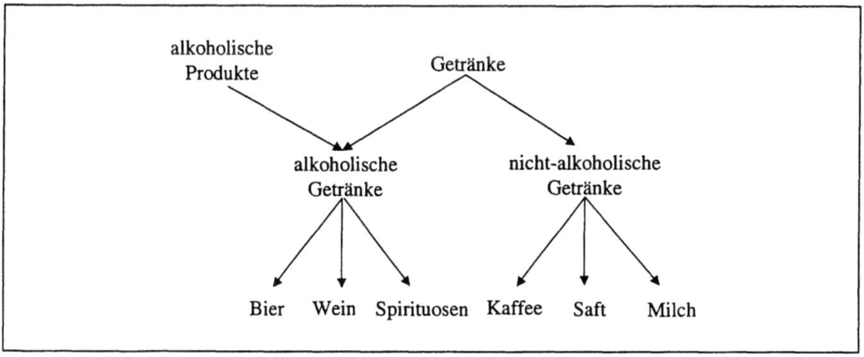

Abb. 3.9: Beispiel einer multiplen Taxonomie

Hierbei besitzen einzelne Knoten mehrere Vorgängerknoten, was häufig in Analysen auftritt, wenn ein Artikel mehreren Produktgruppen zugeordnet wird. Beispielsweise kann obige einfache Taxonomie zu einer multiplen Taxonomie erweitert werden, wenn die Gruppe der alkoholischen Getränke zusätzlich der Gruppe alkoholische Produkte untergeordnet wird.

---

[192] Diese Arten von Taxonomien sind grundlegender Bestandteil von OLAP-Systemen. Hier werden solche Bäume erstellt, um Analysen auf unterschiedlichen Produktgruppen durchführen zu können. Vgl. hierzu *Stock (2001, S. 89 ff.).*

Der Vorteil an dieser Generalisierung liegt in der Möglichkeit, auch Regeln zu entdecken, deren Items auf tieferer Ebene nicht der Mindestsupportanforderung genügen. Beispielsweise seien die beiden Regeln A → B und C → B gegeben, deren Support jeweils 10 % beträgt und A und C nicht gleichzeitig auftreten. Bei einer Mindestsupportanforderung von 15 % würden diese beiden Regeln nicht generiert werden. Wenn A und C in derselben Klasse D liegen, so würde aber eine Regel D → B mit mindestens einem Support von 20 % vorliegen, die damit die Mindestsupportanforderung erfüllt.

Um hierarchische Assoziationsregeln zu bestimmen, könnte folgendes einfache Verfahren angewendet werden. Zu jeder vorliegenden Transaktion im Datenbestand werden die jeweiligen Oberklassen zugefügt, deren Items in der Transaktion enthalten sind. Ist also beispielsweise die Transaktion {MILCH, ZUCKER} in der Datenbasis enthalten, so wird diese zu {MILCH, NICHT-ALKOHOLISCHE GETRÄNKE, GETRÄNKE, ZUCKER, BACKWAREN} erweitert, sofern MILCH in der Warengruppe NICHT-ALKOHOLISCHE GETRÄNKE liegt, und diese zur Warengruppe GETRÄNKE sowie ZUCKER zur Warengruppe BACKWAREN gehört. Auf diesen erweiterten Datenbestand lässt sich jedes Verfahren zur Generierung einfacher Assoziationsregeln anwenden.[193]

Folgendes Beispiel demonstriert die unter Berücksichtigung von Taxonomien generierten Regeln. Dabei liegt die in Abb. 3.8 angegebene Taxonomie zu Grunde, weshalb als zusätzliche Items die Warengruppen ALKOHOLISCHE GETRÄNKE und NICHT-ALKOHOLISCHE GETRÄNKE zugefügt werden.

Gegeben seien die in Tab. 3.6 dargestellten Transaktionen.

Transaktionsnummer	Itemset
1	{KAFFEE, SAFT}
2	{BIER, WEIN}
3	{BIER, SAFT, WEIN}
4	{MILCH, BIER}
5	{WEIN, BIER}

Tab. 3.6: Datenbasis für Taxonomiebeispiel

Daraus können folgende Large-Itemsets gebildet werden, wenn der Mindestsupport 30 % beträgt.

193 Dieses Verfahren wurde in *Srikant und Agrawal (1995b, S. 411 f.)* als Basic-Verfahren bezeichnet.

Itemset	Support
SAFT	2/5
WEIN	3/5
BIER	4/5
ALKOHOLISCHE GETRÄNKE	4/5
NICHT-ALKOHOLISCHE GETRÄNKE	3/5
WEIN, BIER	3/5
BIER, NICHT-ALKOHOLISCHE GETRÄNKE	2/5

Tab. 3.7: Large-Itemsets mit Taxonomie

Bei der Bildung der Supportwerte wurden die höheren Hierarchieebenen pro Transaktion nur einmal berücksichtigt, d. h. beispielsweise trägt die Transaktion {SAFT, KAFFEE} nur einmal zur Supportzählung des Items NICHT-ALKOHOLISCHE GETRÄNKE bei. In der Tab. 3.7 wurden außerdem die trivialen Regeln wie beispielsweise SAFT → NICHT-ALKOHOLISCHE GETRÄNKE nicht aufgenommen. Die Auswirkung der Hierarchie zeigt sich insbesondere beim Large-Itemset {BIER, NICHTALKOHOLISCHE GETRÄNKE}, da sonst kein Large-Itemset existiert, indem BIER mit einem der unter NICHT-ALKOHOLISCHE GETRÄNKE aufgeführten Artikel auftritt.

Aus diesen Large-Itemsets können folgende in Tab. 3.8 dargestellte Regeln, die einen Mindestkonfidenzwert von 40 % überschreiten, gebildet werden:

Regel	Support	Konfidenz
Wenn WEIN Dann BIER	3/5	1
Wenn BIER Dann WEIN	3/5	3/4
Wenn BIER Dann NICHT-ALKOHOLISCHE GETRÄNKE	2/5	1/2
Wenn NICHT-ALKOHOLISCHE GETRÄNKE Dann BIER	2/5	2/3

Tab. 3.8: Regeln mit Taxonomie

Ein Problem bei der Generierung hierarchischer Assoziationsregeln ist, dass eine große Anzahl redundanter Regeln erzeugt werden, die gerade die Taxonomie beschreiben.[194] Bei dem oben angegebenen erweiterten Datensatz würden Regeln wie MILCH → GETRÄNKE mit einem Konfidenzwert von 1 erzeugt werden, da gerade bei allen Transaktionen, die MILCH enthalten, das Item GETRÄNKE hinzugefügt wurde. Wesentlich ist also bei diesen Regeln, Interessantheitsmaße zu definieren, um die redundanten Regeln herauszufiltern.

194 Insbesondere bei dem Basic-Verfahren tritt das Problem dieser trivialen Regeln auf. Vgl. hierzu *Ester und Sander (2000, S. 177)*.

Verbesserungen des oben vorgestellten Basic-Verfahrens können durch die Anwendung von Techniken erreicht werden, die im Folgenden vorgestellt werden.[195]

Erstens müssen nicht alle Vorgänger[196] der in einer Transaktion vorkommenden Items zu dieser zugefügt werden, sondern nur diejenigen, die in mindestens einem zu bewertenden Candidate-Itemset vorkommt. Sei beispielsweise, wie in Abb. 3.8 dargestellt, ALKOHOLISCHE GETRÄNKE ein Vorgänger von BIER und GETRÄNKE ein Vorgänger von ALKOHOLISCHE GETRÄNKE. Ist {GETRÄNKE, SCHUHE} die einzige Itemmenge, deren Support zu bestimmen ist, so kann in jeder das Item BIER beinhaltenden Transaktion dieses Item durch GETRÄNKE ersetzt werden. Weder BIER noch ALKOHOLISCHE GETRÄNKE muss in der Transaktion länger gespeichert werden. Grund hierfür ist, dass ein Item, welches in keiner der Candidate-Itemsets einer Iteration auftritt, auch nicht in den folgenden Iterationen auftreten kann.

Als zweite Technik zur Verbesserung des Basic-Verfahrens ist die Nutzung einer Datenstruktur zu nennen, in der für jedes Item sämtliche zugehörigen Vorgänger gespeichert sind. Hierbei wird also bewusst eine Redundanz erzeugt, die aber eine schnellere Zuordnung der Vorgänger zu den Items erlaubt als das jeweilige Suchen im Hierarchiebaum.

Drittens brauchen Supportwerte von Itemsets, die ein Item und einen zugehörigen Vorgänger beinhalten, nicht betrachtet zu werden. Srikant und Agrawal beweisen zunächst, dass der Support eines derartigen Itemsets genauso groß ist wie der Support dieses Itemsets ohne das Vorgängeritem.[197] Weiterhin zeigen sie, dass ein darauf basierendes Filtern von Itemsets mit zwei Elementen hinreichend dafür ist, dass bei der späteren Erzeugung von Candidate-Itemsets keine derartigen generiert werden, die ein Item und ein Vorgängeritem besitzen.[198]

Die Anwendung der vorgestellten drei Techniken auf Basis des Basic-Algorithmus ist als Cumulate-Algorithmus[199] bekannt, der damit eine Verbesserung des Basic-Algorithmus darstellt.

---

195 Vgl. hierzu und zum Folgenden *Srikant und Agrawal (1995b, S. 412 f.)* sowie *Ester und Sander (2000, S. 173 ff.)*.

196 Ein Vorgänger ist hier definiert als Item, welches auf einer höheren Hierarchieebene liegt und mit dem Ausgangsitem verbunden ist.

197 Vgl. Lemma 1 in *Srikant und Agrawal (1995b, S. 412)*.

198 Dies wird aus Lemma 2 in *Srikant und Agrawal (1995b, S. 412)* gefolgert.

199 Der Name soll andeuten, dass bei diesem Algorithmus die Supportwerte aller Itemsets einer bestimmten Größe in einer Iteration bestimmt werden. Vgl. *Srikant und Agrawal (1995a, S. 9)*.

Eine zweite in *Srikant und Agrawal (1995b, S. 412 f.)* vorgeschlagene Verbesserungsmöglichkeit besteht in der Schichtenbildung. Die hier gebildeten Schichten beziehen sich auf die Candidate-Itemsets und nutzen eine durch die Hierarchie unter diesen induzierte partielle Ordnung. Dabei ist ein Itemset X Vorgänger eines Itemsets $\hat{X}$, wenn X aus $\hat{X}$ gebildet werden kann, indem mindestens ein Item aus $\hat{X}$ durch seinen Vorgänger ersetzt wird und die restlichen Items übernommen werden.[200] Beispielsweise ist {GETRÄNKE, SCHUHE} ein derartiger Vorgänger von {ALKOHOLISCHE GETRÄNKE, SCHUHE}, wenn die Hierarchie in Abb. 3.8 zu Grunde gelegt wird. Unter der Annahme, dass beide Itemsets Candidate-Itemsets sind, deren Supportwerte bestimmt werden sollen, ist Folgendes zu beachten. Wenn etwa der Support von {GETRÄNKE, SCHUHE} nicht größer als der Mindestsupport ist, so kann der Support von {ALKOHOLISCHE GETRÄNKE, SCHUHE} ebenfalls diese Schranke nicht überschreiten. Diese Eigenschaft wird bei den auf Schichtenbildung basierenden Verfahren ausgenutzt. Zunächst wird der Support derjenigen Itemsets ermittelt, die keinen Vorgänger besitzen und damit eine Schicht bilden. Anschließend werden die Nachfolger derjenigen Itemsets dieser Schicht entfernt, deren Supportwerte kleiner als die Mindestsupportschranke sind. Danach werden die verbleibenden Candidate-Itemsets aus der nachfolgenden Schicht analysiert und das Verfahren wiederholt sich, bis alle Candidate-Itemsets betrachtet worden sind.

Die oben skizzierte Grundform wurde im Algorithmus Stratify von Srikant und Agrawal dargestellt. Die Autoren stellten darüber hinaus weitere Verbesserungen dieses Grundkonzeptes unter den Bezeichnungen Estimate-Verfahren und EstMerge-Verfahren vor.[201] Ein Vergleich der Verfahren Basic, Cumulate und EstMerge zeigt, dass EstMerge bezüglich der Analysezeit geringfügig schneller ist als die Analyse mit dem Cumulate-Algorithmus. Letzterer und EstMerge sind aber beide bezüglich der Analysezeit signifikant effizienter als der Basic-Algorithmus.[202]

---

200 Vgl. *Srikant und Agrawal (1995a, S. 5 f.)* sowie *Ester und Sander (2000, S. 170).*

201 Vgl. *Srikant und Agrawal (1995b, S. 413 f.).*

202 Vgl. *Srikant und Agrawal (1995b, S. 416 ff.).*

3.4.3 Quantitative Merkmale

Bislang wurde von einer mengenorientierten Sichtweise ausgegangen, was bedeutet, dass die Items als einzelne Elemente einer Grundmenge aufzufassen waren, die in einer binären, relationalen Tabelle dargestellt werden können.[203] Wird eine Assoziationsanalyse für Attributsausprägungen einer allgemeinen, relationalen Tabelle durchgeführt, so erscheinen auch quantitative Attribüte, wie beispielsweise das Alter. Bereits in Abschnitt 2.3.2.4 wurde erläutert, dass derartige quantitative Attribute in diskrete Attribute überführt werden können, indem eine Partitionierung des Wertebereichs des Attributes vorgenommen wird. Folgendes Beispiel soll diese Transformation demonstrieren.

In Tab. 3.9 sind neben der Datensatznummer die Kundendaten Alter, Familienstand und Anzahl der im Besitz befindlichen Automobile (Anzahl-KFZ) angegeben.[204]

Datensatznummer	Alter	Familienstand	Anzahl-KFZ
100	23	ledig	1
200	25	verheiratet	1
300	29	ledig	0
400	34	verheiratet	2
500	38	verheiratet	2

Tab. 3.9: Kundendaten mit quantitativem Merkmal

Diese Tabelle kann in eine Binärtabelle überführt werden. Für jede Ausprägung des Merkmales Familienstand und des Merkmales Anzahl-KFZ wird eine Spalte angelegt, in welcher der Eintrag 1 das Vorliegen der entsprechenden Merkmalsausprägung angibt. Der Wertebereich des numerischen Merkmals Alter wird in Intervalle zerlegt und damit diskretisiert. Anschließend wird für jedes Alter die entsprechende Klasse ermittelt, wodurch eine analoge, binäre Darstellung wie beim Merkmal Anzahl-KFZ möglich ist. Durch diese Transformation entsteht folgende Tab. 3.10.

---

203 Vgl. hierzu und zum Folgenden die Modellbetrachtungen in Abschnitt 3.2.

204 Vgl. hierzu und zum Folgenden *Srikant und Agrawal (1996a, S. 2 ff.).*

Datensatz-nummer	Alter: 20 .. 29	Alter 30 .. 39	Verheiratet: Ja	Verheiratet: Nein	Anzahl-KFZ: 0	Anzahl-KFZ: 1	Anzahl-KFZ: 2
100	1	0	0	1	0	1	0
200	1	0	1	0	0	1	0
300	1	0	0	1	1	0	0
400	0	1	1	0	0	0	1
500	0	1	1	0	0	0	1

Tab. 3.10: Transformierte Kundentabelle

Ist eine Transformation insbesondere des quantitativen Merkmals erfolgt, so liegt hier das bekannte Grundproblem vor, Assoziationsregeln auf einem binären Datenbestand zu finden. Dieses Problem kann mit einem Algorithmus zur Erzeugung einfacher Assoziationsregeln gelöst werden, der z. B. die in Tab. 3.11 aufgeführten Regeln liefern würde.

Regel	Support	Konfidenz
Wenn <Alter: 30 .. 39> und <Verheiratet: Ja> Dann <Anzahl-KFZ: 2>	40 %	100,0 %
Wenn <Anzahl Kfz: 0 .. 1> Dann <Verheiratet: Nein>	40 %	66,6 %

Tab. 3.11: Quantitative Assoziationsregeln

Ein Problem bei den quantitativen Assoziationsregeln liegt in der Partitionierung der quantitativen Attribute. Einerseits kann eine Partitionierung in zu kleine Intervalle dazu führen, dass die Supportwerte von Regeln, die eine Intervallklasse beinhalten, zu gering sind und die Regeln somit nicht angezeigt werden. Andererseits wird der Konfidenzwert mit zunehmender Intervallgröße immer kleiner, so dass Regeln nicht generiert werden, da die Mindestkonfidenzbedingung nicht erfüllt ist.

Als Lösung dieses Problems wurde von Srikant und Agrawal vorgeschlagen, den Wertebereich zwar in hinreichend kleine Intervalle zu zerlegen, jedoch zusätzlich die Vereinigung benachbarter Intervalle zu berücksichtigen. Dies führt zu einer Hierarchisierung der Intervalle des quantitativen Merkmals, so dass anschließend Verfahren aus Abschnitt 3.4.2 angewendet werden können.[205]

[205] Weitere Lösungsmöglichkeiten befinden sich beispielsweise in *Miller und Yang (1997, S. 455 ff.).*

3.4.4 Sequenzielle Assoziationsregeln

In den bisherigen Ausführungen wurden die Reihenfolgen der auftretenden Items außer Betracht gelassen. Das heißt, eine Transaktion {a, b} besaß denselben Informationsgehalt wie die Transaktion {b, a}. Wird die Reihenfolge des Auftretens der Items berücksichtigt, so ist es möglich, sequenzielle Muster zu erkennen. Anwendung könnte diese Methode bei der zeitlichen Untersuchung von Kaufverhalten finden. Beispielsweise wird in einem Einzelhandelsgeschäft für jeden Kunden die Reihenfolge der vom Kunden gekauften Artikel gespeichert. Anschließend kann eine Kaufsequenz ermittelt werden, deren Regeln folgende Form besitzt: *In 80 % der Fälle, in denen ein Computer gekauft wurde, wird ein Drucker gekauft, anschließend ein Scanner. Diese Sequenz ließ sich bei 1 % aller Transaktionen beobachten.* Aus dem Wissen dieser Sequenzen können zum Beispiel geeignete Werbemaßnahmen abgeleitet werden, um den Absatz der Folgeprodukte zu erhöhen.

Die Erweiterung in den Daten zur nicht-sequenziellen Assoziationsanalyse besteht in der Einführung einer Zeitkomponente und einer Zuordnungsnummer der Transaktionen, beispielsweise in Form einer Kundennummer, so dass damit Sequenzen erzeugt werden können. Unter einer Sequenz wird eine geordnete Menge von Itemsets verstanden.

Tab. 3.12 zeigt ein Beispiel für eine Tabelle, in der Transaktionsdaten mit Zeitbezug erfasst wurden.[206]

Kundennummer	Transaktionsdatum	Itemset
1	25.06.2001	{c}
1	30.06.2001	{h}
2	10.06.2001	{a, b}
2	15.06.2001	{c}
2	20.06.2001	{d, f, g}
3	25.06.2001	{c, e, g}
4	25.06.2001	{c}
4	30.06.2001	{d, g}
4	05.07.2001	{h}
5	12.06.2001	{h}

Tab. 3.12: Transaktionsmodell mit Zeitbezug

206 Vgl. hierzu und zum Folgenden *Agrawal und Srikant (1995, S. 4).*

Aus dieser Tabelle werden nun Kunden-Sequenzen abgeleitet, die in Tab. 3.13 dargestellt sind:

Kundennummer	Kunden-Sequenz
1	<{c} {h}>
2	<{a, b} {c} {d, f, g}>
3	<{c, e, g}>
4	<{c} {d, g} {h}>
5	<{h}>

Tab. 3.13: Kunden-Sequenzen

Analog zum nicht-sequenziellen Fall kann nun die Problemstellung formuliert werden. Ein Kunde unterstützt eine Sequenz, wenn diese in seiner Kunden-Sequenz enthalten ist. Dabei ist eine Sequenz $a = <a_1, ..., a_n>$ in einer Sequenz $b = <b_1, ..., b_m>$ enthalten, wenn es eine Folge $k_1 < k_2 < ... < k_n$ von Indizes gibt, so dass für jedes Itemset aus a gilt $a_i \subseteq b_{k_i}$ $(i = 1, ..., n)$. Beispielsweise ist die Sequenz <{a} {c}> in der Sequenz <{a, b} {d} {c, e}> enthalten. Der Support einer Sequenz wird dann definiert als relative Häufigkeit der Anzahl von Kunden, welche die Sequenz unterstützen. Ist dieser Support größer einer vorgegebenen Schranke, so wird die Sequenz als Large-Sequenz bezeichnet. Eine Sequenz wird darüber hinaus maximal genannt, wenn es keine weitere Sequenz gibt, in der sie enthalten ist. Das Ziel bei der sequenziellen Assoziationsanalyse ist es, alle maximalen Large-Sequenzen zu entdecken, wobei diese auch als sequenzielle Muster („sequential patterns") bezeichnet werden.

Im obigen Beispiel sind beispielsweise folgende in Tab. 3.14 dargestellten sequenziellen Muster mit einem Support größer als 25 % zu erkennen.

Sequenzielles Muster
<{c} {h}>
<{c} {d, g}>

Tab. 3.14: Sequenzielle Muster

Um derartige sequenzielle Muster zu entdecken, kann eine modifizierte Form des Apriori-Algorithmus angewendet werden.[207] Darüber hinaus sind weitere Spezifikationen des Problems beispielsweise in Bezug auf Taxonomien oder zeitliche Restriktionen möglich.[208]

---

[207] Dieser ist etwa in *Srikant und Agrawal (1996b, S. 9 ff.)* dargestellt.

[208] Algorithmen hierfür fassen *Ester und Sander (2000, S. 226 ff.)* zusammen. Für eine Visualisierungsmöglichkeit derartiger Regeln vgl. *Rainsford und Roddick (2000, S. 93 ff.)*.

Ein wesentlicher Unterschied zu den nicht-sequenziellen Regeln besteht darin, dass eine Konfidenzbetrachtung nicht zwingend erforderlich ist, da Regeln sich direkt aus der Reihenfolge in den Mustern formulieren lassen.

3.5 Bewertung von Assoziationsregeln

Wie in Kapitel 2 dargestellt, werden in der Data-Mining-Phase des KDD-Prozesses lediglich Muster generiert, die interpretiert werden müssen. Wesentlich ist, dass diese Muster interessant im Sinne der Erläuterungen zur KDD-Definition sind. Eine genauere Untersuchung zeigt, dass die zur Regelerzeugung verwendeten Maße Support und Konfidenz Schwächen beinhalten, die in Abschnitt 3.5.1 vorgestellt werden. Notwendig ist es damit, andere Bewertungsmaße für Assoziationsregeln heranzuziehen. In der Literatur wurden einige Vorschläge entwickelt, wie die Interessantheit von Regeln formal bestimmt werden kann, von denen einige in Abschnitt 3.5.2 kurz vorgestellt und diskutiert werden. In Abschnitt 3.5.3 wird ein eigener datenbanktechnischer Ansatz vorgestellt, mit dem durch eine Filtertechnik bei wiederholten Analysen uninteressante Regeln eliminiert werden können.

3.5.1 Kritik am Support- und am Konfidenzmaß

Die Bewertung von Assoziationsregeln mit den Größen Support und Konfidenz wird immer stärker kritisiert.[209] In diesem Abschnitt werden die Kritikpunkte zusammenfassend anhand eines Beispiels dargestellt.[210] Ausgangspunkt ist Tab. 3.15, die einige Transaktionen in binärer relationaler Form darstellt.

---

209 Vgl. hierzu etwa *Brin et al. (1997, S. 260 f.)*, *Brin, Motwani und Silverstein (1997, S. 266)* sowie *Aggarwal und Yu (1998, S. 19)*.

210 Vgl. hierzu und zum Folgenden *Adamo (2001, S. 151 ff.)*.

Transaktions-nummer	**Attribute**				
	A	B	notB	C	D
1	1	1	0	0	1
2	1	1	0	1	1
3	1	0	1	1	0
4	1	0	1	1	0
5	0	0	1	1	1
6	0	0	1	1	1
7	0	0	1	1	0
8	0	0	1	1	0

Tab. 3.15: Transaktionen in binärer relationaler Tabelle

Die Tabelle zeigt neben den Attributen A, B, C, D zusätzlich das künstliche Attribut notB, welches den Komplementärwert der entsprechenden Attributwerte von B darstellt. Die Einführung derartiger Attribute kann für solche Fragestellungen nützlich sein, bei denen nicht nur das Vorliegen eines Ereignisses beachtet werden soll, sondern auch das komplementäre Ereignis. Beispielsweise kann diese Methode verwendet werden, wenn neben Regeln, mit denen der Kauf eines Artikels A durch andere Artikel beschrieben wird, auch solche Regeln interessieren, bei welchen Artikeln der Artikel A nicht gekauft wird.

Aus Tab. 3.15 lassen sich folgende Regeln für die Parameter MinSup = 25 % und MinKonf = 50 % ableiten. Dabei sind zusätzlich noch empirische Wahrscheinlichkeiten für das Eintreten zugehöriger Ereignisse angegeben.

Regel X → Y	**Prob(X)**	**Prob(Y)**	**Prob(Y|X)**	**Prob(Y|X) / Prob(Y)**	**Support**	**Konfidenz**
A → B	0,5	0,25	0,5	2	0,25	0,5
A → C	0,5	0,875	0,75	0,857	0,375	0,75
A → notB	0,5	0,75	0,5	0,666	0,25	0,5
A → D	0,5	0,5	0,5	1	0,25	0,5

Tab. 3.16: Empirische Wahrscheinlichkeiten der Regeln

Anhand dieser Regeln führen folgende Beobachtungen zu Kritik. Eine Betrachtung der Regeln A → B und A → C zeigt zunächst, dass beide Regeln die Anforderungen an MinSup und MinKonf erfüllen. Weiterhin sind sowohl der Supportwert als auch der Konfidenzwert der Regel A → C größer als die entsprechenden Werte der Regel A → B. Die Regel A → C wäre demnach als aussagekräftiger zu bewerten. Weiterhin kann jedoch erkannt werden, dass gilt: Prob(B|A) / Prob(B) = 2 und Prob(C|A) / Prob(C) = 0,857. Im ersten Fall bedeutet dies, dass die Wahrscheinlichkeit des Auftretens von Ereignis B doppelt so hoch ist, wenn bekannt ist, dass Ereignis A zuvor eingetreten ist. Es liegt damit eine positive Korrelation zwischen B und A vor. Im Fall der Regel A → C liegt eine sogar negative Korrelation vor, das heißt, die

Wahrscheinlichkeit des Eintretens des Ereignisses C ist geringer, wenn Ereignis A eingetreten ist, als bei Unkenntnis des Ereignisses A. Dieses widerspricht allerdings der Auffassung von Assoziationsregeln. Eine Regel soll ja gerade dazu führen, sicherere Aussagen zu tätigen, wenn die Prämisse bekannt ist. Dass die zweite Regel aber dennoch im Support-Konfidenz-Kontext stärker zu bewerten ist, führt zu einem Paradoxon. Der Grund für dieses Paradoxon liegt darin, dass C sehr oft erscheint und somit der Zähler in den Berechnungsformeln für den Supportwert und den Konfidenzwert sehr groß wird. Damit dominiert die Regel A → C die Regel A → B allein wegen eines häufig auftretenden Items im Konsequenzteil, nicht aber wegen eines stärkeren Zusammenhangs.

Einen zweiten Kritikpunkt wirft die Beachtung der Regeln A → B und A → notB auf. Anhand der Tab. 3.16 ist ersichtlich, dass beide Regeln gleichen Support- und gleichen Konfidenzwert besitzen. Beide Regeln müssten somit gleiches Gewicht erhalten, was dazu führt, zwei widersprüchliche Regeln anzuerkennen.

Werden Items betrachtet, die einen sehr hohen Supportwert aufweisen, beispielsweise Geschlecht oder negierte Items wie notB, so werden Regeln, die diese Items in der Konsequenz enthalten, fälschlicherweise übermäßig stark bewertet. Der Grund ist bei der Diskussion des ersten Kritikpunktes bereits erläutert worden.

Ein letztes in der Literatur vorgebrachtes Argument für die Schwäche der Support-Konfidenz-Bewertung wird bei Beachtung der Items A und D deutlich. Da Prob(D|A) / Prob(D) = 1, sind A und D nicht miteinander korreliert, d. h. sie besitzen keine statistisch signifikante Beziehung. Trotzdem wird die Regel A → D generiert und als interessant dargestellt.

Die beiden ersten Kritikpunkte beziehen sich auf den Vergleich zweier Regeln und zeigen Schwächen bei der Bewertung von Assoziationsregeln mit den Größen Support und Konfidenz auf. Die beiden letzten Kritikpunkte zeigen, dass diese Schwächen bereits bei der Interpretation einzelner Regeln vorliegen. Um diese Schwächen zu beheben, wurden weitere Interessantheitsmaße entwickelt, die im folgenden Abschnitt kurz vorgestellt werden.

3.5.2 Interessantheitsmaße

Im Folgenden werden die zum Support und zur Konfidenz alternativen Interessantheitsmaße Lift (Abschnitt 3.5.2.1), Conviction (Abschnitt 3.5.2.2), Chi-Quadrat-Wert (Abschnitt 3.5.2.3) und relatives Risiko (Abschnitt 3.5.2.4) zur Bewertung einfacher Assoziationsregeln vorgestellt und diskutiert.[211]

Viele Interessantheitsmaße entstammen wahrscheinlichkeitstheoretischen Überlegungen. Die Übertragung auf die Assoziationsregeln lässt sich über folgende Sichtweise vornehmen. Der Supportwert einer Regel stellt eine relative Häufigkeit dar und dient damit als Schätzer für die Wahrscheinlichkeit, dass die Regel von einem Datensatz unterstützt wird. Der Konfidenzwert einer Regel ist ebenso gemäß Definition (3.3) ein Schätzer für die bedingte Wahrscheinlichkeit des Eintretens der Konklusion unter der Bedingung, dass die Prämisse eingetreten ist.[212] Im Folgenden wird diese Übertragung der wahrscheinlichkeitstheoretischen Konzepte auf Interessantheitsmaße dargestellt.

3.5.2.1 Lift

Ein oft angewendetes Maß ist als Lift bekannt, welches auch als Improvement oder Interest[213] bezeichnet und zunächst folgendermaßen definiert wird:[214]

$$\mathrm{Lift}(A \rightarrow B) = \frac{\mathrm{Prob}(A \wedge B)}{\mathrm{Prob}(A)\mathrm{Prob}(B)}. \tag{3.5}$$

[211] Assoziationsmaße werden neben der Anwendung auf Assoziationsregeln auch in der Statistik zur Analyse des Zusammenhangs zwischen kategorialen Variablen betrachtet. Vgl. hierzu *Hartung, Elpelt und Klösener (2002, S. 442 ff.)* sowie *Tutz (2000, S. 46 ff.)* und *Tutz (2000, S. 52 ff.)*. Eine Zusammenstellung von Interessantheitsmaßen befindet sich in *Hettich und Hippner (2001, S. 445 ff.)*, *Bayardo und Agrawal (1999, S. 147 f.)* sowie *Tan und Kumar (2000, S. 3 ff.)*. Spezielle Interessantheitsmaße für hierarchische oder quantitative Assoziationsregeln, wie beispielsweise die R-Interessantheit, befinden sich in *Srikant und Agrawal (1995b, S. 409 ff.)* bzw. in *Srikant und Agrawal (1996a, S. 7 ff.)* und werden im Rahmen dieser Einführung nicht weiter behandelt.

[212] Zur Definition der bedingten Wahrscheinlichkeit vgl. *Fahrmeir et al. (1999, S. 199 ff.)*.

[213] Vgl. *Bayardo, Agrawal und Gunopulos (1999, S. 190)*. Im Folgenden wird der Ausdruck Lift verwendet. Dieser wird insbesondere auch im Werkzeug IBM Intelligent Miner genutzt, wobei in der deutschen Version der Begriff Relative Abweichung genannt ist. Vgl. hierzu *IBM (1998, S. 249)* bzw. *IBM (1999, S. 299)*.

[214] Vgl. *Adamo (2001, S. 154)*.

Dieses Maß gibt das Verhältnis an zwischen der im Zähler angegebenen gemessenen Wahrscheinlichkeit für das gemeinsame Auftreten der Itemmengen A und B zu der im Nenner angegebenen Wahrscheinlichkeit, die dieses Ereignis bei Unabhängigkeit der Ereignisse A und B hätte.[215]

Folgende Umformungen führen zu einer Form, die den Liftwert durch die Maße Support und Konfidenz ausdrückt:

$$\text{Lift}(A \to B) = \frac{\text{Prob}(B \mid A)}{\text{Prob}(B)} = \frac{\text{Konfidenz}(A \to B)}{\text{Support}(B)}. \tag{3.6}$$

Dabei wurde zunächst die bedingte Wahrscheinlichkeit Prob(B|A) angegeben, welche die Wahrscheinlichkeit des Eintretens von Ereignis B unter der Bedingung des Eintretens von Ereignis A wiedergibt. Diese Wahrscheinlichkeit wird gerade durch das Konfidenzmaß der Regel $A \to B$ gegeben. Die Wahrscheinlichkeit des Eintretens von Ereignis B ist gerade der Wert Support(B), wie voranstehend erläutert. An dieser Definition für das Liftmaß lässt sich neben dem oben genannten Unabhängigkeitsvergleich eine zweite Interpretation erkennen. Gilt etwa $\text{Lift}(A \to B) = 3$, so ist die Wahrscheinlichkeit für die Beobachtung eines Ereignisses B dreimal höher, wenn A erfüllt ist, als bei Unkenntnis des Zustandes von Ereignis A.

Eine modifizierte Form dieses Interessantheitsmaßes geben *Ester und Sander (2000, S. 168)* an, die eine Regel als interessant definieren, wenn für eine vorgegebene Konstante d gilt:

$$\frac{\text{Prob}(A \wedge B)}{\text{Prob}(A)} - \text{Prob}(B) > d. \tag{3.7}$$

Die Differenz auf der linken Seite soll ausdrücken, dass der Konfidenzwert einer Regel größer sein muss, als die naive Schätzung der Konsequenz.[216] Durch Umformung lässt sich die Ungleichung (3.7) in folgender Form ausdrücken:

$$\text{Lift}(A \to B) > \frac{d}{\text{Prob}(B)} + 1. \tag{3.8}$$

Wird $d = 0$ gewählt, so wird eine Regel interessant genannt, wenn das Liftmaß den Wert 1 übersteigt.

215 Zur Definition der Unabhängigkeit vgl. *Blom (1989, S. 71 f.)* sowie *Fahrmeir et al. (1999, S. 237)*.

216 Der Unterschied zum oben angegebenen Liftmaß liegt in der Differenzbetrachtung an Stelle des Quotienten.

Ein großer Nachteil des Liftmaßes ist die Symmetrie, was bedeutet, dass sowohl eine Regel $X \rightarrow Y$ als auch die Regel $Y \rightarrow X$ den selben Liftwert besitzen. Dieser Nachteil hat zur Entwicklung asymmetrischer Maße geführt, die im Folgenden dargestellt werden.

3.5.2.2 Conviction

Das Maß Conviction (Überzeugung) für die Stärke einer Regel wurde von *Brin et al. (1997, S. 260 f.)* eingeführt. Für zwei Itemmengen X und Y wird dieses Maß definiert als

$$\text{Conviction}(X \rightarrow Y) = \frac{\text{Prob}(X)\text{Prob}(\text{not}Y)}{\text{Prob}(X \wedge \text{not}Y)}. \tag{3.9}$$

Hierbei bezeichnet notY ein Hilfsattribut, das in allen Transaktionen den Wert 1 annimmt, in denen Y nicht enthalten ist. Die Idee hinter diesem Maß basiert auf Aussagen der Logik.[217] Ein Folgerung $X \rightarrow Y$ ist genau dann wahr, wenn die Aussage not(X and notY) wahr ist. Deshalb ist ein Maß für die Implikation $X \rightarrow Y$ äquivalent zu einem Maß der Aussage not(X and notY). Ein Maß für die Stärke der negierten Aussage (X and notY) kann durch das Verhältnis der Anzahl des Auftretens dieser Aussage zur Anzahl des gemeinsamen Auftretens der Ereignisse X und notY unter der Annahme der Unabhängigkeit ausgedrückt werden. Unter Beachtung der im letzten Abschnitt erläuterten Unabhängigkeitsdefinition kann dieses Verhältnis formal als

$$\frac{\text{Prob}(X \wedge \text{not}Y)}{\text{Prob}(X)\text{Prob}(\text{not}Y)} \tag{3.10}$$

angegeben werden. Je größer dieses Verhältnis ist, desto größer ist die Stärke der Regel. Wird von diesem Verhältnis der Kehrwert betrachtet, so ergibt sich ein Maß für die Negation not(X und notY), welches wie oben dargestellt, ein Maß für die Regel $X \rightarrow Y$ ist.

---

217 Vgl. hierzu und zum Folgenden *Brin et al. (1997, S. 260)* sowie *Adamo (2001, S. 154)*.

Die Anwendung von Gesetzen der Wahrscheinlichkeitstheorie ergibt folgende äquivalente Form des Convictionmaßes:[218]

$$\text{Conviction}(X \to Y) = \frac{\text{Prob}(X)(1-\text{Prob}(Y))}{\text{Prob}(X)-\text{Prob}(X \wedge Y)}. \tag{3.11}$$

Dieses kann nun zur Berechnung durch Support- und Konfidenzmaß unter Berücksichtigung der wahrscheinlichkeitstheoretischen Bedeutung dieser Maße wie folgt ausgedrückt werden:

$$\text{Conviction}(X \to Y) = \frac{1-\text{Support}(X)}{1-\text{Konfidenz}(X \to Y)}. \tag{3.12}$$

Das Convictionmaß hat folgende Eigenschaften:[219]

1. Es gilt : $0 < \text{Conviction}(X \to Y) < \infty$;
2. X und Y sind genau dann statistisch unabhängig, wenn $\text{Conviction}(X \to Y) = 1$;
3. $\text{Conviction}(X \to Y) < 1$ genau dann, wenn $\text{Prob}(Y|X) < \text{Prob}(Y)$;
4. $\text{Conviction}(X \to Y) > 1$ genau dann, wenn $\text{Prob}(Y|X) > \text{Prob}(Y)$.

Insbesondere die Aussagen 2, 3 und 4 sind für die praktische Anwendung interessant, da sie die Korreliertheit der Ereignisse beschreiben.

Nach *Adamo (2001, S. 154)* spiegelt das Convictionmaß die natürliche Vorstellung einer gerichteten Assoziation wider. Es ist darüber hinaus dem Liftmaß vorzuziehen, da erstens eine Asymmetrie vorliegt und zweitens das Convictionmaß eine bessere Trenneigenschaft besitzt. Zur Verdeutlichung dient das folgende Beispiel, an dem insbesondere die Interessantheitsmaße Lift, Conviction und Konfidenz gegenübergestellt werden können.[220] Gegeben seien die in Tab. 3.17 dargestellten binär codierten Transaktionen.

---

218 In dieser Form ist das Convictionmaß bei *Adamo (2001, S. 154)* zunächst definiert. Für die Umformungsregeln vgl. *Fahrmeir et al. (1999, S. 182)*.

219 Vgl. hierzu *Adamo (2001, S. 154)* sowie *Brin et al. (1997, S. 260)*.

220 Vgl. hierzu und zum Folgenden *Adamo (2001, S. 154)*. Hierbei handelt es sich um eine Erweiterung des in Abschnitt 3.5.1 dargestellten Beispiels.

Transaktions-nummer	Artikel						
	A	B	notB	C	D	E	F
1	1	1	0	0	1	1	0
2	1	1	0	1	1	1	0
3	1	0	1	1	0	1	0
4	1	0	1	1	0	1	0
5	0	0	1	1	1	0	1
6	0	0	1	1	1	0	1
7	0	0	1	1	0	0	1
8	0	0	1	1	0	0	1

Tab. 3.17: Erweiterte Tabelle binär kodierter Transaktionen

Aus dieser Tabelle lassen sich die in Tab. 3.18 dargestellten Regeln mit ihren Interessantheitsmaßen ableiten.

Regel X → Y	Support X	Support Y	Support X → Y	Konfidenz X → Y	Lift X → Y	Conviction X → Y
A → B	0,5	0,25	0,25	0,5	2	1,5
A → C	0,5	0,875	0,375	0,75	0,857	0,5
A → notB	0,5	0,75	0,25	0,5	0,666	0,5
A → D	0,5	0,5	0,25	0,5	1	1
A → E	0,5	0,5	0,5	1	2	∞
A → F	0,5	0,5	0	0	0	0,5

Tab. 3.18: Regeln mit verschiedenen Interessantheitsmaßen

Die bessere Trennschärfe des Convictionmaßes im Vergleich zum Liftmaß zeigt sich insbesondere anhand der Regeln A → B und A → E. Beide Regeln haben einen Liftwert von 2, obwohl im zweiten Fall die Regeln absolut korreliert sind, was sich im Convictionwert von unendlich bzw. im Konfidenzwert 1 zeigt. Dies ist am Liftwert nicht zu erkennen.[221]

[221] *Adamo (2001, S. 155 f.)* zeigt weitere Eigenschaften des Convictionmaßes auf, beispielsweise die Monotonieeigenschaft bezüglich der Maße Lift und Konfidenz, und gibt darauf basierend ein Verfahren an, mit dem Assoziationsregeln anhand des Convictionmaßes generiert werden können anstatt mit dem verbreiteten Konfidenzmaß. Darüber hinaus demonstriert *Adamo (2001, S. 156 ff.)* Pruning-Strategien, um aus einer Regelmenge gemäß des Convictionmaßes interessante Regeln herauszufiltern.

3.5.2.3 Chi-Quadrat-Wert

Ein weiteres Interessantheitsmaß, welches die Stärke von Abhängigkeiten zweier Ereignisse misst, ist die aus der Statistik bekannte χ^2-Größe.[222] Hierbei wird der statistische Zusammenhang zwischen zwei Ereignissen X und Y erklärt. Zur Erläuterung wird auf die Bezeichnungen in folgender Kontingenztabelle 3.19 zurückgegriffen, deren Felder die Häufigkeiten gemeinsam aufgetretender Ereignisse darstellen. Dabei gilt zur besseren Darstellung $Y_1 = Y$ und $Y_2 = \text{NotY}$ sowie $X_1 = X$ und $X_2 = \text{NotX}$.

	$Y_1 = Y$	$Y_2 = \text{NotY}$	Gesamt
$X_1 = X$	h_{11}	h_{12}	h_{1+}
$X_2 = \text{NotX}$	h_{21}	h_{22}	h_{2+}
Gesamt	h_{+1}	h_{+2}	n

Tab. 3.19: Kontingenztabelle für Chi-Quadrat-Wert

Mit diesen Bezeichnungen wird folgende Größe definiert:

$$\chi^2 = n\sum_{i,j=1}^{2}\frac{\left(\frac{h_{ij}}{n} - \frac{h_{i+}}{n}\frac{h_{+j}}{n}\right)^2}{\frac{h_{i+}}{n}\frac{h_{+j}}{n}}. \tag{3.13}$$

Im Zähler werden die relativen Häufigkeiten mit den bei Unabhängigkeit von X und Y erwarteten Häufigkeiten verglichen.[223] Der Nennerterm dient der Normierung. Werden für die einzelnen relativen Häufigkeiten die entsprechenden Supportwerte eingesetzt, so entsteht daraus folgende Bestimmungsgleichung:[224]

$$\chi^2 = n\sum_{i,j=1}^{2}\frac{\left(\text{Support}(X_i \cup Y_i) - \text{Support}(X_i)\text{Support}(Y_j)\right)^2}{\text{Support}(X_i)\text{Support}(Y_j)}. \tag{3.14}$$

Gilt $\chi^2 = 0$, so liegt statistische Unabhängigkeit vor. Je stärker Y und X zusammenhängen, desto größer ist χ^2. Nachteilig bei diesem Wert ist, dass er symmetrisch ist, der Vorteil liegt

---

222 Vgl. hierzu und zum Folgenden *Bosch (1998, S. 384 ff.)*, *Fahrmeir et al. (1999, S. 452 ff.)*, sowie *Schlittgen (2000, S. 404 ff.)*.

223 Wie bereits erläutert, ist im Fall der Unabhängigkeit der erwartete Wert gleich dem Produkt der einzelnen Wahrscheinlichkeiten.

224 Für eine andere, jedoch äquivalente Darstellung vgl. *Tan und Kumar (2000, S. 1 f.)*. Eine davon abweichende Form befindet sich bei *Bollinger (1996, S. 260)*.

darin, dass über die χ^2-Größe fundierte statistische Kenntnisse existieren, so dass zum Beispiel statistische Unabhängigkeitstests durchgeführt werden können.[225]

3.5.2.4 Relatives Risiko

Ein weiteres, asymmetrisches Maß zur Bewertung von Assoziationsregeln wurde von *Ali, Manganaris und Srikant (1997, S. 117)* unter der Bezeichnung „relatives Risiko" angeregt, welches auf einem Verhältnis zwischen Regeln basiert.[226] Bei diesem Maß wird eine Regel $X \rightarrow Y$ als interessant erachtet, wenn der Konfidenzwert dieser Regel größer ist als der Konfidenzwert der Regel $notX \rightarrow Y$. Formal wird dabei der Quotient dieser beiden Konfidenzwerte als relatives Risiko R definiert durch:

$$R(X \rightarrow Y) = \frac{\text{Konfidenz}(X \rightarrow Y)}{\text{Konfidenz}(\text{notX} \rightarrow Y)}. \tag{3.15}$$

Ein derartiges Interessantheitsmaß vergleicht damit die Konfidenz einer Regel mit der Konfidenz der zugehörigen Regel, welche die komplementäre Prämisse besitzt. Damit können Regeln ausgeschlossen werden, bei denen die Prämisse keinen Einfluss besitzt, obwohl die Konfidenz der Regel sehr hoch ist. Diese Regeln können beispielsweise deshalb generiert worden sein, weil der Supportwert der Konklusion sehr hoch ist, was an folgendem Beispiel demonstriert wird. Die Häufigkeiten des Auftretens der Ereignisse X und Y sowie deren Komplementärereignisse sind in Kontingenztabelle 3.20 dargestellt.

	Y	**notY**	**Gesamt**
X	70	30	100
notX	70	30	100
Gesamt	140	60	200

Tab. 3.20: Kontingenztabelle für Beispiel zum relativen Risiko

Liegt eine derartige Häufigkeitsverteilung vor, so wäre die Konfidenz der Regel $X \rightarrow Y$ mit dem Wert 70 % genauso groß wie der Konfidenzwert der Regel $notX \rightarrow Y$. Damit ist aber

225 Dieser Test wird bei dem Analysewerkzeug Intelligent Miner bei der Assoziationsregelbewertung durchgeführt und als Regeltyp bezeichnet, welcher die Ausprägungen „+", „-" und „*" annehmen kann. Vgl. hierzu *IBM (1999, S. 299)*.

226 *Säuberlich (2000, S. 137 f.)* bezeichnet dieses Maß als Factor.

keine sinnvolle Anwendung der Regel möglich, da das Ereignis Y unabhängig von der Prämisse eintritt.

Der Wertebereich des Maßes relatives Risiko ist zwischen 0 und unendlich. Ferner ist das Maß asymmetrisch und indiziert eine interessante Regel durch einen Wert des relativen Risikos größer als 1. Dabei ist zu beachten, dass diese Art der Interessantheit nur im Verhältnis zweier Regeln definiert ist. Die Idee, dieses Interessantheitsmaß einzuführen, entstand aus der Verwendung von Assoziationsregeln zur Prognose von Ereignissen. In diesem Zusammenhang konnte das Maß des relativen Risikos sehr gut eingesetzt werden.[227]

3.5.3 Filtertechnik

Während die im vorangehenden Abschnitt diskutierten Interessantheitsmaße nur auf eine Analyse und die sich daraus ergebenden Regeln beschränkt sind, zielt die in diesem Abschnitt vorgestellte Filtertechnik darauf ab, bereits bekannte, aus vorangegangenen Analysen stammende Regeln nicht mehr anzuzeigen. Diese Regeln sind nicht mehr neu und deshalb definitionsgemäß nicht mehr interessant.

Das Modell setzt damit die Existenz mehrerer, auf ähnlichen Itemgrundmengen basierende Transaktionsdatenbestände voraus, auf denen sukzessive Assoziationsanalysen durchgeführt werden sollen. Beispielsweise könnte ein solcher Fall bei der wöchentlichen Analyse der Kassenbondaten eines Kaufhauses auftreten. Analysen von derartigen Assoziationsregeln zeigen, dass nur ein geringer Teil wirklich interessantes Wissen repräsentiert, da die meisten Regeln Trivialitäten liefern oder bereits bekannte Muster darstellen.

Die zu Grunde liegende Idee ist, aus der Regelmenge möglichst viele Regeln, die a priori als uninteressant klassifiziert worden sind, automatisch durch einfache Datenbankoperationen herauszufiltern. Um diese Idee zu realisieren, ist die Existenz einer im Folgenden als „Bekannt“ bezeichneten Datei notwendig, welche die herauszufilternden Regeln beinhaltet. Diese kann dadurch erzeugt werden, dass die durch eine initiale Assoziationsanalyse generierten Regeln vollständig in die Datei aufgenommen werden.

Wird nun eine nachfolgende Assoziationsanalyse auf einer ähnlich strukturierten Datenbasis durchgeführt, so wird ein Großteil der neu generierten Regeln mit den in der „Bekannt“-Datei

227 Vgl. hierzu *Ali, Manganaris und Srikant (1997, S. 118).*

befindlichen Regeln übereinstimmen, welche es herauszufiltern gilt. Es wird nun die Restmenge aus erzeugter Regeldatei und „Bekannt"-Datei durch einen Datenbankbefehl erzeugt, so dass diese „Rest"-Datei nur bislang nicht bekannte Regeln beinhaltet, welche analysiert werden können. Nach Abschluss der Regelanalyse werden die Regeln zur „Bekannt"-Datei hinzugefügt, so dass gewährleistet ist, dass die in einer später folgenden Assoziationsanalyse gefundenen Regeln, die mit den bereits erzeugten übereinstimmen, ebenfalls mit obiger Methode herausgefiltert werden. Der Ablauf dieses Verfahrens wird anhand des in Abb. 3.10 dargestellten Vorgehensmodells verdeutlicht.

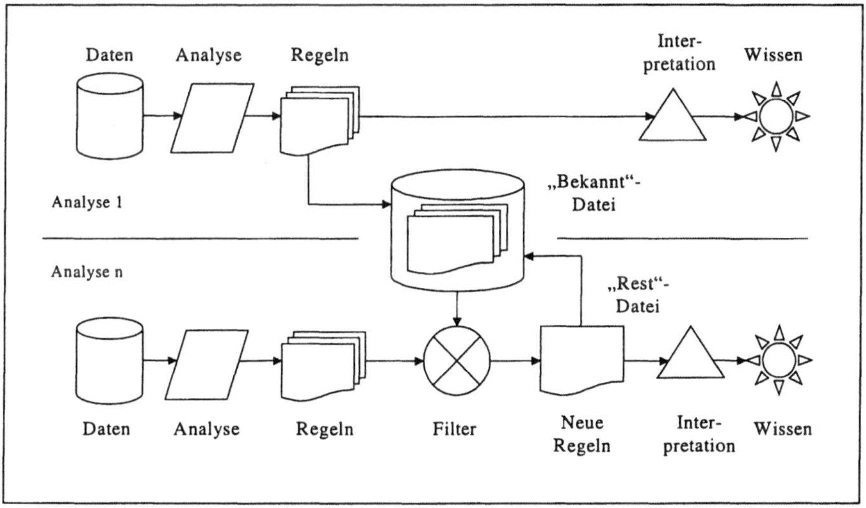

Abb. 3.10: Vorgehensmodell der Filtertechnik

Die obere Hälfte der Abbildung repräsentiert die erste Analyse. Ausgehend von einem Analysedatenbestand wird die Assoziationsanalyse durchgeführt, deren Ergebnis eine Menge von Assoziationsregeln ist. Diese Regeln werden einerseits für nachfolgende Analysen in die „Bekannt"-Datei aufgenommen, andererseits zum Auffinden interessanter Regeln interpretiert.

Die untere Hälfte verdeutlicht das Vorgehen bei den nachfolgenden Analysen, bei denen eine neue Datenbasis analysiert wird. Das Ergebnis ist eine Menge generierter Assoziationsregeln, auf welche ein Filter angewendet wird, der alle in der „Bekannt"-Datei enthaltenen Regeln eliminiert. Daraus resultiert eine wesentlich verringerte Regeldatei („Rest"-Datei), die weiter analysiert werden kann. Diese verringerte Analysedatei wird zusätzlich zur Verbesserung des Filters an die bestehende „Bekannt"-Datei angehängt.

Das Verfahren kann überall dort Anwendung finden, wo Assoziationsanalysen auf der gleichen Grundmenge von Items wiederholt angewendet werden. Als Beispiel wurde bereits eine wöchentlich durchgeführte Warenkorbanalyse genannt. Auch für das im Rahmen dieser Arbeit untersuchte Praxisproblem konnte die erfolgreiche Anwendung dieser Methode demonstriert werden.[228]

Bei diesem Ansatz ist allerdings zu beachten, dass aus einer generierten Regeldatei sämtliche in der „Bekannt"-Datei abgelegten Regeln bei Anwendung dieser Methode herausgefiltert werden, was für viele Regeln erwünscht sein wird. Denkbar sind aber auch Regeln, die nur temporär uninteressant sind. Beispielsweise kann eine Regel auf ein fehlerhaftes Verhalten eines Systems hinweisen. Solange dieses Verhalten nicht abgestellt wurde, ist jede neue, den Fehler anzeigende Meldung uninteressant. Ist der Fehler jedoch behoben worden, so sollte ein neuerliches Auftreten der Regel, die dieses fehlerhafte Verhalten indiziert, angezeigt werden. Anderenfalls würde dieser Fehler nicht erkannt werden.

Die „Bekannt"-Datei ist somit hinsichtlich nur temporär uninteressanter Regeln zu prüfen. Diese Regeln sind gesondert zu kennzeichnen und gegebenenfalls aus der „Bekannt"-Datei zu eliminieren.

[228] Eine Darstellung der Untersuchungsergebnisse befindet sich in Abschnitt 6.3.3.1.

4 Konzepte zur Bildung und Anwendung von Stichproben

In diesem Kapitel werden unabhängig von der späteren Anwendung auf die Assoziationsanalyse benötigte Konzepte der Stichprobenbildung und deren Anwendung im Rahmen der Schätztheorie und der Testtheorie zusammengefasst. Im ersten Abschnitt 4.1 werden grundlegende Begriffe zu Stichproben definiert, woran sich eine Beschreibung von Verfahren zur Bildung eines Stichprobendatenbestandes anschließt (Abschnitt 4.2). Gegenstand von Abschnitt 4.3 ist die Beschreibung von interessierenden Kenngrößen einer Gesamtpopulation, für welche in Abschnitt 4.4 Schätzer und deren Eigenschaften dargestellt werden. Abschnitt 4.5 zeigt eine weitere Nutzung von Stichproben im Rahmen des statistischen Testens auf, um Aussagen über Kenngrößen eines Datenbestandes ableiten zu können.

4.1 Definitionen

Eine Grundgesamtheit (Population) besteht aus Elementen, an denen verschiedene Eigenschaften gemessen werden können. Ausgehend von der Vorstellung, dass jedes dieser Elemente unterscheidbar ist und die Population endlich viele Elemente besitzt, kann die Grundgesamtheit G definiert werden durch $G = \{U_1, U_2, ..., U_N\}$, wobei U_i das i-te Element der Population und N die Anzahl der Elemente in der Grundgesamtheit ist.

Die Elemente besitzen Eigenschaften, die als Merkmale bezeichnet werden und deren Ausprägungen die eigentlichen Beobachtungs- oder Messwerte darstellen. Der zum Element U_i gehörige Messwert wird mit Y_i bezeichnet (univariater Fall). Werden mehrere Messwerte für ein Element U_i beobachtet, so können diese in einem Vektor dargestellt werden, der mit $\underline{Y}_i$ bezeichnet wird (multivariater Fall).[229]

Vom Begriff der Grundgesamtheit ausgehend kann der Begriff der Stichprobe wie folgt definiert werden.

Eine Stichprobe S vom Umfang n ist ein Zufallsexperiment, dessen Ergebnis eine endliche Folge von Elementen aus der Grundgesamtheit G ist. Damit kann ein Ergebnis eines derartigen Experimentes mit $S = (u_1, u_2, ..., u_n)$ bezeichnet werden, wobei $u_i \in G$ für $i = 1, ..., n$ und

---

229 Die Wichtigkeit der Unterscheidung zwischen Elementen und deren Messwerten wird insbesondere bei der Definition einer Stichprobe benötigt. Häufig wird in der Literatur diese Unterscheidung vernachlässigt und Kenngrößen direkt auf einer Liste von Messdaten basierend erläutert.

n die Anzahl der Stichprobenelemente darstellt, der auch mit Stichprobenumfang bezeichnet wird.[230]

Die zu den einzelnen Stichprobenelementen u_i (i = 1, ..., n) gehörigen Messgrößen werden mit y_i im univariaten bzw. mit $\underline{y}_i$ im multivariaten Fall bezeichnet.

Da eine Stichprobe damit als Realisation eines Zufallsexperimentes aufgefasst wird, können diesen Realisationen Eintrittswahrscheinlichkeiten zugeordnet werden. Wenn jede Realisation dieselbe Wahrscheinlichkeit besitzt, ausgewählt zu werden, dann wird das zugehörige Stichprobenbildungsverfahren einfache Stichprobenauswahl oder einfache Zufallsstichprobe genannt.[231]

Zu beachten ist, dass S nicht notwendigerweise eine Teilmenge von G ist, da nach oben angegebener Definition auch Elemente einer Stichprobe identisch sein können. Dies wird deutlich, wenn die Art der Stichprobengewinnung genauer betrachtet wird. Grundsätzlich werden zwei Arten dieser Stichprobengewinnung unterschieden. Eine Stichprobenauswahl mit Zurücklegen liegt dann vor, wenn ein für die Stichprobe ausgewähltes Element mehrmals in der Stichprobe vorkommen kann. Als Stichprobenauswahl ohne Zurücklegen wird das Zufallsexperiment bezeichnet, bei dem jedes Element der Stichprobe unterschiedlich ist. Die Bezeichnung entstammt dem bekannten Urnenmodell, dem die Vorstellung zu Grunde liegt, dass die Elemente der Grundgesamtheit als nummerierte Kugeln in einer Urne liegen, aus der eine Stichprobe gezogen wird.[232] In dieser Arbeit wird nur auf das Modell der einfachen Stichprobenauswahl ohne Zurücklegen eingegangen.[233]

---

230 Vgl. *Pokropp (1996, S. 11 f.).*

231 Vgl. *Cochran (1972, S. 34).*

232 Vgl. *Pokropp (1996, S. 27 ff.)* sowie *Leiner (1989, S. 15 f.).*

233 Diese Festlegung geschieht im Hinblick auf die spätere Anwendung. Bei großen Datenbeständen, die im Rahmen des Knowledge Discovery in Databases definitionsgemäß untersucht werden, sind die Unterschiede bei der Bildung der Schätzer und deren Genauigkeitsbetrachtung, die sich aus den beiden unterschiedlichen Methoden ergeben, vernachlässigbar gering. Vgl. *Pokropp (1996, S. 35 f.).*

4.2 Verfahren zur Stichprobenbildung

Um einfache Zufallsstichproben zu erheben, bieten sich in der Praxis verschiedene Verfahren an, die auch als Stichprobenselektionsverfahren oder -schemata bezeichnet werden.[234] Im Folgenden werden die Stichprobenselektionsschemata Bernoulli-Sampling (Abschnitt 4.2.1), Zufallsauswahl mit festem Umfang (Abschnitt 4.2.2), systematische Zufallsauswahl (4.2.3) und geschichtete Zufallsauswahl (Abschnitt 4.2.4) erläutert, die im Hinblick auf die Bildung von einfachen Stichproben ohne Zurücklegen für anschließende Assoziationsanalysen von Bedeutung sind.[235] Dabei wird direkt auf die Auswahl von Datensätzen eines Datenbestandes eingegangen, wobei jeder Datensatz als Merkmalsvektor eines Elementes aus der durch den Gesamtdatenbestand dargestellten Grundgesamtheit betrachtet wird. Bei allen Verfahren ist vorausgesetzt, dass ein endlicher Datenbestand mit N Datensätzen vorliegt, die sequenziell verarbeitet werden können und somit eine Ordnung aufweisen, anhand derer der i-te ($i = 1, ..., N$) Datensatz ausgewählt werden kann. Dies ist beispielsweise bei einer sequenziellen Datenorganisation der Fall.[236]

4.2.1 Bernoulli-Sampling

Ein weit verbreitetes Stichprobenselektionsschema ist das Bernoulli-Sampling.[237] Als Parameter muss die relative Anzahl π der Stichprobenelemente in Bezug zur Größe der Grundgesamtheit vorgegeben werden. Diese relative Anzahl wird dann als Wahrscheinlichkeit betrachtet, mit der ein Datensatz in die Stichprobe gelangt. Für den ersten Datensatz wird eine Zufallszahl ε ermittelt und mit π verglichen.[238] Ist die Zufallszahl nicht größer als π, so wird

---

234 Neben diesen auf dem Zufallsprinzip beruhenden Selektionsverfahren existieren sogenannte Beurteilungsstichproben. Einen Überblick über diese Art der Stichproben befindet sich in *Leiner (1989, S. 7 ff.)*.

235 Weitere Schemata sind in *Särndal, Swensson und Wretman (1992, S. 61 ff.)* angegeben. Die Wichtigkeit der geeigneten Stichprobenauswahl wird deutlich, wenn ein Vergleich von auf Stichproben basierenden Ergebnissen durchgeführt wird. Beispielsweise können Aussagen auf Basis einer Auswahl von 100.000 konsekutiven Datensätzen einen wesentlich geringeren Nutzen haben als eine Stichprobe, bei der jedes Element zufällig und unabhängig ausgewählt wurde. Ein Beispiel zeigt die Untersuchung der Anwendbarkeit des in Abschnitt 3.5.3 dargestellten Filteransatzes.

236 Zur Datenorganisation vgl. beispielsweise *Wedekind (1975, S 52 ff.)* sowie *Hansen und Neumann (2001, S. 989 ff.)*.

237 Vgl. hierzu und zum Folgenden *Särndal, Swensson und Wretman (1992, S. 62 ff.)*.

238 Zur Erzeugung von Zufallszahlen vgl. *Ripley (1987, S. 14 ff.)* sowie *Mathar und Pfeifer (1990, S. 321 ff.)*.

der Datensatz in die Stichprobendatei S geschrieben, anderenfalls nicht.[239] Anschließend wird diese Prozedur auf den nächsten Datensatz angewendet, bis das Ende des Gesamtdatenbestandes vom Umfang N erreicht ist. Die Zeit für die Durchführung dieses Selektionsverfahrens verläuft somit linear zur Größe des Gesamtdatenbestandes. Folgender in Abb. 4.1 dargestellter Ablaufplan verdeutlicht dieses häufig verwendete Stichprobenselektionsschema.

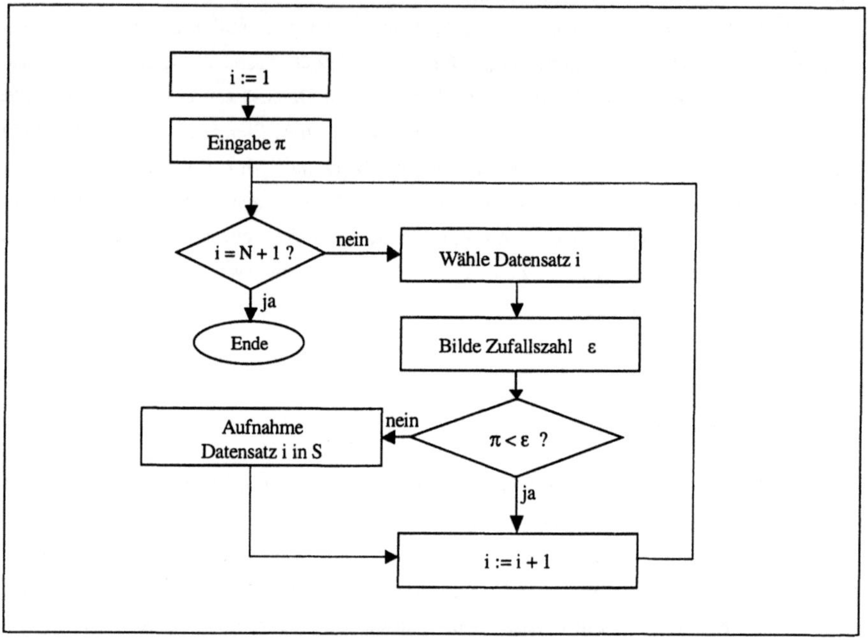

Abb. 4.1: Ablaufplan des Bernoulli-Sampling

Bei genauerer Betrachtung dieses Vorgehens wird deutlich, dass der Stichprobenumfang zufallsabhängig ist, somit keine feste Größe besitzt. Da für jeden Datensatz jedoch eine binäre Zufallsvariable mit dem Erwartungswert π benutzt wird und die Auswahl der Stichprobenelemente unabhängig voneinander erfolgt, ist die Gesamtanzahl n der ausgewählten Stichprobenelemente binomialverteilt mit den Parametern π und N.[240] Damit kann der Erwartungswert von n wie folgt angegeben werden:

---

239 Alternativ kann auch eine binomialverteilte Zufallsvariable mit entsprechenden Parametern erzeugt werden, welche direkt angibt, ob ein Datensatz in die Stichprobe aufgenommen wird oder nicht. Zur Erzeugung derartiger Zufallsvariablen vgl. *Devroye (1986, S. 485 ff.).*

240 Vgl. hierzu und zum Folgenden die Eigenschaften der Binomialverteilung, welche beispielsweise in *Bosch (1998, S. 169 ff.)* dargestellt sind.

$$E(n) = N \cdot \pi, \tag{4.1}$$

was der zur relativen Anzahl π zugehörigen absoluten Anzahl der auszuwählenden Datensätze entspricht.

Die Varianz von n beträgt dann

$$Var(n) = N \cdot \pi \cdot (1 - \pi). \tag{4.2}$$

Der Vorteil dieses Selektionsschemas liegt in der einfachen programmiertechnischen Implementierbarkeit. Fast jede Programmiersprache bietet die Möglichkeit, Zufallszahlen zu erzeugen und die erforderlichen speicherbezogenen Verarbeitungsschritte durchzuführen.

Der Nachteil besteht in der nicht vorher bekannten Größe des Stichprobenumfangs. In der Praxis, gerade bei Stichprobenbildung auf großen Grundgesamtheiten, kann diese Abweichung vom wirklich gewünschten Stichprobenumfang vernachlässigt werden. Beispielsweise nutzt das Data-Mining-Werkzeug IBM Intelligent Miner dieses Stichprobenselektionsschema für die Auswahl von Stichproben für Data-Mining-Anwendungen.

4.2.2 Zufallsauswahl mit festem Umfang

Die Zufallsauswahl mit festem Umfang ist ein Verfahren, bei dem ein fester vorgegebener Stichprobenumfang n exakt erreicht wird. Dabei wird der Begriff Inklusionswahrscheinlichkeit verwendet, der für jedes Element einer Grundgesamtheit die Wahrscheinlichkeit darstellt, dass das Element in die Stichprobe aufgenommen wird.[241] Ist beispielsweise eine Grundgesamtheit vom Umfang N gegeben, so beträgt bei einer einfachen Stichprobenauswahl vom Umfang n für jedes Element U_i $(i = 1, \ldots, N)$ die Inklusionswahrscheinlichkeit $\pi_i = n/N$.[242] Daraus können bedingte Inklusionswahrscheinlichkeiten abgeleitet werden, die während einer Stichprobenauswahl entstehen und von der Anzahl der betrachteten Elemente und der Anzahl der davon ausgewählten Elemente abhängen. Sind nämlich unter den ersten k betrachteten Elementen n_k für die Stichprobe ausgewählt, so besitzen die verbleibenden N-k Elemente jeweils eine Inklusionswahrscheinlichkeit von

241 Vgl. *Särndal, Swensson und Wretman (1992, S. 66).*

242 Einfache Zufallsstichproben können, wie *Särndal, Swensson und Wretman (1992, S. 66)* ausführen, durch Selektionsschemata erzeugt werden, bei denen die Inklusionswahrscheinlichkeiten für jedes Element der Menge der auszuwählenden Elemente gleich ist.

$$\pi_i(k, n_k) = \frac{n - n_k}{N - k} \quad (4.3)$$

für i = k+1, ..., N.

Damit kann folgender Algorithmus angewendet werden:

Für den ersten Datensatz wird eine Zufallszahl ε mit Werten im Intervall [0, 1] ermittelt und diese mit der Inklusionswahrscheinlichkeit π_1 verglichen. Ist die Zufallszahl nicht größer als π_1, so wird dieser Datensatz in die Stichprobendatei aufgenommen, anderenfalls nicht. Für jeden nachfolgenden Datensatz U_k wird neben einer neuen Zufallszahl ε_k aus dem Intervall [0, 1] die bedingte Inklusionswahrscheinlichkeit $\pi_k(k, n_k)$ berücksichtigt. Falls

$$\varepsilon_k \leq \pi_k(k, n_k) \quad (4.4)$$

gilt, wird das k-te Element ausgewählt, anderenfalls nicht. Die Wahrscheinlichkeit, dass ein Datensatz in die Stichprobe aufgenommen wird, wächst, je größer das Verhältnis von der Anzahl der noch in die Stichprobendatei aufzunehmenden Datensätze ($n-n_k$) und der Anzahl der noch zur Auswahl zur Verfügung stehenden Datensätze (N-k) ist. Der Extremfall wäre, dass von den ersten (N-n) Datensätzen keiner ausgewählt wurde, so dass dann für alle weiteren Datensätze die Inklusionswahrscheinlichkeit 1 beträgt, was eine Auswahl dieser Datensätze bedeutet.

Der Algorithmus terminiert, wenn $n_k = n$ gilt.[243]

Der Vorteil dieses Verfahrens ist, dass es ebenfalls sehr einfach zu implementieren ist und die Anzahl der Stichprobenelemente genau erreicht wird. Aufwendiger ist aber, dass die bedingten Inklusionswahrscheinlichkeiten berechnet werden müssen.

243 Vgl. zur Darstellung *Särndal, Swensson und Wretman (1992, S. 66 f.).*

4.2.3 Systematische Zufallsauswahl

Die systematische Zufallsauswahl eignet sich ebenfalls, um eine einfache Stichprobenauswahl mit fest vorgegebenem Stichprobenumfang n und ohne wiederholte Elemente durchzuführen. Dabei wird folgendes Ablaufschema verwendet:

Zunächst wird unter den ersten a Datensätzen genau ein fester Datensatz r mittels Wahrscheinlichkeitsauswahl bestimmt.[244] Jeder dieser a Datensätze habe dabei die Auswahlwahrscheinlichkeit 1/a.[245] Ausgehend vom Datensatz r werden dann die Datensätze r+a, r+2a, ..., r+na in die Stichprobe gezogen.[246]

Offensichtlich gibt es bei diesem Verfahren genau a verschiedene Stichproben, welche jeweils mit einer Wahrscheinlichkeit von 1/a ausgewählt werden, weshalb ein Selektionsverfahren für eine einfache Stichprobe vorliegt. Problematisch ist die Anwendung dieses Verfahrens, falls in den Elementen der Grundgesamtheit eine Periodizität enthalten ist und der Wert a gerade so gewählt wurde, dass er gleich der Periodenlänge ist. In diesem Fall können erhebliche Verzerrungen in der Stichprobe auftreten, so dass beispielsweise Aussagen über Lagemaße der Grundgesamtheit aufgrund von Schätzern fehlerhaft sind.

Kann allerdings sichergestellt werden, dass es keine Periodizitäten in den Elementen der Grundgesamtheit gibt, so ist dieses Verfahren effizienter als beispielsweise eines der in den vorangegangenen Abschnitten vorgestellten Verfahren. Der Grund hierfür ist die ebenfalls sehr einfache Implementierbarkeit, wobei jedoch zusätzlich ein schnellerer Ablauf erwartet werden kann, da nicht jeder Datensatz bearbeitet und nur eine Zufallsvariable erzeugt werden muss.

---

244 Der Wert a kann bei einer Stichprobe vom Umfang n aus einer Grundgesamtheit vom Umfang N durch $a = \lfloor N/n \rfloor$ vorgegeben werden.

245 Es kann zum Beispiel eine Zufallsvariable aus [0, a] gezogen werden, deren aufgerundeter ganzzahliger Wert die auszuwählende Datensatznummer r angibt.

246 Vgl. hierzu und zum Folgenden *Särndal, Swensson und Wretman (1992, S. 73 ff.)*.

4.2.4 Geschichtete Zufallsauswahl

Bei der geschichteten Zufallsauswahl wird zunächst die Grundgesamtheit in L disjunkte und exhaustive Teilgesamtheiten zerlegt, wobei die Teilgesamtheit j eine Anzahl von N_j Elementen umfasst (j = 1, ..., L). Jede dieser Teilgesamtheiten wird als Schicht bezeichnet, die zum Beispiel bei einer Warenkorbanalyse durch die Einteilung der Kassenbons auf Wochentage entstehen können.[247]

Wesentlich für die geschichtete Zufallsauswahl ist die Auswahl eines Selektionsschemas für jede einzelne Schicht. Gewöhnlicherweise wird dasselbe Selektionsschema auf jede Schicht angewendet, allerdings ist denkbar, für jede Schicht ein anderes Selektionsschema zu wählen. Konsequenz dieses Verfahrens ist, dass sich die Gesamtstichprobe aus mehreren Einzelstichproben zusammensetzt.

Sollen Schätzer für Lageparameter der Grundgesamtheit ermittelt werden, so sind bei einer geschichteten Stichprobe ein Schätzer für jede Schicht zu bestimmen und diese Einzelschätzer sinnvoll zu kombinieren.[248] Mit diesem Verfahren kann die Genauigkeit der Schätzer wesentlich erhöht werden, da durch die Schichtenbildung Hintergrundwissen in die Schätzung integriert wird.[249] Auf Grundlage der Stichprobendatenbestände können nun Schätzer für Kenngrößen bestimmt werden, die im nächsten Abschnitt dargestellt werden.

---

[247] Vgl. hierzu und zum Folgenden *Särndal, Swensson und Wretman (1992, S. 100 ff.).*

[248] Vgl. *Cochran (1972, S. 111 ff.).*

[249] Ein wesentliches betriebswirtschaftliches Anwendungsgebiet der geschichteten Stichprobenselektion ist die Stichprobeninventur. Hierbei wird beispielsweise ein Güterlagerbestand, der Grundlage der Inventur sein soll, zunächst in Schichten aufgeteilt. Diese Schichtenbildung geschieht anhand der Werte, den Güter besitzen. Bei den Gütern mit hohem Wert wird eine Vollaufnahme durchgeführt, Güter mit geringeren Werten werden nur stichprobenhaft gezählt und Abweichungen vom Soll-Wert hochgerechnet. Vgl. dazu *Klinkenberg (1994, S. 22 ff.), Hörmann (1997, S. 57 ff.)* sowie *Institut der Wirtschaftsprüfer (2000, S. 192 f.).*

4.3 Kenngrößen eines Datenbestandes

Um eine Population zusammenfassend zu beschreiben, werden Kenngrößen ermittelt, die Eigenschaften der Populationselemente in aggregierter Form darstellen. Beispiele für derartige Kenngrößen sind Mittelwerte oder Streuungsparameter von beobachtbaren Merkmalswerten der Elemente. Wird bei jedem Element einer Population nicht nur ein Merkmal gemessen, sondern mehrere simultan, so lassen sich diese Messwerte in einer Tabelle darstellen, wobei in jeder Zeile Merkmale eines Elementes der Population beschrieben und in einer Spalte die einzelnen Ausprägungen eines Merkmales wiedergegeben werden. In der Datenbankterminologie werden die Zeilen als Tupel und die Merkmale als Attribute von Objekten bezeichnet.[250] Bezieht sich eine Kenngröße auf nur ein Attribut, so wird diese in der Statistik univariat genannt, wird eine Kenngröße simultan für mehrere Attribute bestimmt, so stellt diese eine multivariate Kenngröße dar. In den folgenden beiden Abschnitten werden sowohl univariate (Abschnitt 4.3.1) als auch multivariate (Abschnitt 4.3.2) Kenngrößen vorgestellt.

4.3.1 Univariate Kenngrößen

In den folgenden Ausführungen sei das Vorliegen einer endlichen Population mit N Elementen vorausgesetzt, bei der für jedes Element U_i ein Messwert Y_i vorliegt ($i = 1, ..., N$). Ist die Population beispielsweise eine Menge von Personen, so können diese Messwerte die Größe jeder einzelnen Person darstellen. Sind zwei Populationen vorgegeben, so ist es oftmals von Interesse, einen Vergleich dieser beiden Populationen durchzuführen. Dazu werden aggregierte Größen benötigt, anhand derer die Populationen verglichen werden können.

Die wichtigste Kenngröße dieser Art ist der arithmetische Mittelwert $\overline{Y}$. Dieser wird bestimmt, indem die Summe aller Merkmalsausprägungen durch die Anzahl der betrachteten Elemente dividiert wird. Mit oben eingeführten Bezeichnungen kann dies durch folgende Formel ausgedrückt werden:[251]

$$\overline{Y} = \frac{1}{N} \sum_{i=1}^{N} Y_i \,. \tag{4.5}$$

[250] Vgl. beispielsweise *Vossen (2000, S. 115)* sowie *Zehnder (1998, S. 70)*.

[251] Vgl. beispielsweise *Fahrmeir et al. (1999, S. 51 f.)*.

Dieses Lagemaß[252] eignet sich jedoch nur bedingt, um Aussagen über die Population treffen zu können. Wesentlich ist die Streuung der einzelnen Messwerte um dieses Maß. Beispielsweise kann eine Population von Personen, die alle dieselbe Körpergröße besitzen, denselben Mittelwert haben, wie eine Population von Personen, deren eine Hälfte eine identische, sehr kleine und deren andere Hälfte eine identische, sehr große Körpergröße besitzt. Ein Maß für die Abweichung vom Mittelwert gibt die Varianz σ^2 an. Diese ist als durchschnittliche quadrierte Abweichung der Messwerte vom Mittelwert definiert und lässt sich formal wie folgt darstellen:[253]

$$\sigma^2 = \frac{1}{N}\sum_{i=1}^{N}(Y_i - \overline{Y})^2 . \tag{4.6}$$

Je größer dieser Wert ist, desto weiter streuen die Messwerte um den Mittelwert.[254] Ein intuitiveres Maß für die Streuung ist die Wurzel aus der Varianz, die als Standardabweichung σ bezeichnet wird.[255]

Eine weitere, in der Praxis häufig gemessene Größe ist der Anteilswert P. Dieser gibt an, wie oft ein Ereignis durch ein Populationselement im Verhältnis zur Gesamtpopulationsgröße erscheint. Beispielsweise ist der in Abschnitt 3.2 definierte Supportwert ein Anteilswert. Zur Berechnung des Anteilswertes kann der Mittelwert herangezogen werden. Dazu wird jedem Element der Population ein binäres Attribut zugeordnet, welches das Vorliegen einer ausgezeichneten Eigenschaft angibt. Besitzt das Element diese Eigenschaft, so wird dem binären Attribut der Wert 1 zugeordnet, anderenfalls der Wert 0. Wird von diesem Attribut der Mittelwert gebildet, gibt dieser gerade den Anteilswert an.[256]

---

252 Zum Begriff des Lagemaßes vgl. *Hartung, Elpelt und Klösener (2002, S. 31 f.)*.

253 Vgl. beispielsweise *Fahrmeir et al. (1999, S. 67 ff.)*. Oftmals ist in der Literatur bei der Definition der Varianz auch der Divisor N-1 zu finden. Eine genauere Erläuterung dieser Möglichkeit gibt zum Beispiel *Cochran (1972, S. 38)*.

254 Intuitiv würde für ein Streuungsmaß die mittlere betragsmäßige Abweichung aussagekräftiger sein, da dies in einer Skala besser verständlich wäre (vgl. *Schlittgen (2000, S. 136 ff.)*). Die Betragsfunktion ist jedoch im Verhältnis zur Varianz aufwendiger zu berechnen und nicht differenzierbar, weshalb sie nicht zur Berechnung der mittleren Abweichung vom Mittelwert verwendet wird.

255 Vgl. beispielsweise *Hartung, Elpelt und Klösener (2002, S. 45 f.)*.

256 Vgl. *Cochran (1972, S. 67 f.)*.

Mit dieser Transformationsidee kann die Varianz des Auftretens der Ereignisse bei den Elementen der Grundgesamtheit durch

$$\sigma_P^2 = P(1-P) \tag{4.7}$$

bestimmt werden.[257]

4.3.2 Multivariate Kenngrößen

Die im vorangehenden Abschnitt definierten univariaten Größen Mittelwert, Varianz und Anteilswert lassen sich im multivariaten Fall verallgemeinern. Vorausgesetzt ist, dass für jedes Element U_i (i = 1, ..., N) der endlichen Population der Größe N mehrere Merkmale gemessen werden können. Diese können als Vektor $\underline{Y}_i = (Y_{i1}, Y_{i2}, ..., Y_{ir})$ dargestellt werden, wobei Y_{ik} den k-ten Merkmalswert des i-ten Elementes bezeichnet (k = 1, ..., r).

Der multidimensionale Mittelwert ist dann gerade der Vektor, dessen Komponenten die einzelnen univariaten Mittelwerte der Attribute sind. Zum Beispiel könnte der Mittelwertvektor (180, 80) einer Population von Personen die durchschnittliche Größe und das durchschnittliche Gewicht beschreiben. Formal lässt sich der r-dimensionale Mittelwertvektor $\overline{\underline{Y}}$ einer Population der Größe N folgendermaßen erfassen:[258]

$$\overline{\underline{Y}} = \left(\overline{Y}_1, \ldots, \overline{Y}_r\right) = \frac{1}{N}\sum_{i=1}^{N}\left(Y_{i1}, \ldots, Y_{ir}\right). \tag{4.8}$$

Dabei bezeichnet $\overline{Y}_i$ den Mittelwert des i-ten Merkmals (i = 1, ..., r).

Während die Übertragung des Mittelwertes auf den multivariaten Fall einfach durchzuführen ist, sind bei der Betrachtung der Streuung weitergehende Überlegungen notwendig. Neben den Varianzen der einzelnen Merkmale ist auch die Interdependenz zwischen den Merkmalen zu beachten. Dabei wird nur auf die Abhängigkeit zweier Merkmale abgezielt, welche Kovarianz bzw. Korrelation genannt wird.

Als Varianz für jedes Merkmal wird die entsprechende univariate Varianz verwendet. Die Interdependenz der Attribute wird durch die Kovarianz erfasst, welche für zwei Attribute Y_k

257 Vgl. *Levy und Lemeshow (1999, S. 17).*

258 Vgl. beispielsweise *Kreienbrock (1987, S. 9).*

und Y_l $(k, l \in \{1, ..., r\}; l \neq k)$ mit deren Ausprägungen bezüglich des i-ten Elementes (Y_{ik}, Y_{il}) durch folgende Größe definiert ist:[259]

$$\sigma_{kl} = \frac{1}{N}\sum_{i=1}^{N}\left(Y_{ik} - \overline{Y}_k\right)\left(Y_{il} - \overline{Y}_l\right). \tag{4.9}$$

Dabei sind $\overline{Y}_k$ und $\overline{Y}_l$ die univariaten Mittelwerte der Merkmale Y_k und Y_l und N die Anzahl der Elemente in der Population. Wird die Kovarianz durch die jeweiligen Standardabweichungen der Merkmale dividiert, so entsteht dadurch das sogenannte Korrelationsmaß. Dieses nimmt Werte im Intervall [-1; +1] und ist ferner ein Maß für den linearen Zusammenhang zwischen den Merkmalen.[260]

In der multivariaten Statistik werden die Abhängigkeiten und Streuungsmaße von Komponenten eines Messvektors in Form einer Kovarianzmatrix angegeben. Dabei entsprechen die Einträge auf der Diagonalen den univariaten Varianzen der Attribute, die Einträge auf den Nicht-Diagonalfeldern entsprechen den jeweiligen Kovarianzen.[261] Unter der Voraussetzung, dass die Messungen für jedes Element U_i $(i = 1, ..., N)$ der Population als Vektor $\underline{Y}_i$ vorliegen, kann die Kovarianzmatrix S durch folgende Formel bestimmt werden:[262]

$$S = \frac{1}{N}\sum_{i=1}^{N}\left(\underline{Y}_i - \overline{\underline{Y}}\right)\left(\underline{Y}_i - \overline{\underline{Y}}\right)^t \tag{4.10}$$

wobei mit $(\underline{Y}_i - \overline{\underline{Y}})^t$ der transponierte Vektor zu $(\underline{Y}_i - \overline{\underline{Y}})$ bezeichnet ist.

Der Vektor von Anteilswerten kann analog wie im univariaten Fall aus dem Mittelwertvektor berechnet werden, wenn er auf binären Attributen, die das Auftreten von interessierenden Ereignissen anzeigen, basiert.

259 Vgl. *Schlittgen (2000, S. 172 ff.)*. Zu beachten ist, dass im Fall k = l mit dieser Formel gerade die Varianz des k-ten Merkmals definiert wird.

260 Vgl. hierzu die Ausführungen in *Fahrmeir et al. (1999, S. 135 ff.)*.

261 Vgl. *Fahrmeir und Hamerle (1996, S. 23)*.

262 Vgl. *Kreienbrock (1987, S. 9)* sowie *Mardia, Kent und Bibby (1979, S. 10)*.

4.4 Stichproben im Rahmen des statistischen Schätzens

In diesem Abschnitt erfolgt zunächst eine grundlegende Darstellung von Schätzern, deren Werte auf Grund einer Stichprobe ermittelt werden, und deren Eigenschaften. Diese werden benötigt, um daraus Formeln zur Stichprobenumfangsbestimmung ableiten zu können. Im Anschluss an diese Einführung werden Beispiele für Schätzer angegeben.

Die Grundidee in der Schätztheorie ist, Merkmalswerte von Stichprobenelementen in sinnvoller Weise zu verknüpfen, um dadurch einen Wert zu generieren, der als Annäherung an die in der Grundgesamtheit vorkommende Kenngröße angesehen werden kann. Die Verknüpfungsfunktion wird als Schätzfunktion oder Schätzer bezeichnet. Als Symbol wird θ_n verwendet, wobei der Index n den Stichprobenumfang des Stichprobendatenbestandes angibt, auf welchem der Schätzer basiert.

Die Merkmalswerte der Stichprobenelemente sind, wie in Abschnitt 4.1 dargestellt, zufallsabhängig, womit der Schätzer θ_n eine Zufallsvariable ist. Deshalb können für ihn auch die Größen Erwartungswert und Varianz bestimmt werden, über die sich nachfolgend dargestellte Eigenschaften eines Schätzers definieren lassen.

Angenommen, es werden viele Stichproben gezogen, so gibt es für jede Stichprobe einen eigenen Schätzwert, der eine Annäherung an den tatsächlich vorliegenden Wert t darstellt. Eine sinnvolle Forderung ist, dass das Mittel dieser Schätzwerte gleich dem Wert t ist. Diese Forderung bedeutet gerade, dass der Erwartungswert der Schätzfunktion gleich t ist, formal also gilt:

$$E(\theta_n) = t. \qquad (4.11)$$

Besitzt ein Schätzer diese Eigenschaft, so wird er erwartungstreu oder auch unverzerrt genannt, ansonsten wird der Schätzer als verzerrt mit der Verzerrung („bias") t - $E(\theta_n)$ bezeichnet. Gilt nur

$$\lim_{n \to \infty} E(\theta_n) = t, \qquad (4.12)$$

so heißt der Schätzer asymptotisch erwartungstreu.[263]

---

263 Zur Definition und weiteren Erläuterungen zur Erwartungstreue vgl. beispielsweise *Fahrmeir et al. (1999, S. 392 ff.) oder Schlittgen (2000, S. 275 ff.).*

Eine weitere naheliegende Forderung an einen Schätzer ist, dass der Schätzer mit einem zunehmenden Stichprobenumfang n immer genauer wird, was durch die Verringerung der Differenz zwischen Schätzwert und tatsächlichem Wert gemessen werden kann. Ist der Stichprobenumfang beispielsweise so groß wie die Grundgesamtheit selbst, so soll bei einer Stichprobenauswahl ohne Zurücklegen der Schätzer gerade gleich dem wahren Wert t sein.

Diese Forderung wird erfüllt, wenn die Varianz eines Schätzers mit zunehmendem Stichprobenumfang gegen Null strebt, also gilt:

$$\lim_{n \to \infty} \mathrm{Var}(\theta_n) = 0\,. \tag{4.13}$$

Ein erwartungstreuer Schätzer, für den diese Eigenschaft gilt, wird konsistent genannt.[264] Die zugehörige Standardabweichung des Schätzers wird auch als Standardfehler bezeichnet.

Es gibt eine Anzahl verschiedener Schätzer[265] für die unterschiedlichen Kennzahlen in der Grundgesamtheit. In den nachstehenden Abschnitten werden Beispiele für Schätzer und deren Eigenschaften für die in Abschnitt 4.3 angegebenen Messgrößen angegeben.

In den bisherigen Ausführungen wurde allgemein ein Schätzer vorgestellt, der einen einfachen aus einer Stichprobe berechneten Wert angibt. Derartige Schätzer werden Punktschätzer genannt. Eine naheliegende Erweiterung ist es, um diesen Punktschätzer ein Intervall so zu konstruieren, dass der wahre Parameterwert t mit einer bestimmten Wahrscheinlichkeit 1-α von diesem Intervall überdeckt wird.[266] Ein solches Intervall wird Bereichsschätzer oder

---

264 Die Konsistenz eines Schätzers wird allgemein durch die Konvergenz der erwarteten mittleren quadratischen Abweichung $E([t-\theta_n]^2)$ definiert bzw. durch die Definition der schwachen Konsistenz. Vgl. hierzu *Fahrmeir et al. (1999, S. 366 ff.)* bzw. *Blom (1989, S. 194 f.)*. *Schlittgen (2000, S. 277)* zeigt, dass die allgemein definierte Konsistenz für (asymptotisch) erwartungstreue Schätzer äquivalent zu der in Formel (4.13) angegebenen Bedingung ist. Für eine Stichprobenauswahl aus einer endlichen Grundgesamtheit definiert *Cochran (1972, S. 36 f.)* ein Schätzverfahren als konsistent, „ ... wenn der Schätzwert der Stichprobe gleich dem Wert der Grundgesamtheit ist, wenn der Umfang der Stichprobe n dem Umfang der Grundgesamtheit N gleich ist ...“.

265 Die verschiedenen Schätzer für einen Parameter können sämtlich erwartungstreu und konsistent sein. Für einen Effizienzvergleich der Schätzer bietet sich die in Fußnote 264 vorgestellte erwartete mittlere quadratische Abweichung an. Damit kann die sogenannte wirksamste Schätzstatistik definiert werden. Vgl. hierzu *Fahrmeir et al. (1999, S. 369 ff.)* sowie die sehr ausführliche mathematisch-theoretische Sichtweise von *Fisz (1973, S. 543 ff.)*.

266 Mit Überdeckung ist gemeint, dass bei häufigkeitsbasierter Interpretation der Wahrscheinlichkeit in etwa 1-α der durch unterschiedliche Stichproben konstruierten Konfidenzintervalle der wahre Parameter t in den Intervallen enthalten ist. Vgl. hierzu die Diskussion in *Fahrmeir et al. (1999, S. 377)*, *Blom (1989, S. 225 f.)* und *Bock (1998, S. 14)*. *Hartung, Elpelt und Klösener (2002, S. 129 f.)* oder *Bosch (1998, S. 352)* sehen nicht diese häufigkeitsbasierte Interpretation, sondern argumentieren, dass der wahre Parameter mit einer Wahrscheinlichkeit von 1 - α im Konfidenzintervall liegt. Zur Kritik dieser Ansicht vgl. *Fahrmeir et al. (1999, S. 377)*.

Konfidenzintervall zum Niveau 1-α genannt. Der Wert α ist dabei die Wahrscheinlichkeit, dass der wahre Parameterwert nicht vom Bereichsschätzer überdeckt wird, welche auch Fehlerwahrscheinlichkeit genannt wird.

Formal ist der Konfidenzbereich definiert als Menge B, für die gilt:

$$\text{Prob}(t \in B) \geq 1-\alpha . \qquad (4.14)$$

Im univariaten Fall ist B ein Intervall, im multivariaten Fall ist B ein mehrdimensionaler Konfidenzellipsoid. Der Konfidenzbereich wird durch den zu Grunde liegenden Punktschätzer bestimmt.

Im Folgenden werden konkrete Schätzer sowohl für univariate Kenngrößen (Abschnitt 4.4.1) als auch für multivariate Kenngrößen (Abschnitt 4.4.2) angegeben.

4.4.1 Univariate Schätzer

Univariate Schätzer beziehen sich auf eine eindimensionale zu schätzende Kennzahl. Im Folgenden werden für derartige Größen Punktschätzer (Abschnitt 4.4.1.1), Konfidenzintervalle (Abschnitt 4.4.1.2) sowie Formeln zur Stichprobenumfangsbestimmung für die Genauigkeitssteuerung der Schätzer angegeben (Abschnitt 4.4.1.3).

4.4.1.1 Punktschätzer

Zentrale Voraussetzung für die Entwicklung der Punktschätzer ist das Vorliegen einer einfachen[267] Stichprobe vom Umfang n deren Elemente die Realisationen y_i (i = 1, ..., n) eines Merkmales Y besitzen. Zu unterscheiden ist, ob die Stichprobe aus einer endlichen oder aus einer unendlichen Grundgesamtheit gezogen wurde. Bei einer Stichprobe aus einer endlichen Grundgesamtheit muss ein sogenannter Auswahlsatz berücksichtigt werden, welcher als das Verhältnis des Stichprobenumfangs n zur Größe der Grundgesamtheit N definiert ist und mit $f = n/N$ bezeichnet wird. Im Folgenden wird stets von einer Stichprobe ausgegangen, die aus einer endlichen Grundgesamtheit entnommen wurde.

[267] Zum Begriff der einfachen Stichprobe siehe die Erläuterungen in Abschnitt 4.1. Dabei schließt diese Annahme mit ein, dass stets eine Stichprobe ohne Zurücklegen gezogen wird.

Ist eine einfache Stichprobe gegeben, so ist die Größe

$$\bar{y} = \frac{1}{n}\sum_{i=1}^{n} y_i \tag{4.15}$$

ein Schätzer für den Mittelwert $\bar{Y}$ des Merkmals Y der Grundgesamtheit.[268]

Da die y_i (i = 1, ..., n) nach Definition einer Stichprobe als Realisationen von Zufallsvariablen aufgefasst werden können, ist $\bar{y}$ selbst eine Realisation einer Zufallsvariablen. Damit nimmt der Schätzer bei einer anderen Stichprobe fast sicher einen anderen Wert an. Für den Erwartungswert dieses Schätzers gilt:[269]

$$E(\bar{y}) = \bar{Y}. \tag{4.16}$$

Damit ist der Schätzer erwartungstreu, d. h. der Mittelwert, der sich aus den Realisationen aller möglichen Stichproben ergeben würde, wäre gleich dem Mittelwert der Grundgesamtheit.

Für die Varianz des Schätzers gilt:[270]

$$\mathrm{Var}(\bar{y}) = \frac{\sigma^2}{n}\frac{N-n}{N-1} = \frac{\sigma^2}{n}\frac{N}{N-1}(1-f), \tag{4.17}$$

wobei σ^2 die in Formel (4.6) definierte Varianz des Mittelwertes der Grundgesamtheit und f der Auswahlsatz ist.

Diese Varianz gibt an, wie stark der Schätzwert $\bar{y}$ um den wirklichen Wert $\bar{Y}$ bei gegebener Stichprobengröße streut. Es ist zu erkennen, dass mit wachsendem Stichprobenumfang n die Varianz von $\bar{y}$ geringer wird, was eine Verbesserung der Genauigkeit des Schätzers bedeutet.[271] Angenommen, n würde gleich N gewählt, so bedeutet dies gerade eine Vollerhebung und somit wird der Schätzwert gleich dem tatsächlichen Wert sein, was einer Streuung von 0 entspricht. Da die Varianz gegen 0 strebt, wenn n wächst, ist $\bar{y}$ ein konsistenter Schätzer.

---

268 Vgl. hierzu beispielsweise *Fahrmeir et al. (1999, S. 362)*.

269 Vgl. beispielsweise *Cochran (1972, S. 37)*.

270 Vgl. zum Beispiel *Levy und Lemeshow (1999, S. 59)*. Eine hiervon abweichende Formel gibt *Cochran (1972, S. 38)* an, der eine andere Bestimmung von σ^2 zu Grunde legt. Der Unterschied liegt darin, dass der Nenner in der Formel N anstatt N-1 ist. Für die praktische Anwendung ist dieser Unterschied irrelevant.

271 *Bock (1998, S. 23 f.)* zeigt, dass aus dieser Eigenschaft bei einer Stichprobe aus einer unendlichen Grundgesamtheit bereits ein für viele praktische Problemstellungen hinreichend genauer Stichprobenumfang bestimmt werden kann.

Wenn die Stichprobe aus einer unendlichen Grundgesamtheit gezogen wird, so lässt sich die Varianz von $\bar{y}$ durch σ^2/n angeben.[272] Dies zeigt, dass der Faktor $\frac{N-n}{N-1}$ bei der endlichen Grundgesamtheit berücksichtigt werden muss, wodurch die Größen, auf die dieser Faktor angewendet wird, verringert werden. Der Term wird in der Literatur als Endlichkeitskorrektur bezeichnet.[273]

Zur Anwendung von Formel (4.17) zur Bestimmung der Varianz des Mittelwertschätzers ist die Kenntnis der in der Grundgesamtheit vorliegenden Varianz σ^2 notwendig, die aber im Allgemeinen nicht bekannt ist. Als nächstes wird ein Schätzer für diese Varianz angegeben. Dies ist insbesondere deshalb notwendig, da die Größe σ^2 auch in nachfolgenden Formeln zur Genauigkeitsabschätzung für den Mittelwertschätzer benutzt wird.

Für eine einfache Stichprobe ist die Varianz definiert durch:[274]

$$s^2 = \frac{1}{n-1}\sum_{i=1}^{n}(y_i - \bar{y})^2 . \tag{4.18}$$

Mit dieser Varianz ist die Größe

$$\hat{\sigma}^2 = \frac{N-1}{N} s^2 \tag{4.19}$$

ein erwartungstreuer und konsistenter Schätzer für σ^2 einer endlichen Grundgesamtheit.[275]

---

272 Vgl. hierzu beispielsweise *Cochran (1972, S. 39 ff.)*. In diesem Fall bezeichnet σ^2 die Varianz in der unendlichen Grundgesamtheit, die nicht direkt beispielsweise gemäß Formel (4.6) gemessen werden kann.

273 Weitergehende Diskussionen der Endlichkeitskorrektur befinden sich beispielsweise in *Levy und Lemeshow (1999, S. 57 f.)* sowie in *Cochran (1972, S. 39 ff.)*, wobei hier die Endlichkeitskorrektur in leicht abweichender Form angegeben wird.

274 Vgl. *Levy und Lemeshow (1999, S. 23)*.

275 Vgl. hierzu *Levy und Lemeshow (1999, S. 24)*. In vielen Veröffentlichungen wird die Größe s^2 bereits als erwartungstreuer und konsistenter Schätzer genannt. Dies ist dann der Fall, wenn σ^2 mit dem Nennerterm N-1 statt N gebildet wird oder wenn eine unendliche Grundgesamtheit vorliegt. Zum Nachweis der Erwartungstreue vgl. beispielsweise *Cochran (1972, S. 41 f.)*, für die Konsistenzeigenschaft vgl. zum Beispiel *Fahrmeir et al. (1999, S. 369)*.

Ersetzen von σ^2 in Formel (4.17) durch $\hat{\sigma}^2$ ausgedrückt als Funktion von s^2 führt zu folgendem Schätzer für die Varianz des Mittelwertschätzers $\overline{y}$:[276]

$$\overline{\mathrm{Var}(\overline{y})} = \frac{s^2}{n}\frac{N-n}{N} = \frac{s^2}{n}(1-f). \tag{4.20}$$

Daraus ergibt sich durch Beachtung der Quadratwurzel eine geschätzte Standardabweichung für $\overline{y}$ von

$$\overline{\mathrm{STD}(\overline{y})} = \frac{s}{\sqrt{n}}\sqrt{(1-f)}. \tag{4.21}$$

Die Unterscheidung zwischen tatsächlicher Varianz für $\overline{y}$ und der geschätzten Varianz von $\overline{y}$ ist wesentlich für die weiteren Betrachtungen. Während für a priori Betrachtungen, wie die Bestimmung eines notwendigen Stichprobenumfanges, die tatsächliche Varianz benutzt wird, die abgeschätzt werden muss, wird die geschätzte Varianz für a posteriori Genauigkeitsaussagen verwendet.

Im Folgenden werden Aussagen über den Schätzer p eines Anteilswertes P aufgezeigt. Wie bereits in Abschnitt 4.3.1 erläutert wurde, kann zur Bestimmung des Anteilswertes ein Mittelwert benutzt werden. Dabei bestehen die Realisationen der Merkmalswerte $y_1, \ldots, y_n$ in der Stichprobe vom Umfang n nur aus binären Werten, wobei eine 1 das Vorliegen einer bestimmten Eigenschaft angibt, wogegen eine 0 anzeigt, dass bei diesem Stichprobenelement die untersuchte Eigenschaft nicht vorhanden ist. Diese Zusatzeigenschaften führen zu einer anderen Formeldarstellung für die Varianzschätzer der Größe p. Der Mittelwert dieser Werte stellt gerade den Anteilswert einer bestimmten Eigenschaft an der Grundgesamtheit dar. Auf diese Stichprobenwerte lassen sich die Aussagen über Mittelwerte übertragen, um Aussagen für den Anteilswert zu erhalten. Somit gilt:

$$p = \frac{1}{n}\sum_{i=1}^{n} y_i \tag{4.22}$$

ist ein erwartungstreuer und konsistenter Schätzer für den Anteilswert P.[277]

276 Vgl. beispielsweise *Cochran (1972, S. 42)* sowie *Levy und Lemeshow (1999, S. 63).*

277 Vgl. zum Beispiel *Levy und Lemeshow (1999, S. 59)* sowie *Cochran (1972, S. 67 ff.).*

Um die Varianz von p angeben zu können, muss zunächst wieder die Varianz der Indikatorwerte für das Auftreten eines Ereignisses in der Grundgesamtheit bestimmt werden. Diese Varianz ist in Formel (4.7) definiert und kann zur Ersetzung von σ^2 in Formel (4.17) herangezogen werden, wodurch gilt:

$$\operatorname{Var}(p) = \frac{P(1-P)}{n}\frac{N-n}{N-1} = \frac{P(1-P)}{n}\frac{N}{N-1}(1-f). \qquad (4.23)$$

Für die Varianz der Indikatorwerte für das Auftreten des betrachteten Ereignisses basierend auf der Stichprobe gilt:[278]

$$s^2 = \frac{1}{n-1}\sum_{i=1}^{n}(y_i - \bar{y})^2 = \frac{n}{n-1}p(1-p), \qquad (4.24)$$

womit sich durch Einsetzen in Formel (4.20) als unverzerrter Schätzer für die Varianz von p

$$\overline{\operatorname{Var}(p)} = \frac{s^2}{n}\frac{N-n}{N} = \frac{p(1-p)}{n-1}\frac{N-n}{N} \qquad (4.25)$$

ergibt. In Tab. 4.1 sind die vorgestellten univariaten Schätzer für den Mittelwert und den Anteilswert zusammenfassend dargestellt.

Bezeichnung	**Formel**	**Varianz des Schätzers**	**geschätzte Varianz des Schätzers**
Mittelwert-schätzer	$\bar{y} = \frac{1}{n}\sum_{i=1}^{n} y_i$	$\operatorname{Var}(\bar{y}) = \frac{\sigma^2}{n}\frac{N-n}{N-1}$ mit $\sigma^2 = \frac{1}{N}\sum_{i=1}^{N}(Y_i - \bar{Y})^2$	$\overline{\operatorname{Var}(\bar{y})} = \frac{s^2}{n}\frac{N-n}{N}$ mit $s^2 = \frac{1}{n-1}\sum_{i=1}^{n}(y_i - \bar{y})^2$
Anteilswert-schätzer	$p = \frac{1}{n}\sum_{i=1}^{n} y_i$ mit $y_i \in \{0;1\}$	$\operatorname{Var}(p) = \frac{P(1-P)}{n}\frac{N-n}{N-1}$	$\overline{\operatorname{Var}(p)} = \frac{p(1-p)}{n-1}\frac{N-n}{N}$

Tab. 4.1: Schätzer für Mittelwert und Anteilswert

278 Vgl. hierzu *Cochran (1972, S. 68)*, der bei der Herleitung der Formel die Eigenschaft des Vorliegens binärer Werte für Y_i (i = 1, ..., N) ausnutzt. Eine andere Art der Herleitung geschieht durch das Spezifizieren der Varianz für binomialverteilte Zufallsvariablen, die beispielsweise in *Allen (1990, S. 111 f.)* erläutert werden.

4.4.1.2 Bereichsschätzer

Ausgangsbasis in diesem Abschnitt ist das Vorliegen eines Punktschätzers p für den Anteilswert P, der aus einer einfachen Stichprobe vom Umfang n aus einer endlichen Grundgesamtheit vom Umfang N bestimmt wurde.

Ein Bereichsschätzer ist ein sich aus der Stichprobe ergebendes Intervall, welches den wahren Parameter P mit einer vorgegebenen Anspruchswahrscheinlichkeit von 1 - α überdeckt. Formal besteht ein Konfidenzintervall aus zwei Stichprobenfunktionen G_u und G_o für die gilt:[279]

$$\mathrm{Prob}\left(G_u \leq P \leq G_o\right) \geq 1 - \alpha . \tag{4.26}$$

Die Realisationen von G_u und G_o werden mit g_u und g_o bezeichnet, so dass für zur Schätzung des Parameters P ein Konfidenzintervall $[g_u, g_o]$ entsteht.

Die Bestimmung der Stichprobenfunktionen für G_u und G_o basiert auf dem Schätzwert p, so dass die Verteilung dieses Schätzers beachtet werden muss. Diese ist insbesondere von der Art der Stichprobenauswahl abhängig. *Cochran (1972, S. 56 ff.)* weist theoretisch nach, dass die Annahme einer Normalverteilung des Schätzers p für hinreichend großes n in der Praxis gerechtfertigt ist.[280] Damit genügt nach den Gesetzen für die Normalverteilung[281] hier insbesondere nach dem zentralen Grenzwertsatz die Größe

$$z = \frac{p - E(p)}{\sqrt{\mathrm{Var}(p)}} \tag{4.27}$$

annähernd der Standardnormalverteilung, wenn der Stichprobenumfang zur Bestimmung von p hinreichend groß ist.

---

279 Dabei sind G_u und G_o als Zufallsvariablen aufzufassen, die durch die Realisation einer Stichprobe eine untere bzw. eine obere Schranke darstellen, mit denen der zu schätzende Parameterwert P überdeckt wird. Vgl. hierzu auch die Ausführungen in *Fahrmeir et al. (1999, S. 376 f.).*

280 Eine Möglichkeit diese Verteilungsannahme zu rechtfertigen, basiert auf der Approximation der bei Stichprobenauswahl aus einer endlichen Grundgesamtheit vorliegenden hypergeometrischen Verteilung durch die Binomialverteilung, die beispielsweise *Schlittgen (2000, S. 194 ff.)* aufzeigt, und deren Approximation durch den Grenzwertsatz von de Moivre und Laplace, der beispielsweise bei *Allen (1990, S. 158 ff.)* ausführlich dargestellt wird und auf dem bekannten zentralen Grenzwertsatzes (vgl. beispielsweise *Schlittgen (2000, S. 238 ff.)*) basiert. Eine ähnliche Rechtfertigung der Verteilungsannahme wird ebenfalls in *Jobson (1991, S. 24)* dargestellt.

281 Vgl. hierzu beispielsweise die Ausführungen zur Standardisierung von normalverteilten Zufallsvariablen in *Bosch (1998, S. 266).*

Mit diesen Voraussetzungen kann ein symmetrisches Konfidenzintervall $[p - \varepsilon, p + \varepsilon]$, bei dem der Abstand ε der oberen Grenze vom Parameterwert gleich dem Abstand von der unteren Grenze zum Parameterwert ist, aufgestellt werden. Gesucht ist die Größe ε, welche die maximale absolute Abweichung des Schätzers vom wahren Wert P mit einer Wahrscheinlichkeit von $1 - \alpha$ angibt. Da die maximale Abweichung gesucht ist, muss aus der Ungleichung für die Definition eines Konfidenzintervalls eine Gleichung erstellt werden, was zu folgendem Ansatz für die Bestimmung von ε führt

$$\mathrm{Prob}(p - \varepsilon \leq P \leq p + \varepsilon) = 1 - \alpha. \tag{4.28}$$

Diese Gleichung wird nach der durch die Erwartungstreue von p möglichen Ersetzung von P durch E(p) äquivalent umgeformt zu

$$\mathrm{Prob}\left(\frac{-\varepsilon}{\sqrt{\mathrm{Var}(p)}} \leq \frac{p - E(p)}{\sqrt{\mathrm{Var}(p)}} \leq \frac{+\varepsilon}{\sqrt{\mathrm{Var}(p)}}\right) = 1 - \alpha. \tag{4.29}$$

Der mittlere Term der Ungleichung stellt gerade die standardisierte Zufallsvariable z dar, die nach obigen Ausführungen der Standardnormalverteilung genügt. Unter Beachtung der Symmetrie der Standardnormalverteilung gilt somit:[282]

$$\Phi\left(\frac{\varepsilon}{\sqrt{\mathrm{Var}(p)}}\right) = 1 - \frac{\alpha}{2}, \tag{4.30}$$

wobei Φ die Verteilungsfunktion der Standardnormalverteilung bezeichnet, deren Argument gerade dem Fraktil der Standardnormalverteilung zum Niveau $\alpha/2$ entspricht, das hier mit $u_{1-\alpha/2}$ bezeichnet wird.[283] Mit dieser Bezeichnung gilt:

$$\frac{\varepsilon}{\sqrt{\mathrm{Var}(p)}} = u_{1-\frac{\alpha}{2}} \tag{4.31}$$

---

282 Zur Symmetrie der Normalverteilung und der daraus resultierenden Umformung vgl. *Blom (1989, S. 133 f.)*.

283 Das Fraktil ist der Wert t, zu dem eine Verteilungsfunktion einen bestimmten Wert annimmt, wie zum Beispiel in *Hartung, Elpelt und Klösener (2002, S. 114)* dargestellt. Fraktile sind insbesondere für die Standardnormalverteilung, wie beispielsweise in *Bronstein et al. (2001, S. 1118 f.)*, genau tabelliert. In der Literatur wird auch anstatt des Fraktils der Begriff Quantil verwendet, was lediglich auf einer anderen äquivalenten Definition beruht. Vgl. etwa *Bosch (1998, S. 266)*.

wodurch sich für ε der Wert

$$\varepsilon = u_{1-\frac{\alpha}{2}} \sqrt{Var(p)} \tag{4.32}$$

ergibt.

Wird der so bestimmte Wert für ε in das Konfidenzintervall eingesetzt, so ergibt sich folgende Grundformel für ein Konfidenzintervall zum Niveau 1-α:

$$\left(p - u_{1-\frac{\alpha}{2}} \sqrt{Var(p)}\ ; p + u_{1-\frac{\alpha}{2}} \sqrt{Var(p)}\right). \tag{4.33}$$

Im Anwendungsfall ist nun der entsprechende Wert für die Varianz von p einzusetzen. Ist dieser nicht bekannt, so kann der entsprechende Schätzer für diese Varianz eingesetzt werden, und es ergibt sich das Konfidenzintervall:

$$\left(p - u_{1-\frac{\alpha}{2}} \sqrt{\widehat{Var(p)}}\ ; p + u_{1-\frac{\alpha}{2}} \sqrt{\widehat{Var(p)}}\right). \tag{4.34}$$

Dieser Fall wird in der Praxis eher vorkommen, da die Varianz des Schätzers a priori im Allgemeinen unbekannt ist.

Werden nun die in Tab. 4.1 angegebenen Größen für die Varianz des Anteilswertschätzers eingesetzt, so ergeben sich im Fall bekannter Varianz das Konfidenzintervall[284]

$$\left(p - u_{1-\frac{\alpha}{2}} \sqrt{\frac{N-n}{N-1}} \sqrt{\frac{P(1-P)}{n}}\ ;\ p + u_{1-\frac{\alpha}{2}} \sqrt{\frac{N-n}{N-1}} \sqrt{\frac{P(1-P)}{n}}\right) \tag{4.35}$$

und im Fall der Schätzung der Varianz das Konfidenzintervall[285]

$$\left(p - u_{1-\frac{\alpha}{2}} \sqrt{\frac{N-n}{N}} \sqrt{\frac{p(1-p)}{n-1}}\ ;\ p + u_{1-\frac{\alpha}{2}} \sqrt{\frac{N-n}{N}} \sqrt{\frac{p(1-p)}{n-1}}\right). \tag{4.36}$$

Anhand dieser Konfidenzintervalle ist ersichtlich, dass die Größe der Konfidenzintervalle einerseits von der Größe der Fehlerwahrscheinlichkeit α abhängt, andererseits aber auch vom

284 Vgl. auch *Levy und Lemeshow (1999, S. 59)*. In der Literatur, wie beispielsweise in *Fahrmeir et al. (1999, S. 383)*, befindet sich häufig eine einfachere Darstellung dieser Konfidenzintervalle, was an der Nutzung einer anderen Varianz und deren Schätzer liegt. In diesen Fällen wird davon ausgegangen, dass eine unendliche Grundgesamtheit vorliegt und somit die Endlichkeitskorrektur und damit die Populationsgröße N nicht berücksichtigt wird.

285 Vgl. *Levy und Lemeshow (1999, S. 68)*.

Stichprobenumfang n. Mit dieser Erkenntnis kann ein notwendiger Stichprobenumfang bestimmt werden, wenn eine Größe des Konfidenzintervalls vorgegeben wird.

Die bisher betrachteten Konfidenzintervalle waren zweiseitig, also nach oben und unten beschränkt. Es kann nun vorkommen, dass der Konfidenzbereich nach nur einer Seite beschränkt sein soll. Dies ist beispielsweise dann erwünscht, wenn ein Schätzfehler nur dann interessant ist, wenn der wahre Wert eine bestimmte Schranke des Konfidenzintervalls überschreitet bzw. unterschreitet und somit nicht im Intervall liegt. Falls das Intervall nach unten beschränkt sein soll, ist folgender Ansatz zu wählen, aus dem analog zum oben erläuterten Verfahren eine Bestimmungsgleichung für ε, welche die maximale absolute Abweichung des Schätzers vom wahren Wert angibt, abgeleitet werden kann:

$$
\begin{aligned}
& \operatorname{Prob}(p - \varepsilon \leq P) = 1 - \alpha \\
\Leftrightarrow \quad & \operatorname{Prob}\left(\frac{p - E(P)}{\sqrt{\operatorname{Var}(p)}} \leq \frac{\varepsilon}{\sqrt{\operatorname{Var}(p)}}\right) = 1 - \alpha \\
\Leftrightarrow \quad & \Phi\left(\frac{\varepsilon}{\sqrt{\operatorname{Var}(p)}}\right) = 1 - \alpha \\
\Leftrightarrow \quad & \frac{\varepsilon}{\sqrt{\operatorname{Var}(p)}} = u_{1-\alpha} \\
\Leftrightarrow \quad & \varepsilon = u_{1-\alpha}\sqrt{\operatorname{Var}(p)}
\end{aligned}
$$

Hierbei ist wieder Φ die Verteilungsfunktion der Standardnormalverteilung, und $u_{1-\alpha}$ bezeichnet das Fraktil der Standardnormalverteilung zum Niveau α.

Substitution der Variablen ε und des Varianzterms ergibt das folgende einseitige Konfidenzintervall zum Niveau $1 - \alpha$

$$\left(p - u_{1-\alpha}\sqrt{\frac{N-n}{N-1}}\sqrt{\frac{P(1-P)}{n}};+\infty\right), \tag{4.37}$$

falls die Varianz bekannt ist und

$$\left(p - u_{1-\alpha}\sqrt{\frac{N-n}{N}}\sqrt{\frac{p(1-p)}{n-1}};+\infty\right), \tag{4.38}$$

falls die Varianz geschätzt wird.

Entsprechend kann folgendes nach oben beschränkte Konfidenzintervall zum Niveau 1 - α bestimmt werden

$$\left(-\infty; p + u_{1-\alpha}\sqrt{\frac{N-n}{N-1}}\sqrt{\frac{P(1-P)}{n}}\right), \qquad (4.39)$$

falls die Varianz bekannt ist und

$$\left(-\infty; p + u_{1-\alpha}\sqrt{\frac{N-n}{N}}\sqrt{\frac{p(1-p)}{n-1}}\right), \qquad (4.40)$$

falls die Varianz geschätzt wird.

Auch für diese halboffenen Intervalle lassen sich notwendige Stichprobengrößen bestimmen, um eine vorgegebene Genauigkeitsanforderung zu erfüllen.

4.4.1.3 Stichprobenumfangsbestimmung

Werden Schätzer auf Grundlage einer Stichprobe ermittelt, so lässt sich die zwangsläufig entstehende Abweichung, wie in den vorangegangenen Abschnitten gezeigt, abschätzen. Determinanten dieser Genauigkeitsbetrachtungen sind insbesondere eine Irrtumswahrscheinlichkeit α und der Stichprobenumfang n. Je größer n ist, desto geringer sind die Abweichungen des Schätzwertes vom tatsächlich vorliegenden Wert, woraus sich die Frage ergibt, wie groß ein Stichprobenumfang in der Praxis zu wählen ist, damit eine festgelegte, maximal tolerierte Abweichung unter Beachtung der Fehlerwahrscheinlichkeit nicht überschritten wird. Im Folgenden werden zwei Ansätze vorgestellt, um notwendige Stichprobengrößen zu bestimmen, wovon der eine auf Konfidenzintervallen (Abschnitt 4.4.1.3.1) basiert, während im anderen Ansatz Chernoff-Schranken (Abschnitt 4.4.1.3.2) betrachtet werden.

4.4.1.3.1 Konfidenzintervalle

In Abschnitt 4.4.1.2 wurde das Konfidenzintervall (4.35) für den Anteilswert zum Niveau $1-\alpha$

$$\left(p - u_{1-\frac{\alpha}{2}} \sqrt{\frac{N-n}{N-1}} \sqrt{\frac{P(1-P)}{n}} \quad ; \quad p + u_{1-\frac{\alpha}{2}} \sqrt{\frac{N-n}{N-1}} \sqrt{\frac{P(1-P)}{n}} \right)$$

hergeleitet, und es wurde darauf hingewiesen, dass die Größe des Konfidenzintervalls und damit die Genauigkeit einerseits von der Größe der Fehlerwahrscheinlichkeit α und vom Stichprobenumfang n abhängt.[286] Mit Hilfe dieser Größen ist eine Steuerung der Genauigkeit des Konfidenzintervalls möglich. Vorgegeben wird dazu eine Größe für die Intervalllänge, wobei es prinzipiell zwei Möglichkeiten gibt, diese festzulegen. Erstens kann ein fester absoluter Abweichungswert d (in Prozentpunkten) angegeben werden, zweitens kann gewünscht werden, dass der Fehler um nicht mehr als einen Faktor δ vom wahren Wert abweicht, so dass ein relativer Fehler δP betrachtet wird. Damit besteht im ersten Fall die Einschränkung der halben Konfidenzintervallbreite[287] aus d, im zweiten Fall aus δP. Aus diesen Ansätzen lassen sich die folgenden Formeln für den jeweiligen Stichprobenumfang bestimmen.

Im ersten Fall, in dem ein absoluter Abweichungswert von d mit einer Wahrscheinlichkeit von $1-\alpha$ eingehalten werden soll, gilt formal:

$$u_{1-\frac{\alpha}{2}} \sqrt{\frac{N-n}{N-1}} \sqrt{\frac{P(1-P)}{n}} = d. \tag{4.41}$$

---

286 Zu beachten ist, dass nur die Darstellung des Konfidenzintervalls, welche die Kenntnis der Varianz voraussetzt, benutzt wird, da hierfür Abschätzungen möglich sind. Die Darstellung des Konfidenzintervalls, bei welchem der Schätzer für die Varianz benutzt wird, kann nicht angewendet werden, da diese erst nach Durchführung der Stichprobe bekannt ist.

287 Da die Konfidenzgrenzen streng genommen Zufallsvariablen sind, muss eigentlich, wie *Bock (1998, S. 26)* erläutert, der Erwartungswert dieser Grenzen betrachtet werden. Dieser stimmt aber approximativ mit den Grenzen überein, wie *Bock (1998, S. 34)* weiterhin darstellt.

Daraus ergibt sich durch Äquivalenzumformung nach n:[288]

$$n = \frac{\frac{u_{1-\frac{\alpha}{2}}^2 P(1-P)}{d^2}}{1+\frac{1}{N}\left(\frac{u_{1-\frac{\alpha}{2}}^2 P(1-P)}{d^2}-1\right)}. \tag{4.42}$$

Für große Werte von N kann näherungsweise auch folgender Stichprobenumfang betrachtet werden:

$$n = \frac{u_{1-\frac{\alpha}{2}}^2 P(1-P)}{d^2}. \tag{4.43}$$

Für die Anwendung entsteht in beiden Fällen das Problem, dass die Größe P nicht bekannt ist. Entweder kann hierfür ein Erfahrungswert eingesetzt werden, oder die Größe P(1 - P) kann durch den Maximalwert 0,25, der für P = 0,5 vorliegt, abgeschätzt werden. Tab. 4.2 zeigt Werte für den notwendigen Stichprobenumfang für verschiedene Parameter α und d. Dabei wird für die Größe der Gesamtpopulation N = 10.000.000 und für P = 0,5 gewählt.

α	0,1	0,05	0,01
$u_{1-\alpha/2}$	1,645	1,96	2,576
d = 0,01	6.760	9.595	16.562
d = 0,005	26.987	38.269	65.920
d = 0,001	633.640	876.245	1.422.894
d = 0,0005	2.129.718	2.775.402	3.988.859

Tab. 4.2: Stichprobenumfang bei Vorgabe einer maximalen absoluten Abweichung

Dieser Tabelle ist beispielsweise zu entnehmen, dass, wenn ein Anteilswert mit einer Wahrscheinlichkeit von 10 % bis auf 0,1 Prozentpunkt genau geschätzt werden soll, im ungünstigsten Fall 633.640 Stichprobenelemente gezogen werden müssen. Dabei stellt diese Größe den maximalen Stichprobenumfang dar, wenn die wahre Größe von P unbekannt ist. Gibt es z. B. die Einschränkung, dass P nicht größer als 20 % ist, so kann in obiger Formel auch 0,2 für P

288 Vgl. hierzu und zum Folgenden *Cochran (1972, S. 96 f.)*. Der Stichprobenumfang n wird hierbei und im Folgenden als nächstgrößter ganzzahliger Wert des durch die Formel bestimmten Wertes angesehen.

eingesetzt werden, was unter den oben angegebenen Voraussetzungen zu einem Stichprobenumfang von 414.996 Elementen führt.[289]

Das Problem bei der Vorgabe eines absoluten Wertes für die maximal tolerierbare Abweichung besteht darin, dass dieser Wert sowohl für kleine als auch für große Werte von P Gültigkeit besitzt. Je größer ein Parameter ist, desto größer wird in der Praxis die Abweichung sein, die akzeptiert werden wird. Um eine geeignete Fehlertoleranz für kleine als auch für große Werte von P anzugeben, eignet sich daher besser das Konzept, die Intervallbreite durch eine maximal tolerierbare relative Abweichung anzugeben.

Die Annahme ist hierbei, dass die halbe Intervallbreite nicht größer als δP sein soll, wobei δ ein Faktor ist, der die relative Abweichung vom wahren Wert P darstellt. Damit kann folgender Ansatz aufgestellt werden:

$$u_{1-\frac{\alpha}{2}} \sqrt{\frac{N-n}{N-1}} \sqrt{\frac{P(1-P)}{n}} = \delta P, \tag{4.44}$$

so dass durch Umstellen nach n folgende Formel für den notwendigen Stichprobenumfang entsteht:[290]

$$n = \frac{u_{1-\frac{\alpha}{2}}^2 NP(1-P)}{(N-1)\delta^2 P^2 + u_{1-\frac{\alpha}{2}}^2 P(1-P)}. \tag{4.45}$$

Auch hier kann wieder eine Näherungsformel angegeben werden, wenn der Umfang der Grundgesamtheit groß ist:

$$n = \frac{u_{1-\frac{\alpha}{2}}^2 (1-P)}{\delta^2 P}. \tag{4.46}$$

In diesen Formeln besteht ebenfalls das Problem der Unkenntnis der Größe P. Da die angegebenen Funktionen allerdings bezüglich P monoton fallend sind,[291] kann eine Mindestgröße für P vorgegeben werden, ab der eine Schätzung erst durchgeführt werden soll.

---

289 Ein Ansatz, mit dem die Stichprobengröße verringert werden kann, besteht in der Betrachtung unterschiedlicher Abweichungen für unterschiedliche Größenintervalle für P. Bei diesem Ansatz kann die Schichtenstichprobe zum Einsatz kommen (vgl. Abschnitt 4.2.4).

290 Vgl. hierzu und zum Folgenden *Levy und Lemeshow (1999, S. 70 ff.)*. Zu beachten ist, dass diese Formel auch aus der Formel (4.42) abgeleitet werden kann, wenn die Größe d durch δP ersetzt wird.

291 Die Monotonie der Funktionen in Formel (4.45) sowie in Formel (4.46) ist im Anhang gezeigt.

Tab. 4.3 gibt einen Eindruck der Stichprobengrößen für verschiedene Parameter für δ, α und Mindestgrößen für P bei einer Grundgesamtheit vom Umfang N = 10.000.000.

α	**0,1**		**0,05**		**0,01**	
$u_{1-\alpha/2}$	1,645		1,96		2,576	
δ	**0,1**	**0,05**	**0,1**	**0,05**	**0,1**	**0,05**
P = 0,0001	2.129.551	5.197.622	2.775.201	6.057.539	3.988.619	7.263.307
P = 0,001	263.216	975.811	369.592	1.330.810	621.701	2.095.897
P = 0,01	26.718	106.022	37.888	149.848	65.265	256.048
P = 0,05	5.139	20.524	7.294	29.111	12.592	50.179

Tab. 4.3: Stichprobenumfang bei Vorgabe einer maximalen relativen Abweichung

Beispielsweise sind bei einer Schätzung mit einer Sicherheit von 99 %, falls ein Mindestanteilswert von 1 % angenommen und eine Abweichung vom wirklich vorkommenden Wert von 5 % akzeptiert werden soll, 256.048 Stichprobenelemente auszuwählen.

Für die vorgestellten einseitigen Konfidenzintervalle lassen sich analog dem oben aufgezeigten Weg notwendige Stichprobenumfangsgrößen berechnen. Die Berechnungsformeln sind für vorgegebene maximale relative Abweichungen und absolute Abweichungen identisch, wenn der Term des Fraktils $u_{1-\alpha/2}$ durch das Fraktil $u_{1-\alpha}$ ersetzt wird. In Tab. 4.4 sind die entsprechenden Formeln zusammenfassend dargestellt.

	Exakte Formel	**Approximative Formel**
Absolute Abweichungsgrenze	$n = \frac{\frac{u_{1-\alpha}^2 P(1-P)}{d^2}}{1 + \frac{1}{N}\left(\frac{u_{1-\alpha}^2 P(1-P)}{d^2} - 1\right)}$	$n = \frac{u_{1-\alpha}^2 P(1-P)}{d^2}$
Relative Abweichungsgrenze	$n = \frac{u_{1-\alpha}^2 NP(1-P)}{(N-1)\delta^2 P^2 + u_{1-\alpha}^2 P(1-P)}$	$n = \frac{u_{1-\alpha}^2 (1-P)}{\delta^2 P}$

Tab. 4.4: Stichprobenumfang für einseitige Konfidenzintervalle

Dabei sind die Variablen in den Formeln analog zu den oben dargestellten zugehörigen Formeln für zweiseitige Konfidenzintervalle zu wählen.

4.4.1.3.2 Chernoff-Schranken

Chernoff-Schranken sind Abschätzungen von Wahrscheinlichkeiten, mit denen Summenzufallsvariablen, deren Summanden binomialverteilte Zufallsvariablen sind, vorgegebene Werte überschreiten und basieren auf der von *Chernoff (1952)* vorgestellten Arbeit.[292] Sie sind einerseits von *Hagerup und Rüb (1990, S. 306 ff.)* andererseits von *Alon, Spencer und Erdös (1992, S. 233 ff.)* aufgegriffen und neuerlich veröffentlicht worden. Auf diese Veröffentlichungen beziehen sich die bisherigen Vorschläge zur Stichprobenumfangsbestimmung im Rahmen der stichprobenbasierten Assoziationsanalyse von *Zaki et al. (1996, S. 5 f.)* und von *Toivonen (1996, S. 138 f.)*. In diesen Arbeiten ist jedoch die Stichprobenumfangsbestimmung nicht der Hauptgegenstand und genaue Herleitungen der angewendeten Formeln fehlen, weshalb die Korrektheit der Formeln im Folgenden nachgewiesen wird.

Folgendes Theorem bildet die Grundlage für den in *Zaki et al. (1996, S. 5)* dargestellten Ansatz.[293]

Gegeben sei eine reelle Zahl $P \in \left]0,1\right[$ und eine endliche Folge $(X_i)_{i=1\ldots n}$ binärer, unabhängiger Zufallsvariablen mit den Wahrscheinlichkeiten $\text{Prob}(X_i = 1) = P$ und $\text{Prob}(X_i = 0) = 1 - P$ für i = 1, ..., n.

Dann gilt für jede positive, reelle Zahl δ folgende Abschätzung für die Summenvariable $S_n = X_1 + X_2 + \ldots + X_n$:

$$\text{Prob}(S_n \geq (1+\delta)nP) \leq e^{-\delta^2 nP/3} \tag{4.47}$$

und

$$\text{Prob}(S_n \leq (1-\delta)nP) \leq e^{-\delta^2 nP/2}. \tag{4.48}$$

Unter Beachtung, dass die Größe nP gerade der Erwartungswert der Summenvariablen S_n ist, sind obige Ungleichungen Abschätzungen der Wahrscheinlichkeit für das Auftreten des Ereignisses, dass die Summenvariable um einen Faktor δ größer bzw. kleiner als der Erwartungswert dieser Variablen ist. Es handelt sich damit um eine Abschätzung für das Auftreten eines relativen Fehlers.

---

292 Chernoff-Schranken führen nicht zu Konfidenzintervallen, da keine Konstruktionsvorschrift für die Überdeckung der Summenvariablen angegeben wird.

293 Dieses Theorem wird in *Hagerup und Rüb (1990, S. 306 f.)* genannt und bewiesen. Zu beachten ist, dass hier eine leicht modifizierte Darstellung gewählt wurde, um das Theorem in der in *Zaki et al. (1996, S. 7 f.)* dargestellten Form anzugeben.

Wird dieser Fehler vorgegeben, z. B. durch $\delta = 0{,}01$, und ist auch der Erwartungswert[294] P für jedes Einzelereignis bekannt, so kann damit der notwendige Stichprobenumfang berechnet werden, wenn eine Wahrscheinlichkeit 1 - α für das Eintreten eines der obigen Ereignisse erreicht werden soll. Dazu werden die rechten Seiten der Ungleichungen (4.47) und (4.48) gleich α gesetzt und nach n umgeformt, so dass sich folgende Größen ergeben:[295]

$$n \doteq -2\ln(\alpha)/P\delta^2 \text{ für die Abweichung nach oben,} \tag{4.49}$$

$$n = -3\ln(\alpha)/P\delta^2 \text{ für die Abweichung nach unten.} \tag{4.50}$$

Eine Abschätzung, die auf einen absoluten Fehler abzielt, verwendet *Toivonen (1996, S. 138 f.)*. Zur Herleitung wird folgendes Theorem angewendet:[296]

Gegeben sei eine endliche Folge $(Y_i)_{i=1...n}$ unabhängiger Zufallsvariablen mit folgender Verteilung:

$$Y_i = \begin{cases} -P & \text{mit Wahrscheinlichkeit} \quad 1-P \\ 1-P & \text{mit Wahrscheinlichkeit} \quad P \end{cases}$$

für alle i = 1, ..., n und $P \in \left]0,1\right[$.

Dann gelten für die Summenvariable $Y = Y_1 + Y_2 + ... + Y_n$ für jedes $a > 0$ folgende Abschätzungen:

$$\text{Prob}(Y > a) < e^{-2a^2/n} \tag{4.51}$$

und

$$\text{Prob}(|Y| > a) < 2e^{-2a^2/n}. \tag{4.52}$$

Dieses Theorem kann nun auf eine endliche Folge $(X_i)_{i=1...n}$ binärer, unabhängiger Zufallsvariablen mit den Wahrscheinlichkeiten $\text{Prob}(X_i = 1) = P$ und $\text{Prob}(X_i = 0) = 1 - P$ für

294 Der Erwartungswert einer binären Zufallsvariablen entspricht gerade der Wahrscheinlichkeit des Auftretens des gemessenen Ereignisses.

295 Vgl. dazu *Zaki et al. (1996, S. 5 f.)*.

296 Der Beweis dieses Theorems befindet sich in *Alon, Spencer und Erdös (1992, S. 234 ff.)*. Die Annahmen befinden sich hierbei unter Assumptions A.3, die beiden Chernoff-Schranken sind unter Theorem A.4 und Corollary A.7 bewiesen.

$i = 1, ..., n$ angewendet werden. Dazu wird die Summenvariable $X = X_1 + X_2 + ... + X_n$ betrachtet. Unter Beachtung, dass damit

$$X - nP = \sum_{i=1}^{n} X_i - nP = \sum_{i=1}^{n} (X_i - P) \tag{4.53}$$

gilt, und dass $X_i - P$ für i = 1, ..., n als Variable angesehen werden kann, die den Eigenschaften oben angegebener Variablen Y_i genügt, besitzt X-nP die gleichen Eigenschaften wie oben angegebene Variable Y. Daraus lässt sich mit oben angegebenem Theorem die Abschätzung:

$$\text{Prob}(X > nP + a) < e^{-2a^2/n} \tag{4.54}$$

und durch Substitution von a = nd die Abschätzung

$$P(X > n(P + d)) < e^{-2d^2n^2/n} = e^{-2d^2n} \tag{4.55}$$

ableiten.[297]

Das Ereignis [X > n(P+d)] = [X/n > P+d] drückt aus, dass die relative Häufigkeit X/n den erwarteten Wert P um einen absoluten Wert d übersteigt. Hieraus lässt sich bei vorgegebenen Größen d, P und einer Wahrscheinlichkeit α für das Eintreten des Ereignisses eine notwendige Stichprobengröße n bestimmen. Der Ansatz dafür lautet

$$e^{-2d^2n} = \alpha \tag{4.56}$$

woraus durch Umformung die Formel

$$n = \frac{1}{2d^2} \ln \frac{1}{\alpha} \tag{4.57}$$

entsteht.

297 Dieses Ergebnis wurde von *Toivonen (1996, S. 139)* angegeben, jedoch nicht hergeleitet.

Eine ähnliche Abschätzung verwendet Toivonen, indem er einen absoluten Fehler in der Schätzung der relativen Häufigkeit bestimmt. Der Schätzer für P ist X/n und somit gilt:

$$\left|\frac{X}{n} - P\right| = \left|\frac{X - nP}{n}\right| = \left|\frac{\sum_{i=1}^{n}(X_i - P)}{n}\right| = \left|\frac{Y}{n}\right|, \tag{4.58}$$

wobei Y wie oben definiert ist und $X_i - P$ für i = 1, ..., n die Eigenschaften der oben genannten Y_i besitzen.

Somit kann die Abschätzung (4.52) angewendet werden, so dass für jeden positiven reellen Wert d gilt:

$$\mathrm{Prob}\left(\left|\frac{X}{n} - P\right| > d\right) = \mathrm{Prob}\left(\left|\frac{Y}{n}\right| > d\right) = \mathrm{Prob}(|Y| > dn) < 2e^{-2d^2n^2/n} = 2e^{-2d^2n}. \tag{4.59}$$

Damit kann also die Wahrscheinlichkeit, dass der Schätzer für den Anteilswert X/n vom wahren Anteilswert P um mehr als d abweicht, bestimmt werden.

Werden d, P und die Wahrscheinlichkeit α, mit der die Abweichung auftreten darf, vorgegeben, so lässt sich aus dem Ansatz

$$2e^{-2d^2n} = \alpha \tag{4.60}$$

der notwendige Stichprobenumfang durch Umformung nach n berechnen:[298]

$$n = \frac{1}{2d^2}\ln\frac{2}{\alpha}. \tag{4.61}$$

Die vorgestellten auf Chernoff-Schranken basierenden Formeln zur Stichprobenumfangsbestimmung liefern stets größere Werte als die Formeln, die auf Konfidenzintervallen basieren, was noch gezeigt wird.

298 Diese Formel ist explizit bei *Toivonen (1996, S. 138)* angegeben worden, während Formel (4.57) implizit benutzt wurde.

4.4.2 Multivariate Schätzer

In diesem Abschnitt werden Schätzer für die im Abschnitt 4.3.2 vorgestellten multivariaten Kenngrößen angegeben. Dabei werden wie im univariaten Fall zunächst Punktschätzer vorgestellt (Abschnitt 4.4.2.1), anschließend Bereichsschätzer (Abschnitt 4.4.2.2), woran sich die Bestimmung von notwendigen Stichprobengrößen (Abschnitt 4.4.2.3) anschließt.

4.4.2.1 Punktschätzer

Wenn ein r-dimensionaler Mittelwertvektor $\underline{\overline{Y}} = \left(\overline{Y}_1, \ldots, \overline{Y}_r\right)$ geschätzt werden soll, so lässt sich bei Vorliegen einer einfachen Zufallsstichprobe als erwartungstreuer Schätzer der Wert

$$\underline{\overline{y}} = \left(\overline{y}_1, \ldots, \overline{y}_r\right) = \frac{1}{n}\sum_{i=1}^{n}\left(y_{i1}, \ldots, y_{ir}\right) \tag{4.62}$$

betrachten, wobei $(y_{i1}, \ldots, y_{ir})$ die Realisationen von r Merkmalswerten des i-ten Elementes der Stichprobe vom Umfang n ist (i = 1, ..., n).[299]

Wie im univariaten Fall gibt es eine Aussage über die Varianz[300] dieses Schätzers. Für diese gilt bei einer einfachen Stichprobenauswahl vom Umfang n aus einer endlichen Grundgesamtheit vom Umfang N

$$\mathrm{Kov}(\underline{\overline{y}}) = \frac{1}{n}\left(1 - \frac{n}{N}\right)S, \tag{4.63}$$

wobei S die tatsächlich im Gesamtdatenbestand vorkommende Kovarianzmatrix ist.[301]

Anhand dieser Definition ist zu erkennen, dass die Kovarianzmatrix S mit wachsendem Stichprobenumfang n der Nullmatrix gleicht. Da bezüglich Matrizen kein sinnvolles Abstandsmaß existiert, kann hier die Definition der Konsistenz eines Schätzers nicht direkt übertragen werden.

---

[299] Vgl. beispielsweise *Kreienbrock (1987, S. 13 f.)* sowie *Raj (1968, S. 35 ff.)* für einen ausführlichen Beweis der Erwartungstreue.

[300] Zu beachten ist, dass im multivariaten Fall die Varianz als Kovarianzmatrix dargestellt wird (vgl. Abschnitt 4.3.2).

[301] Vgl. *Kreienbrock (1987, S. 13 f.)*, der zusätzlich für eine einfache Stichprobenauswahl mit bzw. ohne Zurücklegen differenziert. In dieser Arbeit wird nur die Stichprobenauswahl ohne Zurücklegen betrachtet.

Ähnlich wie im univariaten Fall kann diese Varianz nur bestimmt werden, wenn die wirklich vorliegende Kovarianzmatrix S bekannt ist. Da im Allgemeinen nicht von der Kenntnis der wahren Kovarianzmatrix ausgegangen werden kann, wird diese geschätzt. Ein erwartungstreuer Schätzer[302] für die Kovarianzmatrix ist die Größe

$$s = \frac{1}{n-1} \sum_{i=1}^{n} \left(\underline{y}_i - \underline{\bar{y}}\right)\left(\underline{y}_i - \underline{\bar{y}}\right)' . \tag{4.64}$$

Mit dieser Schätzgröße kann als erwartungstreuer Schätzer für die Kovarianzmatrix des Mittelwertschätzers folgende Matrix bestimmt werden:[303]

$$\overline{\text{Kov}}(\underline{\bar{y}}) = \frac{1}{n}\left(1 - \frac{n}{N}\right) s . \tag{4.65}$$

Analog dem im univariaten Teil beschriebenen Vorgehen, kann ein mehrdimensionaler Schätzer für die Anteilswerte mehrerer Ereignisse erstellt werden. Dabei übertragen sich die oben angegebenen Formeln analog. Der Unterschied liegt darin, dass sämtliche Eingangswerte Ausprägungen binärer Merkmale sind.

4.4.2.2 Bereichsschätzer

Das Konzept des Konfidenzintervalls kann auf den multivariaten Fall verallgemeinert werden, indem ein sogenannter Konfidenzellipsoid betrachtet wird, der den wahren Wert mit einer Wahrscheinlichkeit $1-\alpha$ überdeckt.[304] Die Konstruktion dieses Konfidenzellipsoiden basiert auf dem im vorangehenden Abschnitt vorgestellten Punktschätzer. Dieser kann als Punkt im Raum dargestellt werden, um den der Ellipsoid gelegt wird.

---

302 Vgl. hierzu und zum Folgenden *Kreienbrock (1987, S. 28)* sowie *Anderson (1984, S. 71)* unter der Annahme, dass der Mittelwert einer normalverteilten Grundgesamtheit entspringt. Zur Diskussion der Normalverteilungsannahme vgl. auch Fußnote 280. *Kreienbrock (1987, S. 19 ff.)* zeigt einen multivariaten zentralen Grenzwertsatz, mit dem der Argumentation von *Cochran (1972, S. 56 ff.)* für den univariaten Fall gefolgt werden kann.

303 Vgl. *Kreienbrock (1987, S. 13 f.)*.

304 Zur Interpretation dieser Überdeckungseigenschaft vgl. auch Fußnote 266.

Ein zweidimensionaler (bivariater) Ellipsoid um den Mittelwert (0, 0) ist beispielsweise in Abb. 4.2 illustriert.

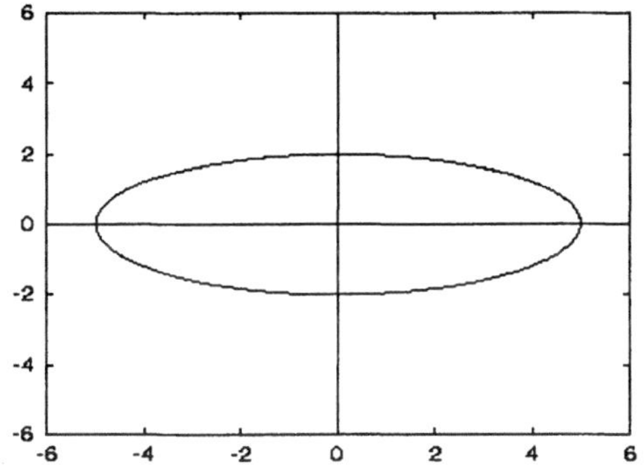

Abb. 4.2: Bivariater Konfidenzellipsoid

Im dreidimensionalen Fall ergibt sich ein Konfidenzellipsoid, der in Abb. 4.3 für einen Mittelwertschätzer (0, 0, 0) dargestellt ist.

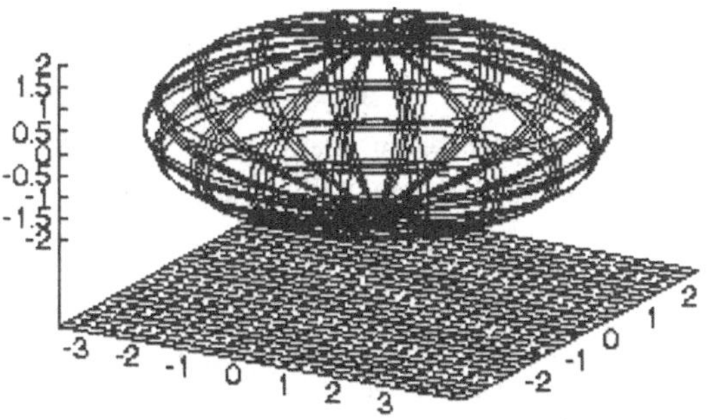

Abb. 4.3: Dreidimensionaler Konfidenzellipsoid

Einfache Ansätze, einen derartigen Bereich anzugeben, werden unter der Annahme vorgestellt, dass die Grundgesamtheit multivariat normalverteilt[305] ist. In diesem Fall kann unter

---

[305] Eine Einführung in die multidimensionale Normalverteilung befindet sich beispielsweise in *Hartung und Elpelt (1999, S. 64 ff.)* sowie in *Fisz (1973, S. 191 ff.)*.

Verwendung der bereits definierten Größen ein Konfidenzellipsoid zum Niveau 1 - α durch folgende mathematische Formel beschrieben werden:[306]

$$K_S = \left\{ \underline{y} \in \Re^r \mid \left(\underline{\bar{y}} - \underline{y}\right)^t S^{-1} \left(\underline{\bar{y}} - \underline{y}\right) \leq \frac{1}{n} \chi^2_{1-\alpha, r} \right\}. \tag{4.66}$$

Dabei bezeichnet $\chi^2_{1-\alpha,r}$ das Fraktil der χ^2-Verteilung[307] mit r Freiheitsgraden, S^{-1} die inverse Matrix[308] zu S und $\Re^r$ den r-dimensionalen Raum reeller Zahlen.

Da in der Praxis oft die Kenntnis der Kovarianzmatrix S nicht vorausgesetzt werden kann, muss diese Matrix durch ihren Schätzer s, wie in der Formel (4.64) angegeben, ersetzt werden. Mit diesem Schätzer ergibt sich für das Konfidenzintervall zum Niveau 1 - α folgende mathematische Beschreibung:[309]

$$K_s = \left\{ \underline{y} \in \Re^r \mid \left(\underline{\bar{y}} - \underline{y}\right)^t s^{-1} \left(\underline{\bar{y}} - \underline{y}\right) \leq \frac{1}{n} \frac{n-1}{n-r} F_{1-\alpha,r,n-r} \right\} \tag{4.67}$$

wobei $F_{1-\alpha,r,n-r}$ der Wert des Fraktils der F-Verteilung[310] mit r und n-r Freiheitsgraden zum Niveau α ist.

In der Praxis kann die einfache Annahme, dass die Grundgesamtheit eine multivariate Normalverteilung besitzt, nicht immer vorausgesetzt werden.[311] Gilt allerdings ein zentraler Grenzwertsatz, so hat *Kreienbrock (1987, S. 24 ff.)* gezeigt, dass die oben angegebenen Konfidenzellipsoide nicht mehr exakt, aber approximativ gelten. Ferner hat er gezeigt, dass es in der Praxis ausreichend ist, folgende Formel für den Konfidenzellipsoiden zu betrachten:[312]

306 Vgl. hierzu *Jobson (1992, S. 157 ff.)*. Zur allgemeinen mathematischen Beschreibung von Ellipsoiden vgl. zum Beispiel *Banchoff und Wermer (1992, S. 190 ff.)*, *Zieschang (1997, S. 402 ff.)* sowie *Fischer (2001, S. 36 ff.)*.

307 Zur Definition und Bestimmung dieser Verteilung vgl. beispielsweise *Hartung, Elpelt und Klösener (2002, S. 152 ff.)*.

308 Vgl. beispielsweise *Kowalsky und Michler (1998, S. 52)* sowie *Fischer (2000, S. 150)*.

309 Vgl. hierzu *Jobson (1992, S. 157 ff.)*.

310 Zur Definition und Bestimmung der F-Verteilung vgl. beispielsweise *Hartung, Elpelt und Klösener (2002, S. 156 ff.)*.

311 Zur Diskussion der Normalverteilungsannahme vgl. Fußnote 280.

312 Vgl. *Kreienbrock (1987, S. 26)*, der diese Formel bezüglich einer einfachen Stichprobe ohne Zurücklegen angibt. Zur Anwendbarkeit eines multivariaten zentralen Grenzwertsatz vgl. *Mardia, Kent und Bibby (1979, S. 91 ff.)*.

$$K_s = \left\{ \underline{y} \in \Re^r \mid \left(\underline{\bar{y}} - \underline{y}\right)^t s^{-1} \left(\underline{\bar{y}} - \underline{y}\right) \leq \frac{1}{n}(1 - \frac{n}{N})\chi^2_{1-\alpha,r} \right\}. \tag{4.68}$$

Für einen kleinen Auswahlsatz n/N, wie er in der weiteren Arbeit gewählt wird, kann die Gleichung durch Nichtbeachten des Endlichkeitskorrekturterms weiter vereinfacht werden zu:[313]

$$K_s = \left\{ \underline{y} \in \Re^r \mid \left(\underline{\bar{y}} - \underline{y}\right)^t s^{-1} \left(\underline{\bar{y}} - \underline{y}\right) \leq \frac{1}{n}\chi^2_{1-\alpha,r} \right\}. \tag{4.69}$$

Daraus kann der notwendige Stichprobenumfang bestimmt werden, wenn ein Volumen als Genauigkeitsanforderung für den Schätzer vorgegeben wird.

Im Folgenden wird noch dargestellt, wie aus dem Konfidenzellipsoiden für einzelne Komponenten Konfidenzintervalle konstruiert werden können.

Zunächst gilt für $\underline{y}, \underline{v} \in \Re^r$ und eine positiv-definite[314] $r \times r$-Matrix A:[315]

$$\underline{y}^t A^{-1} \underline{y} = \sup_{\underline{v} \in \Re^r - \{0\}} \frac{\left(\underline{y}^t \underline{v}\right)^2}{\underline{v}^t A \underline{v}}. \tag{4.70}$$

Dieses kann in die Formel (4.69) für den Konfidenzellipsoiden K_s eingesetzt werden, so dass gilt:[316]

$$\begin{aligned} K_s &= \left\{ \underline{y} \in \Re^r : \sup_{\underline{v} \in \Re^r - \{0\}} \frac{\left((\underline{\bar{y}} - \underline{y})^t \underline{v}\right)^2}{\underline{v}^t s \underline{v}} \leq \frac{1}{n}\chi^2_{1-\alpha,r} \right\} \\ &= \left\{ \underline{y} \in \Re^r : \forall_{\underline{v} \in \Re^r - \{0\}} \left|(\underline{\bar{y}} - \underline{y})^t \underline{v}\right| \leq \sqrt{\frac{1}{n}\chi^2_{1-\alpha,r} \underline{v}^t s \underline{v}} \right\} \\ &= \bigcap_{\underline{v} \in \Re^r - \{0\}} \left\{ \underline{y} \in \Re^r : \left|(\underline{\bar{y}} - \underline{y})^t \underline{v}\right| \leq \sqrt{\frac{1}{n}\chi^2_{1-\alpha,r} \underline{v}^t s \underline{v}} \right\} \end{aligned}$$

313 Diese Gleichung gibt *Kreienbrock (1987, S. 26)* auch als Näherung für den Konfidenzellipsoiden an, wenn der Schätzer aus einer Stichprobe mit Zurücklegen gewonnen wurde.

314 Zur Definition einer positiv-definiten Matrix vgl. beispielsweise *Fischer (2000, S. 292 f.)* sowie *Bronstein et al. (2001, S. 916).*

315 Vgl. *Kreienbrock (1987, S. 44).*

316 Vgl. *Kreienbrock (1987, S. 44)* für eine allgemeinere Umformung.

Wird $\underline{v}$ als k-ter Einheitsvektor (k = 1, ..., r) gewählt, dann bedeutet dies, dass K_s in einen r-dimensionalen Quader eingebettet werden kann, der durch das Produkt folgender Intervalle beschrieben wird:[317]

$$\begin{aligned} KI(k) &= \left\{ \underline{y}^{(k)} \in \Re : \left| \overline{\underline{y}}^{(k)} - \underline{y}^{(k)} \right| \leq \sqrt{\frac{1}{n}\chi^2_{1-\alpha,r} s_k^2} \right\} \\ &= \left[\overline{\underline{y}}^{(k)} - \sqrt{\frac{1}{n}\chi^2_{1-\alpha,r} s_k^2} ; \overline{\underline{y}}^{(k)} + \sqrt{\frac{1}{n}\chi^2_{1-\alpha,r} s_k^2} \right] \end{aligned} \tag{4.71}$$

wobei s_k^2 die durch die Stichprobe geschätzte Varianz der k-ten Komponente $\underline{y}^{(k)}$ von $\underline{y}$ bezeichnet.

Jedes dieser Intervalle wird simultanes Konfidenzintervall genannt.[318] Damit soll ausgedrückt werden, dass durch die Schätzung einer mehrdimensionalen Größe $\underline{y}$ simultan die einzelnen Komponenten $\underline{y}^{(k)}$ dieser Größe geschätzt werden. Durch die Angabe des Stichprobenumfangs lässt sich die Größe und damit die Genauigkeit der simultanen Konfidenzintervalle bestimmen. Die Bestimmung einer notwendigen Stichprobengröße ist Gegenstand des folgenden Abschnitts.

4.4.2.3 Stichprobenumfangsbestimmung

Aus den Formeln für den Konfidenzbereich kann ein notwendiger Stichprobenumfang bestimmt werden, damit bei der Schätzung vorgegebene Genauigkeitsanforderungen erfüllt werden. Im vorangehenden Abschnitt wurde folgende Formel (4.69) für den approximativen Konfidenzellipsoiden zum Niveau 1 - α angegeben:

$$K_s = \left\{ \underline{y} \in \Re^r \mid \left(\overline{\underline{y}} - \underline{y}\right)^t s^{-1} \left(\overline{\underline{y}} - \underline{y}\right) \leq \frac{1}{n}\chi^2_{1-\alpha,r} \right\}.$$

Analog zu dem Verfahren im univariaten Fall, kann der notwendige Stichprobenumfang bestimmt werden, wenn der Konfidenzbereich eingeschränkt wird. Im multivariaten Fall wird

317 Vgl. *Kreienbrock (1987, S. 44 f.).*

318 Vgl. *Kreienbrock (1987, S. 46).*

hierfür das Volumen des Konfidenzbereiches als Genauigkeitsschranke für den Schätzer vorgegeben.[319]

Die Angabe dieses Volumens ist jedoch in der Regel schwierig. Kreienbrock schlägt deshalb folgende einfache Möglichkeit vor, einen Stichprobenumfang zu berechnen. Anschaulich soll der Konfidenzellipsoid durch einen Quader mit Seitenlänge $2d_k$, $(k = 1, ..., r)$ umschlossen werden. Diese Seitenlängen sind abhängig von den Halbachsen des Ellipsoiden. Der größte Ellipsoid, der sich in diesem Quader befinden kann, hat maximal das Volumen:

$$V_{Max} = \text{const}(r)\prod_{k=1}^{r} d_k \,, \tag{4.72}$$

wobei const(r) eine Konstante ist, die von der Dimension r abhängt.[320]

Hieraus kann durch die Anwendung der Methode der simultanen Konfidenzintervalle folgender notwendige Stichprobenumfang n abgeleitet werden:[321]

$$n = \chi^2_{1-\alpha,r}\left(\prod_{k=1}^{r}\frac{s_k^2}{d_k^2}\right)^{\frac{1}{r}}, \tag{4.73}$$

wobei s_k^2 das k-te Diagonalelement der Kovarianzmatrix S ist.

Mit dieser Formel kann nun folgendermaßen weitergearbeitet werden:

Ausgangspunkt ist die relative Genauigkeit bezüglich der Standardabweichung, die vorgegeben werden soll. Das heißt, es soll in jeder Komponente keine Abweichung vom tatsächlich vorliegenden Wert geben, die größer ist als ein Vielfaches der Größe ε_k der Standardabweichung s_k $(k = 1, ..., r)$. Formal lässt sich diese Forderung wie folgt ausdrücken:

$$2d_k = \varepsilon_k s_k \Leftrightarrow d_k = \tfrac{1}{2}\varepsilon_k s_k \,. \tag{4.74}$$

---

319 Dieser Ansatz geht insbesondere auf *Kreienbrock (1987, S. 43 ff.)* zurück. In anderen Verfahren zur Stichprobenumfangsbestimmung wird die Vorgabe von Distanzen, beispielsweise für jede Komponente (vgl. *Ghosh (1983, S. 727)*) oder der Mahalanobis-Distanz (vgl. *Kreienbrock (1987, S. 41 f.)*), benutzt. Da im multivariaten Fall Distanzmaße schwierig zu formulieren sind, wird hier dem Ansatz von Kreienbrock gefolgt.

320 Zum Beispiel gilt: const(1) = 1; const(2) = π, const(3) = 4π/3. Vgl. hierzu *Kreienbrock (1987, S. 43)*.

321 Vgl. zur ausführlichen Herleitung *Kreienbrock (1987, S. 44 ff.)*.

Wird diese Bedingung in die obige Gleichung eingesetzt, so ergibt Kürzen der Varianzen eine einfache Formel, die nur noch von den relativen Abweichungen ε_k, der Anzahl r der Spalten und der Sicherheitswahrscheinlichkeit 1 - α abhängt:

$$n = \chi^2_{1-\alpha, r} \left(\prod_{k=1}^{r} \frac{4}{\varepsilon_k^2} \right)^{\frac{1}{r}} = \chi^2_{1-\alpha, r} 4 \left(\prod_{k=1}^{r} \frac{1}{\varepsilon_k^2} \right)^{\frac{1}{r}}. \tag{4.75}$$

Dabei ist zu beachten, dass für jede Komponente eine eigene Abweichungsgröße ε_k vorgegeben werden kann, wodurch es möglich ist, einzelne wichtige Komponenten genauer zu schätzen als andere.

Bei Wahl eines identischen Abweichungswertes ε für alle Komponenten vereinfacht sich die Formel weiter zu

$$n = \chi^2_{1-\alpha, r} 4 \frac{1}{\varepsilon^2}. \tag{4.76}$$

Mit dieser Formel ist es möglich, einen notwendigen Stichprobenumfang für den multivariaten Mittelwertschätzer der Dimension r zu erhalten, der mit einer Wahrscheinlichkeit von 1 - α von einem wie in Abschnitt 4.4.2.2 dargestellten Konfidenzellipsoiden überdeckt wird, der den geschätzten Wert auf einen Anteil von ε der Standardabweichung in jeder Komponente einschränkt. Darüber hinaus gilt diese Genauigkeitsbedingung auch für die sich daraus ergebenden simultanen Konfidenzintervalle.[322]

---

322 Zur Berechnung des Fraktils der χ^2-Verteilung kann die Wilson und Hilferty Approximation angewendet werden, wie beispielsweise in *Hartung, Elpelt und Klösener (2002, S. 894)* oder *Bosch (1998, S. 771)* dargestellt. Das hierbei vorkommende Fraktil der N(0,1)-Verteilung kann durch die Approximation nach Hastings bestimmt werden, wie *Hartung, Elpelt und Klösener (2002, S. 890)* aufzeigen.

Folgende Tabellen geben einen Überblick über notwendige Stichprobenumfänge, die mit der Formel (4.76) für n hergeleitet worden sind. Die Einträge in den Feldern geben den notwendigen Stichprobenumfang in Abhängigkeit von der Anzahl der Dimensionselemente, der Fehlerwahrscheinlichkeit und der relativen Abweichung ε an. Tab. 4.5 stellt die Werte für r = 100 dar.

ε\α r=100	**0,1**	**0,05**	**0,01**
0,50	1.896	1.990	2.174
0,25	7.584	7.959	8.693
0,10	47.399	49.739	54.332
0,05	189.593	198.953	217.324

Tab. 4.5: Stichprobenumfang bei 100 Dimensionselementen

Tab. 4.6 gibt die Werte für r = 1.000 wieder.

ε\α r=1.000	**0,1**	**0,05**	**0,01**
0,50	16.924	17.196	17.712
0,25	67.695	68.781	70.848
0,10	423.092	429.878	442.798
0,05	1.692.370	1.719.510	1.771.190

Tab. 4.6: Stichprobenumfang bei 1000 Dimensionselementen

Ein genauerer Vergleich der Werte zeigt, dass die Abhängigkeit des Stichprobenumfangs bezüglich der Fehlergröße α im Verhältnis zum Genauigkeitsmaß ε relativ gering ist. Wichtig ist damit insbesondere, die relative Abweichung ε sorgfältig festzulegen.

4.5 Stichproben im Rahmen des statistischen Testens

Die Testtheorie beinhaltet Methoden, um vorgegebene Hypothesen über Eigenschaften bestimmter Parameter mittels einer Stichprobe zu verifizieren bzw. zu falsifizieren. Anders als bei Schätzern ist der Ausgangspunkt eine gewisse Annahme über Parameter einer Grundgesamtheit oder über deren Verteilungen.[323] Beispielsweise wird die Hypothese aufgestellt, der Mittelwert eines Merkmals habe eine bestimmte Größe, oder die Verteilung der Werte eines Merkmals gleicht einer Normalverteilung. Anhand der Untersuchung einer Stichprobe kann nun ermittelt werden, ob dadurch die Hypothese bestätigt wird, oder ob sie abzulehnen ist. Vorgegeben wird also eine Hypothese, die in einer sogenannten Nullhypothese H_0 formuliert wird. Getestet wird dann gegen eine Alternative H_1, in der festgelegt wird, welcher Fall bei Falsifikation der Nullhypothese anzunehmen ist.[324] Die verschiedenen Ausprägungen der Nullhypothesen und der Alternativen führen zu unterschiedlichen Testproblemen, die hier nicht vollständig aufgezählt werden sollen.[325] In diesem Abschnitt wird lediglich im Hinblick auf die Anwendung auf das Testproblem:

$$H_0\text{: } P \geq p_0 \text{ gegen } H_1\text{: } P < p_0$$

eingegangen. Dabei ist P als Anteilswert einer bestimmten Ausprägung eines Merkmals zu verstehen, der eine vorgegebene Größe p_0 überschreiten soll.

Ist ein Testproblem formuliert, muss daraus eine Aussage über die Stichprobe abgeleitet werden.[326] Wird beispielsweise ein Anteilswert von mindestens p_0 angenommen und wird durch die Stichprobe eine Prüfstatistik p für den Anteilswert ermittelt, so ist daran zu entscheiden, ob die Nullhypothese verworfen werden muss oder ob nicht. Zu beachten ist, dass durch den Schätzer der Stichprobe statistische Fehler auftreten. Je näher der Schätzer der Stichprobe an dem vermuteten Wert liegt, desto eher wird die Hypothese verifiziert werden. Das Problem ist hierbei die Angabe eines sogenannten Annahmebereiches, in welchem p liegen muss, damit die Nullhypothese angenommen wird.

---

323 Vgl. beispielsweise *Schlittgen (2000, S. 323 ff.)*.

324 Die Art der Einbindung der Alternative in das Entscheidungsproblem entscheidet darüber, ob ein Alternativtest oder ein Signifikanztest vorliegt. Zum Beispiel führt *Uhlmann (1982, S. 78)* aus, dass beim Signifikanztest nur darüber entschieden wird, ob die Nullhypothese ohne Berücksichtigung der Alternative akzeptiert wird oder nicht, während beim Alternativtest bei Ablehnung der Nullhypothese die Alternative als gültig anzunehmen ist.

325 Vgl. hierzu beispielsweise *Schlittgen (2000, S. 329 ff.)* sowie *Bosch (1998, S. 362 ff.)*.

326 Eine Beschreibung der Testdurchführung befindet sich beispielsweise in *Bosch (1998, S. 363)*.

Um derartige Bereiche angeben zu können, ist zunächst eine Betrachtung der Fehler, die durch das Testverfahren entstehen können, notwendig.[327] Der sogenannte Fehler erster Art tritt auf, wenn die Nullhypothese zwar korrekt ist, aber aufgrund der Stichprobe abgelehnt wird. Der Fehler zweiter Art liegt vor, wenn die Nullhypothese falsch ist, aber aufgrund der Stichprobe als wahr angenommen wird.

In der Testtheorie wird zunächst eine Wahrscheinlichkeit α für das Auftreten des Fehlers erster Art vorgegeben. Anschließend wird eine Annahmebedingung konstruiert, so dass an dieser eine Entscheidung über die Annahme oder die Ablehnung der Nullhypothese vorgenommen werden kann.[328]

Ist der Schätzer des Anteilswertes einer Stichprobe vom Umfang n unter der Annahme der Gültigkeit der Nullhypothese näherungsweise binomialverteilt mit den Parametern n und p_0, so kann damit ermittelt werden, wie groß die Wahrscheinlichkeit ist, dass bei Gültigkeit der Nullhypothese der Wert der Prüfstatistik vom angenommenen Wert abweicht.[329] Wird diese Wahrscheinlichkeit durch $1 - \alpha$ vorgegeben, so kann dadurch eine Annahmebedingung abgeleitet werden. Dazu wird eine Prüfgröße

$$Z = \frac{n \cdot p - n \cdot p_0}{\sqrt{n \cdot p_0 (1 - p_0)}} \tag{4.77}$$

definiert, welche die Bedingung $Z < u_\alpha$ erfüllen muss, damit die Nullhypothese unter Berücksichtigung des Fehlers erster Art verworfen werden kann.[330] Dabei ist u_α hier das Fraktil der Standardnormalverteilung zum Niveau $1 - \alpha$, da hierbei die Binomialverteilung durch die Normalverteilung approximiert wird.[331]

Eine Entscheidung mit dieser Entscheidungsregel führt dazu, dass der Fehler erster Art mit einer Wahrscheinlichkeit von höchstens α auftritt. Der Fehler zweiter Art lässt sich durch die Stichprobengröße n und der Vorgabe eines weiteren Testparameters p_1 steuern. Dieser Parameter ist kleiner als p_0 und hat die Bedeutung, dass die Wahrscheinlichkeit, dass ein Fehler zweiter Art auftritt, unter der Bedingung, dass der wirkliche Parameterwert kleiner als p_1 ist,

---

327 Vgl. hierzu und zum Folgenden *Rudolph (2001, S. 69 ff.)*, *Schlittgen (2000, S. 331 f.)* sowie *Bosch (1998, S. 363 f.)*.

328 Diese Bedingung wird in der Literatur oftmals auch als Ablehnungsintervall angegeben. Hierbei zeigt sich, wie *Fahrmeir et al. (1999, S. 407 f.)* ausführen, eine Äquivalenz zwischen den Ablehnungsbereichen in der Testtheorie und den Konfidenzintervallen der Schätztheorie.

329 Vgl. hierzu und zum Folgenden *Fahrmeir et al. (1999, S. 391 ff.)*.

330 Vgl. *Hartung, Elpelt und Klösener (2002, S. 205)*.

331 Vgl beispielsweise *Fahrmeir et al. (1999, S. 397)* sowie *Bock (1998, S. 68 ff.)*.

höchstens einen Wert von β besitzt. Um diese Eigenschaft neben der Steuerung des Fehlers erster Art zu gewährleisten ist ein Stichprobenumfang von

$$n \geq \left(\frac{u_{1-\alpha}\sqrt{p_0(1-p_0)} + u_{1-\beta}\sqrt{p_1(1-p_1)}}{p_1 - p_0} \right)^2 \qquad (4.78)$$

notwendig.[332]

Die in diesem Kapitel zusammengefassten statistischen Konzepte eignen sich für die Anwendung auf die Assoziationsanalyse, was Gegenstand des nächsten Kapitels ist.

332 Vgl. *Hartung, Elpelt und Klösener (2002, S. 206).*

5 Stichprobenbasierte Assoziationsanalyse

Ein großes Problem bei der Durchführung einer Assoziationsanalyse ist der Zeitaufwand, den die Regelgenerierung erfordert. Dabei fällt dieser Aufwand nicht nur bei der Anwendung des Analyseverfahrens an, sondern, wie in Abschnitt 2.3 dargestellt, zu einem erheblichen Teil in den vorgelagerten Phasen des zugehörigen KDD-Prozesses. Je weniger Daten in einem derartigen Prozess verarbeitet werden, desto geringer ist der benötigte Zeitaufwand.

Vor diesem Hintergrund wird in Abschnitt 5.1 zunächst das Grundprinzip der stichprobenbasierten Assoziationsanalyse erläutert, wobei auch die bisher in der Literatur vorgestellten Ansätze genannt werden. Anschließend erfolgt in Abschnitt 5.2 die Erstellung von Konzepten für die Anwendung der stichprobenbasierten Assoziationsanalyse. Diese Konzepte werden schließlich an konkreten Daten beispielhaft angewendet, was in Abschnitt 5.3 dargestellt ist.

5.1 Grundprinzip

Die für die Assoziationsanalyse grundlegenden Kenngrößen der Supportwerte, sowohl für einzelne Items als auch für Regeln, sind definitionsgemäß Anteilswerte, die das Vorliegen des Ereignisses „Datensatz unterstützt die Regel“ bzw. „Datensatz beinhaltet Item“ beschreiben. Mit den in Kapitel 4 dargestellten Konzepten lassen sich derartige Anteilswerte auf Basis einer Stichprobe schätzen.

Diese Erkenntnis führt zu der Idee, die Generierung der Assoziationsregeln nicht durch Analyse des gesamten Datenbestandes durchzuführen, sondern auf einem sinnvoll ausgewählten Stichprobendatenbestand, wodurch insbesondere eine Reduktion der Analysezeit zu erwarten ist.

Dieses Prinzip wurde erstmalig von Mannila, Toivonen und Verkamo im Jahre 1994 vorgestellt.[333] Dabei wurde nur kurz auf die Problematik der Genauigkeitsanalyse eingegangen und eine Formel für die Wahrscheinlichkeit angegeben, dass eine vorgegebene absolute Fehlergrenze nicht eingehalten wird.[334] Diese theoretische Betrachtung basiert auf

333 Vgl. *Mannila, Toivonen und Verkamo (1994, S. 185 f.)* sowie darauf basierend *Agrawal et al. (1996, S. 325 f.)*. Der Untersuchungsgegenstand der Beiträge war allerdings nicht die Anwendung der Assoziationsanalyse auf einen Stichprobendatenbestand, sondern die Angabe neuer Algorithmen zur Assoziationsregelgenerierung.

334 Vgl. *Mannila, Toivonen und Verkamo (1994, S. 185 f.)* sowie *Agrawal et al. (1996, S. 325 f.)*.

Chernoff-Schranken[335] und auf einer Stichprobenauswahl mit Zurücklegen. Obwohl in den Arbeiten die praktische Relevanz dieses Ansatzes unterstrichen wurde, führte die grobe Abschätzung mit den Chernoff-Schranken zu sehr großen Stichprobenumfängen in verschiedenen Fällen. Daraus schlossen die Autoren unter anderem: „For association rules with support fraction of a percent ..., these bounds indicate that sampling is not effective."[336] Gleichzeitig bemängeln sie, dass nicht alle vorkommenden Regeln gefunden werden.[337]

Im Jahre 1996 stellte Hannu Toivonen einen Algorithmus zur Generierung von Assoziationsregeln vor, in dem eine Stichprobe aus dem Gesamtdatenbestand zur Vorabschätzung der Supportwerte gezogen wird.[338] Die derart geschätzten Werte werden hierbei nur als Hilfsmittel benutzt, um den Algorithmus zu verbessern, denn für die weitere Analyse wird der Gesamtdatenbestand weiterhin benötigt. In der Veröffentlichung wurden allerdings wieder Chernoff-Schranken angegeben, mit denen die Wahrscheinlichkeiten von absoluten Abweichungen abgeschätzt werden konnten. Weiterhin wurde erstmalig eine Formel angegeben, um den notwendigen Stichprobenumfang zu berechnen.

Die Grundidee, eine Stichprobe für die Generierung von Assoziationsregeln zu nutzen, wurde im Jahre 1996 von Zaki, Parthasarathy, Li und Ogihara aufgegriffen.[339] Die Autoren gaben eine ebenfalls auf Chernoff-Schranken basierende Größenabschätzung für den notwendigen Stichprobenumfang an, mit der eine vorgegebene relative Abweichungsschranke mit vorgegebener Wahrscheinlichkeit eingehalten werden kann.[340] Auch bei diesem Ansatz zeigte sich das Problem, dass die Abschätzung durch Chernoff-Schranken zu großen Stichprobenumfängen führt. Die Autoren gaben selbst ein Beispiel an, bei dem der berechnete Stichprobenumfang sogar größer war als die Größe der Grundgesamtheit. Anschließend wurde die Aussage gefolgert: „Hence, using this value may be too conservative ...".[341]

Nach dieser Veröffentlichung sind keine Untersuchungen der Anwendung der Assoziationsanalyse auf Stichprobenbasis bekannt. Im Folgenden werden die im vorangehenden Kapitel

---

335 Vgl. dazu die Ausführungen in Abschnitt 4.4.1.3.2.

336 *Agrawal et al. (1996, S. 326).*

337 Vgl. *Agrawal et al. (1996, S. 326).*

338 Vgl. hierzu und zum Folgenden *Toivonen (1996, S. 136 ff.).*

339 Vgl. *Zaki et al. (1996)* sowie *Zaki et al. (1997a).*

340 Vgl. *Zaki et al. (1996, S. 5 f.)* sowie *Zaki et al. (1997a, S. 44).* Der Unterschied zum weiter oben dargestellten Ansatz von Mannila, Toivonen und Verkamo liegt in der Betrachtung einer relativen Abweichungsschranke anstatt einer absoluten.

341 *Zaki et al. (1996, S. 44).* Insbesondere die Nichtbeachtung der Größe der Grundgesamtheit, was bei der Verwendung von Chernoff-Schranken berücksichtigt werden muss, führt zu diesem Problem.

erläuterten statistischen Konzepte zur Genauigkeitsanalyse und zur Stichprobenumfangsberechnung herangezogen.

5.2 Erstellung der Konzepte

Werden die Supportwerte für eine Assoziationsanalyse geschätzt, treten im Wesentlichen folgende drei Problemfelder auf, deren Lösung Gegenstand dieses Abschnittes ist.

Erstens ist zu klären, in wie weit bei durchgeführter Assoziationsanalyse auf Stichprobenbasis die geschätzten Supportwerte die tatsächlichen im Gesamtdatenbestand vorhandenen Supportwerte wiedergeben.

Zweitens ist für eine Stichprobe ein notwendiger Stichprobenumfang anzugeben, damit vorgegebene Genauigkeitsanforderungen bezüglich der Supportwerte erfüllt werden.

Schließlich besteht das Problem der Regelentdeckung. Bei der Analyse des Stichprobendatenbestandes kann es vorkommen, dass einerseits im Gesamtdatenbestand vorkommende Regeln nicht erkannt werden, andererseits, dass Regeln generiert werden, die nicht im Gesamtdatenbestand vorliegen. Es ist also zu untersuchen, wie derartig auftretende Fehler eingeschränkt werden können.

Im Folgenden werden Lösungsmöglichkeiten für die drei Problemklassen durch die im vorangehenden Kapitel dargestellten Konzepte vorgestellt. In Abschnitt 5.2.1 sind Möglichkeiten der Genauigkeitsangabe erläutert. Abschnitt 5.2.2 beinhaltet die Ableitung von Formeln zur Stichprobengrößenbestimmung, und in Abschnitt 5.2.3 sind Möglichkeiten aufgezeigt, mit denen die Regelerkennung gesteuert werden kann. Zusammenfassend ist in Abschnitt 5.2.4 eine Handlungsempfehlung zur Anwendung der stichprobenbasierten Assoziationsanalyse angegeben.

5.2.1 Genauigkeit bei vorliegender Stichprobe

In diesem Abschnitt werden Möglichkeiten aufgezeigt, die Genauigkeit der Schätzer wiederzugeben. Darunter ist zu verstehen, wie durch Kenntnis der Schätzwerte, die bei der auf dem Stichprobendatenbestand durchgeführten Assoziationsanalyse entstehen, auf die wahren, bei einer Analyse des Gesamtdatenbestandes berechneten Supportwerte geschlossen werden kann. Dabei wird von der Annahme ausgegangen, dass eine einfache Stichprobe vom Umfang n aus einer Grundgesamtheit vom Umfang N vorliegt. Für die Genauigkeitsbetrachtung ist zu unterscheiden, ob der Supportwert einer Regel geschätzt werden soll oder lediglich

Supportwerte einzelner Items. Insbesondere für den letzteren Fall bietet sich im Hinblick auf die nachfolgende Stichprobenumfangsbestimmung ein multivariater Ansatz an. Im Folgenden werden Genauigkeitskonzepte angegeben, die auf univariaten Schätzern (Abschnitt 5.2.1.1) sowie auf multivariaten Schätzern (Abschnitt 5.2.1.2) basieren.

5.2.1.1 Univariater Ansatz

Bei den univariaten Schätzern ist die Grundidee, dass der Supportwert P eines Items bzw. einer Regel durch einen wie in Abschnitt 4.4.1.1 dargestellten Anteilsschätzer p bestimmt wird. Dies bedeutet, dass sämtliche Supportwerte, die bei der Assoziationsanalyse des Stichprobendatenbestandes berechnet worden sind, als Schätzer für die tatsächlich vorkommenden Supportwerte aufzufassen sind.[342]

Nach den Ausführungen in Abschnitt 4.4.1.1[343] besitzt ein derartiger Schätzer eine Standardabweichung von

$$\mathrm{STD}(p) = \sqrt{\frac{P(1-P)}{n}\frac{N-n}{N-1}} \tag{5.1}$$

bzw. eine geschätzte Standardabweichung von

$$\overline{\mathrm{STD}(p)} = \sqrt{\frac{p(1-p)}{n-1}\frac{N-n}{N}}\,. \tag{5.2}$$

Damit sind erste Abschätzungen der Genauigkeit möglich. Wird beispielsweise ein Supportwert einer Regel mit $p = 0{,}1$ durch eine Stichprobe vom Umfang $n = 100.000$ bei einer Grundgesamtheit von $N = 10.000.000$ geschätzt, so beträgt die geschätzte Standardabweichung weniger als 0,001.[344] Der Variationskoeffizient, der das Verhältnis der Standardabweichung zum geschätzten Wert angibt,[345] beträgt damit 0,01. Der Punktschätzer gibt den

---

342 Diese Sichtweise ist die, welche durch *Mannila, Toivonen und Verkamo (1994, S. 185)* sowie durch *Zaki et al. (1997a, S. 44)* vorgeschlagen worden sind.

343 Vgl. Formel (4.23) sowie Formel (4.25), in der nur die Varianzen angegeben sind. Die hier genannten Standardabweichungen ergeben sich durch Radizieren.

344 Das bedeutet, dass bei Betrachtungen von Schätzern für P basierend auf vielen Stichproben vom angegebenen Umfang im Mittel die angegebene Abweichung zu erwarten ist. Zur Interpretation der Standardabweichung vgl. beispielsweise *Fahrmeir et al. (1999, S. 247)*.

345 Vgl. zum Beispiel *Bosch (1998, S. 33 f.)*.

wirklich vorliegenden Wert somit im Mittel bis auf 1 % genau an. In praktischen Anwendungen wird eine derartige Abweichung im Allgemeinen akzeptierbar sein.

Weitere Genauigkeitsaussagen sind durch das Konzept der Konfidenzintervalle möglich. Wird ein Schätzer für einen Supportwert gebildet, so kann der Bereich, der den wahren Supportwert mit einer Wahrscheinlichkeit von $1 - \alpha$ überdeckt, durch ein Konfidenzintervall angegeben werden. Dabei ist zu unterscheiden, ob zweiseitige oder einseitige Konfidenzintervalle betrachtet werden sollen.

Zweiseitige Konfidenzintervalle werden angewendet, wenn eine Genauigkeitsaussage über den Schätzer sowohl für die Abweichung nach oben als auch für eine Abweichung nach unten gelten soll. Nach den Erklärungen in Abschnitt 4.4.1.2 bedeutet dies, dass bei einem Schätzer auf Basis einer Stichprobe vom Umfang n einer Grundgesamtheit N der wahre Supportwert mit einer Wahrscheinlichkeit von $1 - \alpha$ von folgendem zweiseitigen Intervall überdeckt wird:

$$\left(p - u_{1-\frac{\alpha}{2}} \sqrt{\frac{N-n}{N}} \sqrt{\frac{p(1-p)}{n-1}} \quad ; \quad p + u_{1-\frac{\alpha}{2}} \sqrt{\frac{N-n}{N}} \sqrt{\frac{p(1-p)}{n-1}} \right). \tag{5.3}$$

Wird beispielsweise ein Supportwert einer Regel mit $p = 0{,}1$ durch eine Stichprobe vom Umfang $n = 100.000$ bei einer Grundgesamtheit von $N = 10.000.000$ geschätzt, so überdeckt das Intervall [0,0976; 0,1024] den wahren Supportwert mit einer Wahrscheinlichkeit von 99 %.

Falls eine Abweichung des Schätzers vom wahren Wert in nur einer Richtung als kritisch bewertet werden soll, ist eine Betrachtung von einseitigen Konfidenzintervallen ausreichend. Wie in Abschnitt 4.4.1.2 dargestellt, kann ein Bereichsschätzer für den Supportwert durch die Konfidenzintervalle

$$\left(p - u_{1-\alpha} \sqrt{\frac{N-n}{N}} \sqrt{\frac{p(1-p)}{n-1}} ; + \infty \right) \tag{5.4}$$

bzw.

$$\left(- \infty ; p + u_{1-\alpha} \sqrt{\frac{N-n}{N}} \sqrt{\frac{p(1-p)}{n-1}} \right) \tag{5.5}$$

konstruiert werden. Auch diese Intervalle überdecken den wahren Supportwert mit einer Wahrscheinlichkeit von $1 - \alpha$.

Für das oben genannte Beispiel eines Supportwertes mit $p = 0{,}1$, der durch eine Stichprobe vom Umfang $n = 100.000$ bei einer Grundgesamtheit von $N = 10.000.000$ geschätzt wurde, überdecken die Intervalle [0,0978; 1] und [0; 0,1022] den wahren Supportwert mit einer Wahrscheinlichkeit von 99 %.[346] Dabei ist festzustellen, dass mit diesen Vorgaben kaum Unterschiede zwischen einseitigen und zweiseitigen Intervallen bestehen.

Mit den drei vorgestellten univariaten Ansätzen ist es möglich, für jede Regel einer auf Basis der Stichprobe generierten Regelmenge die Abweichung des geschätzten zugehörigen Supportwertes vom wirklich vorliegenden Supportwert zu bewerten. Welche Abweichungen in praktischen Anwendungen zu akzeptieren sind, hängt stark vom Anwendungsfall ab. Am verwendeten Beispiel ist zu erkennen, dass die Supportschätzung mit einer einprozentigen Stichprobe bei großem Stichprobenumfang bereits sehr genau ist.

5.2.1.2 Multivariater Ansatz

Der Ansatz der multivariaten Schätzer zielt auf die simultane Schätzung der Supportwerte aller Regeln ab, die durch die Analyse des Stichprobendatenbestandes generiert worden sind. Der Vorteil gegenüber den univariaten Ansätzen liegt darin, dass durch die simultane Schätzung auch die Korrelationen der Schätzer untereinander mitberücksichtigt werden und somit die Schätzungen bei gleichem Stichprobenumfang in bestimmten Fällen genauer sind.[347] Nachteilig ist dagegen die Abhängigkeit von der Anzahl der geschätzten Komponenten sowie die Nichtbeachtung der Größe des Gesamtdatenbestandes.

Als Schätzer wird ein Mittelwertvektor gewählt, der aus sämtlichen Supportwerten der einzelnen Regeln besteht. Die Anzahl der Komponenten des Vektors entspricht damit der Anzahl r der unterschiedlichen Regeln, die in der auf Basis der Stichprobe generierten Regelmenge vorliegen.

Wird eine Assoziationsanalyse auf Basis einer einfachen Stichprobe vom Umfang n durchgeführt, so liegt zunächst gedanklich ein r-dimensionaler Konfidenzellipsoid vor, der den wahren Anteilsvektor mit einer Wahrscheinlichkeit von $1 - \alpha$ überdeckt. Damit sind zunächst keine Aussagen über die einzelnen Supportwerte der Regeln möglich. Um derartige zu erhalten, ist es notwendig, die in Abschnitt 4.4.2.2 vorgestellten simultanen Konfidenzintervalle zu

---

346 Die obere Schranke von 1 im ersten und die untere Schranke von 0 im zweiten Fall resultieren aus dem Wertebereich für P.

347 Vgl. hierzu auch Fußnote 349.

betrachten. Für jede Komponente des Anteilsvektors, also jeden einzelnen Supportwert, kann ein Konfidenzbereich der Form

$$\left[\underline{\overline{y}}^{(k)} - \sqrt{\frac{1}{n}\chi^2_{1-\alpha,r}s_k^2}\,;\ \underline{\overline{y}}^{(k)} + \sqrt{\frac{1}{n}\chi^2_{1-\alpha,r}s_k^2}\right] \tag{5.6}$$

angegeben werden, der den wahren Supportwert mit einer Wahrscheinlichkeit von 1 - α überdeckt. Dabei ist $\underline{\overline{y}}^{(k)}$ der geschätzte Supportwert der k-ten Regel und s_k^2 die zugehörige geschätzte Varianz. Diese kann wie im univariaten Fall durch

$$s_k^2 = \frac{n}{n-1}\underline{\overline{y}}^{(k)}(1-\underline{\overline{y}}^{(k)}) \tag{5.7}$$

angegeben werden.[348]

Liegt eine Assoziationsanalyse, in der 1.000 Regeln auf Basis eines Stichprobendatenbestandes von n = 100.000 generiert wurden, vor, und wird der Schätzwert einer Regel mit 0,1 gemessen, so überdeckt das Intervall [0,099; 0,101] den wahren Supportwert dieser Regel mit einer Wahrscheinlichkeit von 99 %. Das Intervall ist in dem Fall noch kleiner als dasjenige, welches durch den univariaten Ansatz bestimmt wurde.[349]

5.2.2 Stichprobenumfangsbestimmung

Im letzten Abschnitt wurden Genauigkeitsaussagen vorgestellt, wenn eine Stichprobe vom Umfang n als Basis für die Untersuchung verwendet wird. Dabei lässt sich erkennen, dass die Genauigkeit mit steigendem Stichprobenumfang wächst. In diesem Abschnitt werden Möglichkeiten aufgezeigt, wie ein Stichprobenumfang bestimmt werden kann, damit vorgegebene Genauigkeitsanforderungen bezüglich der Schätzer erfüllt werden. Dabei wird wieder eine Trennung in einen univariaten Ansatz (Abschnitt 5.2.2.1) und einen multivariaten Ansatz (Abschnitt 5.2.2.2) vorgenommen.

---

348 Vgl. hierzu Formel (4.24).

349 Ein Vergleich der Formel (5.6) mit der für den univariaten Ansatz angegebenen Formel (5.3) zeigt, dass im Falle der Gültigkeit der Ungleichung $\sqrt{\chi^2_{1-\alpha,r}} \leq u_{1-\frac{\alpha}{2}}\frac{N-n}{N}$ auch das simultane Konfidenzintervall kleiner ist als das Konfidenzintervall im univariaten Fall. Die Gültigkeit dieser Ungleichung hängt insbesondere von der Anzahl r der betrachteten Regeln ab.

5.2.2.1 Univariater Ansatz

Die hier vorgestellten Möglichkeiten der Stichprobengrößenbestimmung basieren auf dem in Abschnitt 5.2.1.1 dargestellten Konzept der Schätzung der Supportwerte durch univariate Schätzer. Wie in Abschnitt 4.4.1.3 erläutert, gibt es zwei grundsätzliche Möglichkeiten, Genauigkeitsanforderungen für Schätzer festzulegen. Zum einen handelt es sich um die Angabe einer maximalen absoluten Abweichung des Schätzwertes vom wahren Wert, zum anderen um die Angabe einer maximalen relativen Abweichung dieser Größen.

Im Folgenden wird vorausgesetzt, dass eine Grundgesamtheit mit N Elementen vorliegt, aus der eine einfache Stichprobe ohne Zurücklegen gezogen werden kann. Es werden Formeln zur Bestimmung der notwendigen Stichprobengrößen hergeleitet, wobei eine Aufgliederung anhand der Abweichungsarten vorgenommen wird. Für jede Abweichungsart werden dann zwei mögliche Ansätze zur Stichprobenumfangsbestimmung vorgestellt, die nachfolgend miteinander verglichen werden.

5.2.2.1.1 Absolute Abweichung

Die maximale absolute Abweichung wird in Prozentpunkten angegeben und ist unabhängig von der wahren Supportgröße. Zum Beispiel kann hier vorgegeben werden, dass die absolute Abweichung vom wahren Supportwert mit einer Wahrscheinlichkeit von 90 % nicht mehr als 1 Prozentpunkt beträgt. Liegt dann eine Regel mit einem geschätzten Supportwert von 5 % vor, so wird der wahre Supportwert mit einer Wahrscheinlichkeit von 90 % vom Intervall [0,04; 0,06] überdeckt. Wird ein Supportwert von 60 % geschätzt, so wird der wahre Supportwert durch das Intervall [0,59; 0,61] überdeckt. Dieses Beispiel zeigt, dass die Vorgabe einer maximalen absoluten Abweichung dann schwierig ist, wenn stark voneinander differierende Supportwerte geschätzt werden sollen. Die Stichprobengröße, die notwendig ist, um im zweiten Fall die Genauigkeit zu garantieren, ist erheblich größer als im ersten Fall. Dies resultiert daher, dass die Abweichung von einem Prozentpunkt bei einem Supportwert von 5 % relativ größer ist als diese Abweichung bei einem Supportwert von 60 %. Es werden also für die Schätzung kleiner Supportwerte zu viele Stichprobenelemente gezogen, wenn bezüglich großer Supportwerte eine Genauigkeitsschranke erfüllt sein soll und darauf basierend der Stichprobenumfang bestimmt wird.

In der praktischen Anwendung wird jedoch häufig eine Vorgabe eines absoluten Fehlers gefordert. Des Weiteren ist die Stichprobengröße trotz des zu großen Wertes bezüglich kleiner Supportwerte immer noch hinreichend gering, um eine effiziente Anwendung der stichprobenbasierten Assoziationsanalyse durchführen zu können.

Im Folgenden werden zwei Ansätze zur Stichprobenumfangsberechnung vorgestellt. Der erste basiert auf der Theorie der Konfidenzintervalle (Abschnitt 5.2.2.1.1.1), der zweite stellt den von Toivonen im Jahre 1996 vorgestellten Ansatz durch Chernoff-Schranken dar (Abschnitt 5.2.2.1.1.2).[350] Anschließend folgt ein Vergleich dieser Ansätze (Abschnitt 5.2.2.1.1.3).

5.2.2.1.1.1 Ansatz über Konfidenzintervalle

In Abschnitt 4.4.1.3.1 wurde gezeigt, wie die halbe Länge d eines Konfidenzintervalls durch den Stichprobenumfang eingeschränkt werden kann. Diese Einschränkung bedeutet gerade, dass der wahre Supportwert P mit einer Wahrscheinlichkeit von $1 - \alpha$ von dem zugehörigen Konfidenzintervall überdeckt wird, welches nicht um mehr als d Prozentpunkte vom geschätzten Supportwert p abweicht. Dieser Zusammenhang ist grafisch für zwei Schätzwerte p_1 und p_2 in Abb. 5.1 dargestellt.

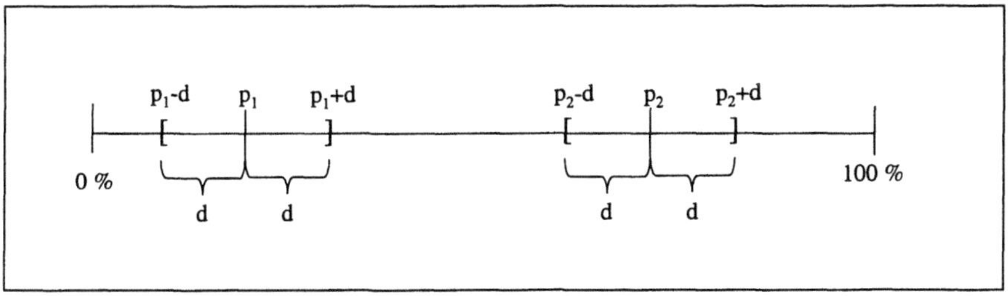

Abb. 5.1: Konfidenzintervall mit maximaler absoluter Abweichung

Bei Vorgabe einer absoluten Abweichung von d Prozentpunkten kann gemäß Formel (4.42) ein notwendiger Stichprobenumfang bestimmt werden durch

$$n = \frac{\dfrac{u^2_{1-\frac{\alpha}{2}} P(1-P)}{d^2}}{1+\dfrac{1}{N}\left(\dfrac{u^2_{1-\frac{\alpha}{2}} P(1-P)}{d^2}-1\right)} \tag{5.8}$$

bzw. durch die Näherungsformel

---

[350] Vgl. *Toivonen (1996, S. 136 ff.)*. In dieser Arbeit wird erstmalig eine Formel zur Stichprobenumfangsbestimmung angegeben, während in *Mannila, Toivonen und Verkamo (1994, S. 185 f.))* sowie in *Agrawal et al. (1996, S. 325 f.)* nur die grundlegende Abschätzung mittels Chernoff-Schranken angegeben ist.

$$n = \frac{u^2_{1-\frac{\alpha}{2}} P(1-P)}{d^2}. \qquad (5.9)$$

Wird die Assoziationsanalyse auf einer Stichprobe mit durch obiger Formel berechnetem Stichprobenumfang durchgeführt, so bedeutet dies, dass die geschätzten Supportwerte mit einer Wahrscheinlichkeit von $1 - \alpha$ die wahren Supportwerte bis auf d Prozentpunkte genau überdecken.

Im Falle, dass nur eine Abweichung nach oben bzw. nach unten von nicht mehr als d Prozentpunkten gewährleistet sein soll, sind einseitige Konfidenzintervalle geeignet, wie in Abschnitt 4.4.1.2 erläutert. Um hierfür Formeln zur Stichprobenumfangsbestimmung zu erhalten, wird in obigen Formeln der Term $\frac{\alpha}{2}$ durch α ersetzt.[351]

Problematisch ist hierbei die Vorgabe des Supportwertes P, der a priori unbekannt ist. Die Funktion P(1-P) ist bis zu einem Wert $P = 0{,}5$ monoton wachsend, ab diesem Wert monoton fallend. Kann eine Einschränkung für die Supportwerte vorgenommen werden, d. h. kann angenommen werden, dass die Regelsupportwerte kleiner einer Schranke P_o sind, so kann im Falle dass $P_o < 0{,}5$ gilt, dieser in obige Formel eingesetzt werden. Kann eine derartige Einschränkung nicht vorgenommen werden oder gilt $P_o > 0{,}5$, so muss für P der Wert 0,5 gewählt werden. Für die praktische Anwendung der Assoziationsanalyse ist allerdings davon auszugehen, dass P_o unter dem Wert von 50 % liegt.[352] Wird ein für P_o ausreichender Stichprobenumfang gewählt, so ist bei kleineren Supportwerten deren Schätzung genauer, was sich durch die Betrachtung der zugehörigen Konfidenzintervalle zeigt.[353] Beispiele für notwendige Stichprobenumfänge sind in Tab. 4.2 dargestellt.

5.2.2.1.1.2 Ansatz über Chernoff-Schranken

Toivonen (1996, S. 44) hat als erster eine Formel für einen notwendigen Stichprobenumfang angegeben, bei dem eine absolute Abweichung d des geschätzten Supportwertes p vom tatsächlichen Supportwert P mit einer Wahrscheinlichkeit von $1 - \alpha$ eingehalten wird. Diese Stichprobenumfangsbestimmung basiert auf den in Abschnitt 4.4.1.3.2 vorgestellten

---

[351] Vgl. hierzu die in Tab. 4.4 dargestellten Formeln.

[352] Anderenfalls würden Regeln mit einem Supportwert von über 50 % betrachtet, die im Allgemeinen jedoch bekannt sein müssten.

[353] Vgl. hierzu auch die oben angegebene Diskussion um die stark verschiedenen Supportwerte.

Chernoff-Schranken.[354] Der hier verwendete Term X/n beschreibt gerade den Supportschätzwert p aufgrund der Stichprobe.

Das Ereignis, dass der Schätzwert p vom wahren Wert P um mehr als d Prozentpunkte abweicht, kann formal durch $[|p-P| > d]$ angegeben werden. Damit dieses Ereignis nur mit einer Wahrscheinlichkeit von α eintritt, sind gemäß den Erläuterungen zu Formel (4.61)

$$n = \frac{1}{2d^2} \ln \frac{2}{\alpha} \tag{5.10}$$

Elemente für die Stichprobe zu ziehen.

Wenn das Ereignis $[p \leq P+d]$, d. h. der Schätzer p liegt um nicht mehr als d Prozentpunkte über dem wahren Wert P, mit einer Wahrscheinlichkeit von 1 - α gelten soll, gibt Formel (4.57) den notwendigen Stichprobenumfang an:

$$n = \frac{1}{2d^2} \ln \frac{1}{\alpha}. \tag{5.11}$$

Die oben genannten Ereignisse entsprechen im letzten Fall einem nach oben beschränkten, einseitigen Konfidenzintervall, im ersten Fall einem zweiseitigen Konfidenzintervall zum Niveau 1 - α, womit im Folgenden die Ansätze bezüglich ihrer notwendigen Stichprobengrößenanforderung verglichen werden können.

5.2.2.1.1.3 Vergleich

Im Folgenden wird gezeigt, dass der sich aus dem Ansatz der Konfidenzintervalle ergebende notwendige Stichprobenumfang stets geringer ist als der durch Toivonen angegebene Stichprobenumfang.

Da Formel (5.8) wegen des größeren Nenners zu einem kleineren Stichprobenumfang führt als Formel (5.9), und Formel (5.10) wegen des größeren Argumentes des ln-Termes zu einem größeren Stichprobenumfang als Formel (5.11) führt, reicht es aus zu zeigen, dass gilt:

$$\frac{u^2_{1-\frac{\alpha}{2}} P(1-P)}{d^2} \leq \frac{1}{2d^2} \ln \frac{1}{\alpha}. \tag{5.12}$$

354 Vgl. hierzu Formel (4.47) bis Formel (4.61).

Diese Ungleichung ist erfüllt, wenn gilt:

$$u^2_{1-\frac{\alpha}{2}} P(1-P) \leq \frac{1}{2} \ln \frac{1}{\alpha}. \tag{5.13}$$

Unter Beachtung, dass $P(1-P) \leq 0{,}25$, wenn $0 \leq P \leq 1$, reicht es folglich aus zu zeigen:

$$u^2_{1-\frac{\alpha}{2}} \leq 2 \ln \frac{1}{\alpha} = -2 \ln \alpha. \tag{5.14}$$

Die Gültigkeit dieser Ungleichung kann aus Abb. 5.2 der Funktionsgraphen beider Funktionen bezüglich α abgelesen werden.[355] Es ist jeweils der Funktionswert gegen die Fehlerwahrscheinlichkeit α aufgetragen. Der obere Funktionsgraph der Funktion $-2\ln\alpha$ ist stets größer als der untere Graph der Funktion $u^2_{1-\frac{\alpha}{2}}$.

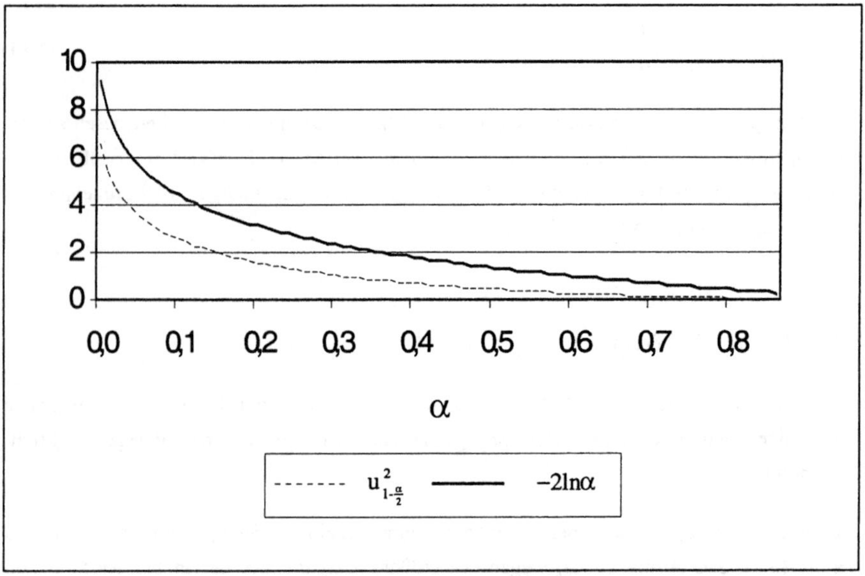

Abb. 5.2: Vergleich der Funktionen

355 Da eine explizite Darstellung des Fraktils der Normalverteilung nicht existiert, kann die Gültigkeit der Ungleichung (5.14) nicht direkt analytisch gezeigt werden. Deshalb wird hier der Weg über die vollständige Enumeration gewählt.

Mit der Gültigkeit der Ungleichung (5.14) ist damit ebenfalls die Gültigkeit der Ungleichung (5.12) gezeigt, was bedeutet, dass der Ansatz von Toivonen stets zu einem größeren notwendigen Stichprobenumfang führt als der Ansatz auf Basis von Konfidenzintervallen.

5.2.2.1.2 Relative Abweichung

Um das Problem bei den absoluten Abweichungen bei stark unterschiedlichen Supportwerten zu umgehen, kann eine maximale relative Abweichung als Prozentsatz vom wahren Supportwert angeben werden. Beispielsweise soll festgelegt werden, dass mit einer Wahrscheinlichkeit von 90 % der geschätzte Supportwert p vom wahren Supportwert um nicht mehr als 10 % des wahren Wertes abweicht. Liegt der geschätzte Supportwert also bei 5 %, so ist damit mit einer Wahrscheinlichkeit von 90 % anzunehmen, dass der wahre Wert vom Intervall [0,045; 0,055] überdeckt wird. Falls der Schätzer 60 % beträgt, so wird der wahre Supportwert vom Intervall [0,54; 0,66] überdeckt.

Im Folgenden werden zwei Ansätze zur Stichprobenumfangsberechnung bei vorgegebener maximaler relativer Abweichung vorgestellt. Der erste basiert auf der Theorie der Konfidenzintervalle (Abschnitt 5.2.2.1.2.1), der zweite stellt den von Zaki im Jahre 1996 vorgestellten Ansatz durch Chernoff-Schranken dar (Abschnitt 5.2.2.1.2.2).[356] Anschließend erfolgt ein Vergleich dieser Ansätze (Abschnitt 5.2.2.1.2.3).

5.2.2.1.2.1 Ansatz über Konfidenzintervalle

Vorgegeben wird eine maximale relative Abweichung in Form eines Anteils δ an dem wahren Wert P. Die Abweichung des Schätzwertes p vom wahren Supportwert P soll demnach mit einer Wahrscheinlichkeit von $1 - \alpha$ maximal δP betragen. Das bedeutet, dass ein zugehöriges Konfidenzintervall den wahren Supportwert P mit einer Wahrscheinlichkeit von $1 - \alpha$ überdeckt, wobei die halbe Breite des Konfidenzintervalls nicht mehr als δP beträgt. Abb. 5.3 verdeutlicht diesen Sachverhalt für zwei unterschiedliche Schätzwerte p_1 und p_2.

---

356 Vgl. *Zaki et al. (1996, S. 4 ff.).*

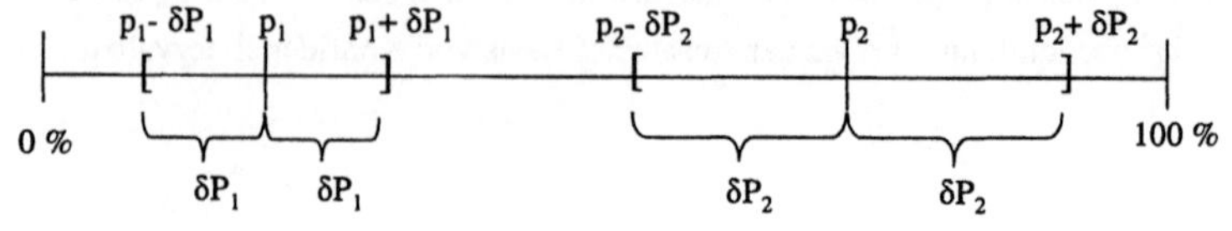

Abb. 5.3: Konfidenzintervall mit maximaler relativer Abweichung

Der notwendige Stichprobenumfang, damit ein derartige Genauigkeitsanforderungen erfüllendes Konfidenzintervall konstruiert werden kann, beträgt wie in Abschnitt 4.4.1.3.1 hergeleitet:

$$n = \frac{u^2_{1-\frac{\alpha}{2}} NP(1-P)}{(N-1)\delta^2 P^2 + u^2_{1-\frac{\alpha}{2}} P(1-P)} \tag{5.15}$$

bzw. näherungsweise:

$$n = \frac{u^2_{1-\frac{\alpha}{2}} (1-P)}{\delta^2 P}. \tag{5.16}$$

Ist also ein Supportwert p auf Basis der Stichprobe vom oben angegebenen Umfang geschätzt worden, so liegt der wahre Supportwert P mit einer Wahrscheinlichkeit von 1 - α um nicht mehr als δP über oder unter diesem Wert.

Im Falle, dass nur eine Abweichung nach oben bzw. nach unten von nicht mehr als einem Faktor δ vom wahren Supportwert P gewährleistet sein soll, sind einseitige Konfidenzintervalle geeignet, wie in Abschnitt 4.4.1.2 erläutert. Um hierfür Formeln zur Stichprobenumfangsbestimmung zu erhalten, wird in obigen Formeln der Term $\frac{\alpha}{2}$ durch α ersetzt.[357]

Problematisch ist auch bei diesen Formeln, dass der unbekannte Wert für P eingesetzt werden muss. Da die Formeln für den Stichprobenumfang allerdings monoton fallend sind, kann der kleinste Wert für P, der noch auftreten kann, eingesetzt werden. Dieser Wert ist gerade die Mindestsupportschranke MinSup.

357 Vgl. hierzu auch die Formeln in Tab. 4.4.

5.2.2.1.2.2 Ansatz über Chernoff-Schranken

Die Arbeit von *Zaki et al. (1996)* zielt ebenfalls darauf ab, einen notwendigen Stichprobenumfang zu bestimmen, wenn eine relative Abweichung des geschätzten Supportwertes p vom wahren Supportwert P von maximal δP mit einer Wahrscheinlichkeit von 1 - α gelten soll. Die Abweichungen werden allerdings nur in einer Richtung betrachtet, wodurch eine spätere Vergleichbarkeit mit den einseitigen Konfidenzintervallen gegeben ist.

Zaki et al. (1996, S. 5) schätzen zum einen das Ereignis

$$[p \geq (1+\delta)P]$$

ab, was sich durch Umstellung als

$$[P \leq p - \delta P]$$

ausdrücken lässt und somit das Ereignis beschreibt, dass der wahre Supportwert P um mehr als δP geringer ist als der geschätzte Supportwert p. Der geschätzte Wert p weicht also zu stark nach oben ab.

Zum anderen schätzen die Autoren das Ereignis

$$[p \leq (1-\delta)P)]$$

ab, was durch Umformung als

$$[P \geq p + \delta P]$$

geschrieben werden kann und bedeutet, dass der wahre Supportwert P um mehr als δP größer ist als der geschätzte Supportwert p, welcher somit zu stark nach unten abweicht.

Die Wahrscheinlichkeiten für das Eintreten dieser Ereignisse können, wie in Abschnitt 4.4.1.3.2 dargestellt,[358] mittels Chernoff-Schranken abgeschätzt werden, so dass damit zur

---

358 Dabei werden die Formeln (4.47) und (4.48) verwendet, unter Beachtung, dass $S_n/n = p$ gilt.

Erreichung einer Wahrscheinlichkeit von α folgender Stichprobenumfang als notwendig gewählt werden muss:

$$n = \frac{-2\ln\alpha}{P\delta^2} \quad \text{für die Abweichung nach oben,} \tag{5.17}$$

$$n = \frac{-3\ln\alpha}{P\delta^2} \quad \text{für die Abweichung nach unten.} \tag{5.18}$$

In diesen Formeln muss der Parameter P wieder geschätzt werden. Zaki et al. schlagen mit Blick auf die Monotonie als geeigneten Wert vor, den Mindestsupportwert MinSup zu wählen.[359]

5.2.2.1.2.3 Vergleich

In diesem Abschnitt wird gezeigt, dass der auf Konfidenzintervallen basierende Ansatz zu geringeren Stichprobengrößen führt als der durch Zaki et al. vorgeschlagene Ansatz. Es reicht aus, Formel (5.17) und Formel (5.18) von Zaki et al. mit Formel (5.16) zu vergleichen, da diese Formel gegenüber Formel (5.15) stets zu größeren Stichprobenumfängen führt.[360] Dabei genügt bereits der Vergleich zwischen Formel (5.17) und Formel (5.16), da der Term in Formel (5.18) offensichtlich größer ist als der Term in Formel (5.17). Zu beachten ist ferner, dass Zaki et al. die Abweichung bezüglich nur einer Richtung betrachten, d. h. dass es schon hinreichend wäre, Formel (5.16) für einseitige Konfidenzintervalle für den Vergleich heranzuziehen.

Da Formel (5.17) und Formel (5.16) denselben positiven Nenner aufweisen, reicht es aus, die Gültigkeit von

$$-2\ln\alpha \geq u^2_{1-\frac{\alpha}{2}}(1-P) \tag{5.19}$$

zu zeigen.[361]

---

359 Vgl. hierzu *Zaki et al. (1996, S. 5 f.)* sowie *Zaki et al. (1997a, S. 44).*

360 Dies ist offensichtlich, wenn der Bruch in Formel (5.15) durch N gekürzt wird.

361 Offensichtlich liefert Formel (5.17) einen kleineren Wert als Formel (5.18), weshalb nur Formel (5.17) zum Vergleich herangezogen wird.

Da $0 \le P \le 1$ gilt, ist diese Ungleichung erfüllt, wenn gilt:

$$-2\ln\alpha \ge u^2_{1-\frac{\alpha}{2}}. \tag{5.20}$$

Die Gültigkeit dieser Ungleichung für alle $\alpha \in]0; 1]$ ist bereits durch Abb. 5.2 gezeigt worden.

Damit ist bewiesen, dass für alle $\alpha \in]0; 1]$ auch die Ungleichung (5.19) erfüllt ist, und damit der Stichprobenumfang nach dem in dieser Arbeit entwickelten Ansatz stets kleiner ist als der durch Zaki et al. vorgeschlagene.

5.2.2.2 Multivariater Ansatz

Wie in Abschnitt 5.2.1.2 erläutert, zielt der multivariate Ansatz auf die simultane Schätzung aller Regelsupportwerte ab. Sind diese Supportwerte bekannt, etwa nach der Durchführung der Assoziationsanalyse auf Stichprobenbasis, so kann mittels simultaner Konfidenzintervalle auf die wirklich vorliegenden Supportwerte geschlossen werden.

Um eine Stichprobengröße zu bestimmen, ist aber die Kenntnis der Länge des Supportvektors notwendig, die a priori jedoch nur schwierig angegeben werden kann. Ist die Menge der zu betrachtenden Items jedoch gering, so kann auf dieser Basis ein Vektor für die Supportwerte aller möglichen auf diesen Items basierenden, interessierenden, potenziellen Regeln angegeben werden. Um einen derartigen Vektor zu schätzen, können die in Abschnitt 4.4.2.3 angegebenen Stichprobenbestimmungsgleichungen angewendet werden.

Dazu kann einerseits für jeden zu schätzenden Supportwert P_k ($k = 1, ..., r$) ein Faktor ε_k festgelegt werden, so dass mit Wahrscheinlichkeit von $1 - \alpha$ die Abweichung des Schätzwertes p_k zu P_k nicht größer ist als $\varepsilon_k s_k$, wobei s_k die Standardabweichung der Größe P_k symbolisiert. Das heißt, es ist für jede Regel anzugeben, wie groß die maximale Abweichung in Bezug auf die Standardabweichung sein darf.[362]

362 Hier liegt ein erheblicher Unterschied zu den univariaten Ansätzen, bei denen die Abweichungen direkt, also ohne Einbeziehung der Standardabweichung, angegeben werden kann.

Mit dieser Festlegung der Genauigkeiten kann nach den Ausführungen in Abschnitt 4.4.2.3 ein notwendiger Stichprobenumfang durch

$$n = \chi^2_{1-\alpha,r} 4 \left(\prod_{k=1}^{r} \frac{1}{\varepsilon_k^2} \right)^{\frac{1}{r}} \quad (5.21)$$

bestimmt werden. Im Falle, dass die ε_k ($k = 1, ..., r$) identisch gewählt werden, vereinfacht sich diese Bestimmungsgleichung zu

$$n = \chi^2_{1-\alpha,r} 4 \frac{1}{\varepsilon^2}. \quad (5.22)$$

Neben dieser auf Regelsupportschätzung basierenden Sichtweise kann für die Anwendung eine zweite interessante, auf Itemsupportschätzung basierende Sichtweise mit dem multivariaten Ansatz verfolgt werden, die folgendes Modell voraussetzt. Die einzelnen Transaktionen liegen, wie in Abschnitt 3.2 dargestellt, in binärkodierten Datensätzen vor. Der Mittelwertvektor, der auf dem Stichprobendatenbestand ermittelt wird, ist gemäß den Ausführungen in Abschnitt 4.4.2.1 ein Schätzer für den Mittelwertvektor, der bezüglich des Gesamtdatenbestandes generiert werden würde. Dieser Mittelwertvektor stellt wegen der Binärkodierung gerade den Vektor dar, dessen Komponenten jeweils die Supportwerte der einzelnen Items sind.

Bei dieser Art der Schätzung lassen sich indirekt Aussagen über die Regelsupportwerte ableiten, da wie in Abschnitt 5.2.1.2 erläutert, die Struktur der Items, die sich in den Regeln widerspiegelt, berücksichtigt wird. Das heißt, wenn die Supportwerte aller Items hinreichend genau geschätzt werden, so kann damit auch auf die Regelgenauigkeit geschlossen werden.[363] Der notwendige Stichprobenumfang für die simultane Schätzung der Itemsupportwerte kann genauso bestimmt werden wie oben für die simultane Regelsupportschätzung dargestellt. Für jedes zu betrachtende Item wird dazu ein Faktor für die Abweichung des Schätzwertes bezüglich der Standardabweichung festgelegt, woraus dann der notwendige Stichprobenumfang bestimmt wird. Die Schätzer der Regelsupportwerte der auf diesem Stichprobenumfang basierenden Assoziationsanalyse können unter der Annahme, dass die Itemsupportwerte hinreichend genau geschätzt worden sind, als genau genug angenommen werden. Es ist allerdings nicht möglich, direkt Abweichungsmaße bezüglich dieser Regelsupportwerte zu bestimmen.

363 Der Regelsupport einer Regel R kann dadurch geschätzt werden, dass zusätzlich zu binärkodierten Itemattributen ein Indikatorattribut an die Datensätze angehängt wird, in dem das Ereignis „Datensatz unterstützt die Regel R" kodiert ist. Im Falle einer geringen Anzahl aller möglichen generierbaren Regeln kann für jede einzelne Regel ein Indikatorattribut an den Binärdatensatz angefügt und sämtliche zugehörigen Supportwerte simultan geschätzt werden.

Zu beachten ist, dass die Itemsupportwerte im Allgemeinen nicht durch ein Assoziationsanalyseverfahren angegeben werden, da damit keine Assoziationsregel verbunden ist. In obigem Ansatz ist die Vorstellung des multidimensionalen Schätzers nur für die Bestimmung eines hinreichend genauen Stichprobenumfangs notwendig.[364]

5.2.3 Regelentdeckung

Bei der stichprobenbasierten Assoziationsanalyse tritt als drittes Problemfeld das der Regelentdeckung auf. Dabei steht nicht die Abweichung des geschätzten Supportwertes vom tatsächlich vorliegenden Supportwert im Vordergrund, sondern die durch diese Abweichungen entstehenden Fehler bezüglich der Anzeige von Regeln. Wie in Abschnitt 3.3.1 dargestellt, werden nur solche Regeln generiert, die einen bestimmten Mindestsupport aufweisen. Durch die entstehenden Abweichungen bei den Schätzwerten können zwei Arten von Fehlern auftreten.

Einerseits existieren Regeln, deren Supportwert eine Mindestsupportschranke überschreitet, deren Schätzer jedoch kleiner als der Mindestsupportwert ist. Das bedeutet, dass im Gesamtdatenbestand existierende Regeln im Stichprobendatenbestand nicht vorliegen und somit nicht erkannt werden. Im Folgenden wird dieser Fehler als Fehler erster Art bezeichnet.

Andererseits kann auf Basis des Stichprobenbestandes eine Regel generiert werden, deren wirklicher Supportwert kleiner ist als der Mindestsupportwert. In diesem Fall werden Regeln generiert, die nicht bei der Analyse des Gesamtdatenbestandes vorkommen. Diese Fehlerart wird Fehler zweiter Art genannt.

Abb. 5.4 verdeutlicht diese beiden Fehlerarten für eine Regel. In der oberen Hälfte ist der Fehler erster Art dargestellt, da der wahre Support P größer als die Mindestsupportschranke MinSup ist, während der entsprechende im Stichprobendatenbestand vorkommende Supportwert p kleiner als MinSup ist, was bedeutet, dass diese Regel nicht angezeigt werden würde. In der unteren Hälfte der Abbildung ist der Fehler zweiter Art bezüglich einer Regel dargestellt, da der wahre Supportwert P kleiner als MinSup ist, während der Schätzer p größer als MinSup ist und die Regel somit fälschlicherweise angezeigt werden würde.

---

[364] Eine interessante Anwendung, in welcher der geschätzte Supportvektor benötigt wird, zeigt sich, wenn die Supportwerte der Items als Grundlage eines Verfahrens zur Assoziationsregelgenerierung vorausgeschätzt werden sollen. Eine derartige Möglichkeit ist in *Agrawal, Imielinski und Swami (1993, S. 210)* unter dem Begriff „expected support" angegeben.

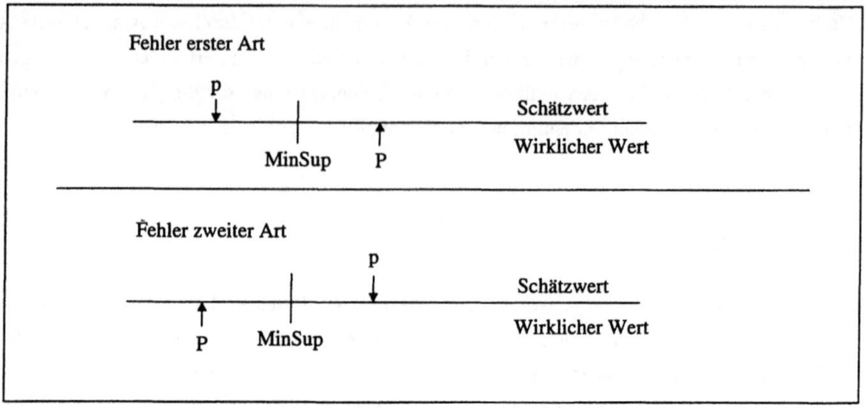

Abb. 5.4: Fehlerarten bei Regelerkennung

Die dargestellten Fehler lassen sich durch Ansätze über Konfidenzintervalle (Abschnitt 5.2.3.1) sowie über die Testtheorie (Abschnitt 5.2.3.2) einschränken.

5.2.3.1 Ansatz über Konfidenzintervalle

In Abschnitt 5.2.2 wurde gezeigt, wie groß ein Stichprobenumfang zu wählen ist, damit ein auf p basierendes Konfidenzintervall den wahren Parameterwert P mit einer Wahrscheinlichkeit $1 - \alpha$ überdeckt, wobei zusätzlich die Abweichung einer Grenze des Intervalls zum Wert p eingeschränkt war. Diese Abweichung konnte als absoluter Wert d oder als Faktor δ vom Supportwert angegeben werden. Für die folgenden Ausführungen wird zwischen diesen Ausprägungen nicht unterschieden, sondern die Abweichung mit e angegeben.

Da sichergestellt ist, dass die Abweichung e mit Wahrscheinlichkeit von $1 - \alpha$ nicht überschritten wird, besitzen mit einer Wahrscheinlichkeit von $1 - \alpha$ Regeln, deren Supportschätzer p größer als MinSup+e ist, einen wahren Supportwert P von mindestens MinSup. Damit werden alle Regeln, deren Supportschätzer größer als MinSup+e ist, auch mit Wahrscheinlichkeit von $1 - \alpha$ korrekterweise als tatsächlich vorliegende Regeln erkannt.

Regeln, deren Supportschätzer p kleiner als MinSup-e ist, besitzen mit Wahrscheinlichkeit von $1 - \alpha$ im Gesamtdatenbestand einen Supportwert P kleiner als MinSup. Deshalb ist es richtig, dass diese Regeln nicht angezeigt werden. Abb. 5.5 dient der grafischen Verdeutlichung dieser beiden Fälle.

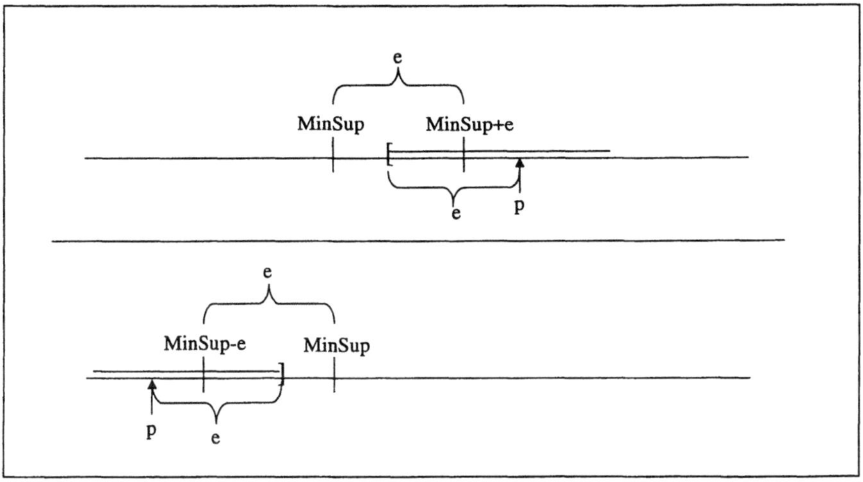

Abb. 5.5: Mögliche Lagen der Supportschätzer

Die obere Hälfte zeigt den Bereich, in dem der Schätzer p größer als MinSup+e ist, und somit P mit einer Wahrscheinlichkeit von 1 - α von dem doppelt markierten Bereich überdeckt wird, was bedeutet, dass diese Regel auch im Gesamtdatenbestand vorliegt. Der untere Bereich zeigt den Fall, dass p kleiner als MinSup-e ist, was bedeutet, dass mit einer Wahrscheinlichkeit von 1 - α der Supportwert P von dem doppelt markierten Bereich überdeckt wird und somit die Regel auch nicht im Gesamtdatenbestand vorliegt. Bei den markierten Bereichen ist es unerheblich, ob das zugehörige Konfidenzintervall einseitig oder zweiseitig ist, da es nur auf jeweils eine Grenze ankommt. Ist also ein Stichprobenumfang derart gewählt, dass das Konfidenzintervall mit maximaler Abweichung e mit einer Wahrscheinlichkeit von 1 - α den wahren Supportwert überdeckt, so werden Regeln, bei denen p größer als MinSup+e ist, mit einer Wahrscheinlichkeit von 1 - α korrekt angezeigt und Regeln, bei denen p kleiner als MinSup-e ist, mit Wahrscheinlichkeit von 1 - α korrekterweise nicht angezeigt.

Problematisch bleibt damit der Bereich, in welchem der Supportschätzer p einen Wert zwischen MinSup-e und MinSup+e annimmt. In diesem Bereich kann keine eindeutige Aussage über die Fehlerklasse geleistet werden. Obige Betrachtungen zeigen aber einen Vorschlag auf, mit dem der Fehler erster Art oder der Fehler zweiter Art eingeschränkt werden kann.

Im Folgenden wird davon ausgegangen, dass ein Stichprobendatenbestand derartig ausgewählt wurde, dass die entsprechenden oberen bzw. unteren Grenzen der Konfidenzintervalle um nicht mehr als e vom Supportschätzer p abweichen. Die Abweichung e kann dabei einerseits als absolute Abweichung d definiert werden, wobei dann e = d gilt. Eine zweite Möglichkeit ist, e durch einen Faktor δ vom Mindestsupportwert darzustellen, so dass in diesem Fall gilt $e = \delta \cdot MinSup$.

Um den Fehler erster Art einzuschränken, kann, wenn eine Analyse auf dem Gesamtdatenbestand mit einem Mindestsupportwert MinSup durchgeführt werden soll, der Mindestsupportwert bei der Analyse auf dem Stichprobenbestand als MinSup-e gewählt werden.

In diesem Fall würden mit Wahrscheinlichkeit 1 - α alle Regeln angezeigt, deren wahrer Supportwert P größer als MinSup ist, was sich folgendermaßen einsehen lässt. Es werden nur die Regeln nicht generiert, deren Schätzer p kleiner als MinSup-e sind. Derartige Regeln besitzen aber mit einer Wahrscheinlichkeit von 1 - α nicht einen wahren Supportwert von mindestens MinSup. Folglich werden mit einer Wahrscheinlichkeit von 1 - α alle Regeln generiert, die einen Supportwert von mindestens MinSup besitzen. Damit wäre der Fehler erster Art eingeschränkt auf eine Auftretenswahrscheinlichkeit von α, die bedeutet, dass bei einer großen Anzahl von Regeln ein Anteil von ungefähr α in der Stichprobe nicht generiert werden, obwohl sie im Gesamtdatenbestand vorliegen.

Um den Fehler zweiter Art einzuschränken, kann, wenn eine Analyse auf dem Gesamtdatenbestand mit einem Mindestsupportwert MinSup durchgeführt werden soll, der Mindestsupportwert bei der Analyse auf der Stichprobe als MinSup+e gewählt werden.

Hierbei würden mit Wahrscheinlichkeit 1 - α alle Regeln nicht angezeigt, deren wahrer Supportwert kleiner als MinSup ist. Dieses gilt, da nur diejenigen Regeln generiert würden, deren Supportschätzer größer als MinSup+e ist, woraus folgt, dass die zugehörigen wahren Supportwerte mit einer Wahrscheinlichkeit von 1 - α einen Wert von mindestens MinSup besitzen müssen. Damit wäre der Fehler zweiter Art eingeschränkt auf eine Auftretenswahrscheinlichkeit von α, die bedeutet, dass bei einer großen Anzahl von Regeln ein Anteil von rund α in der Stichprobe generiert wird, obwohl die Regeln nicht im Gesamtdatenbestand existieren.

Beachtenswert ist bei oben vorgeschlagenen Vorgehen zur Steuerung des Fehlers erster bzw. zweiter Art, dass die Genauigkeit noch höher als 1 - α ist, wenn die Bestimmung des Stichprobenumfangs auf der Vorgabe eines absoluten Fehlers basiert. Das liegt daran, dass der Stichprobenumfang größer gewählt wurde als notwendig, da bei der Berechnung des Stichprobenumfangs der Wert P_o > MinSup eingesetzt wurde, um auch bei großen Supportwerten die maximale Abweichung von d mit Wahrscheinlichkeit von 1 - α sicherzustellen.

In dem bisher vorgestellten Ansatz konnte entweder der Fehler erster Art oder der Fehler zweiter Art eingeschränkt werden. Eine Möglichkeit, beide Fehler gleichzeitig einzuschränken, war allerdings nicht direkt möglich. Hierfür können jedoch Aussagen der Testtheorie verwendet werden.

5.2.3.2 Ansatz über Testtheorie

Wenn nur die Regelentdeckung unabhängig von den Abweichungen der geschätzten Supportwerte zu den wirklichen Supportwerten betrachtet werden soll, bieten die in Abschnitt 4.5 dargestellten Konzepte der Testtheorie weitere Möglichkeiten, einen notwendigen Stichprobenumfang zu bestimmen, um statistisch signifikante Aussagen über die Regelentdeckung treffen zu können.

Hierbei wird von der Vorstellung ausgegangen, dass zu jedem Supportwert eine Hypothese gebildet wird, die durch eine Stichprobe überprüft werden soll. Mit dem auf Grundlage der Stichprobe geschätzten Supportwert p wird dann die Prüfgröße Z mit dem Prüfkriterium verglichen.

Zunächst wird die Hypothese zum Niveau α

$$H_0: P \geq \text{MinSup} \text{ gegen } H_1: P < \text{MinSup}$$

gebildet, was bedeutet, dass ein Test durchgeführt werden soll, in dem der Fehler erster Art, dass die Nullhypothese abgelehnt wird, obwohl der wahre Supportwert P größer als MinSup ist, mit einer Wahrscheinlichkeit von höchstens α auftritt. Gleichzeitig soll gefordert werden, dass die Wahrscheinlichkeit, dass ein Fehler zweiter Art bezüglich des Wertes MinSup-e mit einer Wahrscheinlichkeit von höchstens β eintritt. Das bedeutet, dass die Prüfgröße ein Annehmen der Nullhypothese indiziert, obwohl der wahre Supportwert P sogar kleiner ist als MinSup-e.

Die Prüfgröße dieses Tests ist gemäß Formel (4.77)

$$Z = \frac{n \cdot p - n \cdot \text{MinSup}}{\sqrt{n \cdot \text{MinSup}(1 - \text{MinSup})}} \tag{5.23}$$

und die Entscheidung lautet, H_0 zu verwerfen, wenn $Z < u_\alpha$ gilt. Dabei muss die notwendige Stichprobengröße nach Formel (4.78) durch

$$n \geq \left(\frac{u_{1-\alpha}\sqrt{\text{MinSup}(1 - \text{MinSup})} + u_{1-\beta}\sqrt{(\text{MinSup} - e)(1 - (\text{MinSup} - e))}}{e} \right)^2 \tag{5.24}$$

bestimmt werden.

Die Bedingung für das Verwerfen der Nullhypothese kann auch durch

$$p < \text{MinSup} - \frac{u_{1-\alpha}}{\sqrt{n}}\sqrt{\text{MinSup}(1-\text{MinSup})} \tag{5.25}$$

dargestellt werden.[365]

Damit ist folgendes Verfahren zu empfehlen. Es werden eine Mindestsupportschranke MinSup, eine Wahrscheinlichkeit α für den Fehler 1. Art, eine Wahrscheinlichkeit β für den Fehler 2. Art sowie ein Abweichungswert e für diesen Fehler angegeben. Auf deren Grundlage wird ein Stichprobenumfang berechnet und eine Stichprobe gezogen. Diese findet bei einer Assoziationsanalyse Verwendung, die mit einem Mindestsupportwert von $\text{MinSup} - \frac{u_{1-\alpha}}{\sqrt{n}}\sqrt{\text{MinSup}(1-\text{MinSup})}$ durchgeführt wird. Dadurch besitzen alle durch diese Analyse generierten Regeln einen Supportwert, der so groß ist, dass die Nullhypothese nicht abgelehnt werden darf. Die Wahrscheinlichkeit, dass eine Regel, deren wahrer Supportwert P größer als MinSup ist, nicht in der Stichprobe enthalten ist, beträgt nach Konstruktion des Testes gerade α. Weiterhin besitzt eine Regel, deren wirklicher Supportwert kleiner als MinSup-e ist, nur mit einer Wahrscheinlichkeit von β einen geschätzten Supportwert größer als MinSup.

Mit diesem Ansatz kann also eine Stichprobengröße abgeleitet werden, so dass simultan Aussagen über den Fehler erster und zweiter Art möglich sind. Weiterhin kann nach Durchführung der Assoziationsanalyse mittels Konfidenzintervallen auf die Genauigkeit der Schätzer eingegangen werden.

365 Dies geschieht durch Umstellen der Formel (5.23) nach p unter Beachtung, dass $Z < u_\alpha$ gelten soll und $u_\alpha = -u_{1-\alpha}$ ist.

5.2.4 Handlungsempfehlung

Zusammenfassend kann folgende Handlungsempfehlung gegeben werden. Soll eine Assoziationsanalyse auf der Basis einer Stichprobe durchgeführt werden, so ist zunächst die Anspruchswahrscheinlichkeit anzugeben, mit welcher die Konfidenzintervalle die tatsächlich vorkommenden Supportwerte überdecken sollen.

Anschließend müssen Genauigkeitsanforderungen definiert werden, wobei mehrere Möglichkeiten existieren. Erstens muss entschieden werden, ob die maximal tolerierte Abweichung als relativer oder absoluter Wert vorgegeben werden soll. Die Entscheidung darüber hängt von der Art der Assoziationsregeln ab. Die Vorgabe einer absoluten Abweichungsgrenze ist unabhängig von der tatsächlichen Größe des Supportwertes. Insbesondere, wenn sehr große und dazu verhältnismäßig kleine Supportwerte geschätzt werden sollen, wird der notwendige Stichprobenumfang von der Genauigkeitsanforderung der großen Supportwerte determiniert, was zu unnötig großen Stichprobenumfängen führen kann, da Regeln mit großen Supportwerten oftmals nicht interessant sind. In einem solchen Fall ist zu überlegen, ob besser eine maximale relative Abweichungsschranke vorgegeben werden soll.

Zweitens muss entschieden werden, ob die Supportwerte durch zweiseitige oder durch einseitige Konfidenzintervalle abgeschätzt werden sollen. Auch hier hängt die Entscheidung vom Untersuchungsziel ab. Wenn die Interessantheit einer Regel mit dem Supportwert bewertet werden soll, ist es beispielsweise ausreichend, nur eine untere Abweichung vorzugeben. Damit haben die generierten Regeln einen Supportwert, der mit einer Wahrscheinlichkeit von $1 - \alpha$ größer ist als die untere Konfidenzintervallgrenze. Wenn der wahre Supportwert höher ist, wäre das in vielen Anwendungsfällen nicht von Bedeutung.

Auf Grundlage der Genauigkeitsanforderungen wird dann mit einer entsprechenden Formel der Stichprobenumfang berechnet und die Stichprobe gezogen.

Zuletzt wird eine Assoziationsanalyse auf dem Stichprobendatenbestand durchgeführt, wobei der Mindestsupportwert entsprechend der Abschätzung der Fehlerauftrittswahrscheinlichkeit des Fehlers erster oder zweiter Art vorzunehmen ist.

Die generierten Regeln können dann im Rahmen der vorgegebenen Genauigkeitsgrenzen analysiert werden.

5.3 Anwendung der erstellten Konzepte

Während in den vorangehenden Abschnitten die theoretischen Konzepte für eine Anwendung der stichprobenbasierten Assoziationsanalyse dargestellt worden sind, wird in diesem Abschnitt diese Anwendbarkeit empirisch nachgewiesen. Dazu wurden einige Experimente an künstlich erzeugten Datenbeständen durchgeführt, wobei das Untersuchungsziel darin lag, die Genauigkeit der auf Basis der Stichprobe erstellten Regelmaße festzustellen.[366] Eines der durchgeführten Experimente wird im Folgenden dargestellt.

Es wurde ein Datenbestand mit 100.000 Datensätzen erzeugt, in dem sechs Regeln mit den zugehörigen Support- und Konfidenzwerten vorgegeben waren. Von diesem Gesamtdatenbestand wurden mit dem in Abschnitt 4.2.1 vorgestellten Bernoulli-Sampling Stichproben vom Umfang 10 %, 5 % und 1 % gezogen.[367] Auf den so generierten Datenbeständen wurden mit dem Analysewerkzeug IBM Intelligent Miner Assoziationsanalysen mit einem Mindestsupportwert von 1 % durchgeführt, der gering genug war, um sämtliche im Datenbestand vorhandenen Regeln zu erzeugen.

Die Analysezeiten waren aufgrund der geringen Komplexität der Regeln sowie des geringen Datenvolumens sehr kurz. Für die Analyse des Gesamtdatenbestandes wurden auf einem Computer mit zwei Pentium-2-Prozessoren (je 400 GHz Taktfrequenz) und 1 GB Hauptspeicher 18 Sekunden benötigt, während die Analyse des 10%-Stichprobenbestandes nur 7 Sekunden in Anspruch nahm. Diese Zeit ist die Mindestzeit, die das verwendete Analysewerkzeug für eine Analyse benötigt. Ausführliche Zeitbetrachtungen sollen mit dieser Untersuchung nicht durchgeführt werden, sondern nur die Genauigkeit der Supportschätzer dargestellt werden.

Die Regelmengen mit den zugehörigen Regelparametern Support und Konfidenz sind in Tab. 5.1 zusammengefasst. In der ersten Spalte sind die Regeln angegeben, woran sich die zugehörigen Support- und Konfidenzwerte der Grundgesamtheit anschließen. Die Ganzzahligkeit dieser Werte ergibt sich daraus, dass der Datenbestand aus zusammengesetzten, künstlich erzeugten Daten besteht. In den nachfolgenden Hauptspalten der Tab. 5.1 sind die zu den Regeln gehörigen Support- und Konfidenzwerte angegeben, die durch die Analyse auf Grundlage des jeweiligen Stichprobendatenbestandes bestimmt worden sind.

---

366 Die daraus resultierenden zeitlichen Gewinne, die hauptsächlich den Vorteil dieses Verfahrens ergeben, werden anhand des Datenbestandes aus der Praxis im nachfolgenden Kapitel dargestellt.

367 Dieses Stichprobenselektionsverfahren ist im Analysewerkzeug IBM Intelligent Miner integriert und liefert, wie in Abschnitt 4.2.1 erläutert, Stichproben mit für die Praxis ausreichenden, aber nicht exakten Stichprobenumfängen. Die jeweilige Stichprobengröße ist in Tab. 5.1 angegeben.

	Grundgesamtheit N = 100.000		10%-Stichprobe n = 9.825		5%-Stichprobe n = 5.063		1%-Stichprobe n = 1.065	
Regel	**Sup(%)**	**Konf(%)**	**Sup(%)**	**Konf(%)**	**Sup(%)**	**Konf(%)**	**Sup(%)**	**Konf(%)**
[a] ==> [b]	20,00	50,00	19,12	49,11	19,38	48,88	21,50	52,05
[c] ==> [d]	10,00	50,00	10,48	49,52	9,78	49,75	10,05	47,14
[e] ==> [f]	5,00	50,00	4,99	49,54	5,17	51,88	5,63	55,05
[g] ==> [h]	5,00	50,00	4,72	47,98	5,45	51,49	4,79	52,04
[i] ==> [j]	5,00	50,00	5,09	49,80	5,10	49,90	4,60	49,49
[k] ==> [l]	5,00	50,00	4,63	47,45	4,88	49,11	4,60	53,26

Tab. 5.1: Vergleichende Analyseergebnisse

Die Werte in Tab. 5.1 zeigen eine größer werdende Abweichung des Schätzwertes von den tatsächlich vorkommenden Werten. Die Schätzer weisen aber selbst bei der Analyse des geringen 1%-Stichprobendatenbestandes Abweichungen von höchstens 10 % auf. Diese Genauigkeit gilt sowohl für den Supportwert als auch für den aus Supportwerten zusammengesetzten Konfidenzwert.

Im Folgenden wird die Anwendung der in Abschnitt 5.2 dargestellten theoretischen Konzepte auf die generierten Regeln dargestellt. Dabei wird zunächst gezeigt, wie aus den Schätzern auf die wahren Supportwerte geschlossen werden kann. Darüber hinaus werden für jeden Stichprobendatenbestand Parameter wie beispielsweise Genauigkeitsanforderungen angegeben, die bei einer Stichprobenumfangsbestimmung zu den verwendeten Stichprobenumfängen geführt hätten. Die Einhaltung der geforderten Genauigkeiten wird anhand der Auswertung sichtbar.

Tab. 5.2 gibt die Auswertungen bezüglich der Regeln an, die auf Grundlage des 10%-Stichprobendatenbestandes generiert wurden. In der ersten Spalte ist die jeweilige Regel aufgeführt, während in der zweiten Spalte die gemessenen Supportwerte angezeigt werden. Spalte 3 zeigt die gemäß Formel (5.1) berechnete Standardabweichung des Schätzers und Spalte 4 den daraus resultierenden Variationskoeffizienten. In den nachfolgenden Spalten sind untere bzw. obere Grenzen von univariaten Konfidenzintervallen zum Anspruchsniveau 90 % sowie zum Anspruchsniveau 99 % angegeben. Diese Grenzen sind gemäß Formel (5.3) bestimmt worden. Die letzte Hauptspalte stellt die simultanen aus dem multivariaten Ansatz bestimmten Konfidenzintervalle dar. Zur Berechnung wurde Formel (5.6) angewendet, wobei der Parameter r, die Anzahl der zu messenden Regeln, den Wert 6 besitzt und das Anspruchsniveau 99,9 % beträgt.

Regel	Support in %	STD(p) in %	Vark. in %	90%-Konf.		99%-Konf.		Simultan 99,9 %	
[a]==>[b]	19,12	0,38	1,97	18,50	19,74	18,15	20,10	17,24	21,01
[c]==>[d]	10,48	0,29	2,80	10,00	10,97	9,73	11,24	9,02	11,95
[e]==>[f]	4,99	0,21	4,18	4,64	5,33	4,45	5,52	3,95	6,03
[g]==>[h]	4,72	0,20	4,30	4,39	5,06	4,20	5,25	3,71	5,74
[I]==>[j]	5,09	0,21	4,14	4,74	5,44	4,55	5,63	4,04	6,14
[k]==>[l]	4,63	0,20	4,35	4,30	4,96	4,11	5,15	3,63	5,64

Tab. 5.2: Schätzer der 10%-Stichprobe

Der Variationskoeffizient zeigt, dass der durch die Stichprobe bestimmte Wert im Mittel nicht mehr als 4,35 % vom tatsächlich vorkommenden Wert abweicht. Anhand der Konfidenzintervalle ist zu erkennen, in welchen Bereichen der wahre Supportwert mit einer Wahrscheinlichkeit von 90 % bzw. 99 % liegt. Bei den Regeln [a]==>[b] und [k]==>[l] ist zu erkennen, dass das univariate Konfidenzintervall mit Anspruchswahrscheinlichkeit von 90 % die zugehörigen Supportwerte von 20 % bzw. 5 % nicht korrekt überdecken. Für alle anderen Konfidenzintervalle ist diese Überdeckung korrekt.

Um ungefähr einen 10-prozentigen Stichprobenumfang zu erhalten, können beispielsweise folgende Parameter gewählt werden.

Wenn ein maximaler absoluter Fehler von $d = 1$ % und eine Fehlerwahrscheinlichkeit von $\alpha = 1$ % gefordert wird, so beträgt nach Formel (5.8) der notwendige Stichprobenumfang $n = 9.599$ unter Beachtung, dass $p = 0{,}2$ der größte Wert ist, der geschätzt werden kann. Die Einhaltung dieser Bedingungen ist in der Spalte des 99%-Konfidenzintervalls gezeigt. Würde eine bezüglich obiger Werte genaue Schätzung für einen maximalen Supportwert von $p = 0{,}05$ angestrebt werden, so würde der notwendige Stichprobenumfang nur $n = 3.056$ Elemente betragen. Der Unterschied zeigt deutlich, dass ein Stichprobenumfang zu groß gewählt wird, wenn große und kleine Supportwerte mit gleicher absoluter Genauigkeit geschätzt werden sollen, weshalb besser die Angabe eines relativen Fehlers gefordert wird.

Wenn ein relativer Fehler von $\delta = 10$ % des wahren Supportwertes mit einer Sicherheitswahrscheinlichkeit von $1 - \alpha = 99$ % eingehalten werden soll, so ist bei einem Mindestsupport von 5 % gemäß Formel (5.15) ein Stichprobenumfang von $n = 11.196$ notwendig. Die Einhaltung dieser Genauigkeitsanforderungen ist ebenfalls anhand der Grenzen des 99%-Konfidenzintervalls erkennbar, die um nicht mehr als 10 % vom geschätzten Supportwert abweichen.

Soll eine Abweichung der Konfidenzgrenzen von den Schätzwerten von nicht mehr als $\varepsilon = 10$ % der Standardabweichungen der zugehörigen Regelsupportwerte mit einer Sicherheitswahrscheinlichkeit von $1 - \alpha = 99{,}9$ % erfüllt sein, so ist nach Formel (5.22) ein Stichprobenumfang von $n = 8.984$ Elementen zu wählen. Die Standardabweichung der Verteilung des Anteilswertes hat beispielsweise für P = 0,05 einen Wert von 0,22 und ist damit im Verhältnis zu P relativ groß.[368] Durch den Faktor ε = 10 % beträgt die Abweichung der Intervallgrenzen vom Schätzwert mit Wahrscheinlichkeit von $1 - \alpha = 99{,}9$ % jedoch weniger als 2,2 Prozentpunkte, was in den letzten Spalten von Tab. 5.2 ersichtlich ist.

Bezüglich der Regelentdeckung ist mit der Erkenntnis, dass der Stichprobenumfang ausreichend ist, um mit einer Sicherheit von 99 % eine absolute Abweichung des Schätzwertes vom tatsächlichen Supportwert von höchstens d = 1% zu garantieren, festzuhalten, dass die Analyse des Stichprobendatenbestandes mit einem Mindestsupportwert von 4 % ausreichend gewesen wäre, um alle Regeln mit einem Supportwert von mindestens 5 % zu entdecken.

Schließlich ist nach Formel (5.24) ein Stichprobendatenbestand von 8.117 ausreichend, damit bei einer Analyse dieses Datenbestandes mit einem Mindestsupportwert von 4,2 % mit Wahrscheinlichkeit von 99 % die Regeln mit einem Support von mindestens 5 % entdeckt werden, während die Regeln, deren Supportwerte höchstens 5 % betragen, mit einer Wahrscheinlichkeit von 90 % nicht mit einem Supportschätzer über 6 % generiert werden.

Bezüglich der Analyse des Datenbestandes, der aus der 5%-Stichprobe resultiert, gibt Tab. 5.3 analog zu Tab. 5.2 die Schätzwerte und deren Genauigkeiten an.

Regel	**Support in %**	**STD(p) in %**	**Vark. in %**	**90%-Konf.**		**99%-Konf.**		**Simultan 99,9 %**	
[a]==>[b]	19,38	0,54	2,79	18,49	20,27	17,98	20,77	17,40	21,35
[c]==>[d]	9,78	0,41	4,16	9,11	10,45	8,73	10,82	8,30	11,26
[e]==>[f]	5,17	0,30	5,86	4,68	5,67	4,39	5,96	4,07	6,28
[g]==>[h]	5,45	0,31	5,70	4,94	5,96	4,65	6,25	4,32	6,58
[I]==>[j]	5,10	0,30	5,91	4,60	5,59	4,32	5,87	4,00	6,19
[k]==>[l]	4,88	0,30	6,05	4,39	5,36	4,12	5,64	3,80	5,95

Tab. 5.3: Schätzer der 5%-Stichprobe

Zu erkennen ist eine größere Ungenauigkeit im Vergleich zu den Ergebnissen der Analyse auf dem 10%-Stichprobendatenbestand. Allerdings ist festzuhalten, dass sämtliche Konfidenzintervalle die wahren Supportwerte überdecken.

Eine Stichprobe vom angegebenen Umfang wird durch die Wahl folgender Genauigkeitsvorgaben erreicht.

---

368 Die Varianz der Verteilung der Werte der Grundgesamtheit (vgl. Formel (4.7)) darf nicht mit der Varianz des Schätzers p, welcher in Tab. 4.1 aufgeführt ist und vom Stichprobenumfang abhängt, gleichgesetzt werden. Der hier angegebene Wert wird berechnet durch $STD(P) = \sqrt{0{,}05 \cdot (1 - 0{,}05)} = 0{,}22$.

Wenn eine absolute Abweichung von d = 1 % bei einer Sicherheitswahrscheinlichkeit von 90 % gefordert wird, ist unter der Annahme, dass die maximalen Supportwerte 20 % nicht übersteigen, ein Stichprobenumfang von n = 4.151 notwendig. Die Spalte bezüglich des 90%-Konfidenzintervalls zeigt, dass diese Abweichung eingehalten wird.

Ein Stichprobenumfang von 4.891 Elementen ist zu ziehen, wenn bei einer Analyse mit einem Mindestsupportwert von 5 % eine relative Abweichung des Schätzwertes zum wahren Supportwert mit einer Wahrscheinlichkeit von 90 % nicht mehr als δ = 10 % dieses Supportwertes betragen soll.

Wird bezüglich der simultanen Konfidenzintervalle mit einer Wahrscheinlichkeit von 95 % eine Abweichung von höchstens 10 % der Standardabweichung des Supportwertes gefordert, so ist ein Stichprobenumfang von mindestens n = 5.037 Elementen erforderlich.

Die Analyse des Stichprobendatenbestandes mit einem Mindestsupport von 4 % führt unter Beachtung der Aussagen zur absoluten Abweichungsvorgabe von d = 1 % gemäß den Konfidenzbetrachtungen bei der Regelerkennung zu einer Regelmenge, die mindestens 90 % der Regeln, die einen Supportwert von mindestens 5 % besitzen, erfasst.

Schließlich kann durch Formel (5.24) bestimmt werden, dass 5.049 Stichprobenelemente ausreichend sind, um bei einer Analyse dieses Datenbestandes mit einem Mindestsupportwert von 4,2 % alle Regeln mit Supportwert von mindestens 5 % mit einer Wahrscheinlichkeit von 95 % zu entdecken und gleichzeitig zu wissen, dass die Regeln, die einen Supportwert von mindestens 6 % besitzen, mit Wahrscheinlichkeit von höchstens 10 % einen wahren Supportwert unter 5 % besitzen.

Bezüglich der Analyse des Datenbestandes, der aus der 1%-Stichprobe resultiert, gibt Tab. 5.4 analog zu Tab. 5.2 die Schätzwerte und deren Genauigkeiten an.

Regel	Support in %	STD(p) in %	Vark. in %	90%-Konf.		99%-Konf.		Simultan 99,9 %	
[a]==>[b]	21,50	0,56	2,62	20,58	22,43	20,05	22,95	19,62	23,39
[c]==>[d]	10,05	0,41	4,10	9,37	10,72	8,99	11,11	8,67	11,43
[e]==>[f]	5,63	0,32	5,60	5,11	6,15	4,82	6,45	4,58	6,69
[g]==>[h]	4,79	0,29	6,11	4,31	5,27	4,04	5,54	3,81	5,77
[I]==>[j]	4,60	0,29	6,24	4,13	5,07	3,86	5,34	3,64	5,56
[k]==>[l]	4,60	0,29	6,24	4,13	5,07	3,86	5,34	3,64	5,56

Tab. 5.4: Schätzer der 1%-Stichprobe

Im Vergleich zu den in Tab. 5.2 und Tab. 5.3 angegebenen Werten ist hier eine weitere Verschlechterung der Genauigkeit zu erkennen. Trotzdem überdecken sämtliche Konfidenzintervalle die tatsächlich vorliegenden Supportwerte.

Im Folgenden werden für die verschiedenen Arten von Genauigkeitsanforderungen wieder beispielhaft Parameter angegeben, die zu einem Stichprobenumfang von etwa der oben betrachteten Größe führen.

Bei Vorgabe einer maximalen absoluten Abweichung d = 2 % ist unter der Annahme, dass der größte zu schätzende Supportwert 20 % beträgt, ein notwendiger Stichprobenumfang von n = 1.083 zu ziehen bei einer Sicherheitswahrscheinlichkeit von 90 %.

Wenn eine relative Abweichung von maximal δ = 20 % des wahren Supportwertes mit einer Wahrscheinlichkeit von 90 % gewährleistet werden soll, ist bei einem Mindestsupport von 5 % ein Stichprobenumfang von 1.270 Elementen zu wählen.

Für den multivariaten Ansatz ist bei einer Abweichung von maximal ε = 20 % der Standardabweichung der Verteilung des Supportwertes und einer Sicherheitswahrscheinlichkeit von 90 % eine Stichprobe vom Umfang n = 1.065 zu ziehen.

Unter Beachtung, dass der relative Fehler mit δ = 20 % bei einem Mindestsupportwert von 5 % gerade 1 % beträgt, führt unter Beachtung der oben angegebenen Aussage bezüglich der relativen Abweichungsvorgabe und des in Abschnitt 5.2.3.1 vorgeschlagenen Verfahrens eine auf diesem Stichprobendatenbestand mit einem Mindestsupportwert von 4 % durchgeführte Assoziationsanalyse zu einer Regelerkennung von mindestens 90 % der Regeln, die einen Supportwert von mindestens 5 % besitzen.

Wird eine Stichprobe der Größe n = 1.150 gewählt, so werden bei einer Analyse dieses Datenbestandes mit einem Mindestsupportwert von 3,3 % mit einer Wahrscheinlichkeit von 95 % alle Regeln, die einen Support von mindestens 5 % besitzen, erkannt, während höchstens 10 % der Regeln mit einem kleineren, wahren Support als 5 % als Regeln mit einem Support von mehr als 7 % generiert werden.

Durch die vorgestellten Analysen wurde gezeigt, dass die Ergebnisse einer Assoziationsanalyse basierend auf einem Stichprobendatenbestand gute Annäherungen an die tatsächlich vorliegenden Sachverhalte sind. Gleichzeitig wurden einige Beispiele angegeben, wie die in Abschnitt 5.2 hergeleiteten theoretischen Konzepte für praktische Durchführungen angewendet werden können.

Die Vorteile der stichprobenbasierten Assoziationsanalyse ergeben sich aus der Verarbeitung eines geringeren Datenvolumens. Insbesondere können damit Assoziationsanalysen in sehr kurzer Zeit durchgeführt werden, wie es in folgender Anwendung dargestellt wird.

6 Anwendung der stichprobenbasierten Assoziationsanalyse für Problemstellungen aus der Telekommunikationsbranche

In diesem Kapitel wird eine neue Anwendungsmöglichkeit der stichprobenbasierten Assoziationsanalyse zur Erkennung von Regeln über Fehler aufgezeigt, die im festnetzgebundenen Fernsprechnetz bei der Zusammenschaltung von Netzen verschiedener Betreiber auftreten.

Im ersten Abschnitt 6.1 wird kurz das Umfeld der Anwendung beschrieben, welches die Struktur dieses Fernsprechnetzes unter Berücksichtigung verschiedener Netzbetreiber beinhaltet. Anschließend erfolgt in Abschnitt 6.2 eine Problembeschreibung und die Beschreibung der daraus abgeleiteten Aufgabenstellung, zu deren Erfüllung in Abschnitt 6.3 die Durchführung der stichprobenbasierten Assoziationsanalyse erläutert wird. Schließlich wird in Abschnitt 6.4 anhand des Vergleichs der Analysezeiten sowie der Genauigkeit der Regeln in Bezug zur Analyse auf dem Gesamtdatenbestand die stichprobenbasierte Assoziationsanalyse beurteilt.

6.1 Umfeld der Anwendung

Die folgenden Ausführungen beinhalten die Grundlagen, die für das Verständnis der Anwendung notwendig sind. Zunächst wird die allgemeine Struktur des festnetzgebundenen Fernsprechnetzes vorgestellt (Abschnitt 6.1.1), woran sich die Einbindung von Interconnectionspartnern anschließt (Abschnitt 6.1.2).

6.1.1 Struktur des festnetzgebundenen Fernsprechnetzes

Das festnetzgebundene Fernsprechnetz (Festnetz) ist ein spezielles Telekommunikationsnetz[369], welches zur leitungsvermittelten[370] Kommunikation von Kommunikationspartnern genutzt wird. Ein solches Netz besteht aus Übertragungswegen (Kanten des Netzes) und Vermittlungsstellen (Knoten des Netzes), welche durch digital gesteuerte Vermittlungselemente realisiert sind und sich zunächst in Teilnehmervermittlungsstellen, an die Teilnehmer angeschlossen sind, und in Durchgangsvermittlungsstellen, deren Aufgabe die Verbindung zwischen Netzknoten ist, differenzieren lassen.[371]

Damit kann ein Netz mit mehreren Hierarchiestufen gebildet werden. Auf der untersten Ebene befinden sich die Zugangsnetze, welche die Teilnehmervermittlungsstellen umfassen und auch als Ortsnetze bezeichnet werden.[372] Unterschiedliche Ortsnetze werden durch das sogenannte nationale Fernnetz verbunden, welches aus Durchgangsvermittlungsstellen und deren Verbindungen besteht. Innerhalb des Fernnetzes sind zusätzlich verschiedene Ebenen von Knoten unterscheidbar, die insbesondere das Regionalnetz und das Weitverkehrsnetz bilden. Unterschiedliche nationale Netze werden durch das internationale Netz verbunden.[373] Abb. 6.1 zeigt die Struktur eines nationalen festnetzgebundenen Fernsprechnetzes mit den einzelnen Hierarchiestufen.

369 Unter Telekommunikationsnetz definiert die Regulierungsbehörde für Telekommunikation und Post (RegTP) in § 3 Abs. 21 TKG „... die Gesamtheit der technischen Einrichtungen ..., die zur Erbringung von Telekommunikationsdienstleistungen oder zu nichtgewerblichen Telekommunikationszwecken dient ...". Klassifizierungsmerkmale für Telekommunikationsnetze sind beispielsweise bei *Gerhard et al. (2000, S. 87)* angegeben. Hierbei und im Folgenden beziehen sich die Ausführungen auf das Telekommunikationsgesetz (TKG) in der Fassung vom 25.07.1996.

370 Zum Begriff leitungsvermittelt vgl. etwa *Häckelmann, Petzold und Strahinger (2000, S. 120)*, *Siegmund (2002, S. 111)* sowie *Gerhard et al. (2000, S. 91)*.

371 Vgl. *Siegmund (2002, S. 114)*.

372 Wie *Frohberg (2000, S. 291 ff.)* ausführt, können die im Ortsnetz liegenden Vermittlungsstellen je nach Aufgabe weiter differenziert werden in Ortsvermittlungsstellen, Teilvermittlungsstellen und Endvermittlungsstellen.

373 Vgl. *Siegmund (2002, S. 111)*.

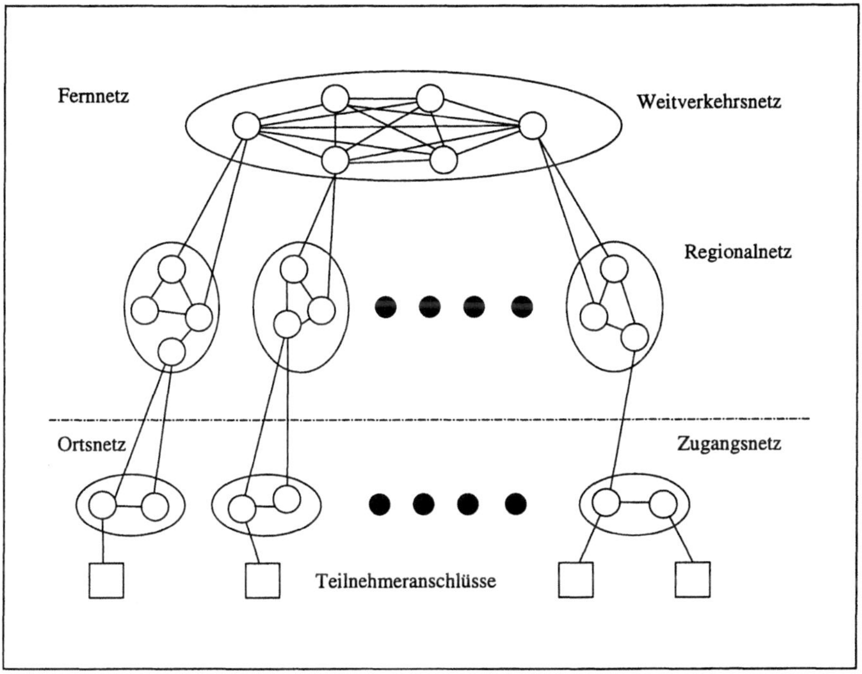

Abb. 6.1: Struktur des festnetzgebundenen Fernsprechnetzes[374]

Die Hierarchie des Fernsprechnetzes spiegelt sich in der Struktur der Teilnehmerrufnummern wider. Innerhalb eines Ortnetzes können Teilnehmer direkt durch Wahl der eigentlichen Teilnehmerrufnummer verbunden werden. Bei einer Verbindung mit einem Teilnehmer in einem anderen nationalen Ortsnetz ist die sogenannte Ausscheidungsziffer „0“ zu wählen, woran sich die entsprechende Ortsnetzkennzahl des angerufenen Teilnehmers anschließt. Erst dann erfolgt die Wahl der eigentlichen Rufnummer. Soll eine internationale Verbindung hergestellt werden, so ist die Ausscheidungskombination „00“ zu wählen, dann der Ländercode, dann die Ortsnetzkennzahl und schließlich die eigentliche Rufnummer. Anhand dieser Rufnummernstruktur findet die Vermittlung statt, wobei jede Vermittlungsstelle mittels Routingtabellen

[374] In Anlehnung an *Siegmund (2002, S. 35).*

eine Verbindung zur nächsten Vermittlungsstelle herstellt, bis der angerufene Anschluss erreicht ist.[375]

Das Fernsprechnetz der Deutschen Telekom AG (DTAG) in der Bundesrepublik Deutschland besitzt im Prinzip einen hierarchischen Aufbau, der allerdings Zwischenverbindungen zwischen einzelnen Knoten der Regionalebene (Bereichsvermittlungsstellen) oder der Ortsnetzebene (Teilnehmervermittlungsstellen) zulässt. Zusätzlich können Teilnehmer direkt an Bereichsvermittlungsstellen angeschlossen sein. Auf unterster Ebene umfasst das Netz der DTAG derzeit 1638 Teilnehmervermittlungsstellen und 469 Bereichsvermittlungsstellen. Das Weitverkehrsnetz besteht aus 23 vollständig vermaschten Vermittlungsstellen.[376]

6.1.2 Einbindung der Interconnectionspartner

Im Zuge der Liberalisierung des Telekommunikationsmarktes sind neue Netzbetreiber, die auch Carrier oder Interconnectionspartner (ICP) genannt werden, neben den bereits bestehenden, staatlichen Netzbetreibern aufgetreten, die Verbindungsleistungen für Kommunikationspartner erbringen.[377] Im Folgenden wird zunächst die Netzstruktur der Interconnectionspartner erläutert, anschließend die Abrechnung der Interconnectionsgespräche und schließlich die Verkehrströme, nach denen diese Verbindungen untergliedert werden können.

---

375 Vgl. *Siegmund (2002, S. 112 f.)*. Diese Systematik in den Nummern resultiert aus der Struktur des sogenannten analogen Fernsprechnetzes, welches durch elektromechanische Wähler gesteuert wurde, wie in *Haaß (1997, S. 526 ff.)* erläutert. Für die heutigen digitalen Fernsprechnetze wäre eine derartige Nummernhierarchie prinzipiell nicht zwingend erforderlich, wird aber insbesondere wegen der Zuordnung verschiedener Dienste beibehalten. Vgl. zur Neuordnung der Rufnummern die Ausführungen in *Siegmund (2002, S. 199 ff.)*.

376 Vgl. hierzu die Angaben in *RegTP (1999a, S. 4119)* sowie in *Siegmund (2002, S. 235 ff.)*. Die hier angegebene Struktur beschreibt das seit 1998 vollständig eingeführte digitale Fernsprechnetz. Die ursprüngliche Struktur, die sich aus der technischen Restriktion der Nutzung von elektromechanischen Wählern ergab, bestand aus vier Hierarchieebenen, deren Vermittlungsstellen als Zentralvermittlungsstellen, Hauptvermittlungsstellen, Knotenvermittlungsstellen und Endvermittlungsstellen bezeichnet wurden. Die Namen sind deshalb hier aufgeführt, da sie in der Literatur häufig noch verwendet werden. Vgl. *Siegmund (2002, S. 240 ff.)*.

377 Eine ausführliche, historische Aufbereitung der Liberalisierungsbestrebungen im Fernsprechnetz befindet sich in *Niepold (1998, S. 6-18 ff.)* sowie in *Gramlich (2002, S. 6-30 ff.)*.

6.1.2.1 Netzstruktur der Interconnectionspartner

Aus der Hierarchie des Fernsprechnetzes lassen sich zwei Typen von Netzbetreibern ableiten. Zum einen handelt es sich um Zugangsnetz- oder Teilnehmernetzbetreiber (TNB), über welche Teilnehmer an das Fernsprechnetz angebunden werden können, zum anderen um Verbindungsnetzbetreiber (VNB), an die keine Teilnehmer direkt angeschlossen sind, sondern welche nur Verbindungsleistungen zwischen Zugangsnetzen bereitstellen.[378] In einem liberalisierten Telekommunikationsmarkt liegt demnach die in Abb. 6.2 dargestellte Netzstruktur für eine Verbindung zweier Anschlüsse in verschiedenen Ortsnetzen vor.

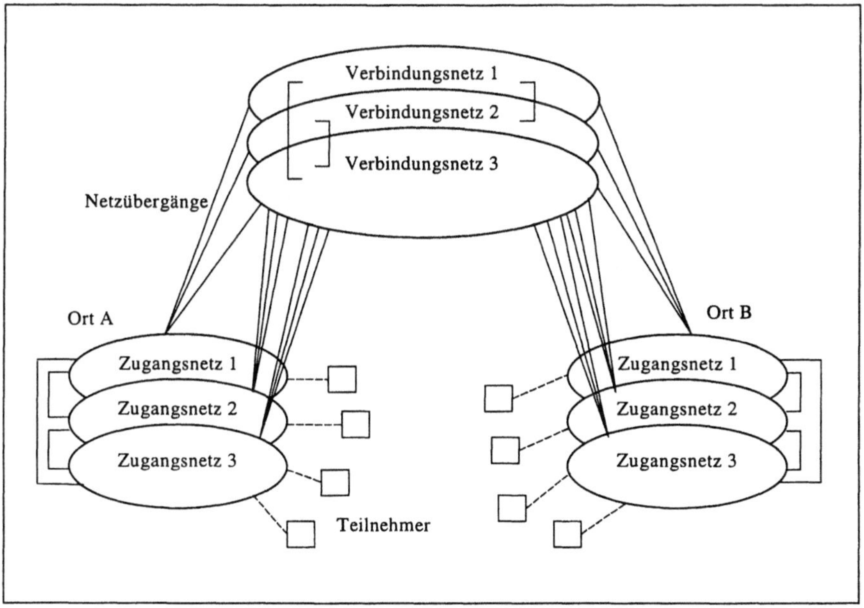

Abb. 6.2: Fernverbindungsnetz mit verschiedenen Netzbetreibern[379]

Der anrufende Teilnehmer wird über sein Teilnehmernetz mit dem von ihm ausgewählten Verbindungsnetz verbunden, über welches die Verbindung zum Teilnehmernetz des angerufenen Anschlusses hergestellt wird. Es existieren damit mehrere Teilnehmernetze und Verbindungsnetze parallel.

---

378 Vgl. hierzu auch *Frohberg (2000, S. 294 f.)* sowie *Häckelmann, Petzold und Strahinger (2000, S. 217 ff.)*.

379 In Anlehnung an *Frohberg (2000, S. 295)*.

Die Netzbetreiber sind gesetzlich verpflichtet, gegenseitige Netzzusammenschaltung (Interconnection) zu gewährleisten, damit Teilnehmer eines Netzes mit Teilnehmern eines anderen Netzes bzw. über ein anderes Netz kommunizieren können.[380] Damit der Übergang von einem Netz ins andere stattfinden kann, sind Netzübergangspunkte erforderlich, welche als Ort der Zusammenschaltung (ODZ) oder „point of interconnection“ (POI) bezeichnet werden.[381] Für jeden Teilnehmeranschluss ist festgelegt, an welchem ODZ ein Teilnehmernetzbetreiber ein Interconnectionsgespräch dem Verbindungsnetzbetreiber zu übergeben hat. An diesen Netzübergangspunkten fallen Kommunikationsdaten an, die zur späteren Leistungsverrechnung herangezogen werden.

Der oben dargestellte Fall repräsentiert den Standardfall eines Ferngesprächs über einen Carrier.[382] In diesem hat der anrufende Teilnehmer im Wesentlichen zwei Möglichkeiten, den Verbindungsnetzbetreiber auszuwählen. Erstens über das sogenannte Call-by-Call-Verfahren, bei dem vor der eigentlichen Rufnummer ein Zahlencode (010xx) vorangewählt wird, über den an der zugehörigen Teilnehmervermittlungsstelle der Gesprächswunsch über einen bestimmten Carrier erkannt wird, so dass eine Verbindung mit dem vereinbarten ODZ hergestellt wird.[383] Dabei kann das vom Anrufer zu entrichtende Leistungsentgelt durch den Teilnehmernetzbetreiber erhoben und an den Carrier nach Abzug des Entgeltes für die eigenen Verbindungsleistungen abgeführt werden. Bei einer derartigen Abrechnungspraxis handelt es sich um ein offenes (echtes) Call-by-Call-Verfahren, dessen Vorteil es ist, dass ein Kunde keine Registrierung beispielsweise seiner Rechnungsadresse und seiner Bankverbindung bei dem benutzten Carrier vornehmen muss. Bei einem geschlossenen (unechten) Call-by-Call-Verfahren wird dagegen die Fakturierung und das Inkasso durch den Carrier selbst durchgeführt, was eine Registrierung des Kunden voraussetzt.[384] Eine zweite Einwahlmöglichkeit ist das Preselection-Verfahren, bei dem der anrufende Teilnehmer eine dauerhafte Voreinstellung für einen Interconnectionspartner ausgewählt hat, über den er sämtliche Ferngespräche führt. Damit entfällt die Vorwahl des Carriercodes zu Beginn eines jeden Verbindungsaufbaus.[385]

---

[380] Vgl. § 37 TKG.

[381] Diese Netzübergabepunkte befinden sich bei der DTAG grundsätzlich auf Bereichsvermittlungs- bzw. Weitvermittlungsebene, wie *Petzke (2000)* erläutert.

[382] Eine Erweiterung zeigt *Kaderali (2001, S. 29)* auf, der auch unterschiedliche Verbindungsnetzbetreiber einbezieht, was als Verbindungsnetz mit Transit bezeichnet wird.

[383] Vgl. *Häckelmann, Petzold und Strahinger (2000, S. 320 f.).*

[384] Zur Typisierung der Call-by-Call-Verfahren vgl. *Braun (2001)* sowie die Unterteilung der RegTP dargestellt in *Monopolkommission (2001, Nr. 58).*

[385] Vgl. *Häckelmann, Petzold und Strahinger (2000, S. 320 f.).*

In der Bundesrepublik Deutschland trat das Telekommunikationsgesetz (TKG) am 01.08.1996 in Kraft,[386] in dem die ordnungspolitischen Rahmenbedingungen für die Liberalisierung des Telekommunikationsmarktes aufgezeigt sind.[387] Insbesondere ist darin die Aufhebung des Sprachtelefondienstmonopols[388] zum 01.01.1998 erklärt, mit dem der Eintritt von Wettbewerbern zur DTAG in diesem Bereich ermöglicht wurde. „Zweck dieses Gesetzes ist es, durch Regulierung im Bereich des Telekommunikationsdienstes den Wettbewerb zu fördern und flächendeckend angemessene und ausreichende Dienstleistungen zu gewährleisten ..." (§ 1 TKG). Zur Erreichung dieses Ziels beinhaltet das TKG unter anderem Regeln für die Lizenzvergabe, die Gewährleistung eines offenen Netzzugangs, die Berechnung von Entgelten und die Sicherstellung des Universaldienstes. Die Regulierungsaufgaben werden durch die Regulierungsbehörde für Telekommunikation und Post (RegTP) wahrgenommen (§ 66 Abs. 1 TKG), welche dem Bundesministerium für Wirtschaft unterstellt ist.

Die derzeitige Situation im deutschen Festnetzbereich stellt sich folgendermaßen dar. Im Jahr 2000 wurden im deutschen Festnetz 282 Mrd. Verbindungsminuten generiert, von denen 25,8 % auf die Wettbewerber der DTAG entfielen.[389] Für das Jahr 2001 schätzt die Monopolkommission im Sondergutachten (2001) ein Verkehrsvolumen von 334 Mrd. Verbindungsminuten, von denen 25,2 % die Wettbewerber der DTAG leisten. Der Umsatzanteil der Wettbewerber am Gesamtumsatz lag im Jahr 2000 bei 17,8 %, was verglichen mit der oben genannten Verbindungsminutenleistung auf ein Preisgefälle zwischen der DTAG und ihren Konkurrenten hinweist.

Ein erheblicher Unterschied ist zwischen der Situation der Zugangsnetzbetreiber und der Situation der Verbindungsnetzbetreiber zu erkennen. In dem Zugangsnetzbereich, d. h. im Ortsnetz, sind noch keine nennenswerten Anbieter aufgetreten,[390] was insbesondere an den

---

[386] Das Gesetz trat nach § 100 Abs. 1 TKG am Tage nach der Verkündung im BGBl. I 39/96 vom 31.07.1996 in Kraft.

[387] *Kübler-Bork (2000)* gibt eine detaillierte Kommentierung des Telekommunikationsgesetzes vom 25.07.1996, worauf die Liberalisierung des Telekommunikationsmarktes in der Bundesrepublik Deutschland basiert.

[388] Darunter wird gem. § 3 Nr. 15 TKG „... die gewerbliche Bereitstellung für die Öffentlichkeit des direkten Transports und der Vermittlung von Sprache in Echtzeit von und zu den Netzabschlußpunkten des öffentlichen, vermittelnden Netzes, ..." verstanden.

[389] Vgl. hierzu und zum Folgenden die Ausführungen in *Monopolkommission (2001, Nr. 44 ff.).*

[390] Im Jahr 2000 wurden lediglich 1,7 % der Teilnehmeranschlüsse nach Angaben der *Monopolkommission (2001, Nr. 47)* durch Konkurrenten der DTAG angeboten. Als Beispiel für vergleichsweise erfolgreiche Anbieter im Zugangsnetzbereich werden in *Monopolkommission (2001, Nr. 50)* die Citycarrier NetCologne mit einem Anteil an den gesamten Teilnehmeranschlüssen des zugehörigen Ortsnetzes von 16 % und ISIS (Arcor) mit einem Anteil an den gesamten Teilnehmeranschlüssen des zugehörigen Ortsnetzes von 12 % genannt.

hohen Marktzutrittskosten liegt. Für die Miete eines entbündelten, analogen Teilnehmeranschlusses kann die DTAG beispielsweise neben einmaligen Bereitstellungsentgelten ein monatliches Entgelt von 12,48 Euro erheben, was sogar über der Grundgebühr der DTAG für einen derartigen Teilnehmeranschluss (10,94 Euro) liegt. Die Festsetzung des Entgelts für diese sogenannte „letzte Meile“ wird derzeit heftig diskutiert.[391] Neben der Teilnehmeranschlussleitung können alternative Anschlusstechnologien wie z. B. die Funkverbindung (Wireless Local Loop), das Stromnetz (Powerline Communication) oder das Breitbandkabel eingesetzt werden, was jedoch bislang aus Kosten- und Qualitätsgründen kaum geschieht.[392]

Im Verbindungsnetzbereich ist eine deutlich höhere Wettbewerbsintensität festzustellen, welche in den letzten Jahren monoton gewachsen ist.[393] Beispielsweise lag der Marktanteil der Wettbewerber der DTAG im Fernnetz nach Verbindungsminuten im Jahr 1998 bei 16 %, im Jahr 1999 bei 34 % und im Jahr 2000 bei 41 %. Der entsprechende Marktanteil nach Umsätzen betrug 11 % im Jahr 1998, 28 % im Jahr 1999 und 34 % im Jahr 2000.[394] Das stärkste Wachstum ist bei Auslandsgesprächen zu beobachten, von denen die Wettbewerber einen Anteil bezüglich der Verbindungsminuten von 56 % im Jahr 2000 leisteten.[395]

Diese Wettbewerbssituation ist zurückzuführen auf den im TKG geregelten einfachen Anbieterwechsel, den vergleichsweise einfachen Marktzutritt für alternative Verbindungsnetzbetreiber und die kostenorientierte Zusammenschaltungsentgeltbestimmung. Letztere ist Gegenstand des nachfolgenden Abschnittes.

---

391 Vgl. hierzu die Diskussionen um die Verstärkung der Liberalisierungsbemühungen im Ortsnetzbereich. Nach Angaben der RegTP lag in diesem ebenfalls wegen der geringen Anzahl alternativer Zugangsnetzbetreiber der Anteil der Wettbewerber der DTAG am durch Ortsgespräche erzeugten Gesamtumsatz bei 2 % im Jahr 2000.

392 Vgl. hierzu die Ausführungen in *Monopolkommission (1999, Nr. 27 ff.)* sowie in *Monopolkommission (2001, Nr. 51)*.

393 Vgl. hierzu und zum Folgenden die Ausführungen in *Monopolkommission (2001, Nr. 54 ff.)*.

394 Die *Monopolkommission (2001, Nr. 55)* weist darauf hin, dass die Umsatzwerte noch überschätzt werden, da die DTAG Tarife anbietet, die nicht auf der Gesprächsdauer basieren, sondern auf einer höheren beim Umsatz nicht eingerechneten Grundgebühr.

395 Trotz dieser Wettbewerbsintensität ist die Kundenbindung an die neu in den Markt eingetretenen Verbindungsnetzbetreiber gering. Dies zeigt sich, wie in *Monopolkommission (2001, Nr. 58)* erläutert wird, beispielsweise daran, dass im Jahr 2000 von der Gesamtleistung der alternativen Carrier 39 % durch offenes Call-by-Call und ebenfalls 39 % durch Preselection durchgeführt wurde, was bedeutet, dass die Anschlüsse weiterhin zum Netz der DTAG gehören.

6.1.2.2 Abrechnung von Interconnectionsvermittlungen

Wie im vorangehenden Abschnitt erläutert, werden in der Bundesrepublik Deutschland Leistungen im Verbindungsnetz vermehrt durch Interconnectionspartner angeboten, während die DTAG insbesondere die dafür notwendigen Zuführungs- und Terminierungsleistungen erbringt. Eine Zuführungsleistung ist die Vermittlung des anrufenden Teilnehmeranschlusses zum ODZ des gewählten Carriers, als Terminierungsleistung wird die Verbindungsleistung vom ODZ zum angerufenen Teilnehmer bezeichnet.[396] Im Folgenden wird die Leistungsverrechnung der Interconnectionspartner kurz dargestellt. Dabei wird die Leistungsverrechnung aus Sicht der DTAG beschrieben, die hauptsächlich die Fakturierung und das Inkasso von geleisteten Interconnectionsgesprächen durchführt.[397]

Die von ihr erbrachten Zuführungs- bzw. Terminierungsleistungen werden von der DTAG den Carriern in Rechnung gestellt. Die Höhe des Entgeltes für diese Leistungen ist durch die RegTP geregelt und wie die Entgeltfestsetzung für die Nutzung der „letzten Meile" Gegenstand heftiger Diskussionen.[398] Zwischen dem 01.01.1998 und dem 31.12.2001 galt ein Zonenmodell, welches seit dem 01.01.2002 durch ein elemente-basiertes Charging-Modell ersetzt wurde.[399] Die Regulierungsbehörde hat für die Zuführungs- bzw. Terminierungsleistung feste durch die Modelle berechnete Minutenpreise vorgegeben, die von der Lage des ODZ zum Teilnehmeranschluss und der Zeit, in der das Gespräch geführt wurde, abhängen.[400]

Beim Zonenmodell war die Entfernung des ODZ zum Teilnehmeranschluss Berechnungsgrundlage. In Tab. 6.1 sind die Entgelte aufgezeigt, die für eine Zuführungs- bzw. eine

---

396 Zur Definition von Zuführungs- bzw. Terminierungsleisung vgl. *Schmidt et al. (1999, S. 2)*. Neben diesen Leistungen sind auch Transitleistungen (vgl. Fußnote 382) zu verrechnen, welche in dieser Arbeit jedoch nicht betrachtet werden.

397 Diese Situation zeigt sich bei der Betrachtung der Kundenbindung (vgl. Fußnote 395).

398 Neben den Vorgaben der RegTP sind individuelle Interconnectionstarifvereinbahrungen zwischen Interconnectionspartnern möglich. Beispielsweise einigten sich die DTAG und Arcor im Mai 2001 auf eine Absenkung der Entgelte für Interconnectionsleistungen (vgl. *Müller (2001b)*).

399 Dieses elemente-basierte Charging-Modell (EBC-Modell) sollte bereits gemäß Beschluss der *RegTP (2000a)* zum 01.06.2001 eingeführt werden, was aber durch gerichtliche Einsprüche erst zum 01.01.2002 geschehen ist.

400 Eine Übersicht zur Tarifgestaltung für die Kundenabrechnung befindet sich beispielsweise in *Klußmann (2001, S. 159 ff.)*.

Terminierungsleistung vom Verbindungsnetzbetreiber an den Teilnehmernetzbetreiber zwischen dem 01.01.2000 und dem 31.12.2001 zu entrichten war.[401]

	Hauptzeit Montag - Freitag 09.00 – 18.00 Uhr (werktags)	**Nebenzeit Montag - Freitag 18.00 – 09.00 Uhr an Samstagen, Sonntagen und bundeseinheitlichen Feiertagen 00.00 – 24.00**
City	0,0088 Euro/Minute 0,0171 DM/Minute	0,0055 Euro/Minute 0,0108 DM/Minute
Regio 50	0,0149 Euro/Minute 0,0292 DM/Minute	0,0090 Euro/Minute 0,0175 DM/Minute
Regio 200	0,0189 Euro/Minute 0,0369 DM/Minute	0,0104 Euro/Minute 0,0204 DM/Minute
Fernzone	0,0228 Euro/Minute 0,0447 DM/Minute	0,0140 Euro/Minute 0,0275 DM/Minute

Tab. 6.1: Zusammenschaltungsentgelte in den Jahren 2000 und 2001[402]

Ein Nachteil des Zonenmodells lag darin, dass neue Verbindungsnetze bevorzugt an solche ODZ angeschlossen wurden, über welche eine große Anzahl potenzieller Kunden zum Citytarif erreicht werden konnten, also insbesondere in Großstädten. Teilnehmer aus dünn besiedelten Gebieten wurden somit durch Ferngespräche verbunden, was zur Folge hatte, dass diese Verbindungen oftmals überlastet waren oder eine Vermittlung vom Interconnectionspartner aus Kostengründen nicht angeboten wurde.[403]

Seit dem 01.01.2002 liegt deshalb ein anderes Modell der Entgeltberechnung zu Grunde, das die Kosten für die zur Verfügung gestellten Vermittlungselemente stärker berücksichtigt. Die Kategorien (Tarifzonen) richten sich nach der Anzahl der Vermittlungsstellen, die bis zur Vermittlung (Transit) zum ODZ benötigt werden.[404] Tab. 6.2 gibt einen Überblick über die jeweiligen Minutenpreise in den jeweiligen Kategorien. Dabei wird die dritte Kategorie derzeit noch nicht angewendet, wurde aber von der RegTP bereits bestimmt.

401 Im Herbst 1997 wurden erstmals Preise für Interconnectionsleistungen vom damaligen Ministerium für Post und Telekommunikation nach dem Zonenmodell festgelegt. Im Dezember 1999 genehmigte die *RegTP (1999b)* eine von der DTAG und Arcor vorgeschlagene Verringerung der Hauptzeit von 9 - 21 Uhr auf 9 - 18 Uhr und senkte die bestehenden Interconnectionstarife um 13 %, so dass die in Tab. 6.1 angegebenen Preise entstanden. Vgl. hierzu auch *Petzke (1999)*.

402 Quelle: *RegTP (1999b)*. Die angegebenen Preise enthalten keine Mehrwertsteuer. Die DM-Angaben sind deshalb aufgeführt, da die Rechnungen in dieser Zeit noch auf dieser Währung basierten.

403 Vgl. *Petzke (2000)*.

404 Vgl. *RegTP (1999a)* sowie *Schmidt et al. (1999, S. 5 ff.)*.

	Hauptzeit Montag - Freitag 09.00 – 18.00 Uhr (werktags)	**Nebenzeit Montag - Freitag 18.00 – 09.00 Uhr an Samstagen, Sonntagen und bundeseinheitlichen Feiertagen 00.00 – 24.00**
Tarifzone I (Lokalzone)	0,0065 Euro/Minute	0,0044 Euro/Minute
Tarifzone II (Single Transit)	0,0107 Euro/Minute	0,0071 Euro/Minute
Tarifzone III (Double Transit)	0,0186 Euro/Minute	0,0122 Euro/Minute

Tab. 6.2: Zusammenschaltungsentgelte seit 01.01.2002[405]

Durch das neue Berechnungsmodell wurden die Entgelte für Zusammenführungsleistungen um durchschnittlich 14 % gesenkt.[406]

Die zu berechnenden Leistungen ergeben sich aus den an den ODZ anfallenden Kommunikationsdatensätzen, die zur weiteren Verarbeitung an ein zentrales Interconnections-Tarifierungssystem weitergeleitet werden. Jeder Datensatz wird entweder zur Berechnung einer Zuführungs- oder einer Terminierungsleistung herangezogen. Wichtige in den Kommunikationsdatensätzen enthaltene Informationen sind beispielsweise die Nummer des anrufenden Anschlusses, die Nummer des angerufenen Anschlusses, der verwendete Carrier, die Zeit und die Dauer des Gesprächs, der ODZ und das Bündel[407], über welches das Gespräch vermittelt wurde. Die Angabe über das Bündel ist wichtig für die Erkennung, ob es sich um eine Teilnehmernetzleistung, also eine Zuführungs- oder Terminierungsleistung, oder um eine Verbindungsnetzleistung handelt.[408]

Für eine Zuführungsleistung wird eine Kostenkategorie neben der Uhrzeit des Gesprächs anhand der Lage des anrufenden Teilnehmers und des ODZ ermittelt, während für eine Terminierungsleistung neben der Uhrzeit die Lage des angerufenen Teilnehmers zum ODZ beachtet wird. Auf Grundlage dieser Kategorie wird dann der Minutenpreis ermittelt, der anschließend mit der Anzahl der Gesprächsminuten[409] multipliziert wird. Hieraus ergibt sich

405 Quelle: *RegTP (2001)*. Ursprünglich sollte das neue Preismodell schon am 01.06.2001 eingeführt werden, was aber durch eine erfolgreiche Klage der DTAG verhindert wurde (vgl. hierzu *Müller (2001a)* sowie die Ausführungen der *Monopolkommission (2001, 106 ff.)*). Nach einer Überarbeitung setzte die *RegTP (2001)* am 15.10.2001 die in Tab. 6.2 angegebenen Entgelte fest, die seit dem 01.01.2002 gelten.

406 Vgl. *Müller (2001a)*.

407 Ein Bündel ist dabei ein Kabelstrang, über den Vermittlungsstellen verbunden werden. Vgl. *Siegmund (2002, S. 13)*.

408 Bündel können auch derart eingerichtet sein, dass Gespräche sowohl zugeführt als auch abgeführt werden. Für diesem Fall wird eine zusätzliche Information in den Kommunikationsdatensätzen gespeichert.

409 Im Allgemeinen wird eine sekundengenaue Abrechnung vorgenommen.

das dem Verbindungsnetzbetreiber in Rechnung zu stellende Verbindungsentgelt für die erbrachte Leistung im Teilnehmernetz.

Das in Abb. 6.3 illustrierte Beispiel verdeutlicht die Leistungsberechnung zwischen Interconnectionspartnern.

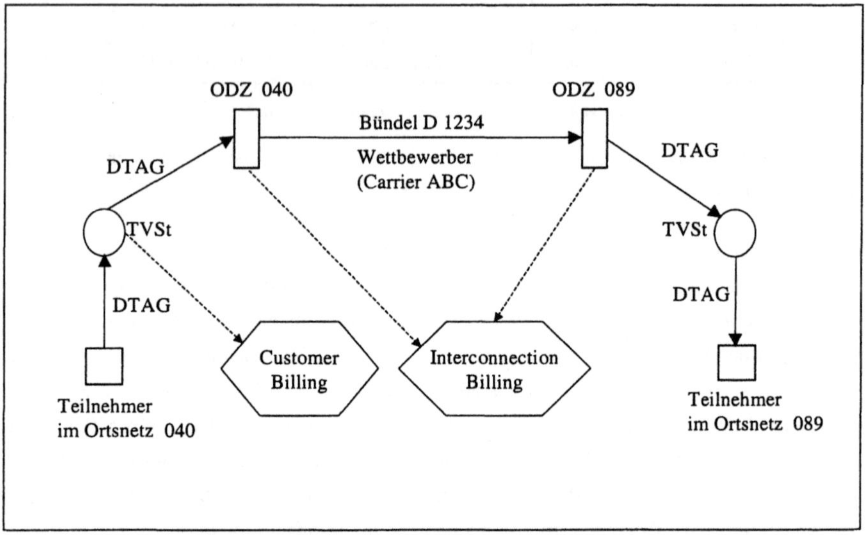

Abb. 6.3: Billingsysteme bei Interconnectionsvermittlungen

An einem ODZ 040 wird ein Gespräch von einem Anschluss aus dem Ortsnetz 040 zu einem Anschluss in Ortsnetz 089 über das Bündel D1234 und einen Carrier ABC vermittelt. Das Gespräch dauert 120 Sekunden und wird in der Normalzeit durchgeführt. Das Interconnections-Tarifierungssystem (Interconnection-Billing) erhält zur Abrechnung einen Datensatz von ODZ 040 und von ODZ 089. Dabei wird erkannt, dass am ODZ 089 über das Bündel D1234 Gespräche aus dem Verbindungsnetz des Carriers zugeführt werden, so dass die anschließende Leistung eine Terminierungsleistung *ODZ 089 - angerufener Anschluss* ist, die dem Carrier ABC berechnet werden muss. Der ODZ 089 befindet sich in der Lokalzone, so dass der Minutenpreis aus Tarifzone I zum Normaltarif zu wählen ist, der hier 0,0065 Euro/Minute beträgt. Für das zweiminütige Gespräch ergibt sich damit ein Verbindungsentgelt von 0,013 Euro, welches der Verbindungsnetzbetreiber dem Teilnehmernetzbetreiber schuldet. Analog kann ein Preis für die Zuführungsleistung berechnet werden.

Neben dieser Leistungsverrechnung zwischen den Interconnectionspartnern ist eine Fakturierung und das Inkasso der Forderungen der Telekommunikationsunternehmen gegenüber den Kunden notwendig, wofür ein zweites Billingsystem (Customer-Billing) existiert, welches auch die Nicht-Interconnectionsgespräche verrechnet.[410] Wie oben dargestellt, übernimmt die DTAG in den meisten Fällen, beispielsweise beim offenen Call-by-Call, diese Aufgaben für die Carrier.[411] Dazu werden die entsprechenden Telekommunikationsdatensätze an den Teilnehmervermittlungsstellen (TVSt) erfasst und dem Teilnehmer das Entgelt anhand der Preisstruktur des Carriers in Rechnung gestellt.[412] Neben Bearbeitungsgebühren für diese Zusatzleistung, die von der RegTP festgesetzt wurden, erhält die DTAG damit den Vorteil, die Kundenbasis zu kontrollieren.[413]

Damit die Interconnectionsleistungen korrekt erfasst werden, sind die technischen Verkehrsströme zu beachten, die im folgenden Abschnitt vorgestellt werden.

6.1.2.3 Verkehrsströme

Für die Auswertung der Kommunikationsdatensätze zur Fakturierung ist es wichtig, den Typ eines an einem ODZ vermittelten Gespräches zu kennen. Beispielsweise muss unterschieden werden, ob ein Anruf als Zuführungsleistung in das Verbindungsnetz übergeben wurde oder ob das Gespräch vom Verbindungsnetz zur Terminierungsleistung vermittelt wurde. Aus Sicht eines Telekommunikationsunternehmens, hier der DTAG, können acht mögliche Typen von sogenannten Verkehrsströmen vorliegen, die in vier Hauptgruppen gegliedert worden sind. Die Einteilung erfolgt zum einem nach dem Verbindungsnetzbetreiber, zum anderen danach, ob es sich um eine Zuführungs- oder eine Terminierungsleistung handelt.[414]

In Abb. 6.4 sind diese verschiedenen Arten von Verkehrsströmen dargestellt.

---

410 Zur Unterscheidung von Interconnections-Billing-Systemen und Customer-Billing-Systemen vgl. *Peters (2001)*.

411 Nach *RegTP (2000b)* ist die DTAG verpflichtet, die Fakturierung und das Inkasso für den Carrier durchzuführen, wenn dieser diese Leistung nicht selbst erbringt.

412 Zur Rechnungserstellung durch Billing-Systeme vgl. die Ausführungen in *Klußmann (2001, S. 96 ff.)*.

413 Vgl. hierzu *Monopolkommission (2001, Nr. 5)*.

414 Die im Folgenden gewählten Bezeichnungen sind im Rahmen der Anwendung so gewählt worden. Die DTAG benutzt beispielsweise die Bezeichnungen B1 für Terminierungsleistungen und B2 für Zuführungsleistungen mit weiteren Spezifikationen wie ICP oder Telekom. Vgl. hierzu die Erläuterungen in *RegTP (1999a)*.

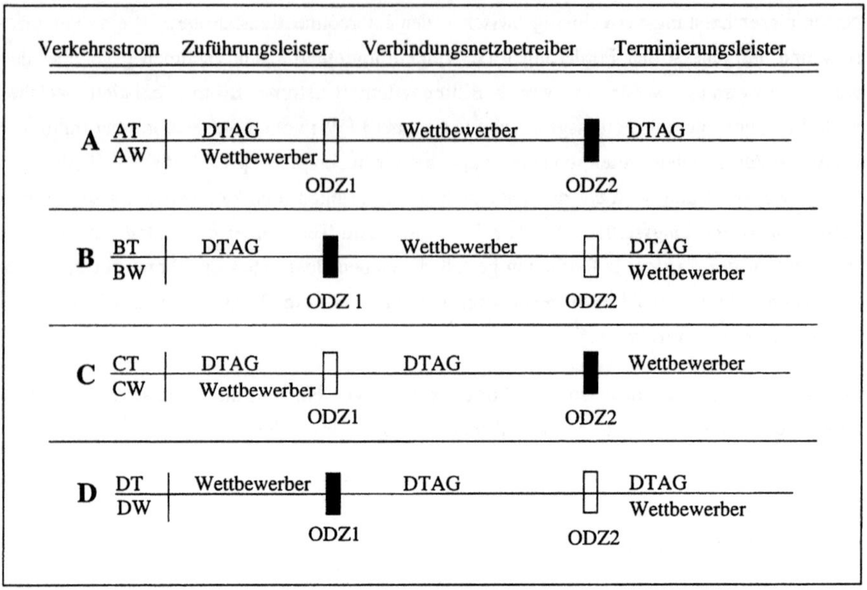

Abb. 6.4: Arten von Verkehrsströmen

Der schwarz markierte ODZ gibt jeweils denjenigen an, an dem der Verkehrsstrom beobachtet wird, woraus sich ein Unterteilung in Zuführungs- bzw. Terminierungsleistung ergibt. Diese Betrachtung stellt noch keine Beschreibung einer vollständigen Verbindung dar, da nur eine Teilleistung erkannt wird. Um eine vollständige Verbindung zu beschreiben, werden die Verkehrsströme in den vier Hauptgruppen genauer spezifiziert nach der Zugehörigkeit des Teilnehmeranschlusses, der nicht direkt mit dem betrachteten ODZ verbunden ist. Beispielhaft wird der Verkehrsstrom A erläutert. Er fällt an einem ODZ an, der Gespräche vom Verbindungsnetz des Wettbewerbers ins Teilnehmernetz der DTAG zur Terminierung überleitet. Genauer unterschieden wird der Verkehrsstrom A nach dem Teilnehmernetzbetreiber des anrufenden Anschlusses. Dieser kann sowohl die DTAG sein (Verkehrsstrom AT) oder ein Wettbewerber (Verkehrsstrom AW).

Für jedes Bündel, über das ein Interconnectionsgespräch vermittelt wird, kann für die Fakturierung der Typ des darüber geleiteten Verkehrsstromes ermittelt werden, woraus die jeweilige Interconnectionsleistung berechnet werden kann.

Wie in Abschnitt 6.1.2.1 beschrieben, tritt der Verkehrsstrom A derzeit am häufigsten für die Terminierungsleistung auf, der Verkehrsstrom B für die Zuführungsleistung. Ein Vergleich der zugehörigen vollständigen Verkehrsströme zeigt, dass ein AT-Strom am Terminierungs-ODZ als BT-Strom am Zuführungs-ODZ vorliegt. Aus dieser doppelten Bezeichnungsmöglichkeit für dieselbe Verbindung resultiert das im nächsten Abschnitt beschriebene Problem der Bündelvertauschung.

6.2 Problembeschreibung und Aufgabenstellung

Im Folgenden werden in Abschnitt 6.2.1 zwei Probleme und deren Zusammenhang beschrieben, die bei Interconnectionsvermittlungen auftreten und deren Untersuchung im Mittelpunkt dieses Kapitels stehen. Hieraus wird die Aufgabenstellung (Abschnitt 6.2.2) abgeleitet, die eine Anwendung zur Problemlösung erfüllen soll.

6.2.1 Problembeschreibung

In Abschnitt 6.2.1.1 wird das Problem Fehlrouting erläutert, das Problem der Bündelvertauschung ist Gegenstand von Abschnitt 6.2.1.2. Im anschließenden Abschnitt 6.2.1.3 ist ein für die Problemlösung wichtiger Zusammenhang zwischen diesen Problemfeldern dargestellt.

6.2.1.1 Fehlrouting

Bei der Vermittlung eines Interconnectionsgespräches wird der Verbindungsnetzbetreiber stets bestrebt sein, die Verbindungsleistung des Teilnehmernetzbetreibers so gering wie möglich zu halten, da diese Leistungen vom Verbindungsnetzbetreiber vergütet werden müssen. Dies impliziert, dass die Übergabe eines Gesprächs jeweils an dem zum Teilnehmer nächstgelegenen ODZ erfolgen soll. Über entsprechende Angaben in Routingtabellen in den Vermittlungscomputern des Ortsnetzes bzw. des Verbindungsnetzes lässt sich dies technisch realisieren. Für die Leistungsverrechnung sind zwischen Teilnehmernetzbetreiber und Verbindungsnetzbetreiber für jeden anrufenden bzw. angerufenen Anschluss der anzuwählende ODZ vertraglich geregelt worden, woraus sich Grundlagen für die Kostenkalkulation ergeben.

In der Praxis wird allerdings beobachtet, dass die Telefongespräche nicht immer über den vereinbarten ODZ vermittelt werden. Ein Grund hierfür ist beispielsweise ein fehlerhafter Eintrag in den Routingtabellen oder aber auch eine Überlastungssituation an einem ODZ. Kann ein Gespräch an einem gewünschten ODZ nicht übergeben werden, so wird automatisch ein alternativer ODZ zur Vermittlung gewählt. Dieser liegt in der Regel jedoch weiter entfernt, wodurch sich für den Teilnehmernetzbetreiber das Problem ergibt, dass größere Verbindungsleistungen anfallen als geplant.

In Abb. 6.5 ist das Fehlroutingproblem anhand eines Beispiels illustriert. Ein Teilnehmer aus dem Ortsnetz 040 der DTAG soll über einen Interconnectionspartner mit einem Teilnehmer aus dem Ortsnetz der DTAG in München verbunden werden. Dazu wird das Gespräch am ODZ 040 in Hamburg dem Carrier übergeben (BT-Strom) und sollte vertraglich am ODZ 089 in München wieder der DTAG zur Terminierung übergeben werden. Tatsächlich aber findet ein Fehlrouting statt, so dass das Gespräch am ODZ 069 in Frankfurt übergeben wird, wodurch die DTAG für die Terminierung ein Ferngespräch leisten muss.

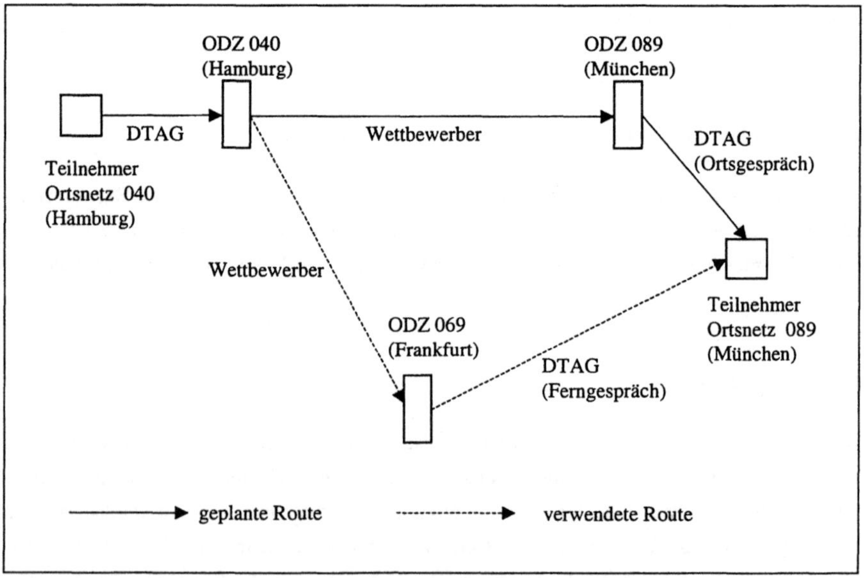

Abb. 6.5: Fehlrouting bei Interconnectionsvermittlungen

Wird eine häufige fehlerhafte Wahl eines ODZ, beispielsweise durch Vergleich des vereinbarten und des tatsächlich benutzten ODZ, festgestellt, so muss nicht zwangsläufig ein Fehlrouting vorgelegen haben. Bei korrekt vermittelten Gesprächen können Fehler im Abrechnungssystem für Zugangsnetzleistungen in Form von im Folgenden beschriebenen Bündelvertauschungen vorliegen, durch die scheinbar das Gespräch über einen fehlerhaften ODZ geroutet wurde.

6.2.1.2 Bündelvertauschung

Wie im Abschnitt 6.1.2.2 dargestellt, werden im Abrechnungssystem die angelieferten Kommunikationsdatensätze aus den ODZ ausgewertet und die in Rechnung zu stellenden Beträge ermittelt. Dazu ist für jeden Kommunikationsdatensatz die Kenntnis der Art des darin dokumentierten Verkehrsstromes erforderlich. Im Tarifierungssystem wird für jedes zur Vermittlung verwendete Bündel bestimmt, um welchen Verkehrsstrom es sich bei Gesprächen handelt, die über dieses Bündel vermittelt wurden.

Es kommt vor, dass diese Bestimmung des Verkehrsstromtyps eines Bündels im Tarifierungssystem von der technischen Nutzung des Bündels abweicht, was im Rahmen der hier vorgestellten Anwendung als Bündelvertauschung bezeichnet wird. Grund hierfür könnten zwischenzeitliche technische Änderungen der Nutzung eines Bündels sein, die nicht durch das Tarifierungssystem erkannt werden. Tritt ein solcher Fehler auf, so ist zwangsläufig die Abrechnung der Leistungsvergütung fehlerhaft.

Wird davon ausgegangen, dass in den Kommunikationsdatensätzen der Anrufer und der Endteilnehmer korrekt eingetragen sind sowie eine korrekte Zuordnung dieser zum zugehörigen Teilnehmernetzbetreiber vorliegt, so gibt es acht mögliche Typen von Bündelvertauschungen, die auftreten können.[415] Im Folgenden werden die wichtigsten beiden Arten, die AT-BT-Vertauschung und die BT-AT-Vertauschung aufgezeigt. Beide Arten treten bei der standardmäßigen Vermittlung eines Gesprächs auf, bei dem die Zuführungs- und Terminierungsleistung vom gleichen Telekommunikationsunternehmen, z. B. der DTAG, erbracht werden, während der Verbindungsnetzbetreiber ein alternativer Carrier ist. Die weiteren Vertauschungsarten treten bei einer andersartigen Struktur von Netzbetreibern einer Vermittlung auf und können analog erklärt werden.

Die AT-BT-Vertauschung wird durch Abb. 6.6 verdeutlicht.

[415] Diese lassen sich aus den möglichen Ausprägungen von Verbindungen ableiten. Im einzelnen kann eine Vertauschung des Typs AT-BT, AW-DT, BW-CT, CW-DW sowie deren Umkehrungen BT-AT, DT-AW, CT-BW, DW-CW auftreten.

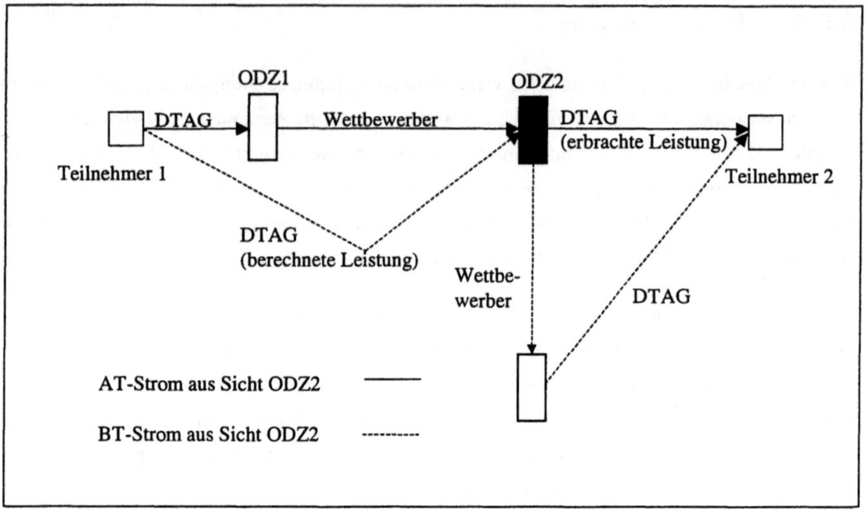

Abb. 6.6: AT-BT-Bündelvertauschung

Während technisch im ODZ2 ein Bündel für AT-Verkehrsströme eingerichtet wurde, ermittelt das Abrechnungssystem für dieses Bündel einen BT-Verkehrsstrom. Es ergibt sich damit folgender Abrechnungsfehler. Technisch (durchgezogene Linie) wurde an dem ODZ2 ein Gespräch von einem Carrier als Verbindungsnetzbetreiber ins Netz der DTAG übergeben und dann direkt an den Endteilnehmer vermittelt. Damit muss die DTAG die Leistung *ODZ2 - Teilnehmer2* berechnen. Liegt im Abrechnungssystem allerdings die Information vor, dass es sich um einen BT-Strom handelt, so wird der ODZ2 als derjenige ODZ interpretiert, an dem das Gespräch vom anrufenden Teilnehmer über das Netz der DTAG als Teilnehmernetz dem Carrier übergeben wird (gestrichelte Linie). Es wird also ein Entgelt für die Leistung *Teilnehmer1 - ODZ2* berechnet, obwohl eine wesentlich geringere Terminierungsleistung erbracht wurde.

Liegt eine Bündelvertauschung vor, so ist eine Abweichung des vertraglich vereinbarten ODZ zum tatsächlich genutzten ODZ erkennbar. Diese Abweichung kann als notwendiges Merkmal für die spätere Analyse herangezogen werden.

Ähnlich wie obige Bündelvertauschung führt eine wie in Abb. 6.7 dargestellte BT-AT-Vertauschung zu Abrechnungsfehlern.

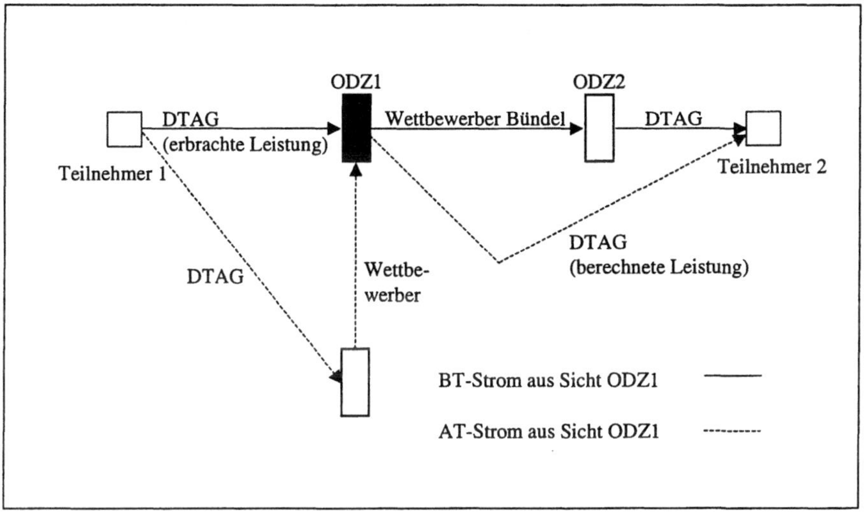

Abb. 6.7: BT-AT-Bündelvertauschung

Während technisch im ODZ1 ein Bündel für BT-Verkehrsströme eingerichtet wurde, ermittelt das Abrechnungssystem für dieses Bündel stets einen AT-Verkehrsstrom, woraus sich der im Folgenden dargestellte Abrechnungsfehler ergibt. Technisch wurde an dem ODZ1 ein Gespräch von der DTAG als Teilnehmernetzbetreiber einem Carrier als Verbindungsnetzbetreiber übergeben (durchgezogene Linie) und dann über das Carriernetz an einem weiteren ODZ wieder der DTAG. Damit muss die DTAG die Zuführungsleistung *Teilnehmer1 - ODZ1* berechnen. Wurde im Abrechnungssystem allerdings für dieses Bündel die Nutzung eines AT-Verkehrsstromes ermittelt, so wird der ODZ1 als derjenige interpretiert, an dem das Gespräch vom Carrier an das Netz der DTAG zur Terminierung übergeben wurde (gestrichelte Linie). Es wird also ein Entgelt für die Leistung *ODZ1 - Teilnehmer2* berechnet.

Auch in diesem Fall würde eine Abweichung des zur Vermittlung benutzten ODZ vom vereinbarten ODZ vorliegen, wodurch diese Abweichung ein notwendiges Kriterium für das Auftreten einer BT-AT-Bündelvertauschung ist.

Die weiteren Vertauschungsarten treten auf, wenn die DTAG Verbindungsnetzbetreiber ist und Zuführungs- und Terminierungsleistung von einem anderen Teilnehmernetzbetreiber erbracht wird oder wenn Gespräche nur einen Netzübergang besitzen, was auftritt, wenn der Carrier nur Teilnehmernetzbetreiber oder zusätzlich auch Verbindungsnetzbetreiber nur eines Teilnehmeranschlusses ist. Ist die DTAG ausschließlich Verbindungsnetzbetreiber, so kann eine DW-CW- oder eine CW-DW-Vertauschung vorliegen. Im Falle, dass nur ein Netzübergang erfolgt, können AW-DT-, DT-AW-, BW-CT- oder CT-BW-Vertauschungen vorliegen.

Die daraus resultierenden Abrechnungsfehler können analog zu oben dargestellten Vertauschungen abgeleitet werden.

6.2.1.3 Zusammenhang zwischen Fehlrouting und Bündelvertauschung

Bei einem Vergleich zwischen Fehlrouting und Bündelvertauschung ist folgender Unterschied festzustellen. Beim Fehlrouting hat ein physischer Fehler bei der Gesprächsvermittlung vorgelegen, die Leistung wurde aber korrekt bewertet.[416] Bei der Bündelvertauschung liegt dagegen ein korrekt vermitteltes Interconnectionsgespräch vor, von dem jedoch die Leistung im Teilnehmernetzbereich fehlerhaft berechnet worden ist.

Eine Gemeinsamkeit besteht bei beiden Fehlerarten darin, dass sowohl das Fehlrouting als auch die Bündelvertauschung eine Abweichung des Soll-ODZ vom Ist-ODZ induzieren. Als Ist-ODZ wird dabei der ODZ bezeichnet, an dem tatsächlich ein Kommunikationsdatensatz durch Vermittlung entstanden ist, während der Soll-ODZ der zwischen den Interconnectionspartnern zur Vermittlung von Gesprächen aus bestimmten Ortsnetzen vereinbarte ODZ ist. Für jeden Kommunikationsdatensatz lässt sich der Soll-ODZ für einen entsprechenden Teilnehmeranschluss aus Einzugsbereichstabellen ermitteln, in welchen für jeden Carrier festgehalten ist, über welchen ODZ ein Gespräch mit einer bestimmten Vorwahlnummer geleitet werden soll. Wird demnach bei einem Kommunikationsdatensatz eine Abweichung zwischen Soll-ODZ und Ist-ODZ festgestellt, kann es sich um ein Fehlrouting oder eine Bündelvertauschung handeln. Die ODZ-Abweichung ist jedoch notwendiges Merkmal eines der auftretenden Fehler, weshalb es zur Identifikation eines Kommunikationsdatensatzes, bei dessen zugehöriger Vermittlung ein Fehler aufgetreten ist, herangezogen werden kann.

6.2.2 Aufgabenstellung

Für die Interconnectionspartner als Verbindungsnetzbetreiber ist es ein wichtiges Ziel, dass der Teilnehmernetzbetreiber möglichst geringe Leistungen erbringt und somit Fehlroutings und Bündelvertauschungen zu reduzieren bzw. auszuschließen. Daraus leitet sich für eine Anwendung zur Qualitätskontrolle die Aufgabe ab, Muster in den Kommunikationsdatensätzen, in denen ein Fehlrouting oder eine Bündelvertauschung vorliegt, zu erkennen,

[416] Dennoch führt das Fehlrouting zu Mehrkosten sowohl für den Verbindungsnetzbetreiber als auch für den Teilnehmernetzbetreiber, wie in Abschnitt 6.4 dargestellt wird.

wodurch eine genauere Beschreibung von systematisch auftretenden Fehlern zu deren Behebung entsteht. Wird beispielsweise ein häufiges Fehlrouting an einem bestimmten ODZ bei Gesprächen eines Carriers zu einem bestimmten Zeitpunkt erkannt, so könnte eine Überlastung des vereinbarten ODZ vorliegen, dessen Kapazität zur Behebung des Fehlroutings vergrößert werden kann. Diese systematischen Fehler stehen im Gegensatz zu einmalig auftretenden Fehlern, die durch zufällige Ereignisse entstehen und nicht ausgeschlossen werden können.

Als Indikator für das Vorliegen eines Fehlers kann, wie in Abschnitt 6.2.1.3 dargestellt, die systematische Abweichung des Ist-ODZ vom Soll-ODZ herangezogen werden. Damit lässt sich der Analysebestand in zwei Klassen differenzieren, nämlich in Kommunikationsdatensätze, bei denen keine ODZ-Abweichungen ermittelt wurden, und solche, bei deren zugehörigen Gesprächen eine ODZ-Abweichung aufgetreten ist. Aufgabe des Analysesystems ist jedoch nicht, eine Regelbasis zu schaffen, welche die Datensätze der einen Klasse von denen der anderen Klasse diskriminiert und somit für neue Datenobjekte Entscheidungsregeln über die Klassenzugehörigkeit bietet. Es sollen nur die charakterisierenden Merkmale einer Klasse, nämlich der mit den fehlerhaft vermittelten bzw. abgerechneten Gesprächen, entdeckt werden. Damit handelt es sich nicht um ein klassisches Klassifizierungsmodell, sondern um ein partielles Klassifizierungsmodell.[417] Dieser Begriff wurde im Jahre 1997 von Ali, Manganaris und Srikant für diese Art von Modellen eingeführt. Zur Erstellung eines derartigen Modells wurde die Assoziationsanalyse vorgeschlagen.[418]

[417] Modelltheoretisch ist das klassische Klassifizierungsmodell ein Erklärungsmodell, während das partielle Klassifizierungsmodell ein Beschreibungsmodell ist. Zu einer Abgrenzung der Modelle vgl. beispielsweise *Düsing (1997, S. 109 ff.)*.

[418] Vgl. hierzu *Ali, Manganaris und Srikant (1997, S. 115)* sowie *Brijs et al. (2000, S. 91 f.)*. Die Anwendung einer Assoziationsanalyse zur Entdeckung von Klassifikationsregeln beschreibt auch *Bayardo (1997)*, der zusätzlich Pruning-Strategien nennt, mit denen ein zu starkes Anwachsen der Regelanzahl verhindert werden kann.

6.3 Durchführung der stichprobenbasierten Assoziationsanalyse

In diesem Abschnitt erfolgt die Darstellung eines Prozessmodells für eine Anwendung, mit der Regeln über das Auftreten der oben erläuterten Fehler Fehlrouting bzw. Bündelvertauschung mit Hilfe der stichprobenbasierten Assoziationsanalyse generiert werden können.[419]

Zunächst wird das Gesamtmodell vorgestellt, auf dessen einzelne Komponenten in den nachfolgenden Abschnitten eingegangen wird. Hierbei wird deutlich, dass das in Abschnitt 2.3 dargestellte KDD-Prozessmodell in der Praxis zur Anwendung kommt.

Abb. 6.8 gibt zunächst einen grafischen Überblick über das Modell. Dabei stellen die Ellipsen Tätigkeiten dar, die auf den Datenbeständen durchgeführt werden.

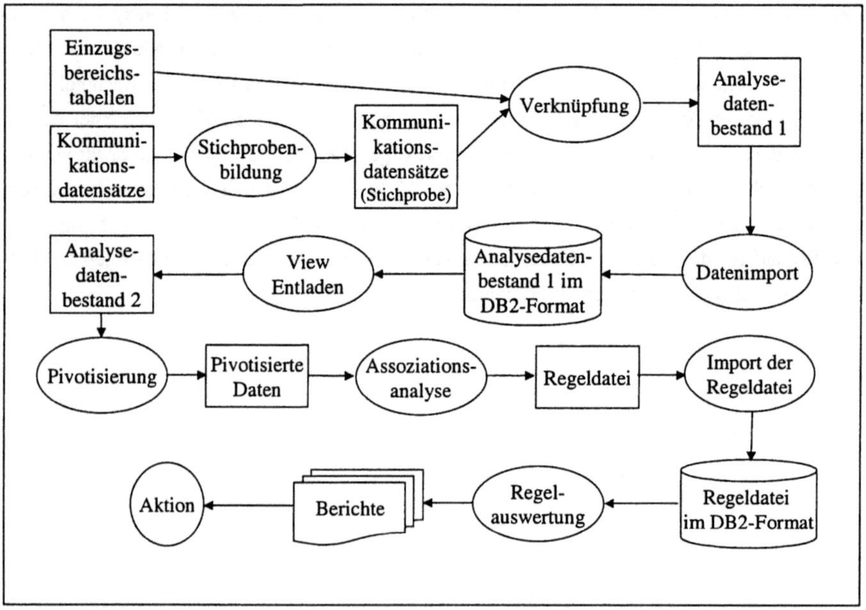

Abb. 6.8: Prozessmodell der Anwendung zur Fehlerentdeckung

Ausgangspunkt ist das Vorliegen einer Menge von Kommunikationsdatensätzen und von Einzugsbereichstabellen. Von den Kommunikationsdatensätzen wird eine Stichprobe gebildet, welche dann mit den Daten der Einzugsbereichstabellen verknüpft wird.

---

419 Nach einem modifizierten Modell, in welchem keine Stichprobenauswahl durchgeführt wird, wurde bei der DTAG von der IBM Deutschland GmbH ein Qualitätssicherungssystem implementiert.

Daraus resultiert ein Analysedatenbestand1, der zur besseren Weiterverarbeitung in eine IBM-Datenbank DB2 importiert wird. Über eine View wird ein Analysedatenbestand2 gebildet und auf diesen Daten die Pivotisierung als weiterer Vorverarbeitungsschritt durchgeführt.

Das Ergebnis ist ein präparierter Datenbestand, auf dem die Assoziationsanalyse durchgeführt werden kann. Durch die Analyse werden Regeln generiert, die zunächst in einer Textdatei vorliegen. Um die Regeln anschließend besser analysieren zu können, werden die Regeln transformiert und in einer Regeldatei einer relationalen Datenbank gespeichert. Diese Analyse der Regeln führt zu Erkenntnissen über aufgetretene Fehlroutings beziehungsweise Bündelvertauschungen, woraufhin die Einleitung von Aktionen zur Fehlerbehebung möglich ist.

Im Folgenden werden die einzelnen Komponenten des Prozessmodells anhand des KDD-Vorgehensmodells eingeordnet und erläutert. Dabei werden zunächst die Tätigkeiten während der Datenvorbereitungsphase beschrieben (Abschnitt 6.3.1), woran sich die Darstellung der Assoziationsanalyse anschließt (Abschnitt 6.3.2). Dann werden die Ergebnisse der Analyse interpretiert (Abschnitt 6.3.3).

6.3.1 Datenvorbereitung

In der Datenvorbereitung werden hier die Tätigkeiten Datenauswahl, Datenintegration, Attributsmanipulation und Datentransformation durchgeführt, welche Gegenstand der folgenden Erläuterungen sind. Dabei wird neben den allgemeinen Beschreibungen der Tätigkeiten auf die konkreten Daten eines Testdatenbestandes zur Validierung der Anwendbarkeit des Modells eingegangen.

Bereits in der Problembeschreibung bzw. in der Aufgabenstellung wurde abgeleitet, dass einerseits die Kommunikationsdatensätze benötigt werden, andererseits auch Einzugsbereichstabellen, aus denen das Attribut Soll-ODZ abgeleitet werden kann.

Die Kommunikationsdatensätze entstehen an den ODZ-Vermittlungscomputern, von wo aus sie an das Tarifierungssystem weitergeleitet und mit weiteren Attributen für die Tarifierung angereichert werden. In Tab. 6.3 sind einige Attribute solcher Kommunikationsdatensätze aufgezeigt.

Nr.	Attribut-bezeichnung	Anzahl Stellen	Erläuterung
1	Carrier	3	Nummer der benutzten Carrier
2	ODZ	5	ODZ, über welchen das Gespräch geführt wurde (Ist-ODZ)
3	Bündel	16	Nummer des Bündels, über welches ein Gespräch vermittelt wurde.
4	Entstehungs-datum	8	Tag des Gespräches
5	Beginnuhrzeit	6	Uhrzeit des Gesprächbeginns
6	Dauer	4	Dauer des Gesprächs in Sekunden
7	Ursprungs-nummer	22	Nummer des anrufenden Teilnehmers
8	Zielnummer	22	Nummer des angerufenen Teilnehmers

Tab. 6.3: Attribute der Kommunikationsdatensätze

Aus dem Gesamtdatenbestand der Telekommunikationsdatensätze wird mit dem Bernoulli-Sampling ein Stichprobendatenbestand ausgewählt, der mit den Einzugsbereichstabellen derart verknüpft (integriert) wird, dass die Datenbestände mit dem zusätzlichen Attribut Soll-ODZ angereichert sind. Die Verknüpfung erfolgt über die Ortsnetzkennzahlen in den jeweiligen Rufnummern.

Im Rahmen dieser Datenintegration wird zusätzlich die Tätigkeit der Attributsmanipulation durchgeführt. Dabei werden den Kommunikationsdatensätzen das zur Identifikation eines Fehlroutings oder einer Bündelvertauschung notwendige Attribut ODZ-Abweichung zugefügt, welches durch einen Vergleich des Ist-ODZ und des Soll-ODZ entsteht. Weichen die Werte dieser Attribute voneinander ab, so wird dem Attribut ODZ-Abweichung der Wert „J“ zugeordnet, anderenfalls, der Wert „N“.

Durch die Tätigkeiten Integration und Attributsmanipulation entsteht eine neue Datei, die als Analysebestand1 bezeichnet wird. Diese Datei kann vom Telekommunikationsunternehmen zur weiteren Verarbeitung versendet werden. Zur einfachen Datenübertragung liegt diese Datei deshalb als Textdatei vor, welche dann als Analysedatei in eine DB2-Datenbank importiert wird. Der Grund für diesen Datenimport liegt darin, dass die Anwendung des Analysewerkzeugs IBM Intelligent Miner der IBM Deutschland GmbH in der Regel das Vorliegen eines Datenbestandes in einer DB2-Datenbank erfordert. Viele in diesem Analysewerkzeug implementierte Programmmodule können nur in dieser Datenbank gespeicherte Daten verarbeiten.

Deshalb ist in der Praxis oftmals die zeitaufwendige Phase des Datenimports im Analyseprozess erforderlich.[420]

Von dieser Datei wird über eine View[421] ein Analysedatenbestand2 herausgefiltert, der die für die Analyse einzubeziehenden Attribute des Analysedatenbestand1 enthält.

Nach Erzeugung dieses Datenbestandes ist für den Ablauf der Assoziationsanalyse mit dem Analysewerkzeug die Pivotisierung des Datenbestandes notwendig. Das bedeutet, dass ein Datensatz, der aus Datensatznummerattribut und r weiteren Attributen besteht, in r zweidimensionale Datensätze zerlegt wird. Dabei besteht jeder dieser Datensätze aus dem Attribut Datensatznummer mit dem entsprechenden Wert des Ursprungsdatensatzes, und im zweiten Attribut ist jeweils eine Ausprägung der r Attribute des Ursprungsdatensatzes eingetragen. In Abb. 6.9 ist der Pivotisierungsschritt an einem Beispiel dargestellt.

Datensatznummer	Attribut1	Attribut2	Attribut3	Attribut4
1123	abc	def	ghi	jkl

↓ **Pivotisierung**

Datensatz-nummer	Wert
1123	abc
1123	def
1123	ghi
1123	jkl

Abb. 6.9: Pivotisierung eines Datensatzes

420 Diese Phase ist dann nicht notwendig, wenn die Daten über alternative Programme bearbeitet werden, die direkt die Ursprungsdaten (z. B. in Form von Dateien im Text-Format) verarbeiten können. Der Vorteil liegt wegen des nicht notwendigen Datenbankverwaltungsaufwandes in einer schnelleren Durchführung der Bearbeitungsphase, jedoch sind dafür umfangreiche Programmierkenntnisse erforderlich.

421 Eine View ist dabei eine Sicht auf eine bestehende Tabelle, wobei bestimmte Attribute ausgeblendet und Wertebereiche einzelner Attribute eingeschränkt werden können. Vgl. *Steiner (2000, S. 106)*. Dabei stellt eine View nur eine Struktur dar, die auf eine bestehende Datei zugreift, ist jedoch selbst keine eigene physische Datei. Mit Hilfe einer View ist es möglich, Auswertungen nur auf bestimmten ausgewählten Attributen einer Tabelle durchzuführen. Vgl. *Heuer und Saake (2000, S. 527 ff.)*.

Der Grund für die Durchführung eines solchen Transformationsschrittes ist, dass damit auch auf Mengen unterschiedlicher Kardinalität, wie sie insbesondere bei der Warenkorbanalyse vorliegen, eine Assoziationsanalyse durchgeführt werden kann.

Ergebnis dieser Transformationstätigkeit als Abschluss der Datenvorbereitungsphase ist ein pivotisierter Analysedatenbestand, auf den das Analysewerkzeug zugreifen kann.[422]

Zur Durchführung der Analyse lag ein rund 7,6 Millionen Datensätze umfassender Datenbestand von bereits angereicherten Kommunikationsdatensätzen mit einer Vielzahl von Attributen in einer DB2-Datenbank vor. Auf Basis dieses Datenbestandes erfolgte zunächst über eine View die Bildung von zwei Testdatenbeständen für die späteren Untersuchungen. Der erste Datenbestand, im Folgenden 5er-Bestand genannt, umfasste Datensätze mit den jeweils folgenden fünf Attributen:

Carrier, Bündel, ODZ, Verkehrsstrom, ODZ_Abweichung.

Die Datensätze des zweiten Datenbestandes, im Folgenden als 8er-Bestand bezeichnet, wiesen jeweils eine Anzahl von 8 Attributen auf und beinhalteten neben den Attributen des 5er-Bestandes zusätzlich noch die Attribute

Carrier_A, Carrier_B und Transit.[423]

Dabei zeigt Carrier_A den Zuführungsdienstleister an, Carrier_B den Terminierungsdienstleister, und das Attribut Transit gibt an, ob eine Transitleistung stattgefunden hat, also eine Weiterleitung eines Gesprächs von einem Verbindungsnetzbetreiber zu einem anderen.[424]

Für die durchgeführte Untersuchung wurden zunächst von diesen beiden Datenbeständen Stichproben gezogen. Hierbei handelte es sich für den 5er-Bestand und für den 8er-Bestand

422 Zur besseren Verarbeitung wurde zusätzlich noch ein sogenanntes Name-Mapping durchgeführt, was bedeutet, dass Attributwerten andere Bezeichnungen, beispielsweise Zahlen, zugeordnet werden. Die erhaltenen Regeln werden zur weiteren Regelanalyse wieder rückcodiert. Dieses Vorgehen kann benutzt werden, um den Speicherplatz für den Datenbestand zu verringern oder Daten zu verschlüsseln. Damit keine datenschutzrechtlichen Probleme auftreten, wurden beispielsweise die Carriernamen mit dem Name-Mapping geändert.

423 Im Folgenden wird unter Analyse des 5er-Bestandes bzw. 8er-Bestandes die Analyse auf diesen Datenbeständen sowie auf den daraus generierten Stichprobendatenbeständen verstanden.

424 Vgl. zum Transitbegriff Fußnote 382.

um jeweils eine 10%-Stichprobe und um eine 1%-Stichprobe.[425] Als Stichprobenerhebungsverfahren wurde das Bernoulli-Sampling-Verfahren verwendet, welches in Abschnitt 4.2.1 erklärt wurde. Wie in diesem Abschnitt dargestellt, muss die Anzahl der Stichprobenelemente nicht genau 10 % bzw. 1 % von der Anzahl der Elemente in der Grundgesamtheit betragen, sondern wird durch eine Zufallsvariable beschrieben. Tab. 6.4 zeigt die Anzahl der durch das Bernoulli-Sampling ausgewählten Stichprobenelemente. Der Anteil beträgt ungefähr 10 % bzw. 1 % des Gesamtbestandes, insofern werden in den folgenden Ausführungen die Stichprobendatenbestände mit 10%- bzw. 1%-Stichprobe bezeichnet.

	5er-Bestand	**8er-Bestand**
Gesamtdatengröße	7.642.648	7.642.648
10%-Stichprobe	763.838	765.134
1%-Stichprobe	76.407	76.231

Tab. 6.4: Elementeanzahl der Auswertungsmengen

Für jeden dieser Datenbestände wurde eine Pivotisierung durchgeführt, damit im Anschluss daran Assoziationsanalysen gestartet werden konnten, um Abhängigkeiten zwischen Ausprägungen der Attributwerte zu entdecken.

6.3.2 Analyse

Der Analyseschritt wird mit dem im IBM Intelligent Miner implementierten Apriori-Algorithmus durchgeführt. Dazu müssen die Parameter für den Mindestsupportwert und für die Mindestkonfidenzgrenze festgelegt werden. Aus der Durchführung von vorangehenden Analysen kann für den Mindestsupportwert abgeleitet werden, dass er unter einem Prozent liegen sollte, da sonst keine interessanten Regeln gefunden werden können. Für den Mindestkonfidenzwert sollte dagegen ein großer Wert über 75 % gewählt werden, damit die Regeln auch hinreichend stark die ODZ-Abweichungen erklären.

Für die Beurteilung der Durchführung der stichprobenbasierten Assoziationsanalyse wurden für jede ausgewählte Datei des oben erläuterten 5er-Betandes und des 8er-Bestandes jeweils drei Auswertungen durchgeführt, die sich in der Vorgabe des Parameters für den Mindestsupportwert unterschieden. Es wurden Mindestsupportwerte von 1 %, von 0,1 % und von 0,01 %

[425] Damit wurde die Stichprobenbildung nicht direkt auf die Kommunikationsdatensätze angewendet, wie in Abb. 6.8 dargestellt, da der Testdatenbestand bereits vorlag. Für die späteren Zeit- und Genauigkeitsbetrachtungen ist der Unterschied, wann die Stichprobenbildung erfolgt, jedoch nicht von großer Bedeutung.

gewählt. Die Mindestkonfidenzwerte wurden zur besseren Vergleichbarkeit der Ergebnisse bei allen Analysen gleich groß gewählt und betrugen 75 %.

Das Analysewerkzeug liefert die Regeln in einer Textdatei, bei der jeder Regel eine Textzeile zugeordnet wird. Abb. 6.10 zeigt einen Ausschnitt aus einer derartigen Regeldatei:

Group	Support	Conf	P-value	Lift	Kind	Body ==> Head
4	0.6900	87.62	0.44	1.00	+	[ODZ=821] AND [VERKEHRS_STROM=A] ==> [ODZ_ABW=N]
4	1.0924	87.77	0.59	1.01	+	[VERKEHRS_STROM=B] AND [ODZ=821] ==> [ODZ_ABW=N]
4	4.7517	87.94	0.75	1.01	+	[CARRIER=aab] AND [VERKEHRS_STROM=A] ==> [ODZ_ABW=N]
4	21.7657	88.04	0.86	1.01	+	[ODZ=30] ==> [ODZ_ABW=N]
4	0.2504	88.28	1.09	1.01	+	[CARRIER=aae] AND [ODZ=911] AND [VERKEHRS_STROM=A] ==>[ODZ_ABW=N]
4	0.2049	88.33	1.15	1.01	+	[BUENDEL=911-AF8C--D3111] ==> [ODZ_ABW=N]
4	4.4800	88.57	1.38	1.02	+	[ODZ=89] ==> [ODZ_ABW=N]
4	1.9455	88.63	1.44	1.02	+	[ODZ=821 ==> [ODZ_ABW=N]
4	0.2674	88.65	1.46	1.02	+	[BUENDEL=89---F833D--D3555] ==> [ODZ_ABW=N]
4	0.0496	88.68	1.50	1.02	+	[BUENDEL=721-AF44F-D3666] AND [VERKEHRS_STROM=A] ==> [ODZ_ABW=N]
4	0.8247	88.76	1.58	1.02	+	[ODZ=931] AND [VERKEHRS_STROM=A] ==> [ODZ_ABW=N]
4	2.2434	88.88	1.70	1.02	+	[ODZ=511] ==> [ODZ_ABW=N]

Abb. 6.10: Ausschnitt aus der Regeldatei des IBM Intelligent Miners[426]

Dabei sind folgende Bestandteile zu erkennen, die der IBM Intelligent Miner für jede Regel generiert. Das Attribut *Group* ist eine interne Klassifikationsvariable für den in der Zeile gespeicherten Text, der für weitere Darstellungen im IBM Intelligent Miner verwendet wird. Anschließend folgt der Supportwert (*Support*) und der Konfidenzwert (*Conf*) jeder Regel. Der P-Wert[427] (*P-value*) bezieht sich auf den χ^2-Unabhängigkeitstest[428], dessen Ergebnis im Attribut *Kind* (Typ der Regel) angezeigt wird. Das „+" bedeutet, dass der Regelrumpf einen positiven Einfluss im Sinne des in Abschnitt 3.5.2.3 dargestellten χ^2-Maßes auf den Regelkopf hat. Ferner ist der in Abschnitt 3.5.2.1 beschriebene Lift-Faktor (*Lift*) angegeben. Das Attribut *Body ==> Head* gibt die eigentliche Assoziationsregel an, wobei mit Body die Prämisse und mit Head die Konklusion der Regel bezeichnet ist.[429]

Die durch das Analysewerkzeug generierte Regeldatei in Form einer Textdatei kann dazu genutzt werden, die Regeln mit anderen Programmen weiter zu untersuchen, worauf im folgenden Abschnitt eingegangen wird.

---

426 Die Namen der Interconnectionspartner sowie die Nummern der Bündel und der ODZ sind verändert worden, so dass keine Rückschlüsse auf die tatsächlichen Werte möglich sind.

427 Zur Verwendung des P-Wertes bei einem statistischen Test vgl. *Fahrmeir et al. (1999, S. 408, f.)* sowie *Hartung, Elpelt und Klösener (2002, S. 137).*

428 Eine Beschreibung des χ^2-Unabhängigkeitstests befindet sich in *Fahrmeir et al. (1999, S. 452 ff.)* sowie *Hartung, Elpelt und Klösener (2002, S. 413 f.).*

429 Eine ausführliche Erläuterung der Attribute der Ergebnisdatei wird in *IBM (1999, S. 297 ff.)* gegeben.

6.3.3 Ergebnisinterpretation

Von den generierten Regeln ist nur ein geringer Teil für die Erkennung eines Fehlroutings oder einer Bündelvertauschung verwendbar. In Abschnitt 6.3.3.1 wird erläutert, wie derartige interessierende Regeln gefunden werden können. Monetäre Bewertungsmöglichkeiten der Regeln, die zur Abschätzung der Kostenveränderung durch die hier vorgestellte Anwendung herangezogen werden können, sind in Abschnitt 6.3.3.2 angegeben.

6.3.3.1 Regelauswahl

Um die interessanten Regeln besser auswählen zu können, werden sie in einer Tabelle einer relationalen Datenbank gespeichert.[430] Dabei muss die Textdatei des Analysewerkzeugs so transformiert werden, dass die darin enthaltenen Regelbestandteile in einzelne Attribute aufgeteilt werden. Es wird also eine Tabelle erstellt, die aus den Attributen Regelrumpf, Regelkopf, Support, Konfidenz, Lift und Unabhängigkeitstyp besteht.[431]

Auf diese Datei kann nun leicht zum Zweck der weiteren Regelanalyse zugegriffen werden. Die Analyse der Genauigkeit der Regeln in den folgenden Untersuchungen wurde beispielsweise mit Abfragen in der Datenbank MS-Access durchgeführt, während der unten aufgezeigte Filter durch SQL-Befehle auf diese in der DB2-Datenbank gespeicherten Regeldatei erstellt wurde.

Mit der Assoziationsanalyse werden viele Regeln generiert, die keine Lösung für die Aufgabenstellung darstellen. Diese Regeln müssen zunächst herausgefiltert werden. Interessant sind lediglich die Regeln, deren Konklusion die Ausprägung [ODZ_ABW=J] besitzen, da dieser Attributwert nach den Ausführungen in Abschnitt 6.2.1.3 ein Fehlrouting oder eine Bündelvertauschung anzeigt. Einige dieser Regeln sind in Tab. 6.5 dargestellt.

---

430 Das Analysewerkzeug IBM Intelligent Miner verfügt über ein eigenes Modul Associations Visualizer zur Darstellung von Assoziationsregeln, wobei insbesondere eine grafische Komponente vorhanden ist. Dieses Modul greift direkt auf die Textdatei zu und stellt die Ergebnisse in einer für den Anwender komfortablen Sichtweise dar. Für große Regeldateien eignet sich aber dieses Modul nicht, da komplexere Abfragen sehr zeitaufwendig bzw. nicht möglich sind. Aus diesem Grund wird die Speicherung der Regeldatei in eine Tabelle einer relationalen Datenbank vorgezogen.

431 Es können auch weitere Merkmale wie beispielsweise das Group-Feld oder das P-Value-Feld zugefügt werden. Die Entscheidung, welche Attribute aufgenommen werden sollen, liegt beim Anwender. Um die Transformation durchzuführen, wurde ein Script geschrieben, mit dem zunächst Trennfelder in die Textdatei eingefügt wurden. Diese manipulierte Datei kann dann leicht in eine relationale Datenbank importiert werden.

Regelrumpf	Regelkopf	Support	Konfidenz
[BUENDEL=221-AD22E-D3640]	[ODZ_ABW=J]	0,2363	100,00
[BUENDEL=221-AD22E-D3641]	[ODZ_ABW=J]	0,2371	100,00
[BUENDEL=6221AD621AD3333]	[ODZ_ABW=J]	0,1721	97,07
[BUENDEL=731-AM72A-D3223] AND [VERKEHRS_STROM=A]	[ODZ_ABW=J]	0,3737	81,86
[BUENDEL=941-Ak95-23456]	[ODZ_ABW=J]	0,1868	100,00
[CARRIER=äae] AND [BUENDEL=5221AG621Ae3230]	[ODZ_ABW=J]	0,1721	97,07
[CARRIER=aae] AND [BUENDEL=911-AK95-23432]	[ODZ_ABW=J]	0,1868	100,00
[CARRIER=aae] AND [ODZ=911] AND [BUENDEL=911-AK95-23432]	[ODZ_ABW=J]	0,1055	100,00

Tab. 6.5: Generierte interessante Regeln[432]

In der letzten Zeile dieser Tabelle zeigt sich zum Beispiel, dass am Bündel 911-AK95-23432 bei dem Carrier aae am ODZ 911 Abweichungen des Ist-ODZ vom Soll-ODZ aufgetreten sind. Aus dem Konfidenzwert von 100 % lässt sich schließen, dass bei sämtlichen Interconnectionsgesprächen, die über dieses Bündel geführt wurden, eine ODZ-Abweichung aufgetreten ist. Daraufhin können die betreffenden Datensätze genauer analysiert werden. Beispielsweise kann dadurch die Erkenntnis entstehen, dass zu einer bestimmten Uhrzeit eine Überlastung des ODZ 911 vorliegt, die durch Vergrößerung der Leitungskapazität abgestellt werden kann. Oder es wird tatsächlich eine Bündelvertauschung festgestellt, dass also in der Vergangenheit die physische Nutzung eines Bündels geändert wurde, während im Abrechnungssystem weiterhin der alte Nutzungstyp fälschlicherweise verwendet wird.

Unter diesen interessierenden Regeln ist eine große Redundanz zu erkennen, die beachtet werden muss. Beispielsweise ist der Regelrumpf der vorletzten in Tab. 6.5 angegebenen Regel im Regelrumpf der letzen Regel enthalten. Außerdem ist oft ein Bündel stets einem bestimmten Carrier zugeordnet, so dass damit die Angabe des Carriers und des Bündels redundant ist. Dieses Problem kann durch Datenbankabfragen eliminiert werden. Beispielsweise können Regeln herausgefiltert werden, deren Prämissenteil aus nur einer Bündelangabe besteht.

Neben dieser Art der Redundanz tritt ein weiteres Problem auf, nämlich die Anzeige vieler bereits bekannter Regeln. Wenn ein nach diesem Modell erstelltes Überwachungssystem zur Fehlerentdeckung bei Interconnectionsverbindungen wöchentlich eingesetzt werden soll, so werden viele Regeln, die in der Vorwoche aufgetreten sind, bereits auch bei der nachfolgenden Analyse auftreten, wenn die Fehler nicht abgestellt worden sind. In einem solchen Fall

432 Die Namen der Interconnectionspartner sowie die Nummern der Bündel und der ODZ sind verändert worden, so dass keine Rückschlüsse auf die tatsächlichen Werte möglich sind.

können bereits bekannte Regeln herausgefiltert werden, wie es in Abschnitt 3.5.3 vorgeschlagen wurde. Im Folgenden werden die Ergebnisse einer auf den Testdaten basierenden Untersuchung dargestellt, mit der die Anwendbarkeit und die Effektivität der Filtertechnik bei wiederkehrenden Assoziationsanalysen nachgewiesen wird.

Dazu wurden aus dem 5er-Bestand zehn kleinere Blöcke mit jeweils 100.000 konsekutiven Datensätzen ausgewählt, auf denen jeweils Assoziationsanalysen mit einem Mindestsupportwert von 0,01 % mit dem Analysewerkzeug IBM Intelligent Miner durchgeführt wurden. Die hierbei jeweils generierte Regeldatei im Text-Format wurde durch ein Rexx-Programm so manipuliert, dass einzelne Attribute für die Prämisse und die Konsequenz der Regeln erzeugt wurden. Damit konnte die Regeldatei in eine DB2-Datenbank importiert werden, so dass darauf Datenbankbefehle angewendet werden konnten.

Die Regelmengen wurden mit „Teil1", „Teil2", ..., „Teil10" bezeichnet. Anschließend wurden aus der ersten Datei „Teil1" die Anzahl der Datensätze ermittelt, welche die Anzahl der Regeln widerspiegelt, und eine Datei „Bekannt1" generiert, die identisch mit der Datei „Teil1" ist. Die Datei „Bekannt1" beinhaltete die bereits bekannten Regeln und stellt die in Abschnitt 3.5.3 beschriebene „Bekannt"-Datei dar.

Darauf folgend wurden aus der Datei „Teil2" diejenigen Regeln herausgefiltert, die nicht bereits in der Datei „Bekannt1" vorkamen und somit durch die zweite Analyse neu generiert worden sind. Diese neuen Regeln wurden in der Datei „Rest2" gespeichert und die Anzahl der Datensätze ermittelt. Durch folgenden SQL-Befehl wurden die neuen Regeln festgestellt und in die Datei „Rest2" geschrieben:

```
insert into Rest2
select * from Teil1
where not exists (select * from Bekannt1.wenn=Teil2.wenn and
                                Bekannt1.dann=Teil2.dann)
```

Für die weiteren Analysen musste die Datei mit den bekannten Regeln um die in „Rest2" stehenden Regeln erweitert werden. Dazu wurde eine Datei „Bekannt2" erstellt, die aus der

Vereinigung aus „Bekannt1" und „Rest2" besteht.[433] Hierfür wurde der folgende SQL Befehl verwendet:

insert into Bekannt2

*select * from rest2*

*union select * from Bekannt1*

Anschließend wurde die dargestellte Prozedur für alle weiteren Regeldateien wiederholt. Tab. 6.6 zeigt für jede Regeldatei die Anzahl der generierten Regeln, die Anzahl der neuen Regeln und die Anzahl der Regeln in der jeweiligen Datei mit den bekannten Regeln.

Regeldatei	Anzahl Regeln	Anzahl neuer Regeln	Anzahl neuer Regeln in %	Anzahl bekannter Regeln
Teil1	1.876	1.876	100	1.876
Teil2	1.003	874	87	2.750
Teil3	2.091	1.898	91	4.648
Teil4	1.383	1.240	90	5.888
Teil5	1.488	1.351	91	7.239
Teil6	1.896	1.289	68	8.528
Teil7	1.349	813	60	9.341
Teil8	1.236	915	74	10.256
Teil9	1.168	635	54	10.891
Teil10	1.040	566	54	11.457

Tab. 6.6: Anzahl der Regeln in chronologischer Reihenfolge

Die Tabelle zeigt, dass nach den ersten 5 Analysen die Menge bekannter Regeln so groß ist, dass in den folgenden Regeldateien erheblich weniger neue Regeln analysiert werden müssen als durch die Assoziationsanalyse generiert wurden. Abb. 6.18 stellt die Abnahme des Anteils neuer Regeln grafisch dar.

433 Ein Zufügen der Datei „Rest2" an die Datei Bekannt1 wäre auch möglich. Aus Dokumentationsgründen wurde aber der hier gewählte Weg durchgeführt.

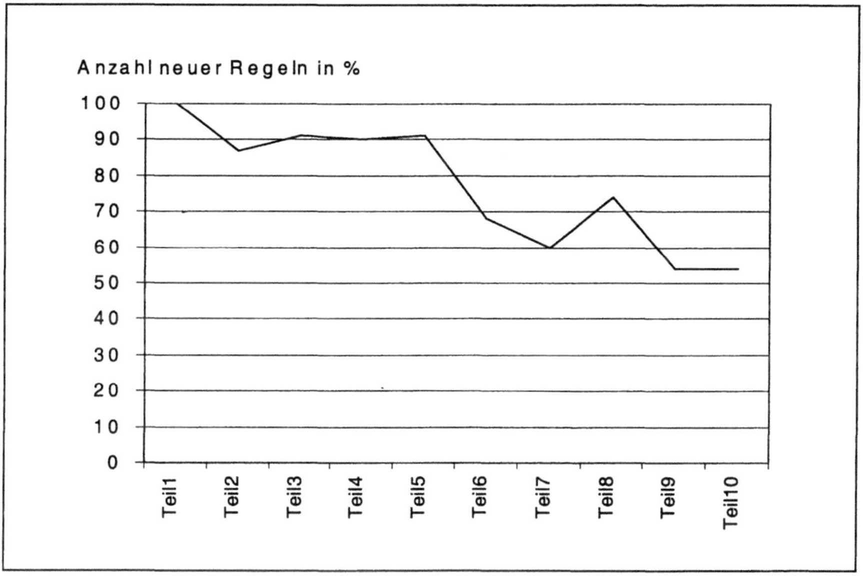

Abb. 6.11: Entwicklung der Generierung neuer Regeln

Zu beachten ist, dass bei diesem Ansatz die Anzahl der bekannten Regeln von der Struktur der analysierten Datenblöcke abhängt. Eine zweite Auswertung bei der die Reihenfolge der Blöcke verändert wurde, ist in Tab. 6.7 wiedergegeben.

Regeldatei	Anzahl Regeln	Anzahl neuer Regeln	Anzahl neuer Regeln in %	Anzahl bekannter Regeln
Teil1	1.876	1.876	100	1.876
Teil6	1.896	1.452	77	3.328
Teil2	1.003	834	83	4.162
Teil7	1.349	820	61	4.982
Teil3	2.091	1.804	86	6.786
Teil8	1.236	1.043	84	7.829
Teil4	1.383	1.107	80	8.936
Teil9	1.168	719	62	9.655
Teil5	1.488	1.236	83	10.891
Teil10	1.040	566	54	11.457

Tab. 6.7: Anzahl der Regeln in nicht-chronologischer Reihenfolge

Zu erkennen ist, dass die Anzahl neuer Regeln nicht so regelmäßig abnimmt, wie im ersten Fall dargestellt. Als ein Grund kann hierfür die Anrufverteilung bezüglich der Zeit, die bei Telekommunikationsdaten vorliegt, angeführt werden.

Bemerkenswert ist schließlich, dass sich an dieser Auswertung die Wichtigkeit einer geeigneten Stichprobenauswahl zeigt. Wird nämlich nur ein Block von 100.000 konsekutiven Datensätzen analysiert, werden wesentlich weniger Regeln erzeugt als es bei einer Zufallsstichprobe der Größe 100.000 ist, mit der rund 90 % aller Regeln entdeckt werden können.[434]

6.3.3.2 Regelbewertung

Die entdeckten Regeln, durch die jeweils ein mögliches Fehlrouting oder eine Bündelvertauschung angezeigt wird, lassen sich monetär bewerten, wie im Folgenden dargestellt wird. Diese Bewertung kann genutzt werden, um den Nutzen der Implementierung eines Systems zur Analyse von Fehlern in der Abrechnung mit Interconnectionspartnern in Form von Kosteneinsparungen zu quantifizieren.[435]

Zur Bewertung der Regeln werden zunächst die monetären Auswirkungen des Fehlroutings bzw. der Bündelvertauschung beschrieben. Ausgangspunkt ist hierbei, dass die DTAG als Teilnehmernetzbetreiber die Zuführungsleistungen bzw. die Terminierungsleistungen dem Interconnectionspartner in Rechnung stellt.

Liegt ein Fehlrouting oder eine Bündelvertauschung vor, so ergibt sich aus Sicht des Carriers zunächst eine Differenz zwischen geplanten und tatsächlich entstandenen Kosten für eine Zuführungs- oder Terminierungsleistung. Geplant wäre die Kostenerstattung für eine Verbindungsleistung mit einer Dauer von t Minuten im Ortsnetz mit einem Kostenfaktor k_1. Tatsächlich wird aber ein Kostenfaktor k_2 verwendet, da das Tarifierungssystem eine größere Verbindungsleistung ermittelt hat. Es ergibt sich damit eine Differenz von

$$DC = k_2 \cdot t - k_1 \cdot t. \qquad (6.1)$$

---

434 Vgl. dazu die Anzahl der Regeln die auf Grundlage des 1%-Stichprobenbestandes generiert wurden und in Tab. 6.19 angegeben sind.

435 Neben dem Kosteneinsparungsaspekt ist auch ein ideeller Wert der Einführung eines derartigen Systems zur Qualitätskontrolle zu berücksichtigen.

Sollte die Verwendung von k_2 aus einer Bündelvertauschung resultieren, würde der in Formel (6.1) definierte Betrag DC gegenüber dem Fehlroutingfall unberechtigt von der DTAG als Mehrpreis erhoben, da tatsächlich eine Leistung im Ortsnetz erbracht wurde.

Im Fall des Fehlroutings ist zu beachten, dass die Abrechnung zunächst nicht fehlerhaft ist, da die höhere Verbindungsleistung tatsächlich erbracht worden ist und gemäß den Vorgaben der RegTP verrechnet wurde. Es ist allerdings nach dem Verursacher des Fehlroutings zu unterscheiden. Ist das Fehlrouting auf eine Störung bei der DTAG beispielsweise durch Überlastung des Soll-ODZ zustande gekommen, so ist die zusätzliche Belastung des Interconnectionspartners ungerechtfertigt. Liegt die Ursache des Fehlroutings dagegen beim Verbindungsnetzbetreiber, so sind die höheren Kosten gerechtfertigt. Es scheint zunächst, als ob die DTAG dadurch einen Vorteil besitzt. Jedoch kann auch hier für eine fehlgeroutete Vermittlung ein negativer Kosteneffekt abgeleitet werden, der allerdings schwieriger zu quantifizieren ist. Bei einem Fehlrouting muss die DTAG die Verbindungsleistung für ein Ferngespräch erbringen, die sie mit $k_2 \cdot t$ dem Carrier in Rechnung stellt. Tatsächlich fallen aber Kosten in Höhe eines internen Kostenfaktors k_3 an, der höher liegen kann als k_2. Werden zum Beispiel die Opportunitätskosten für eine Fernverbindungsleistung zu Grunde gelegt, kann ein Kostenfaktor k_3 etwa in Form des Preises für eine Ferngesprächsminute angesetzt werden, der im Allgemeinen höher ist als k_2. Damit ergibt sich für die DTAG ein Fehlbetrag von

$$DT = k_3 \cdot t - k_2 \cdot t. \qquad (6.2)$$

Folgendes Beispiel illustriert die fehlerhafte Abrechnungsmöglichkeit. Der achte in Tab. 6.5 angegebene Datensatz zeigt, dass eine ODZ-Abweichung bei Carrier aae stattgefunden hat. Der betrachtete Soll-ODZ ist 911. Wegen des Supportwertes von 0,1055 % bei einem Gesamtbestand von 7,6 Millionen Datensätzen ist diese Abweichung bei 8018 Gesprächen vorgekommen. Angenommen, es handelte sich hierbei um Fehlroutings, die Fernverbindungsleistungen der DTAG während der Hauptzeit verursachten (eben zu anderen ODZ auf Weitverkehrsebene) und deren zugehörigen Gespräche eine durchschnittliche Dauer von 5 Minuten aufwiesen, so ergibt sich bei der Berechnung nach den Werten aus Tab. 6.2 mit $k_1 = 0{,}0065$ Euro/Minute, $k_2 = 0{,}0107$ Euro/Minute und $k_3 = 0{,}123$ Euro/Minute[436] für den Carrier eine Mehrbelastung von

$$DC = (0{,}0107 - 0{,}0065) \cdot 5 \cdot 8018 = 168{,}38 \text{ Euro}$$

[436] Der Kostensatz k_3 entspricht hier als Opportunitätskostensatz dem Preis für eine Ferngesprächsminute im Festnetz der DTAG am 09.07.2002.

und für die DTAG eine Mehrbelastung von

$$DT = (0{,}123 - 0{,}0107) \cdot 5 \cdot 8018 = 4502{,}11 \text{ Euro.}$$

Ähnlich können derartige Größen mit anderen Kostenfaktoren und für andere Regeln bestimmt werden. Zu beachten ist dabei, dass diese Berechnungen nur grobe Abschätzungen[437] der fehlerhaft berechneten Kosten darstellen. Zur exakten Bestimmung müssten die Telekommunikationsdatensätze, die diese Regeln unterstützen, analysiert werden.

Das dargestellte Beispiel gibt jedoch einen guten Eindruck von der Größe des Kosteneinsparungspotenzials bei der DTAG bzw. bei den Interconnectionspartnern, wenn dieses Verfahren zur Fehlererkennung eingesetzt wird. Obiges Beispiel gibt eine Abschätzung für Kosten, die nur durch eine Regel entstanden sind. Werden bei einer Analyse mehrere (voneinander unabhängige[438]) Regeln betrachtet, so lässt sich durch Multiplikation mit der Anzahl dieser Regeln ein Gesamtkostenbetrag für die Interconnectionspartner bzw. für die DTAG ermitteln.

6.4 Beurteilung der durchgeführten stichprobenbasierten Assoziationsanalyse

Der Vorteil in der Nutzung der stichprobenbasierten Assoziationsanalyse im Vergleich zur Analyse des Gesamtdatenbestandes ist in der Zeitersparnis zu sehen. Zur Beurteilung der Effizienz des stichprobenbasierten Ansatzes in Bezug auf diesen Zeitvorteil wird in Abschnitt 6.4.1 eine vergleichende Zeitbetrachtung vorgestellt, die auf den Untersuchungen mit den oben beschriebenen Datenbeständen basiert. Theoretisch wurde in Kapitel 5 dargestellt, dass die Regeln auf Basis einer stichprobenbasierten Assoziationsanalyse unter Beachtung von Abweichungsschranken sehr gut die tatsächlich vorkommenden Regeln mit ihren Bewertungsmaßen wiedergeben. In Abschnitt 6.4.2 wird eine Genauigkeitsbetrachtung dargestellt, um die Güte der Regeln auch empirisch an Unternehmensdaten nachzuweisen.

---

437 Ungenauigkeiten entstehen beispielsweise durch die Annahme der durchschnittlichen Gesprächsdauer sowie des Kostenfaktors k_3.

438 Darunter wird verstanden, dass, wie bei dem Redundanzproblem erläutert, die Regelrümpfe keine Schnittmengenbeziehungen untereinander aufweisen, d. h. aus verschiedenen unabhängigen Vermittlungen berechnet worden sind.

6.4.1 Zeitbetrachtung

In diesem Abschnitt wird die Erstellung einer Zeitbilanz für die durchgeführten Analyseprozesse vorgenommen. Es wird damit der Zeitvorteil verdeutlicht, der durch den Ansatz der Assoziationsanalyse auf Stichprobenbasis entsteht.

Dazu wurden für jeden Datenbestand neben den Zeiten für die Assoziationsanalyse und den Ladevorgang in die DB2-Datenbank die Zeit für den notwendigen Transformationsschritt, der Pivotisierung, ermittelt. Darüber hinaus wird die Zeit für die Stichprobenbildung in der Zeitbilanz berücksichtigt. Sämtliche Verarbeitungsschritte fanden auf einer IBM-RS/6000 mit einem Hauptspeicher von 1 GB statt.

Die erste Phase im Prozessmodell ist die Stichprobenbildung. Diese erfolgte mit einem in der Programmiersprache Java implementierten Bernoulli-Sampling. Die gemessenen Zeiten sind für die jeweiligen Datenbestände in Tab. 6.8 dargestellt.

	5er-Bestand	8er-Bestand
10%-Stichprobe	5 m 43,12 s	8 m 36 s
1%-Stichprobe	4 m 54,29 s	7 m 36 s

Tab. 6.8: Zeiten für die Stichprobenbildung

Die Zeiten für die Stichprobenbildung sind wichtig für den Zeitvergleich, da dieser Schritt bei der Analyse des Gesamtdatenbestandes nicht anfällt.

Die zweite zeitintensive Phase im Prozess ist der Datenimport, bei welchem auch die Verknüpfung der Kommunikationsdaten mit den Einzugsbereichstabellen durchgeführt werden kann. Wie in Abschnitt 6.3.1 erläutert, wurde der Datenimport nicht für die Stichprobendatenbestände durchgeführt, wird aber wegen der praktischen Relevanz in die Überlegungen mit einbezogen. Die Zeiten für den Datenimport sind also nicht explizit gemessen worden, können aber wegen der Linearität des Zeitaufwandes zur Größe der importierten Datenbasis, d. h. zur Anzahl der Datensätze, berechnet werden. Grundlage für die Berechnung ist die Ladezeit für den durchgeführten Datenimport des Gesamtdatenbestandes. In Tab. 6.9 sind die berechneten Werte für die Zeiten eines 10%- und eines 1%-Stichprobendatenbestandes angegeben.

Datenbestand	Ladezeit
Gesamt	24 m 20 s
10%-Stichprobe	2 m 25 s
1%-Stichprobe	15 s

Tab. 6.9: Zeiten für den Datenimport

Diese Zeiten sind ausreichende Schätzer für die Importzeiten der Stichprobendatenbestände sowohl für den 5er-Datenbestand als auch für den 8er-Datenbestand.

Der Pivotisierungsschritt wurde mit einem Java-Programm durchgeführt, welches auf die im Text-Format vorliegenden Datenbestände zugriff. Es wurden die in Tab. 6.10 angegebenen Zeiten gemessen.

	5er-Bestand	8er-Bestand
Gesamtbestand	22 m 12 s	35 m 20 s
10%-Stichprobe	2 m 12 s	3 m 33 s
1%-Stichprobe	13 s	21 s

Tab. 6.10: Zeiten für die Pivotisierung

Erkennbar ist hier eine Linearität des Zeitaufwandes zur Größe des Datenbestandes und zur Anzahl der Attribute, aus denen die Datensätze bestehen.

Zu beachten ist, dass eine Pivotisierung mit dem im IBM Intelligent Miner implementierten Modul wegen des Zugriffs auf die DB2-Datenbank und des sich daraus ergebenden Datenbankverwaltungsaufwandes von größerer Dauer ist als bei dem hier verwendeten Verfahren.

Die wichtigste zu berücksichtigende Zeit ist die für die eigentliche Assoziationsanalyse. Diese Zeit ist Richtgröße für die Messung der Effizienz von Algorithmen, mit denen Assoziationsanalysen durchgeführt werden können.[439]

---

439 Vgl. hierzu die Leistungsvergleiche der Verfahren in *Hipp, Güntzer und Nakhaeizadeh (2000, S. 61 ff.).*

Die Zeiten für die Analyse bei dem 5er-Bestand sind in Tab. 6.11 dargestellt.

5er-Bestand	MinSup 1 %	MinSup 0,1 %	MinSup 0,01 %
Gesamt	20 m 57 s	22 m 44 s	27 m 41 s
10%-Stichprobe	2 m 6 s	2 m 50 s	2 m 56 s
1%-Stichprobe	15 s	19 s	21 s

Tab. 6.11: Analysezeiten für den 5er-Bestand

In den Zeilen sind jeweils die Zeiten für die entsprechenden Datenbestände eingetragen, die Spalten beziehen sich auf die jeweiligen Mindestsupportwerte, mit denen die Analysen durchgeführt wurden. Erkennbar ist zum einen ein Anwachsen der Analysezeit mit fallendem Mindestsupportwert, was in der größeren Anzahl von generierten Regeln begründet liegt. Zum anderen zeigt sich aber eine extreme Verringerung der Analysezeit, wenn die Analyse auf dem Stichprobenbestand durchgeführt wird. Die Zeiten für die Analyse verhalten sich annähernd proportional zur Größe des analysierten Datenbestandes.[440]

Tab. 6.12 gibt eine Zusammenfassung der Analysezeiten, die bezüglich des 8er-Bestandes gemessen wurden.

8er-Bestand	MinSup 1 %	MinSup 0,1 %	MinSup 0,01 %
Gesamt	52 m 11 s	1 h 24 m 28 s	1 h 32 m 38 s
10%-Stichprobe	5 m 10 s	9 m 1 s	10 m 17 s
1%-Stichprobe	35 s	1 m 19 s	1 m 40 s

Tab. 6.12: Analysezeiten für den 8er-Bestand

Erkennbar sind einerseits die oben beschriebenen Proportionalitätseigenschaften der Analysezeiten zum Datenvolumen. Auf der anderen Seite sind die Zeiten für die Assoziationsanalyse erheblich größer als bei dem 5er-Datenbestand, was an der größeren Anzahl von generierten Regeln liegt.

Insgesamt kann mit den dargestellten Zeiten eine Bilanz aufgestellt werden, welche die Gesamtzeitersparnis durch die Analyse auf den Stichprobenbeständen demonstriert. Die Gesamtzeit für den KDD-Prozess setzt sich hierbei als Summe der Zeiten für den Datenimport, der Pivotisierung und der Analyse zusammen. Bei den Stichprobendatenbeständen ist zusätzlich noch die Zeit für die Stichprobenbildung hinzuaddiert.

---

440 Auf diesen Zusammenhang weisen bereits *Agrawal et al. (1996, S. 325)* durch Betrachtung der Komplexität des Apriori-Algorithmus hin.

Für den 5er-Bestand ergibt sich die in Tab. 6.13 dargestellte Zeitbilanz bezüglich der Analyse mit einem Mindestsupport von 0,01 %.

5er-Bestand	Stichproben-bildungszeit	Ladezeit	Pivotisie-rungszeit	Analyse-zeit	Gesamtzeit
Gesamtbestand		24 m 20 s	22 m 12 s	27 m 41 s	1 h 74 m 13 s
10%-Stichprobe	5 m 43 s	2 m 25 s	2 m 12 s	2 m 56 s	13 m 16 s
1%-Stichprobe	4 m 54 s	15 s	13 s	21 s	5 m 43 s

Tab. 6.13: Zeitbilanz bei 5er-Bestand bei Mindestsupportwert von 0,01 %

Entsprechende Zeiten können für die Analysen berechnet werden, wenn ein anderer Mindestsupportwert vorgegeben wird. Tab. 6.14 zeigt die Gesamtzeiten, die sich analog zu Tab. 6.13 für die jeweiligen Analysen mit den genannten Mindestsupportschranken ergeben.

5er-Bestand	MinSup 1 %	MinSup 0,1 %	MinSup 0,01 %
Gesamtbestand	1 h 7 m 29 s	1 h 9 m 16 s	1 h 14 m 13 s
10%-Stichprobe	12 m 26 s	13 m 10 s	13 m 16 s
1%-Stichprobe	5 m 37 s	5 m 41 s	5 m 43 s

Tab. 6.14: Gesamtzeiten für 5er-Bestand

Die Gesamtbearbeitungszeit des Stichprobendatenbestandes ist also im Verhältnis zur Gesamtbearbeitungszeit des Gesamtbestandes sehr gering. Tab. 6.15 zeigt diese Verhältnisse in Prozent zur Gesamtbearbeitungszeit des Gesamtbestandes an.

5er-Bestand	MinSup 1 %	MinSup 0,1 %	MinSup 0,01 %
10%-Stichprobe	18,4 %	19,0 %	17,9 %
1%-Stichprobe	8,3 %	8,2 %	7,7 %

Tab. 6.15: Verhältnis der Prozessdauer zur Gesamtzeit im 5er-Bestand

In Abb. 6.12 sind die einzelnen Analysezeiten noch einmal zusammenfassend grafisch dargestellt.

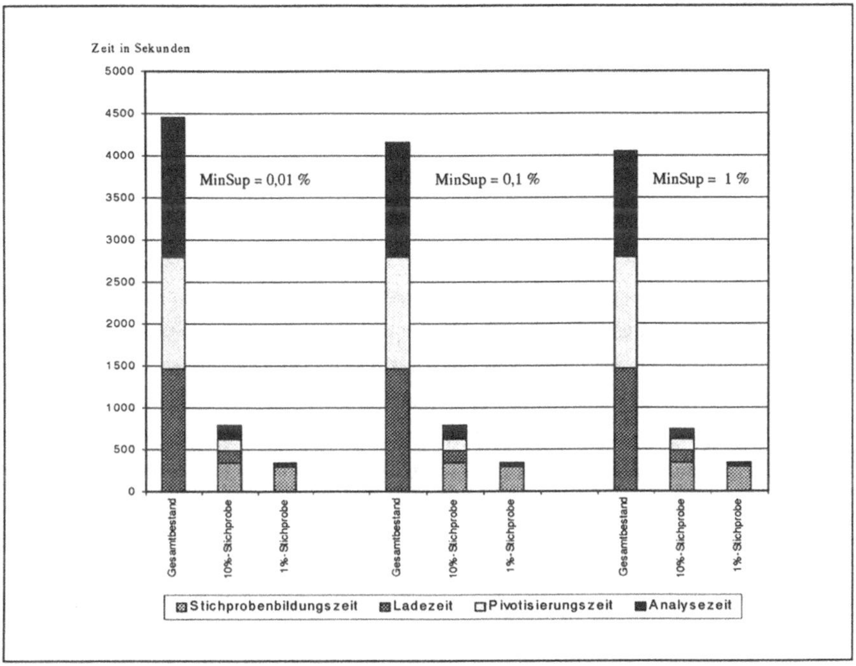

Abb. 6.12: Prozesszeiten 5er-Bestand

In den Gesamtanalysezeiten wurden die Zeiten für die Stichprobenbildung berücksichtigt. Gelingt es, diesen Prozess in die Datenerhebung zu integrieren,[441] so würde sich die Gesamtzeit lediglich aus der Datenimportzeit, der Pivotisierungszeit und der Analysezeit zusammensetzen. Damit wird das Verhältnis der Prozesszeit für die Analyse der Stichprobendatenbestände zur Prozessdauer der Analyse des Gesamtbestandes noch weiter verringert. Tab. 6.16 zeigt die Gesamtprozesszeiten ohne Berücksichtigung der Zeit für die Erstellung der Stichproben. Die Prozentwerte geben das Verhältnis der jeweiligen Prozesszeiten zur Prozesszeit für die Analyse des Gesamtdatenbestandes an.

441 Dies kann etwa durch Zufallsauswahl direkt bei der Entstehung der Kommunikationsdatensätze realisiert werden.

5er-Bestand	MinSup 1 %		MinSup 0,1 %		MinSup 0,01 %	
Gesamtbestand	1h 7m 29s	100,00 %	1h 9m 16s	100,00 %	1h 14m 13s	100,00 %
10%-Stichprobe	6m 43s	9,95 %	7m 27s	10,76 %	7m 33s	10,17 %
1%-Stichprobe	43s	1,06 %	47s	1,13 %	49s	1,10 %

Tab. 6.16: Gesamtprozesszeit ohne Stichprobenzeit im 5er-Bestand

Diese Aufstellung zeigt, dass die Prozesszeiten für die Gesamtanalyse auf Basis der 1%-Stichprobe sogar unter einer Minute liegen, wodurch sich die stichprobenbasierte Assoziationsanalyse als sehr effizient erweist.

Anhand der prozentualen Angaben in Tab. 6.16 zeigt sich ferner sehr deutlich die Linearität der beobachteten Zeiten zur Größe des Gesamtdatenbestandes. Dies liegt daran, dass die Ladezeit, die Pivotisierungszeit und die Analysezeit bereits linear vom Datenumfang abhängen und somit auch die Summe dieser Zeiten. Als Nebenergebnis kann festgehalten werden, dass dadurch eine Zeitabschätzung vorgenommen werden kann. Das heißt, wenn eine Analyse in einer bestimmten Zeit durchgeführt werden soll, kann bei Kenntnis der Zeitfunktion eine maximale Stichprobengröße für den Analyseprozess bestimmt werden. Genauigkeitsaussagen können dann beispielsweise über die in Abschnitt 5.2.1.1 definierten Konfidenzintervalle getroffen werden.

Wie Abb. 6.12 stellt Abb. 6.13 grafisch die Zeitersparnis in den einzelnen Prozessphasen der Untersuchungen des 5er-Bestandes zusammenfassend ohne Einbezug der Stichprobenzeiten dar.

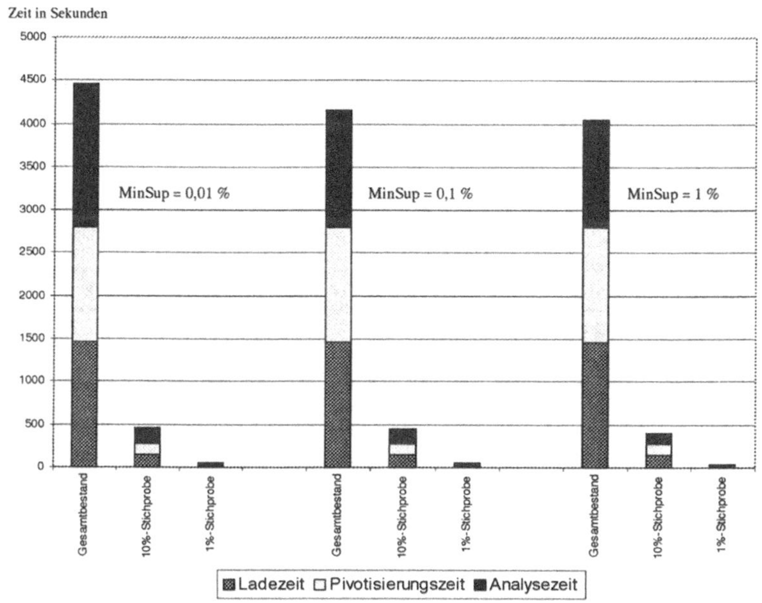

Abb. 6.13: Prozesszeiten 5er-Bestand ohne Stichprobenbildung

Die Zeitbilanzen werden nun analog für den 8er-Bestand angegeben. Die Ergebnisse zeigen einen gleichartig deutlichen Zeitgewinn wie bei den Zeiten der Analyse des 5er-Datenbestandes. Tab. 6.17 beinhaltet analog zu Tab. 6.13 die Prozesszeitbilanz für die Analysen mit Mindestsupportwert von 0,01 % auf Basis des 8er-Bestandes.

8er-Bestand	Stichproben-bildungszeit	Ladezeit	Pivotisie-rungszeit	Analyse-zeit	Gesamt-zeit
Gesamtbestand		24 m 20 s	35 m 20 s	1 h 32 m 38 s	2 h 32 m 18 s
10%-Stichprobe	8 m 36 s	2 m 25 s	3 m 33 s	10 m 17 s	24 m 51 s
1%-Stichprobe	7 m 37 s	15 s	21 s	1 m 40 s	9 m 53 s

Tab. 6.17: Zeitbilanz bei 8er-Bestand bei Mindestsupportwert von 0,01%

Tab. 6.18 ist das Analogon zu Tab. 6.14 bezüglich des 8er-Bestandes und zeigt die Prozesszeiten in Abhängigkeit zum Mindestsupportwert.

8er-Bestand	MinSup 1 %	MinSup 0,1 %	MinSup 0,01 %
Gesamt	1 h 51 m 51 s	2 h 24 m 8 s	2 h 32 m 18 s
10%-Stichprobe	19 m 44 s	23 m 35 s	24 m 51 s
1%-Stichprobe	8 m 49 s	9 m 32 s	9 m 53 s

Tab. 6.18: Gesamtzeiten für 8er-Bestand

Damit ergeben sich folgende in Tab. 6.19 dargestellten relativen Zeitanteile zur Gesamtprozesszeit.

8er-Bestand	MinSup 1 %	MinSup 0,1 %	MinSup 0,01 %
10%-Stichprobe	17,64 %	16,36 %	16,32 %
1%-Stichprobe	7,88 %	6,61 %	6,49 %

Tab. 6.19: Verhältnis der Prozessdauer zur Gesamtzeit im 8er-Bestand

Abb. 6.14 stellt in Analogie zu Abb. 6.12 die Zeiten in den einzelnen Prozessphasen und die Gesamtzeit zusammenfassend dar.

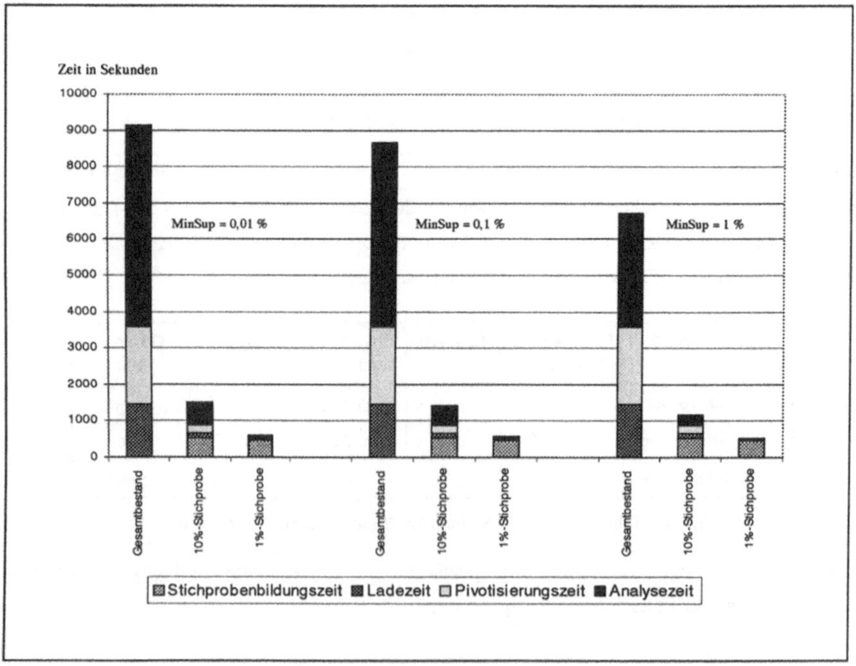

Abb. 6.14: Prozesszeiten 8er-Bestand

In Tab. 6.20 sind die Prozesszeiten angegeben, wenn die Zeiten für die Stichprobengenerierung nicht berücksichtigt werden. Die Prozentangaben zeigen wieder das Verhältnis der Zeiten für die Analyse auf dem jeweiligen Datenbestand zu der Analysezeit auf dem Gesamtdatenbestand an.

8er-Bestand	**MinSup 1 %**		**MinSup 0,1 %**		**MinSup 0,01 %**	
Gesamt	1h 51m 51s	100,00 %	2h 24m 8s	100,00 %	2h 32m 18s	100,00 %
10%-Stichprobe	11m 8s	9,95 %	14m 59s	10,40 %	16m 15s	10,67 %
1%-Stichprobe	1m 11s	1,06 %	1m 55s	1,33 %	2m 16s	1,49 %

Tab. 6.20: Gesamtprozesszeit ohne Stichprobenzeit im 8er-Bestand

Auch anhand dieser Tabelle kann die Linearität der Zeiten in den Phasen in Bezug auf das Datenvolumen erkannt werden.

Abb. 6.15 verdeutlicht die Gesamtzeiten und deren Komponenten ohne Berücksichtigung der Zeiten für die Stichprobenbildung.

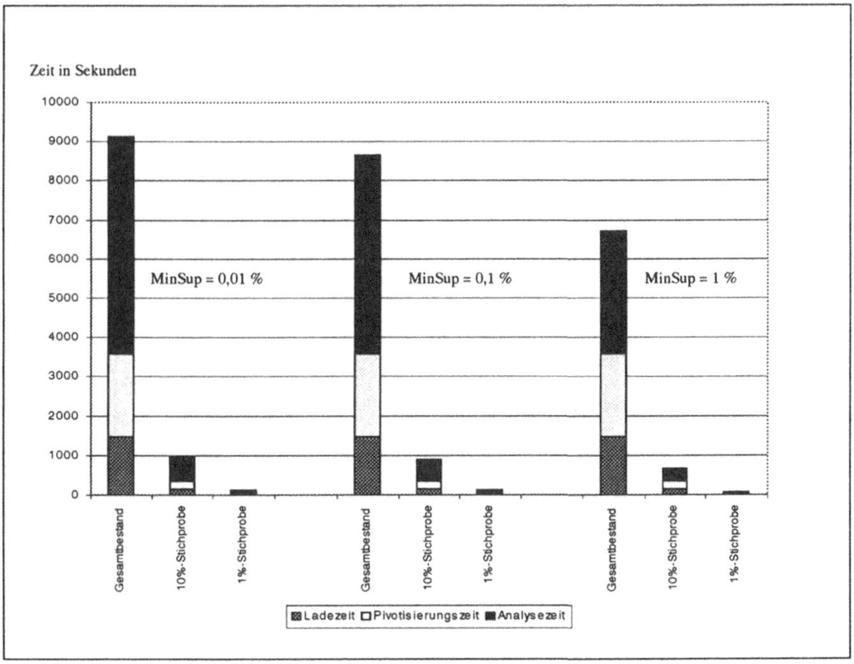

Abb. 6.15: Prozesszeiten 8er-Bestand ohne Stichprobenbildung

Die in diesem Abschnitt dargestellten Ergebnisse zeigen deutlich den Zeitvorteil, der mit einer auf einem Stichprobendatenbestand basierenden Assoziationsanalyse erreicht werden kann. Anwendungsmöglichkeiten lassen sich jedoch erst konzipieren, wenn gezeigt ist, dass die durch diese Assoziationsanalyse generierten Regeln hinreichend gut die tatsächlichen Regeln wiedergeben, was Gegenstand des folgenden Abschnittes ist.

6.4.2 Genauigkeitsbetrachtung

Die Genauigkeitsbetrachtung ist ein zentraler Bestandteil zur Beurteilung des Einsatzes der stichprobenbasierten Assoziationsanalyse. In diesem Abschnitt werden die Ergebnisse dieser Untersuchung dargestellt. Dazu werden die Regeln, die bei den Auswertungen auf den verschiedenen Datenbeständen mit den unterschiedlichen Mindestsupportwerten generiert wurden, verglichen.

Zunächst erfolgt eine Aufstellung der Anzahl der insgesamt pro Analyse ermittelten Regeln. Anschließend werden die gemeinsamen Regeln, die bei der Analyse des Gesamtdatenbestandes und der Stichprobendatenbestände anfielen, gezählt. Schließlich werden die Abweichungen der Support- und der Konfidenzwerte bei den gemeinsamen Regeln näher untersucht. Dabei werden die Auswertungsergebnisse hauptsächlich für den 5er-Bestand angegeben. Die Ergebnisse des 8er-Bestandes dienen nur zur ergänzenden Demonstration bezüglich der Auswertung der Anzahl der generierten Regeln.

Tab. 6.21 zeigt zunächst für den 5er-Bestand die Anzahl der erzeugten Regeln.

5er-Bestand	MinSup 1 %	MinSup 0,1 %	MinSup 0,01 %
Gesamt	518 0	7.520 39	13.123 145
10%-Stichprobe	519 0	7.555 39	13.231 145
1%-Stichprobe	499 0	7.550 44	13.074 154

Tab. 6.21: Anzahl der Regeln im 5er-Bestand

Dabei zeigt der obere Wert jeweils die Gesamtanzahl der generierten Regeln an, wogegen der untere Wert die Anzahl der Regeln angibt, deren Konsequenz die Ausprägung [ODZ_ABW=J] beträgt, die also im Anwendungsfall als interessant erachtet wurden. Erkennbar ist, dass die Anzahl der auf den Datenbeständen jeweils generierten Regeln größtenteils übereinstimmt. Dies ist auch bei den Analysen bezüglich des 8er-Bestandes erkennbar. Tab. 6.22 gibt die Anzahl der Regeln und der interessierenden Regeln wieder.

8er-Bestand	MinSup 1 %	MinSup 0,1 %	MinSup 0,01 %
Gesamt	10.148 0	120.116 312	206.544 1.160
10%-Stichprobe	9.956 0	119.560 280	206.920 1.160
1%-Stichprobe	9.984 0	119.616 384	208.284 1.152

Tab. 6.22: Anzahl der Regeln im 8er-Bestand

Mit der Anzahl der Regeln tritt sofort die Frage nach der Anzahl der gemeinsamen Regeln auf. Dabei steht die Anzahl der Regeln im Vordergrund, die durch die Analyse des Gesamtdatenbestandes generiert wurden und gleichzeitig durch die Analyse auf Stichprobenbasis. In Tab. 6.23 ist jeweils die Anzahl dieser Regeln sowie deren Anteil an der Gesamtanzahl der vorkommenden Regeln für den 5er-Bestand dargestellt.

5er-Bestand	MinSup 1 %		MinSup 0,1 %		MinSup 0,01 %	
	518 0		7.520 39		13.123 145	
Gesamt und 10%-Stichprobe	518 0	100,0 % 100,0 %	7.478 39	99,4 % 100,0 %	12.950 145	98,7 % 100,0 %
Gesamt und 1%-Stichprobe	470 0	90,7 % 100,0 %	6.784 35	90,2 % 89,7 %	11.731 134	89,3 % 92,4 %

Tab. 6.23: Anzahl gemeinsamer Regeln im 5er-Bestand

Diese Tabelle zeigt, wie viele Regeln von den tatsächlich vorkommenden, also im Gesamtdatenbestand gemessenen Regeln, auch in den jeweils kleineren Stichprobendatenbeständen vorkommen. Hierbei zeigt der obere Wert wieder die Anzahl aller Regeln aus diesem Schnitt, der untere Wert die Anzahl gemeinsamer Regeln mit der Konsequenz [ODZ_ABW=J].

Abb. 6.16 verdeutlicht grafisch die Anzahl der generierten gemeinsamen Regeln im Vergleich zu den insgesamt vorliegenden Regeln.

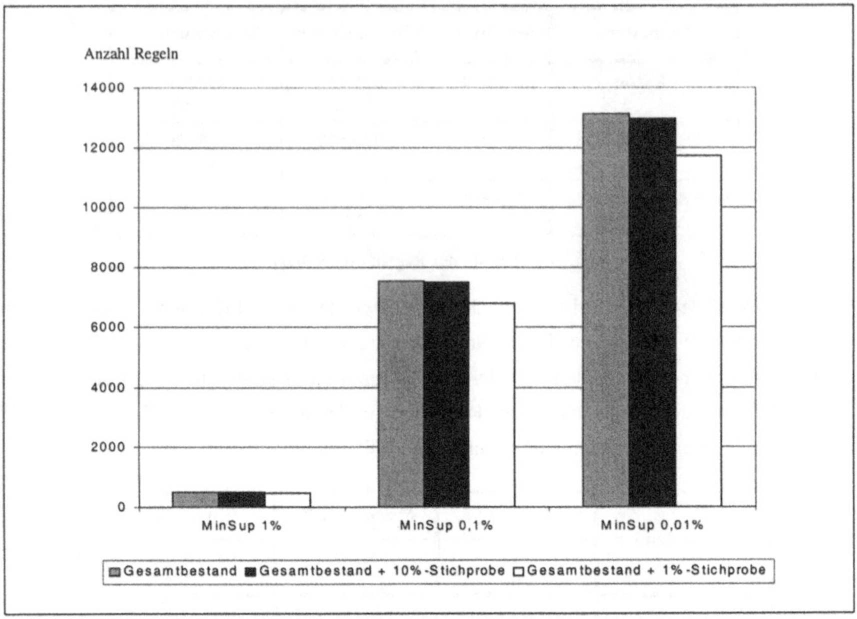

Abb. 6.16: Vergleich Anzahl gemeinsamer Regeln zu Gesamtanzahl

Als Ergebnis ist festzuhalten, dass die Anzahl der gemeinsamen Regeln sehr hoch ist, d. h., dass durch die Stichprobenbildung kaum Informationen verloren gehen. Der Anteil gemeinsamer Regeln der 10%-Stichprobe und des Gesamtdatenbestandes beträgt bei einem Mindestsupportwert von 0,01 % beispielsweise 98,7 %, bei den gemeinsamen Regeln des Gesamtdatenbestandes und des 1%-Stichprobenbestandes liegt dieser Wert immerhin noch bei 89,3 %.

Durch Vorgabe der Stichprobenanzahl lässt sich dieser Fehler, wie in Abschnitt 5.2.2 beschrieben, eingrenzen. Wenn beispielsweise eine maximale absolute Abweichung von d = 0,1 % bezüglich der unteren Schranke eines einseitigen Konfidenzintervalls für Supportwerte von maximal 5 % bei einer Sicherheitswahrscheinlichkeit von 90 % gefordert wird, so sind nach den in Tab. 4.4 zusammengefassten Formeln n = 77.220 Elemente in die Stichprobe zu ziehen. Dies ist in etwa die Anzahl der Stichprobenelemente in der 1%-Stichprobe. Das heißt, bei dieser Stichprobengröße weichen die Schätzwerte in 90 % der Fälle um nicht mehr als 0,1 Prozentpunkte von den tatsächlich vorliegenden Werten ab.[442] Dass sich diese Sicherheitswahrscheinlichkeit in der relativen Anzahl gemeinsamer Regeln wiederfinden lässt, liegt

442 Wird beispielsweise für ein einseitiges Konfidenzintervall für Schätzer unter 5 % mit einer Sicherheitswahrscheinlichkeit von 99 % eine Abweichung um nicht mehr als d = 0,0006 gefordert, so sind n = 652.741 Stichprobenelemente zu ziehen, wodurch die Genauigkeit der 10%-Stichprobe theoretisch erklärt wird.

daran, dass die meisten nicht entdeckten Regeln einen Supportwert von knapp unter der Mindestsupportgrenze besitzen, wie weiter unten dargestellt wird.

Tab. 6.24 zeigt die Anzahl der gemeinsamen Regeln, die bei der Analyse des 8er-Bestandes aufgetreten sind.

8er-Bestand	**MinSup 1 %**		**MinSup 0,1 %**		**MinSup 0,01 %**	
	10.148 0		120.116 312		206.544 1.160	
Gesamt und 10%-Stichprobe	9.876 0	97,3 % 100,0 %	118.685 280	98,8 % 89,7 %	204.365 1.160	98,9 % 100,0 %
Gesamt und 1%-Stichprobe	9.048 0	89,1 % 100,0 %	111.008 296	92,4 % 94,9 %	190.296 1.032	92,1 % 89,0 %

Tab. 6.24: Anzahl gemeinsamer Regeln im 8er-Bestand

Diese Anzahlen gemeinsamer Regeln zeigen ein ähnliches Bild von der Genauigkeit wie es bei der Analyse des 5er-Bestandes aufgetreten ist, was sich ebenfalls über die Stichprobengrößen theoretisch erklären lässt.

Zu erwarten ist, dass die Supportwerte der Regeln, die dem Fehler erster oder zweiter Art genügen, um den Mindestsupportwert verteilt sind. Dies kann durch eine Untersuchung der Supportwerte der entsprechenden Regeln empirisch bestätigt werden. Die folgenden Ergebnisse beziehen sich nur auf den 5er-Bestand. Tab. 6.25 gibt an, wie die Abweichungen der Supportwerte (in Prozentpunkten) bei den Regeln der Analyse mit Mindestsupportwert 1 % auf Basis des 1%-Stichprobendatenbestandes streuen, die zwar im Gesamtdatenbestand, jedoch nicht in der Stichprobe existieren (Fehler erster Art).[443]

Intervalle	**Häufigkeit**	**in %**	**kumuliert %**
[0; 0,1[	14	29,17	29,17
[0,1; 0,2[	7	14,58	43,75
[0,2; 0,3[	8	16,67	60,42
[0,3; 0,4[	9	18,75	79,17
[0,4; 1[	7	14,58	93,75
[1; 100[	3	6,25	100,00

Tab. 6.25: Verteilung der absoluten Abweichungen beim Fehler erster Art

443 Für diese Supportwertvergleiche wurden die Supportwerte der wegen des Mindestsupportkriteriums entsprechenden nicht generierten Regeln bestimmt.

In den Zeilen stehen jeweils Angaben zu den Abweichungsklassen. In der Spalte Häufigkeit ist die Anzahl der Regeln dargestellt, deren Supportwertabweichungen in der jeweiligen Klasse liegt. Beispielsweise sind bei 14 Regeln, die in der Stichprobe nicht vorliegen, die Abweichungen (in Prozentpunkten) von den tatsächlichen Supportwerten im Intervall [0; 0,1]. Die nachfolgende Spalte zeigt den prozentualen Anteil dieser Regeln an der Gesamtanzahl nicht generierter Regeln an, in der dritten Spalte ist der jeweilige kumulierte Anteilswert eingetragen, der angibt, wie viele Regeln eine Abweichung kleiner als die entsprechende Obergrenze des Intervalls besitzen. Insgesamt ist bei 48 Regeln ein Fehler erster Art erkennbar. Die maximale Abweichung betrug 3,1866 Prozentpunkte.

In Tab. 6.26 ist dagegen analog zu Tab. 6.25 die Abweichungsverteilung der Regeln aufgezeigt, die durch die Stichprobe generiert wurden aber nicht im Gesamtdatenbestand vorliegen (Fehler zweiter Art).

Intervalle	Häufigkeit	in %	kumuliert %
[0; 0,3[	11	37,93	37,93
[0,3; 0,4[	10	34,48	72,41
[0,4; 1[	5	17,24	89,66
[1; 100[	3	10,34	100,00

Tab. 6.26: Verteilung der absoluten Abweichungen beim Fehler zweiter Art

Dabei wurde der Fehler zweiter Art bei insgesamt 29 Regeln festgestellt. Die größte Abweichung betrug 3,1489 Prozentpunkte.

In Tab. 6.25 und in Tab. 6.26 ist deutlich zu erkennen, dass die Supportwerte der durch die Stichprobe nicht bzw. fehlerhaft generierten Regeln sehr dicht um den Mindestsupportwert streuen. Über 70 % der Regeln weisen in beiden Fehlerarten eine Abweichung unter 0,4 Prozentpunkten auf, was bedeutet, dass die wahren Supportwerte dieser Regeln innerhalb dieser Abweichung an dem Mindestsupportwert liegen. Ähnliche Ergebnisse lassen sich auch bei den fehlerhaft generierten Regeln der anderen Experimente feststellen. Der größte Teil dieser Supportwerte streut ebenfalls nah um den Mindestsupportwert. Darüber hinaus ist bei Vergleich der zu den Analysen jeweils korrespondierenden 10%- und 1%-Stichprobendatenbeständen wie erwartet eine deutliche Verschiebung zwischen den Abweichungen zum Mindestsupportwert zu erkennen. Beispielsweise weichen bei den fehlerhaft generierten Regeln erster Art bei der Analyse zum Mindestsupportwert 0,01 % bei dem 1%-Stichprobendatenbestand 61 % der Supportwerte um weniger als 0,1 Prozentpunkte von diesem ab, während dieser Anteil bei der Analyse auf Basis des 10%-Stichprobendatenbestandes bei 87 % liegt. Bei der Analyse des 10%-Stichprobenbestandes bei der obigen Tabellen zu Grunde liegenden Analyse trat nur eine fehlerhafte Regel auf, deren Supportwert 1,0134 % beträgt.

Eine noch genauere Betrachtung liegt im Vergleich der berechneten Support- und Konfidenzwerte der einzelnen Regeln. Hier zeigt sich auch eine große Übereinstimmung dieser Werte. Einen ersten Eindruck von der Genauigkeit gibt Tab. 6.27, die für einen kleinen Teil der Regeln der Analyse des 5er-Bestandes mit Mindestsupportwert 0,01 % erstellt wurde. Die Regelprämissen sind dabei nur zum Teil angegeben, da die Bedeutung hier nicht von Interesse ist. In den weiteren Spalten der Tabelle sind die zu den entsprechenden Datenbeständen zugehörigen Support- bzw. Konfidenzwerte dargestellt.

Regeln		Supportwerte in %			Konfidenzwerte in %		
Regelrumpf	**Regelkopf**	**Ges**	**St 10**	**St 1**	**Ges**	**St 10**	**St 1**
[VERKEHRS_STROM...]	[ODZ_ABW=J]	0,0102	0,0110	0,0144	100	100	100
[VERKEHRS_STROM...]	[ODZ_ABW=J]	0,0955	0,0995	0,0877	100	100	100
[VERKEHRS_STROM...]	[ODZ_ABW=J]	0,1022	0,1046	0,0942	100	100	100
[VERKEHRS_STROM...]	[ODZ_ABW=J]	0,1022	0,1046	0,0942	100	100	100
[VERKEHRS_STROM...]	[ODZ_ABW=J]	0,0298	0,0305	0,0275	100	100	100
[VERKEHRS_STROM...]	[ODZ_ABW=J]	0,0102	0,0110	0,0144	100	100	100
[VERKEHRS_STROM...]	[ODZ_ABW=J]	0,0102	0,0110	0,0144	100	100	100
[VERKEHRS_STROM...]	[ODZ_ABW=J]	0,0767	0,0770	0,0772	100	100	100
[VERKEHRS_STROM...]	[ODZ_ABW=J]	0,1055	0,1062	0,1139	100	100	100
[BUENDEL=2...]	[ODZ_ABW=N]	0,5141	0,5294	0,5484	99,6	99,6	99
[BUENDEL=2...]	[ODZ_ABW=N]	0,7849	0,7739	0,8206	100	100	100
[BUENDEL=2...]	[ODZ_ABW=N]	0,7175	0,7245	0,7133	100	100	100
[BUENDEL=2...]	[ODZ_ABW=N]	1,2111	1,1925	1,2303	100	100	100
[BUENDEL=2...]	[ODZ_ABW=N]	1,0077	1,0117	1,0339	100	100	100

Tab. 6.27: Vergleich einiger Support und Konfidenzwerte

Ganz deutlich ist die starke Übereinstimmung der Support- und der Konfidenzwerte zu erkennen. Deshalb werden die absoluten und relativen Abweichungen der Konfidenz- und Supportwerte bei den verschiedenen Analysen weiter untersucht.

Tab. 6.28 und Tab. 6.29 stellen zusammenfassend die Ergebnisse derartiger Genauigkeitsanalysen dar, die für die Analyse des 5er-Bestandes bei einem Mindestsupport von 0,1 % ermittelt worden sind. Zunächst zeigt Tab. 6.28 die Ergebnisse des Vergleiches der Supportwerte des 1%-Stichprobendatenbestandes und des Gesamtdatenbestandes an.

Intervalle	Häufigkeit	in %	kumuliert %
[0, 0,01[	2.848	41,98	41,98
[0,01; 0,03[	2.880	42,45	84,43
[0,03; 0,05[	736	10,85	95,28
[0,05; 0,07[	258	3,80	99,09
[0,07; 0,1[	44	0,65	99,73
[0,1; 0,2[	13	0,19	99,93
[0,2; 100]	5	0,07	100,00

Tab. 6.28: Verteilung der absoluten Abweichungen zwischen 1%-Stichprobe und Gesamtdatenbestand

Dabei sind die Abweichungen (in Prozentpunkten) in Intervalle eingeteilt worden und die Anzahl der Regeln angegeben, deren Supportwertabweichungen in die jeweilige Klasse fallen. Beispielsweise besitzen 2.848 Regeln eine Abweichung von weniger als 0,01 Prozentpunkte vom tatsächlichen Supportwert. Darüber hinaus ist der Anteil der jeweiligen Abweichungsklasse an der Anzahl der 6.784 gesamten gemeinsamen Regeln dargestellt. Der kumulierte Prozentwert gibt den Anteil der Regeln an, deren Supportwertabweichung kleiner oder gleich der im Intervall angegebenen oberen Schranke sind.

Tab. 6.29 zeigt analog zu Tab. 6.28 die Verteilung der Supportwertabweichungen der 7.478 gemeinsamen Regeln des 10%-Stichprobendatenbestandes und des Gesamtdatenbestandes.

Intervalle	Häufigkeit	in %	kumuliert %
[0, 0,01[	6.705	89,66	89,66
[0,01; 0,03[	759	10,15	99,81
[0,03; 100]	14	0,19	100,00

Tab. 6.29: Verteilung der absoluten Abweichungen zwischen 10%-Stichprobe und Gesamtdatenbestand

Obwohl Tab. 6.28 und Tab. 6.29 eine hohe Genauigkeit der geschätzten Supportwerte aufzeigen, sollte bei der Genauigkeitsbetrachtung immer die Größe des Supportwertes mitberücksichtigt werden. Deshalb wurden die Abweichungen bezüglich ihrer relativen Größe untersucht. Es wurde dabei gezählt wird, in wie vielen Regeln die Abweichung des geschätzten Supportwertes vom wirklich vorliegenden Supportwert in den entsprechenden Abweichungsintervallen liegt. In Tab. 6.30 ist die relative Abweichungsverteilung der Supportwerte bezüglich der 1%-Stichprobe und des Gesamtbestandes analog zu Tab. 6.28 dargestellt.

Intervalle	Häufigkeit	in %	kumuliert %
[0 %; 1 %[	905	13,34	13,34
[1 %; 2 %[	835	12,31	25,65
[2 %; 5 %[	2.210	32,58	58,23
[5 %; 10 %[	1.860	27,42	85,64
[10 %; 15 %[	726	10,70	96,34
[15 %; 100 %]	248	3,66	100,00

Tab. 6.30: Verteilung der relativen Abweichungen bei 1%-Stichprobe und Gesamtbestand

Tab. 6.31 gibt die Verteilung der relativen Supportabweichungen bezüglich der 10%-Stichprobe und des Gesamtdatenbestandes wieder.

Intervalle	Häufigkeit	in %	kumuliert %
[0 %; 1 %[	3.037	40,61	40,61
[1 %; 2 %[	2.245	30,02	70,63
[2 %; 5 %[	1.948	26,05	96,68
[5 %; 10 %[	248	3,32	100,00
[10 %; 100 %]	0	0,00	100,00

Tab. 6.31: Verteilung der relativen Abweichungen bei 10%-Stichprobe und Gesamtbestand

Wie die Analyse der absoluten Abweichungsverteilung der Supportwerte zeigt die Analyse der relativen Abweichungsverteilung eine hohe Genauigkeit der auf Basis der Stichprobe ermittelten Werte. Die in Tab. 6.28 bis Tab. 6.31 angegebenen Ergebnisse sind in Abb. 6.17 zusammenfassend grafisch dargestellt. Der linke Graph stellt die kumulierten Werte von Tab. 6.28 und Tab. 6.29 dar, der rechte die von Tab. 6.30 und Tab. 6.31.

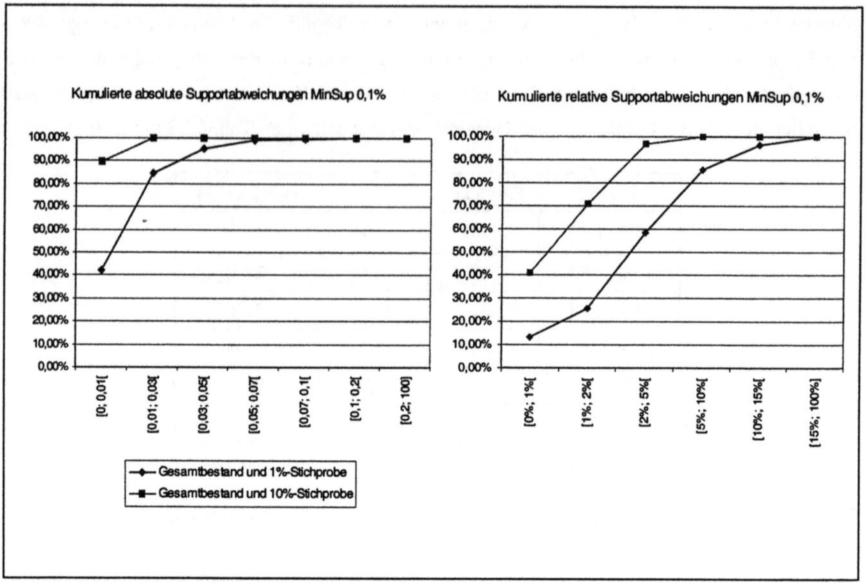

Abb. 6.17: Grafische Darstellung der kumulierten Häufigkeiten

Dabei ist insbesondere die größer werdende Genauigkeit zu erkennen, die eine Analyse auf Basis einer größeren Stichprobenauswahl bringt. Die Werte der 1%-Stichprobe zeigen allerdings, dass hier bereits ein sehr hoher Genauigkeitsgrad erreicht werden kann. Beispielsweise ist zu erkennen, dass 85,64 % der gemeinsamen Regeln um nicht mehr als 10 % von den wirklich vorkommenden Werten abweichen. Dies ist insbesondere eine Bestätigung der Erwartungen, die durch die theoretischen Betrachtungen gewonnen werden. Bei Vorgabe eines relativen Fehlers von 10 % bei einem Mindestsupportwert von 0,1 % mit einer Sicherheit von 90 % müsste nach Formel (5.15) ein Stichprobenumfang von 72.998 Elementen gezogen werden. Diese Anzahl entspricht in etwa der hier verwendeten 1%-Stichprobengröße.

Bei den durchgeführten Analysen betrug der Mindestkonfidenzwert 75 %. Die Abweichungen der geschätzten zu den tatsächlich vorkommenden Konfidenzwerten betrugen in über 90 % der Regeln weniger als 1 % vom wahren Konfidenzwert, weshalb hierfür eine detaillierte Abweichungsanalyse nicht mehr angegeben wird.

Als Ergebnis ist festzuhalten, dass selbst bei kleinen Stichprobengrößen eine sehr genaue Schätzung der Support- und Konfidenzwerte durchgeführt werden kann. Die in Kapitel 5 entwickelten theoretischen Konzepte konnten ferner empirisch belegt werden.

7 Zusammenfassung und Ausblick

Die Anwendbarkeit der Assoziationsanalyse auf einem Stichprobendatenbestand konnte nachgewiesen werden, wie es Zielsetzung des mit dieser Arbeit verbundenen Forschungsprojektes war. Theoretisch wurden Konzepte zur Abschätzung von Abweichungen für die Kenngrößen der Regeln angegeben, die durch den stichprobenbasierten Ansatz erzeugt wurden. Daraus resultierten Formeln zur Bestimmung des zur Einhaltung vorgegebener Abweichungsschranken notwendigen Stichprobenumfangs, welche im Vergleich zu den bisher in der Literatur angegebenen Ansätzen Verbesserungen darstellen. Weiterhin ist die Effizienz dieses Verfahrens im Hinblick auf die Genauigkeit und die Prozesszeit anhand von künstlich erzeugten Daten und von Daten einer Anwendung aus der Unternehmenspraxis dargestellt worden.

Darüber hinaus ist eine neue Anwendungsmöglichkeit der stichprobenbasierten Assoziationsanalyse zur Prozesskontrolle in der Telekommunikationsbranche beschrieben worden, wobei zusätzlich die Anwendung einer neuen Filtertechnik vorgestellt wurde, mit der bekannte Regeln bei wiederholten Analysen auf Datenbeständen, die auf der gleichen Grundmenge basieren, eliminiert werden können.

Die Durchführung der stichprobenbasierten Assoziationsanalyse an Stelle der Assoziationsanalyse auf dem Gesamtdatenbestand führt in unternehmensnahen Anwendungen grundsätzlich zu Kostenvorteilen, da durch die kürzere Analysezeit weniger Ressourcen gebunden werden. Beispielsweise sind hier die Kosten für die Inanspruchnahme von Rechnerleistung (CPU-Kosten) zu nennen oder die Kosten für die Zeit, die Spezialisten für die Unterstützung des Analyseprozesses benötigen.

Weiterhin ergeben sich neue Anwendungsmöglichkeiten, die aus zwei Effekten resultieren. Einerseits ist wegen des geringen Datenvolumens ein effizienterer Datentransfer möglich, wodurch sich Anwendungsmöglichkeiten für Systeme ergeben, bei denen eine räumlichen Trennung zwischen der Regelgenerierung auf der einen und der Datenentstehung und Regelverwertung auf der anderen Seite vorliegt. Andererseits kann die Zeitverzögerung zwischen der Entstehung der Daten und Generierung der daraus resultierenden Regeln verringert werden, wodurch die Regelverwendung zeitnah zur Entstehung der Daten geschehen kann. Auf diese beiden Anwendungsaspekte wird im Folgenden genauer eingegangen.

In betrieblichen Anwendungen liegt häufig der Fall vor, dass der Entstehungsort der Daten und der Ort, an dem die Assoziationsanalyse durchgeführt wird, räumlich voneinander getrennt sind. Ein Grund hierfür ist beispielsweise, dass aus Kostengründen nur ein zentrales Analysesystem besteht, mit dem die Analysen durchgeführt werden können. Der Engpass bei derartigen Systemen ist, dass ein Datentransfer notwendig ist, um die zu analysierenden Daten dem Analysewerkzeug bereitzustellen. Die Übertragung großer Datenmengen führt dabei zu

Problemen, da nicht jedes Übertragungsmedium geeignet ist. Beispielsweise ist der Transfer über ein Netzwerk in vielen Fällen nur schwer realisierbar.

In dieser Arbeit ist gezeigt worden, dass für hinreichend genaue Ergebnisse die Analyse eines Stichprobendatenbestandes mit geringem Umfang ausreichend ist, welcher beispielsweise effizient über ein Netzwerk an das Analysewerkzeug übertragen werden kann. In Abb. 7.1 ist ein System dargestellt, in welchem die Trennung zwischen Entstehungsort der Daten und der Regelerzeugung berücksichtigt wird.

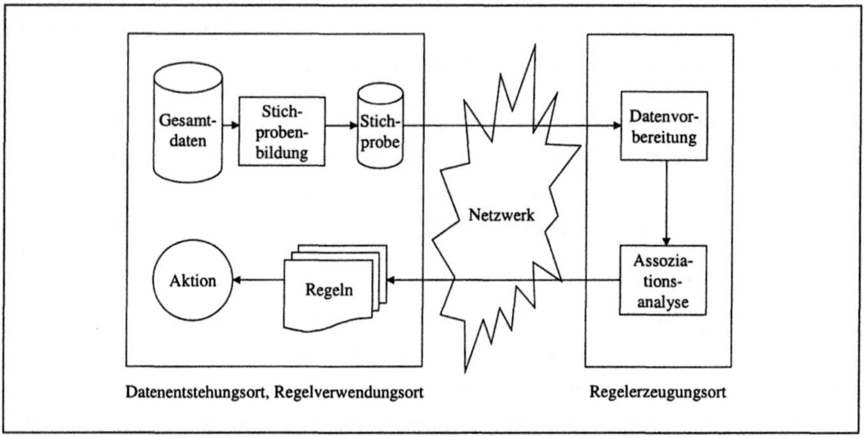

Abb. 7.1: Anwendung bei getrenntem Datenentstehungs- und Regelerzeugungsort

Auf der linken Seite der Abb. 7.1 ist das System dargestellt, in welchem die Grunddaten entstehen, aus denen die Regeln generiert werden sollen. Daraus wird eine Stichprobe gezogen, welche über ein Netzwerk an das auf der rechten Seite dargestellte Auswertungssystem übertragen wird. Hier finden die Datenvorbereitung sowie die Assoziationsanalyse statt. Die daraus resultierenden Regeln werden anschließend über das Netzwerk zum datengenerierenden System zurückgesendet, da hier Aktionen aus den erkannten Regeln abgeleitet werden können.

Eine mögliche Anwendung hierfür ist die Bereitstellung des Analysewerkzeuges im Rahmen des „Application Service Providing" (ASP)[444], worunter das Anbieten von Datenverarbeitungsleistungen für ein fremdes Unternehmen verstanden wird. Eine Inanspruchnahme von derartigen Leistungen ist nur dann technisch realisierbar, wenn die zu transportierenden

[444] Zum Begriff Application Service Providing vgl. *Raimann (2001, S. 48 f.)*. Eine Unterscheidung des Application Service Providing vom klassischen Outsourcing ist etwa in *Abts und Mülder (2001, S. 300 f.)* dargestellt.

Datenmengen gering sind, was durch den stichprobenbasierten Ansatz erreicht werden kann. Zu beachten sind allerdings Probleme im Datenschutz, die bei diesem Szenario auftreten können, wenn beispielsweise Übertragungswege nicht sicher sind.

Ein anderes Anwendungsgebiet, was aus den Übertragungsmöglichkeiten resultiert, ist die zentrale Warenkorbanalyse einer mehrere Filialen umfassenden Warenhauskette. Das in Abb. 7.1 dargestellte Modell kann insofern erweitert werden, dass mehrere Datenentstehungsorte berücksichtigt werden. Die Vorteile eines derartigen Systems liegen einerseits darin, dass nur ein Analysewerkzeug beschafft und gewartet werden muss. Andererseits können Analysten zentral beschäftigt werden, wodurch eine größere Effizienz gegeben ist, woraus auch Kostenvorteile entstehen. Darüber hinaus können so auch Ergebnisse verschiedener Filialen miteinander verglichen werden. Dabei können sich beispielsweise neue Kundenprofile ergeben, die bei einer Sortimentsplanung zu beachten sind.

Bei den genannten Anwendungsmöglichkeiten ist neben der technischen Übertragungsmöglichkeit auch die Zeitspanne zu berücksichtigen, die zwischen der Datenerzeugung und der Regelverwendung liegt. Daraus ergeben sich bei praktischen Auswertungen zwei Nachteile.

Der erste Nachteil besteht darin, dass durch diese Verzögerung viele Regeln nicht mehr aktuell und damit nicht mehr interessant sind. Wenn beispielsweise Warenkorbanalysen aus Zeitgründen stets am Wochenende durchgeführt werden, so können Regeln erkannt werden, die zwar temporär in der Woche interessant gewesen wären, in der Folgewoche aber nicht mehr relevant sind. Derartige Regel müssten zeitnah zur Entstehung des zu Grunde liegenden Datenbestandes entdeckt werden. Dabei ist außerdem zu berücksichtigen, dass viele Muster beispielsweise durch zufällige Umwelteinflüsse nur in einem eingeschränkten Zeitintervall auftreten. Daraus ergibt sich als zweiter Nachteil, dass durch das Auftreten der Muster in einem sehr engen Zeitfenster die relative Auftretenshäufigkeit und damit der Support geringer wird, je mehr Daten bei der Analyse berücksichtigt werden. Dies ist dann der Fall, wenn erst viele Daten über einen längeren Zeitraum gesammelt werden, die dann insgesamt analysiert werden. Dadurch werden viele dieser Muster erst gar nicht angezeigt.

Die Anwendung der stichprobenbasierten Assoziationsanalyse bietet die Möglichkeit, Wissen aus Datenbeständen zeitnah zu generieren und so die angesprochenen Problemfelder zu umgehen. Dabei muss ein System installiert werden, bei dem idealerweise gleich bei der Entstehung der zu analysierenden Daten eine Stichprobenbildung vorgenommen wird, wie es in Abb. 7.2 dargestellt ist.

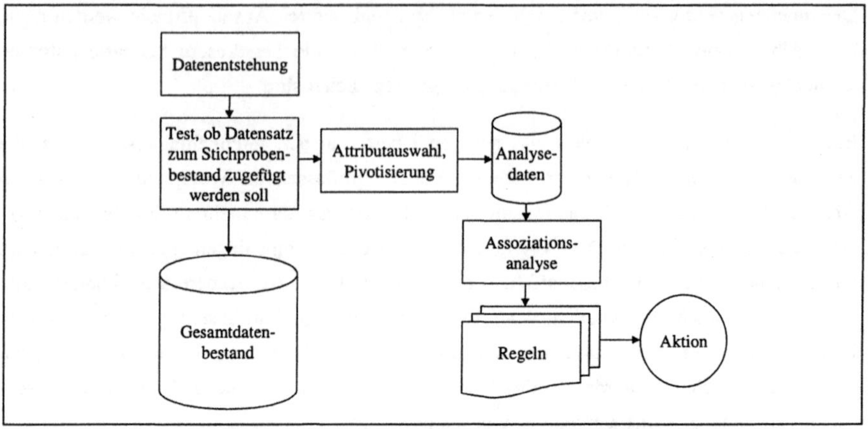

Abb. 7.2: Integration des Analyseprozesses in den Transaktionsprozess

Mit der integrierten Zuordnung eines Elementes zum Stichprobenbestand ist der relativ zeitaufwendige Schritt der Stichprobenbildung in die Datenerhebungsphase eingebunden und fällt somit nicht mehr unmittelbar vor der Analyse an. Darüber hinaus ist es denkbar, während der Erstellung des Analysedatenbestandes den Pivotisierungsschritt durchzuführen. Damit wird parallel zur Datenerhebung ein für die Analyse passend formatierter Analysedatenbestand erstellt. Es fällt dann für einen Regelentdeckungsprozess nur noch der Zeitaufwand für die Anwendung des Assoziationsanalysealgorithmus an.

Eine erste interessante Anwendung für diese zeitnahe Regelgenerierung ist die Warenkorbanalyse eines Kaufhauses. In der Regel werden Transaktionsdatenbestände erst abends oder am Wochenende analysiert, was aus dem Zeitaufwand resultiert, der für die Analyse einer großen Datenmenge notwendig ist. Durch den stichprobenbasierten Ansatz kann die Analysezeit wie in Abschnitt 6.4.1 demonstriert, auf einige Minuten reduziert werden, womit beispielsweise eine stündliche Analyse der Transaktionsdaten durchgeführt werden kann. Dadurch können interessante Verbundkäufe entdeckt werden, die in der letzten Stunde getätigt wurden. Insbesondere können dies Verbundkäufe sein, die nur zu der entsprechenden Beobachtungszeit, z. B. an einem Morgen aus nicht vorhersehbaren Gründen, auftreten. Dieses Wissen kann dann für kaufanregende Aktionen genutzt werden, wie beispielsweise eine entsprechende Lautsprecherwerbung oder eine zielgerichtete Umstrukturierung der Artikelplätze.

Da diese Transaktionen nur in einem sehr engen Zeitfenster auftreten, würden diese in einer Analyse eines Wochendatenbestandes wegen des zu geringen Supportwertes nicht entdeckt werden. Falls die Verbundkäufe doch angezeigt werden, so hätten sie zum Auswertungszeitpunkt bereits an Aktualität verloren und wären somit uninteressant.

Eine weitere Anwendungsmöglichkeit für eine zeitnahe Regelgenerierung mit der stichprobenbasierten Assoziationsanalyse ist ein System, das diese Regeln zur Entdeckung von Fehlern in laufenden Prozessen nutzt. Je eher hierbei Fehler während eines Prozesses erkannt werden, umso schneller ist eine Reaktion möglich, wie beispielsweise eine Betrachtung des Fehlroutingproblems zeigt. Neben solchen Prozessüberwachungssystemen, für die zeitnah generierte Regeln wichtig sind, gibt es Systeme, die eine Regelmenge zur Verarbeitung von Prozessdaten verwenden. Je aktueller diese Regelmenge ist, desto effizienter kann das System eingesetzt werden. Als Beispiel für derartige Systeme dient ein regelbasiertes Recommendersystem[445] zur Unterstützung der Navigation im Internet.

Die dargestellten Beispiele zeigen ein breites Spektrum von Anwendungsmöglichkeiten auf, die sich durch die stichprobenbasierte Assoziationsanalyse ergeben. Ein Vorteil hierbei ist, dass auch bestehende Systeme weiterhin genutzt werden können, da die Stichprobenbildung unabhängig von der eigentlichen Analyse stattfindet. Insofern kann dieser Ansatz leicht in praktische Anwendungen integriert werden, was zu den dargestellten Effizienzsteigerungen führt. Zu beachten sind allerdings die auftretenden Abweichungen der Regelmaße, für deren Abschätzung und Einschränkung die in dieser Arbeit angegebenen Konzepte verwendet werden können.

445 Vgl. hierzu *Sarwar et al. (2000, S. 160 ff.)* sowie *Fu, Budzik und Hammond (2000, S. 107).*

Literaturverzeichnis

Abts und Mülder (2001)
Abts, D.; Mülder, W.: Grundkurs Wirtschaftsinformatik. Eine kompakte und praxisorientierte Einführung. 3. Aufl., Braunschweig, Wiesbaden 2001.

Adamo (2001)
Adamo, J.-M.: Data mining for association rules and sequential patterns. Sequential and parallel algorithms. New York et al. 2001.

Adriaans und Zantinge (1996)
Adriaans, P; Zantinge, D.: Data Mining. Harlow et al. 1996.

Aggarwal und Yu (1998)
Aggarwal, C.; Yu, P.: A new framework for itemset generation. In: Proceedings of the 17th ACM SIGACT-SIGMOD-SIGART symposium on principles of database systems. Seattle, 01.06.1998 - 03.06.1998, New York 1998, S. 18 - 24.

Agrawal et al. (1996)
Agrawal, R.; Mannila, H.; Srikant, R.; Toivonen, H.; Verkamo, A., I.: Fast discovery of association rules. In: Fayyad, U. M.; Piatetsky-Shapiro, G.; Smyth, P.; Uthurusamy, R. (Hrsg.): Advances in knowledge discovery and data mining. Menlo Park et al. 1996, S. 307 - 328.

Agrawal und Srikant (1994a)
Agrawal, R.; Srikant, R.: Fast algorithms for mining association rules. IBM Almaden Research Center, research report RJ 9839, San Jose 1994.

Agrawal und Srikant (1994b)
Agrawal, R.; Srikant, R.: Fast algorithms for mining association rules. In: Bocca, J. B.; Jarke, M.; Zaniolo, C. (Hrsg.): Proceedings of the 20th international conference on very large data bases. Santiago de Chile, 12.09.1994 - 15.09.1994, San Francisco 1994, S. 487 - 499.

Agrawal und Srikant (1995)
Agrawal, R.; Srikant, R.: Mining sequential patterns. In: Yu, P. S.; Chen, A. S. P. (Hrsg.): Proceedings of the eleventh international conference on data engineering. Taipei, 06.03.1995 - 10.03.1995, Los Alamitos et al. 1995, S. 3 - 14.

Agrawal, Imielinski und Swami (1993)
Agrawal, R.; Imielinski, T.; Swami, A.: Mining association rules between sets of large items in large databases. In: Buneman, P.; Jajodia, S. (Hrsg.): Proceedings of the 1993 ACM SIGMOD international conference on management of data. Washington, 26.05.1993 - 28.05.1993, New York 1993, S. 207 - 216.

Aigner (2001)
Aigner, M.: Diskrete Mathematik. 4. Aufl., Braunschweig, Wiesbaden 2001.

Ali, Manganaris und Srikant (1997)
Ali, K.; Manganaris, S.; Srikant, R.: Partial classification using association rules. In: Heckerman, D.; Mannila, H.; Pregibon, D.; Uthurusamy, R. (Hrsg.): Proceedings of the third international conference on knowledge discovery and data mining. Newport Beach, 14.08.1997 - 17.08.1997, Menlo Park 1997, S. 115 - 118.

Allen (1990)
Allen, A. O.: Probability, statistics, and queueing theory. With computer science applications. 2. Aufl., Boston et al. 1990.

Alon, Spencer und Erdös (1992)
Alon, N.; Spencer, J. H.; Erdös, P.: The probabilistic method. New York et al. 1992.

Alpar und Niedereichholz (2000)
Alpar, P.; Niedereichholz, J.: Einführung zu Data Mining. In: Alpar, P.; Niedereichholz, J. (Hrsg.): Data Mining im praktischen Einsatz. Verfahren und Anwendungsfälle für Marketing, Vertrieb, Controlling und Kundenunterstützung. Braunschweig, Wiesbaden 2000, S. 1 - 27.

Anders (1997)
Anders, U.: Statistische Neuronale Netze. München 1997.

Anderson (1984)
Anderson, T. W.: An introduction to multivariate statistical analysis. 2. Aufl., New York 1984.

Apté und Weiss (1997)
Apté, C.; Weiss, S.: Data mining with decision trees and decision rules. In: Future generations computer systems 13 (1997) 2 - 3, S. 197 - 210.

Bacher (1996)
Bacher, J.: Clusteranalyse - anwendungsorientierte Einführung. 2. Aufl. München, Wien 1996.

Banchoff und Wermer (1992)
Banchoff, T.; Wermer, J.: Linear algebra through geometry. 2. Aufl., New York et al. 1992.

Bange (2001)
Bange, C.: Analyse. In: Bauer, A.; Günzel, H. (Hrsg.): Data-Warehouse-Systeme. Architektur, Entwicklung, Anwendung. Heidelberg 2001, S. 63 - 68.

Baron und Phillips (1994)
Baron, S.; Phillips, D.: Attitude survey data reduction using CHAID: An example in shopping centre market research. In: Journal of marketing management 10 (1994) 1 - 3, S. 75 - 88.

Baun (1994)
Baun, S.: Neuronale Netze in der Aktienkursprognose: Neue Möglichkeiten der Modellentwicklung. In: Rehkugler, H.; Zimmermann, H. G. (Hrsg.): Neuronale Netze in der Ökonomie. Grundlagen und finanzwirtschaftliche Anwendungen. München 1994, S. 131 - 207.

Bayardo (1997)
Bayardo, R. J. Jr.: Brute-force mining of high-confidence classification rules. In: Heckerman, D.; Mannila, H.; Pregibon, D.; Uthurusamy, R. (Hrsg.): Proceedings of the third international conference on knowledge discovery and data mining. Newport Beach, 14.08.1997 - 17.08.1997, Menlo Park 1997, S. 123 - 126.

Bayardo und Agrawal (1999)
Bayardo, R. J. Jr.; Agrawal, R.: Mining the most interesting rules. In: Chaudhuri, S.; Madigan, D. (Hrsg.): Proceedings of the fifth ACM SIGKDD international conference on knowledge discovery and data mining. San Diego, 15.08.1999 - 18.08.1999, New York 1999, S. 145 - 154.

Bayardo, Agrawal und Gunopulos (1999)
Bayardo, R. J. Jr.; Agrawal, R.; Gunopulos, D.: Constraint-based rule mining in large, dense databases. In: Kitsuregawa, M. (Hrsg.): Proceedings of the 15th international conference on data engineering. Sydney, 23.03.1999 - 26.03.1999, Los Alamitos et al., S. 188 - 197.

Behme (1997)
Behme, W.: OLAP. Ein neuer Standard für Managementunterstützungssysteme. In: Das Wirtschaftsstudium 26 (1997) 6, S. 544 - 546.

Berry und Linoff (1997)
Berry, M. J. A.; Linoff, G.: Data mining techniques. For marketing, sales, and customer support. New York et al 1997.

Berson und Smith (1997)
Berson, A.; Smith, S. J.: Data warehousing, data mining, and OLAP. New York et al. 1997.

Berson, Smith und Thearling (2000)
Berson, A.; Smith, S.; Thearling, K.: Building data mining applications for CRM. New York et al. 2000.

Bigus (1996)
Bigus, J. P.: Data mining with neural networks. Solving business problems - from application development to decision support. New York et al. 1996.

Bissantz (1996)
Bissantz, N.: CLUSMIN: Ein Beitrag zur Analyse von Daten des Ergebniscontrollings mit Datenmustererkennung (Data Mining). Dissertation, Erlangen 1996.

Blom (1989)
Blom, G.: Probability and statistics. Theory and applications. New York et al. 1989.

Bock (1974)
Bock, H. H.: Automatische Klassifikation. Theoretische und praktische Methoden zur Gruppierung und Strukturierung von Daten (Cluster-Analyse), Göttingen 1974.

Bock (1998)
Bock, J.: Bestimmung des Stichprobenumfangs für biologische Experimente und kontrollierte klinische Studien. München, Wien 1998.

Bohanec und Bratko (1994)
Bohanec, M.; Bratko, I.: Trading accuracy for simplicity in decision trees. In: Machine learning 15 (1994) 3, S. 223 - 250.

Bollinger (1996)
Bollinger, T.: Assoziationsregeln - Analyse eines Data Mining Verfahrens. In: Informatik-Spektrum 19 (1996) 5, S. 257 - 261.

Borgelt und Kruse (1998)
Borgelt, C.; Kruse, R.: Attributsauswahlmaße für die Induktion von Entscheidungsbäumen. Ein Überblick. In: Nakhaeizadeh, G. (Hrsg): Data Mining: theoretische Aspekte und Anwendungen. Heidelberg 1998, S. 77 - 98.

Borgelt, Kruse und Lindner (1998)
Borgelt, C.; Kruse, R.; Lindner, G.: Lernen probabilistischer und possibilistischer Netze aus Daten: Theorie und Anwendung. In: Künstliche Intelligenz (1998) 1, S. 11 - 17.

Bosch (1998)
Bosch, K.: Statistik Taschenbuch. 3. Aufl., München 1998.

Brachinger und Ost (1996)
Brachinger, H. W.; Ost, F.: Modelle mit latenten Variablen: Faktorenanalyse, Latent-Structure-Analyse und LISREL-Analyse. In: Fahrmeir, L.; Hamerle, A.; Tutz, G. (Hrsg.): Multivariate statistische Verfahren. 2. Aufl., Berlin, New York 1996, S. 639 - 766.

Brachman und Anand (1996)
Brachman, R. J.; Anand, T.: The process of knowledge discovery in databases. In: Fayyad, U. M.; Piatetsky-Shapiro, G.; Smyth, P.; Uthurusamy, R. (Hrsg.): Advances in knowledge discovery and data mining. Menlo Park et al. 1996, S. 37 - 57.

Bradley, Fayyad und Mangasarian (1998)
Bradley, P. S.; Fayyad, U. M; Mangasarian, O. L.: Mathematical programming for data mining. Formulations and challenges. University of Wisconsin, computer science department, mathematical programming technical report 98-01, Wisconsin 1998.

Braun (2001)
Braun, J.: Glossar-Carrier.
Http://www.computing-solutions.de/glossar-carrier.htm, 2001, Abruf am 07.02.2002.

Brause (1995)
Brause, R.: Neuronale Netze: Eine Einführung in die Neuroinformatik. 2. Aufl., Stuttgart 1995.

Breiman et al. (1984)
Breiman, L.; Friedman, J. H. ; Olshen, R. A.; Stone, C. J.: Classification and regression trees. Belmont 1984.

Breitner (1998)
Breitner, C. A.: Ein Informationsmodell für Ableitungsprozesse und ihre Ergebnisse im Wissensgewinnungsprozeß. Sankt Augustin 1998.

Brijs et al. (2000)
Brijs, T.; Swinnen, G.; Vanhoof, K.; Wets, G.: Comparing complete and partial classification for identifying latently dissatisfied customers. In: Lopez de Mantaras, R.; Plaza, E. (Hrsg.): Machine learning: Proceedings of the eleventh European conference on machine learning. Barcelona, 31.05.2000 - 02.06.2000. Berlin 2000, S. 88 - 95.

Brin et al. (1997)
Brin, S.; Motwani, R.; Ullman, J. D.; Tsur, S.: Dynamic itemset counting and implication rules for market basket data. In: Peckham, J. (Hrsg.): Proceedings of the 1997 ACM SIGMOD international conference on management of data. Tucson, 13.05.1997 - 15.05.1997, New York 1997, S. 255 - 264.

Brin, Motwani und Silverstein (1997)
Brin, S.; Motwani, R.; Silverstein, C.: Beyond market baskets. Generalizing association rules to correlations. In: Peckham, J. (Hrsg.): Proceedings of the 1997 ACM SIGMOD international conference on management of data. Tucson, 13.05.1997 - 15.05.1997, New York 1997, S. 265 - 276.

Brodley und Utgoff (1992)
Brodley, C. E.; Utgoff, P. E.: Multivariate versus univariate decision trees. University of Massachusetts, department of computer science, Technical report 92-8, Massachusetts 1992.

Brodley und Utgoff (1995)
Brodley, C. E.; Utgoff, P. E.: Multivariate decision trees. In: Machine learning 19 (1995) 1, S. 45 - 77.

Bronstein et al. (2001)
Bronstein, I., N.; Semendjajew, K., A.; Musiol, G.; Mühlig, H.: Taschenbuch der Mathematik. 5. Aufl., Frankfurt am Main 2001.

Brown, Pittard und Park (1996)
Brown, D. E.; Pittard, C. L.; Park, H.: Classification tress with optimal multivariate decision nodes. In: Pattern recognition letters 17 (1996) 7, S. 699 - 703.

Brunk, Kelly und Kohavi (1997)
Brunk, C.; Kelly, J.; Kohavi, R.: MineSet: An integrated system for data mining. In: Heckerman, D.; Mannila, H.; Pregibon, D.; Uthurusamy, R. (Hrsg.): Proceedings of the third international conference on knowledge discovery and data mining. Newport Beach, 14.08.1997 - 17.08.1997, Menlo Park 1997, S. 135 - 138.

Cabena et al. (1997)
Cabena, P.; Hadjinian, P.; Stadler, R.; Verhees, J.; Zanasi, A.: Discovering data mining. From concept to implementation. Upper Saddle River 1997.

Carbonell, Michalski und Mitchell (1983)
Carbonell, J.; Michalski, R.; Mitchell, T.: An overview of machine learning. In: Carbonell, J.; Michalski, R.; Mitchell, T. (Hrsg.): Machine learning. An artificial intelligence approach, Los Altos 1983, S. 3 - 23.

Chamoni (2001)
Chamoni, P.: On-Line Analytical Processing (OLAP). In: Hippner, H.; Küsters, U.; Meyer, M.; Wilde, K. (Hrsg.): Handbuch Data Mining im Marketing. Knowledge Discovery in Databases. Braunschweig, Wiesbaden 2001, S. 543 - 558.

Chamoni und Gluchowski (1999a)
Chamoni, P.; Gluchowski, P.: Analytische Informationssysteme. Einordnung und Überblick. In: Chamoni, P.; Gluchowski, P. (Hrsg.): Analytische Informationssysteme. Data Warehouse, On-Line Analytical Processing, Data Mining. 2. Aufl., Berlin et al. 1999, S. 3 - 25.

Chamoni und Gluchowski (1999b)
Chamoni, P.; Gluchowski, P.: Entwicklungslinien und Architekturkonzepte des On-Line Analytical Processing. In: Chamoni, P.; Gluchowski, P. (Hrsg.): Analytische Informationssysteme. Data Warehouse, On-Line Analytical Processing, Data Mining. 2. Aufl., Berlin et al. 1999, S. 261 - 280.

Chan et al. (1999)
Chan, P. K.; Fan, W.; Prodromidis, A. L.; Stolfo, S. J.: Distributed data mining in credit card fraud detection. In: IEEE intelligent systems 14 (1999) 6, S. 67 - 74.

Chernoff (1952)
Chernoff, H.: A measure of the asymptotic efficiency for tests of a hypothesis based on the sum of observations. In: Annals of mathematical statistics 23 (1952), S. 493 - 509.

Chernoff (1973)
Chernoff, H.: The use of faces to represent points in k-dimensional space graphically. In: Journal of the American statistical association 68 (1973), S. 361 - 368.

Christensen (1997)
Christensen, R.: Log-linear models and logistic regression. 2. Aufl., New York 1997.

Claus und Schwill (2001)
Claus, V.; Schwill, A. (Bearb.): Duden Informatik. Ein Fachlexikon für Studium und Praxis. 3. Aufl., Mannheim et al. 2001.

Cochran (1972)
Cochran, W. G.: Stichprobenverfahren. Berlin, New York 1972.

Codd, Codd und Salley (1993)
Codd, E.; Codd, S.; Salley, C.: Beyond decision support. In: Computerworld 27 (1993), 26.07.1993, S. 87 - 89.

Croall und Mason (1992)
Croall, I. F.; Mason, J. P.: Industrial applications of neural networks. Project ANNIE handbook. Berlin et al. 1992.

Dastani (2000)
Dastani, P.: Optimierte Werbeträgerplanung mit Neuronalen Netzen im Database Marketing. In: Alpar, P.; Niedereichholz, J. (Hrsg.): Data Mining im praktischen Einsatz. Verfahren und Anwendungsfälle für Marketing, Vertrieb, Controlling und Kundenunterstützung. Braunschweig, Wiesbaden 2000, S. 51 - 67.

Date (2000)
Date, C.: An introduction to database systems. 7. Aufl., Reading et al. 2000.

Dattilo et al. (2000)
Dattilo, G.; Greco, S.; Masciari, E.; Pontieri, L.: A hybrid technique for data mining on balance-sheet data. In: Kambayashi, Y.; Mohania, M.; Tjoa, A. M. (Hrsg.): Data warehousing und knowledge discovery. Proceedings of the second international conference. London, 04.06.2000 - 06.09.2000, Berlin et al. 2000, S. 419 - 424.

Decker und Focardi (1995)
Decker, K. M.; Focardi, S.: Technology overview: a report on data mining. Swiss scientific computing center (CSCS-ETH). Technical report TR-95-02, Manno 1995.

Delmater und Hancock (2001)
Delmater, R.; Hancock, M.: Data mining explained: A manager's guide to customer-centric business intelligence. Boston et al. 2001.

Devroye (1986)
Devroye, L.: Non-uniform random variate generation. New York 1986.

Dorffner (1991)
Dorffner, G.: Konnektionismus. Von neuronalen Netzwerken zu einer natürlichen KI. Stuttgart 1991.

Dougherty, Kohavi und Sahami (1995)
Dougherty, J.; Kohavi, R.; Sahami, M.: Supervised and unsupervised discretization of continuous features. In: Prieditis, A.; Russell, S. J. (Hrsg.): Machine learning: Proceedings of the twelfth international conference on machine learning. Tahoe City, 09.07.1995 - 12.07.1995, San Francisco 1995, S. 194 - 202.

Düsing (1997)
Düsing, R.: Betriebswirtschaftliche Anwendungsbereiche Konnektionistischer Systeme. Dissertation, Hamburg 1997.

Düsing (2000)
Düsing, R.: Knowledge discovery in databases. Diskussionsbeiträge des Fachbereichs Wirtschaftswissenschaft der Gerhard-Mercator-Universität Duisburg, Nr. 272, Duisburg 2000.

Düsing und Heidsieck (2001)
Düsing, R.; Heidsieck, C.: Analysephase. In: Bauer, A.; Günzel, H. (Hrsg.): Data-Warehouse-Systeme. Architektur, Entwicklung, Anwendung. Heidelberg 2001, S. 95 - 115.

Eickbusch (2000)
Eickbusch, J.: Kundenabwanderung in Kreditinstituten: Eine empirische Analyse mittels Data Mining-Methoden für das Privatkundengeschäft einer Großsparkasse. Dissertation, Duisburg 2000.

Elder und Pregibon (1996)
Elder, J. F.; Pregibon, D.: A statistical perspective on knowledge discovery in databases. In: Fayyad, U. M.; Piatetsky-Shapiro, G.; Smyth, P.; Uthurusamy, R. (Hrsg.): Advances in knowledge discovery and data mining. Menlo Park et al. 1996, S. 83 - 116.

Elmasri und Navathe (2000)
Elmasri, R.; Navathe, S. B.: Fundamentals of database systems. 3. Aufl., Reading et al. 2000.

Ernst (2000)
Ernst, H.: Grundlagen und Konzepte der Informatik. Eine Einführung in die Informatik ausgehend von den fundamentalen Grundlagen. 2. Aufl., Braunschweig, Wiesbaden 2000.

Ester und Sander (2000)
Ester, M.; Sander, J.: Knowledge Discovery in Databases. Techniken und Anwendungen. Berlin et al. 2000.

Fahrmeir et al. (1999)
Fahrmeir, L.; Künstler, R.; Pigeot, I.; Tutz, G.: Statistik. Der Weg zur Datenanalyse. 2. Aufl., Berlin et al. 1999.

Fahrmeir und Hamerle (1996)
Fahrmeir, L.; Hamerle, A.: Mehrdimensionale Zufallsvariablen und Verteilungen. In: Fahrmeir, L.; Hamerle, A.; Tutz, G. (Hrsg.): Multivariate statistische Verfahren. 2. Aufl., Berlin, New York 1996, S. 19 - 48.

Fahrmeir, Häußler und Tutz (1984)
Fahrmeir, L.; Häußler, W.; Tutz, G.: Diskriminanzanalyse. In: Fahrmeir, L.; Hamerle, A. (Hrsg.): Multivariate statistische Verfahren. Berlin, New York 1984, S. 301 - 370.

Fahrmeir, Kaufmann und Kredler (1996)
Fahrmeir, L.; Kaufmann, H.; Kredler, C.: Regressionsanalyse. In: Fahrmeir, L.; Hamerle, A.; Tutz, G. (Hrsg.): Multivariate statistische Verfahren. 2. Aufl., Berlin, New York 1996, S. 93 - 168.

Famili et al. (1997)
Famili, A.; Shen, W.-M.; Weber, R.; Simoudis, E.: Data preprocessing and intelligent data analysis. In: Intelligent data analysis 1 (1997) 1, S. 3 - 23.

Fayyad (1994)
Fayyad, U., M.: Branching on attribute values in decision tree generation. In: Proceedings of the twelfth national conference on artificial intelligence. Volume 1. Seattle, 31.07.1994 - 04.08.1994, Menlo Park 1994, S. 601 - 606.

Fayyad und Grinstein (2002)
Fayyad, U. M.; Grinstein, G. G.: Introduction. In: Fayyad, U. M.; Grinstein, G. G., Wierse, A. (Hrsg.): Information visualization in data mining and knowledge discovery. San Francisco et al. 2002, S. 1 - 17.

Fayyad und Irani (1992)
Fayyad, U. M.; Irani, K. B.: The attribute selection problem in decision tree generation. In: Proceedings of the tenth national conference on artificial intelligence. San Jose 12.07.1992 - 16.07.1992, Menlo Park 1992, S. 104 -110.

Fayyad und Stolorz (1997)
Fayyad, U. M.; Stolorz, P.: Data mining und KDD: Promise and challenges. In: Future generation computer systems 13 (1997) 2 - 3, S. 99 - 115.

Fayyad, Piatetsky-Shapiro und Smyth (1996a)
Fayyad, U. M.; Piatetsky-Shapiro, G.; Smyth, P.: From data mining to knowledge discovery in databases. In: AI Magazine 17 (1996) 3, S. 37 - 54.

Fayyad, Piatetsky-Shapiro und Smyth (1996b)
Fayyad, U. M.; Piatetsky-Shapiro, G.; Smyth, P.: From data mining to knowledge discovery: An overview. In: Fayyad, U. M.; Piatetsky-Shapiro, G.; Smyth, P.; Uthurusamy, R. (Hrsg.): Advances in knowledge discovery and data mining. Menlo Park et al. 1996, S. 1 - 34.

Fayyad, Piatetsky-Shapiro und Smyth (1996c)
Fayyad, U. M.; Piatetsky-Shapiro, G.; Smyth, P.: Knowledge discovery and data mining: Towards a unifying framework. In: Simoudis, E.; Han, J.; Fayyad, U. M. (Hrsg.): Proceedings of the second international conference on knowledge discovery and data mining. Portland, 02.08.1996 - 04.08.1996, Menlo Park 1996, S. 82 - 88.

Feelders (1999)
Feelders, A. J.: Handling missing data in trees: Surrogate splits or statistical imputation? In: Zytkow, J. M.; Rauch, J. (Hrsg.): Proceedings of the third European conference on principles and practice of knowledge discovery in data bases. Prag, 15.09.1999 - 18.09.1999, Berlin et al. 1999, S. 329 - 334.

Fischer (2000)
Fischer, G.: Lineare Algebra. 12. Aufl., Braunschweig, Wiesbaden 2000.

Fischer (2001)
Fischer, G.: Analytische Geometrie. Eine Einführung für Studienanfänger. 7. Aufl. Braunschweig, Wiesbaden 2001.

Fisz (1973)
Fisz, M.: Wahrscheinlichkeitsrechnung und mathematische Statistik. Berlin 1973.

Forouraghi, Schmerr und Prabhu (1994)
Forouraghi, B.; Schmerr, L. W.; Prabhu, G. M.: Induction of multivariate regression trees for design optimization. In: Proceedings of the twelfth national conference on artificial intelligence. Volume 1. Seattle, 31.07.1994 - 04.08.1994, Menlo Park 1994, S. 607 - 612.

Frawley und Piatetsky-Shapiro (1991)
Frawley, W. J.; Piatetsky-Shapiro, G. (Hrsg.): Knowledge discovery in databases. Menlo Park 1991.

Frawley, Piatetsky-Shapiro und Matheus (1991)
Frawley, W. J.; Piatetsky-Shapiro, G.; Matheus, C. J: Knowledge discovery in databases. An overview. In: Frawley, W. J.; Piatetsky-Shapiro, G. (Hrsg.): Knowledge discovery in databases. Menlo Park 1991, S. 1 - 27.

Freeman und Skapura (1992)
Freeman, J. A.; Skapura, D. M.: Neural networks. Algorithms, applications, and programming techniques. Reading et al. 1992.

Frohberg (2000)
Frohberg, W.: Vermittlungstechnik. In: Bergmann, F.; Gerhard, H.-J. (Hrsg.): Handbuch der Telekommunikation. München, Wien 2000, S. 265 - 308.

Fu, Budzik und Hammond (2000)
Fu, X.; Budzik, J.; Hammond, K. J.: Mining navigation history for recommendation. In: ACM (Hrsg.): Proceedings of the 2000 international conference on intelligent user interfaces. New Orleans, 09.01.2000 -12.01.2000, New York 2000, S. 106 - 112.

Gabriel und Röhrs (1995)
Gabriel, R.; Röhrs, H.-P.: Datenbanksysteme. Konzeptionelle Datenmodellierung und Datenbankarchitekturen. 2. Aufl., Berlin et al. 1995.

Garcia-Molina, Ullman und Widom (2002)
Garcia-Molina, H.; Ullman, J. D.; Widom, J.: Database systems. The complete book. Upper Saddle River 2002.

Gebhardt (1994)
Gebhardt, F.: Interessantheit als Kriterium für die Bewertung von Ergebnissen. In: Informatik - Forschung und Entwicklung 9 (1994) 1, S. 9 - 21.

Gerhard et al. (2000)
Gerhard, H.-J.; Bärwald, W.; Bluschke, A.; Matthews, M.; Schiffel, R.: Telekommunikationsnetze. In: Bergmann, F.; Gerhard, H.-J. (Hrsg.): Handbuch der Telekommunikation. München, Wien 2000, S. 87 - 160.

Ghosh (1983)
Ghosh, D. N.: Determining the sample size for multivariate estimates satisfying simultaneous confidence intervals. In: Proceedings of the section on survey research methods of the American statistical association. Washington 1983, S. 727.

Goldberg und Senator (1995)
Goldberg, H. G.; Senator, T. E.: Restructuring databases for knowledge discovery by consolidation and link formation. In: Fayyad, U.; Uthurusamy, R. (Hrsg.): Proceedings of the first international conference on knowledge discovery and data mining. Montreal, 20.08.1995 - 21.08.1995, Menlo Park 1995, S. 136 - 141.

Görz und Wachsmuth (2000)
Görz, G.; Wachsmuth, I.: Einleitung In: Görz, G.; Rollinger, C.-R.; Schneeberger, J. (Hrsg.): Handbuch der Künstlichen Intelligenz. 3. Aufl., München, Wien 2000, S. 1 - 16.

Gossens (2000)
Gossens, T.: Nutzungsbasierte Kundensegmentierung. In: Alpar, P.; Niedereichholz, J. (Hrsg.): Data Mining im praktischen Einsatz. Verfahren und Anwendungsfälle für Marketing, Vertrieb, Controlling und Kundenunterstützung. Braunschweig, Wiesbaden 2000, S. 143 - 180.

Grabmeier (2001)
Grabmeier, J.: Segmentierende und clusterbildende Methoden. In: Hippner, H.; Küsters, U.; Meyer, M.; Wilde, K. (Hrsg.): Handbuch Data Mining im Marketing. Knowledge Discovery in Databases. Braunschweig, Wiesbaden 2001, S. 299 - 361.

Graf (1995)
Graf, J.: Einsatz von Neuronalen Netzen zur Aktienmarktanalyse. In: Zimmermann, H.-J. (Hrsg.): Neuro+Fuzzy: Technologien - Anwendungen. Düsseldorf 1995, S. 183 - 201.

Gramlich (2002)
Gramlich, L.: Internationalisierung. In: Jung, V.; Warnecke, H.-J. (Hrsg.): Handbuch für die Telekommunikation. 2. Aufl., Berlin et al. 2002, S. 6-30 - 6-58.

Grauel (1992)
Grauel, A: Neuronale Netze. Grundlagen und mathematische Modellierung. Mannheim et al. 1992.

Grimmer und Mucha (1998)
Grimmer, U.; Mucha, H.-J.: Datensegmentierung mittels Clusteranalyse. In: Nakhaeizadeh, G. (Hrsg): Data Mining: theoretische Aspekte und Anwendungen. Heidelberg 1998, S. 109 - 141.

Groffmann (1997)
Groffmann, H.-D.: Das Data Warehouse Konzept. In: Handbuch der modernen Datenverarbeitung 34 (1997) 195, S. 8 - 17.

Haaß (1997)
Haaß, W.-D.: Handbuch der Kommunikationsnetze. Einführung in die Grundlagen und Methoden der Kommunikationsnetze. Berlin et al. 1997.

Häckelmann, Petzold und Strahinger (2000)
Häckelmann, H.; Petzold, H.; Strahinger, S.: Kommunikationssysteme: Technik und Anwendungen. Berlin et al. 2000.

Hagedorn, Bissantz und Mertens (1997)
Hagedorn, J.; Bissantz, N.; Mertens, P.: Data Mining (Datenmustererkennung). Stand der Forschung und Entwicklung. In: Wirtschaftsinformatik 39 (1997) 6, S. 601 - 612.

Hagerup und Rüb (1990)
Hagerup, T.; Rüb, C.: A guided tour of chernoff bounds. In: Information processing letters 33 (1990) 6, S. 305 - 308.

Hamilton (1993)
Hamilton, P.: Künstliche Neuronale Netze. Grundprinzipien, Hintergründe, Anwendungen. Berlin, Offenbach 1993.

Han (1998a)
Han, J.: OLAP mining: An integration of OLAP with data mining. In: Spaccapietra, S.; Maryanski, F. (Hrsg.): Data mining and reverse engineering: searching for semantics. Proceedings of the seventh IFIP 2.6 working conference on database semantics (DS-7). Leysin, 07.10.1997 -10.10.1997, London et al. 1998, S. 1 - 9.

Han (1998b)
Han, J.: Towards on-line analytical mining in large databases. In: SIGMOD Record 27 (1998) 1, S. 97 - 107.

Han und Kamber (2001)
Han, J.; Kamber, M.: Data Mining. Concepts und techniques. San Francisco et al. 2001.

Han, Pei und Yin (2000)
Han, J.; Pei, J.; Yin, Y.: Mining frequent patterns without candidate generation. In: Chen, W.; Naughton, J. F.; Bernstein, P. A. (Hrsg.): Proceedings of the 2000 ACM SIGMOD international conference on management of data. Dallas, 16.05.2000 - 18.05.2000, New York 2000, S. 1 - 12.

Hand (1981)
Hand, D. J.: Discrimination and classification. New York 1981.

Hand (1998)
Hand, D. J.: Data mining: Statistics and more? In: The American statistician 52 (1998) 2, S. 112 - 118.

Hansen und Neumann (2001)
Hansen, H. R.; Neumann, G.: Wirtschaftsinformatik I. Grundlagen betrieblicher Informationsverarbeitung. 8. Aufl., Stuttgart 2001.

Härder und Rahm (1999)
Härder, T.; Rahm, E.: Datenbanksysteme. Konzepte und Techniken der Implementierung. Berlin et al. 1999.

Hartung und Elpelt (1999)
Hartung, J.; Elpelt, B.: Multivariate Statistik. Lehr- und Handbuch der angewandten Statistik. 6. Aufl., München, Wien 1999.

Hartung, Elpelt und Klösener (2002)
Hartung, J.; Elpelt, B.; Klösener, K.-H.: Statistik: Lehr- und Handbuch der angewandten Statistik. 13. Aufl., München, Wien 2002.

Haughton und Oulabi (1997)
Haughton, D.; Oulabi, S.: Direct marketing modelling with CART and CHAID. In: Journal of direct marketing 11 (1997) 4, S. 42 - 52.

Hernandez und Stolfo (1995)
Hernandez, M. A.; Stolfo, S. J.: The merge/purge problem for large databases. In: Carey, M. J.; Schneider, D. A. (Hrsg.): Proceedings of the 1995 ACM SIGMOD international conference on management of data. San Jose, 22.05.1995 - 25.05.1995, New York 1995, S. 127 - 138.

Hettich und Hippner (2001)
Hettich, S.; Hippner, H.: Assoziationsanalyse. In: Hippner, H.; Küsters, U.; Meyer, M.; Wilde, K. (Hrsg.): Handbuch Data Mining im Marketing. Knowledge Discovery in Databases. Braunschweig, Wiesbaden 2001, S. 427 - 463.

Heuer und Saake (2000)
Heuer, A.: Saake, G.: Datenbanken: Konzepte und Sprachen. 2. Aufl., Bonn 2000.

Hipp, Güntzer und Grimmer (2001)
Hipp, J.; Güntzer, U.; Grimmer, U.: Data quality mining: Making a virtue of necessity. In: Proceedings of the sixth ACM SIGMOD workshop on research issues in data mining and knowledge discovery. Santa Barbara, California, 20.05.2001, New York 2001, S. 52 - 57.

Hipp, Güntzer und Nakhaeizadeh (2000)
Hipp, J; Güntzer, U.; Nakhaeizadeh, G.: Algorithms for association rule mining - a general survey and comparison. In: SIGKDD Explorations 2 (2000) 1, S. 58 - 64.

Hippner (1998)
Hippner, H.: Langfristige Absatzprognose mit Neuronalen Netzen in der Automobilindustrie. In: Biethahn, J. (Hrsg.): Betriebswirtschaftliche Anwendungen des Soft Computing. Braunschweig 1998, S. 81 - 96.

Hippner und Schmitz (2001)
Hippner, H.; Schmitz, B.: Data Mining in Kreditinstituten - Die Clusteranalyse zur zielgruppengerechten Kundenansprache. In: Hippner, H.; Küsters, U.; Meyer, M.; Wilde, K. (Hrsg.): Handbuch Data Mining im Marketing. Knowledge Discovery in Databases. Braunschweig, Wiesbaden 2001, S. 607 - 641.

Ho und Scott (1997)
Ho, K. M.; Scott, P. D.: Zeta: A global method for discretization of continuous variables. In: Heckerman, D.; Mannila, H.; Pregibon, D.; Uthurusamy, R. (Hrsg.): Proceedings of the third international conference on knowledge discovery and data mining. Newport Beach, 14.08.1997 -17.08.1997, Menlo Park 1997, S. 191 - 194.

Hoffmann (1993)
Hoffmann, N.: Kleines Handbuch Neuronale Netze. Anwendungsorientiertes Wissen zum Lernen und Nachschlagen. Braunschweig et al. 1993.

Holthuis (2001)
Holthuis, J.: Der Aufbau von Data Warehouse-Systemen. Konzeption, Datenmodellierung, Vorgehen. 2. Aufl., Wiesbaden 2001.

Hörmann (1997)
Hörmann, F.: Quantitative Verfahren in der Wirtschaftsprüfung. Stichprobenprüfung; Netzplantechnik; EDV-Prüfung. Wien 1997.

Houtsma und Swami (1993)
Houtsma, M.; Swami, A.: Set-oriented mining for association rules. IBM Almaden research center, research report RJ 9567, San Jose 1993.

Hruschka, Probst und Fettes (2000)
Hruschka, H.; Probst, M.; Fettes, W.: Maximum likelihood clustering for elasticity-based market segmentation. In: Gaul, W.; Opitz, O.; Schader, M. (Hrsg.): Data Analysis. Scientific modeling and practical application. Berlin et al. 2000, S. 477 - 486.

Huang und Lin (2000)
Huang, Z.; Lin, T.: A visual method of cluster validation with fastmap. In: Terano, T.; Liu, H.; Chen, A. L. P. (Hrsg.): Knowledge discovery and data mining. Current issues and new applications. Proceedings of the fourth Pacific Asia conference, Kyoto, 18.04.2000 - 20.04.2000, Berlin et al. 2000, S. 153 - 164.

Hunt, Marin und Stone (1966)
Hunt, E., B.; Martin, J.; Stone, P. J.: Experiments in induction. New York 1966.

IBM (1998)
IBM (Hrsg.): Using the Intelligent Miner for Data, Version 2 Release 1. 3. Aufl., Benutzerhandbuch, o. O. 1998.

IBM (1999)
IBM (Hrsg.): Intelligent Miner for Data, Version 6 Release 1. Benutzerhandbuch, o. O. 1999.

Inmon (1993)
Inmon, W.: Building the data warehouse. New York et al. 1993.

Inmon (1996)
Inmon, W.: Building the data warehouse. 2. Aufl., New York et al. 1996.

Inselberg (1985)
Inselberg, A.: The plane with parallel coordinates. In: The visual computer 1 (1985), S. 69 - 91.

Institut der Wirtschaftsprüfer (2000)
Institut der Wirtschaftsprüfer in Deutschland e. V. (Hrsg.): Wirtschaftsprüferhandbuch 2000. Handbuch für Rechnungslegung, Prüfung und Beratung. Band 1, 12. Aufl., Düsseldorf 2000.

Jobson (1991)
Jobson, J., D.: Applied multivariate data analysis. Volume I: Regression and experimental design. New York et al. 1991.

Jobson (1992)
Jobson, J., D.: Applied multivariate data analysis. Volume II: Categorial and multivariate methods. New York et al. 1992.

John (1997)
John, G.: Enhancements to the data mining process. University of Stanford, department of computer science, Dissertation, Stanford 1997.

Jung und Wiedmann (1999)
Jung, H.-H.; Wiedmann, K.-P.: Neuronale Netze im Rahmen der Automobilmarktsegmentierung. In: Hippner, H.; Meyer, M.; Wilde, K. D. (Hrsg.): Computer based marketing. Das Handbuch zur Marketinginformatik. 2. Aufl., Göttingen 1999, S. 437 - 444.

Jungnickel (1994)
Jungnickel, D.: Graphen, Netzwerke und Algorithmen. 3. Aufl., Mannheim et al. 1994.

Kaderali (2001)
Kaderali, F.: Handbuch Unternehmensnetze. Zukunftssicherer Einsatz und Betrieb heterogener DV- und TK-Netze. Köln 2001.

Kass (1980)
Kass, G. V.: An exploratory technique for investigating large quantities of categorical data. In: Applied statistics 29 (1980) 2, S. 119 - 127.

Kauderer und Nakhaeizadeh (1998)
Kauderer, H.; Nakhaeizadeh, G.: Skalierung als alternative Datentransformation und deren Auswirkungen auf die Leistungsfähigkeit von Supervised Learning Algorithmen. In: Nakhaeizadeh, G. (Hrsg): Data Mining. Theoretische Aspekte und Anwendungen. Heidelberg 1998. S. 99 -108.

Kaufmann und Pape (1996)
Kaufmann, H.; Pape, H.: Clusteranalyse. In: Fahrmeir, L.; Hamerle, A.; Tutz, G. (Hrsg.): Multivariate statistische Verfahren. 2. Aufl., Berlin, New York 1996, S. 437 - 536.

Keim (2002)
Keim, D. A.: Datenvisualisierung und Data Mining. In: Datenbank Spektrum 2 (2002) 1, S. 30 - 39.

Keim und Kriegel (1995)
Keim, D. A.; Kriegel, H.-P.: Visualisierungstechniken zur Exploration und Analyse sehr großer Datenbanken. In: Lausen, G.: Datenbanksysteme in Büro, Technik und Wissenschaft. Proceedings der 6. GI-Fachtagung, Dresden, 22.03.1995 - 24.03.1995, Berlin et al. 1995, S. 262 - 281.

Keim und Kriegel (1996)
Keim, D. A.; Kriegel, H.-P.: Visualization techniques for mining large databases. A comparison. In: IEEE transactions on knowledge and data engineering 8 (1996) 6, S. 923 - 938.

Kerling und Poddig (1994)
Kerling, M.; Poddig, T.: Klassifikation von Unternehmen mittels KNN. In: Rehkugler, H.; Zimmermann, H. G. (Hrsg.): Neuronale Netze in der Ökonomie. Grundlagen und finanzwirtschaftliche Anwendungen. München 1994. S. 247 - 290.

Kinnebrock (1994)
Kinnebrock, W.: Neuronale Netze. Grundlagen, Anwendungen, Beispiele. 2. Aufl., München et al. 1994.

Kleinschmidt und Rank (2002)
Kleinschmidt, P.; Rank, C.: Relationale Datenbanksysteme. Eine praktische Einführung. 2. Aufl., Berlin et al. 2002.

Klinkenberg (1994)
Klinkenberg, D.: Stichprobenverfahren zur Schätzung von Differenzen im Prüfungswesen. Düsseldorf 1994.

Klußmann (2001)
Klußmann, N.: Lexikon der Kommunikations- und Informationstechnik. 3. Aufl., Heidelberg 2001.

Kohavi und John (1998)
Kohavi, R.; John, G. H.: The wrapper approach. In: Liu, H.; Motoda, H. (Hrsg): Feature extraction, construction and selection: A data mining perspective. Boston et al. 1998, S. 33 - 50.

Köhle (1990)
Köhle, M.: Neuronale Netze. Wien et al. 1990.

Kohonen (1982)
Kohonen, T.: Self-organized formation of topologically correct feature maps. In: Biological cybernetics 43 (1982) 1, S. 59 - 69.

Kohonen (2001)
Kohonen, T.: Self-organizing maps. 3. Aufl., Berlin et al. 2001.

Kowalsky und Michler (1998)
Kowalsky, H. J., Michler, G. O.: Lineare Algebra. 11. Aufl., Berlin et al. 1998.

Krafft (1999)
Krafft, M.: Anwendungen der Logistischen Regression. In: Hippner, H.; Meyer, M; Wilde, K. D. (Hrsg.): Computer based marketing. Das Handbuch zur Marketinginformatik. 2. Aufl., Braunschweig, Wiesbaden 1999, S. 535 -542.

Krahl, Windheuser und Zick (1998)
Krahl, D.; Windheuser, U.; Zick, F.-K.: Data Mining. Einsatz in der Praxis. Bonn et al. 1998.

Kratzer (1990)
Kratzer, K. P.: Neuronale Netze: Grundlagen und Anwendungen. München et al. 1990.

Kreienbrock (1987)
Kreienbrock, L.: Einfache und geschichtete Zufallsauswahl aus endlichen Grundgesamtheiten bei multivariaten Beobachtungen. Dissertationsschrift des Fachbereiches Statistik der Universität Dortmund, Dortmund 1987.

Kübler-Bork (2000)
Kübler-Bork, A.: Rechtsfragen der Telekommunikation. In: Bergmann, F.; Gerhard, H.-J. (Hrsg.): Handbuch der Telekommunikation. München, Wien 2000, S. 885 - 902.

Küppers (1999)
Küppers, B.: Data Mining in der Praxis. Ein Ansatz zur Nutzung der Potentiale von Data Mining im betrieblichen Umfeld. Frankfurt et al. 1999.

Kurz (1998)
Kurz, A.: Neue Wege der Datenanalyse mittels neuartiger Knowledge Discovery- und Data Mining-Methoden. In: Martin, W. (Hrsg): Data Warehousing. Data Mining - OLAP. Bonn 1998, S. 249 - 281.

Küsters (2001)
Küsters, U.: Data Mining Methoden: Einordnung und Überblick. In: Hippner, H.; Küsters, U.; Meyer, M.; Wilde, K. (Hrsg.): Handbuch Data Mining im Marketing. Knowledge Discovery in Databases. Braunschweig, Wiesbaden 2001, S. 95 - 130.

Lackes, Mack und Tillmanns (1999)
Lackes, R.; Mack, D.; Tillmanns, C.: Data Mining in der Marktforschung. In: Hippner, H.; Meyer, M; Wilde, K. D. (Hrsg.): Computer based marketing. Das Handbuch zur Marketinginformatik. 2. Aufl., Braunschweig, Wiesbaden 1999, S. 249 - 258.

Lee, Ong und Quek (1995)
Lee, H.-Y.; Ong, H.-L.; Quek, L.-H.: Exploiting visualization in Knowledge discovery. In: Fayyad, U.; Uthurusamy, R. (Hrsg.): Proceedings of the first international conference on knowledge discovery and data mining. Montreal, 20.08.1995 - 21.08.1995, Menlo Park 1995, S. 198 - 203.

Leiner (1989)
Leiner, B.: Stichprobentheorie, Theorie und Technik. 2. Aufl., München, Wien 1989.

Leiner (1991)
Leiner, B.: Einführung in die Zeitreihenanalyse. 3. Aufl., München, Wien 1991.

Lenz und Meretz (1995)
Lenz, A.; Meretz, S.: Neuronale Netze und Subjektivität. Lernen, Bedeutung und die Grenzen der Neuro-Informatik. Braunschweig, Wiesbaden 1995.

Levy und Lemeshow (1999)
Levy, P. S.; Lemeshow, S.: Sampling of populations: Methods and applications. 3. Aufl., New York et al. 1999.

Lieven et al. (1995)
Lieven, K.; Meier, W.; Weber, R.; Zimmermann, H. J.: Methoden und Anwendungen der Fuzzy Datenanalyse und Neuro-Fuzzy Systeme. In: Zimmermann, H.-J. (Hrsg.): Neuro+Fuzzy. Technologien - Anwendungen. Düsseldorf 1995, S. 147 - 181.

Lim, Loh und Shih (2000)
Lim, T.-S.; Loh, W.-Y.; Shih, Y.-S.: A comparison of prediction accuracy, complexity, and training time of thirty-three old and new classification algorithms. In: Machine learning 40 (2000) 3, S. 203 - 228.

Lister (1989)
Lister, R.: Electronic fault diagnosis: Fault trees and expert systems. In: Quinlan, J. R. (Hrsg.): Applications of expert systems: Based on the proceedings of the third and fourth Australian conferences. Volume 2, Sydney et al. 1989, S. 266 - 289.

Liu et al. (1998)
Liu, B.; Wang, K.; Mun, L.-F.; Qi, X.-Z.: Using decision tree induction for discovering holes in data. In: Lee, H.-Y.; Motoda, H. (Hrsg.): Topics in artificial intelligence. Proceedings of the fifth Pacific Rim international conference on artificial intelligence. Singapore, 22.11.1998 - 27.11.1998, Berlin et al. 1998, S. 182 - 193.

Liu und Setiono (1998)
Liu, H.; Setiono, R.: Feature transformation and multivariate decision tree induction. In: Arikawa, S.; Motoda, K. (Hrsg.): Proceedings of the first international conference on discovery science. Fukuoka, Japan, 14.12.1998 -16.12.1998, Berlin et al. 1998, S. 279 - 290.

Liu, Hsu und Ma (1999)
Liu, B.; Hsu, W.; Ma, Y.: Mining association rules with minimum supports. In: Chaudhuri, S.; Madigan, D. (Hrsg.): Proceedings of the fifth ACM SIGKDD international conference on knowledge discovery and data mining. San Diego, 15.08.1999 - 18.08.1999, New York 1999, S. 337 - 341.

Loh und Shih (1997)
Loh, W.-Y.; Shih, Y.-S.: Split selection methods for classification trees. In: Statistica Sinicia 7 (1997), S. 815 - 840.

Lohrbach (1994)
Lohrbach, T.: Einsatz von Künstlichen Neuronalen Netzen für ausgewählte betriebswirtschaftliche Aufgabenstellungen und Vergleich mit konventionellen Lösungsverfahren. Göttingen 1994.

Lusti (2002)
Lusti, M.: Data Warehousing und Data Mining. Eine Einführung in entscheidungsunterstützende Systeme. 2. Aufl., Berlin et al. 2002.

Mallot, Hübner und Stürzl (2000)
Mallot, H. A.; Hübner, W.; Stürzl, W.: Neuronale Netze. In: Görz, G.; Rollinger, C.-R.; Schneeberger, J. (Hrsg.): Handbuch der Künstlichen Intelligenz. 3. Aufl., München, Wien 2000, S. 73 - 124.

Mannila, Toivonen und Verkamo (1994)
Mannila, H.; Toivonen, H; Verkamo, A. I.: Efficient algorithms for discovering association rules. In: Fayyad, U. M.; Uthurusamy, R. (Hrsg.): Knowledge discovery in databases: papers from the 1994 AAAI Workshop. Seattle, 30.07.1994 - 31.07.1994, Menlo Park 1994, S. 181 - 192.

Marcus, Maletic und Lin (2001)
Marcus, A.; Maletic, J. I.; Lin, K. I: Ordinal association rules for error identification in data sets. In: Paques, H.; Liu, L.; Grossman, D. (Hrsg.): Proceedings of the tenth international conference on information and knowledge management. Atlanta, 05.11.2001 - 10.11.2001, New York 2001, S. 589 - 591.

Mardia, Kent und Bibby (1979)
Mardia, K. V.; Kent; J. T.; Bibby, J. M.: Multivariate analysis. London 1979.

Mathar und Pfeifer (1990)
Mathar, R.; Pfeifer, D.: Stochastik für Informatiker. Stuttgart 1990.

Matheus, Chen und Piatetsky-Shapiro (1993)
Matheus, C. J.; Chen, P. K.; Piatetsky-Shapiro, G.: Systems for knowledge discovery in databases. In: IEEE transactions on knowledge and data engineering 5 (1993) 6, S. 903 - 913.

Mattison (1997)
Mattison, R.: Data warehousing and data mining for telecommunication. Norwood 1997.

McCord Nelson und Illingworth (1990)
McCord Nelson, M.; Illingworth, W. T.: A practical guide to neural nets. Reading et al. 1990.

McQuatt et al. (1999)
McQuatt, A.; Andrews, P. J. D.; Sleeman, D.; Corruble, V.; Jones, P. A.: The analysis of head injury data using decision tree techniques. In: Horn, W. Shahar, Y.; Lindberg, G.; Andreassen, S.; Wyatt, J. (Hrsg.): Joint European conference on artificial intelligence in medicine and medical decision making. Aalborg, 20.06.1999 - 24.06.1999, Berlin et al. 1999, S. 336 - 345.

Mehta, Agrawal und Rissanen (1996)
Mehta, M.; Agrawal, R.; Rissanen, J.: SLIQ: A fast scalable classifier for data mining. In: Apers, P. M. G.; Bouzeghoub, M.; Gardarin, G. (Hrsg.): Advances in database technology. Proceedings of the fifth international conference on extending database technology. Avignon, 25.03.1996 -29.03.1996, Berlin et al. 1996, S. 18 - 32.

Meidan (o. J.)
Meidan, A.: WizRule. White paper. Http://www.wizsoft.com/rule.html, o. J., Abruf am 21.11.2001.

Mena (2000)
Mena, J.: Data Mining und E-Commerce. Wie Sie Ihre Online-Kunden besser kennen lernen und gezielter ansprechen. Düsseldorf 2000.

Messenger und Mandell (1972)
Messenger, R.; Mandell, L.: A model search technique for predictive nominal scale multivariate analysis. In: Journal of the American statistical association 67 (1972) 12, S. 768 - 772.

Michels (2001)
Michels, E.: Data Mining Analysen im Handel – konkrete Einsatzmöglichkeiten und Erfolgspotenziale. In: Hippner, H.; Küsters, U.; Meyer, M.; Wilde, K. (Hrsg.): Handbuch Data Mining im Marketing. Knowledge Discovery in Databases. Braunschweig, Wiesbaden 2001, S. 933 - 950.

Michie (1987)
Michie, D.: Current developments in expert systems. In: Quinlan, J. R.: Applications of expert systems: based on the proceedings of the second Australian conference. Sydney et al. 1987, S. 137 - 156.

Miller und Yang (1997)
Miller, R. J.; Yang, Y.: Association rules over interval data. In: Peckham, J. (Hrsg.): Proceedings of the 1997 ACM SIGMOD international conference on management of data. Tucson, 13.05.1997 - 15.05.1997, New York 1997, S. 452 - 461.

Mingers (1989)
Mingers, J.: An empirical comparison of selection measures for decision-tress induction. In: Machine learning, 3 (1989), S. 319 - 342.

Mitchell (1997)
Mitchell, T. M.: Machine learning. Singapore 1997.

Monopolkommission (1999)
Monopolkommission (Hrsg.): Wettbewerb auf den Telekommunikations- und Postmärkten? Sondergutachten 29 der Monopolkommission gemäß § 81 Abs. 3 Telekommunikationsgesetz und § 44 Postgesetz. Köln 1999.

Monopolkommission (2001)
Monopolkommission (Hrsg.): Wettbewerbsentwicklung bei Telekommunikation und Post 2001: Unsicherheit und Stillstand. Sondergutachten der Monopolkommission gemäß § 81 Abs. 3 Telekommunikationsgesetz und § 44 Postgesetz. Köln 2001.

Morgan und Sonquist (1963a)
Morgan, J. A.; Sonquist, J., N.: Problems in the analysis of survey data: and a proposal. In: Journal of the American statistical association 58 (1963), S. 415 - 434.

Morgan und Sonquist (1963b)
Morgan, J. A.; Sonquist, J., N.: Some results from a non-symmetrical branching process that looks for interaction effects. In: American statistical association (Hrsg.): Proceedings of the social statistics section. Washington 1963, S. 40 - 53.

Mucksch und Behme (2000)
Mucksch, H.; Behme, W.: Das Data Warehouse-Konzept als Basis einer unternehmensweiten Informationslogistik. In: Mucksch, H.; Behme, W. (Hrsg.): Das Data Warehouse-Konzept: Architektur - Datenmodelle - Anwendungen. 4. Aufl., Wiesbaden 2000, S. 3 - 80.

Müller (2001a)
Müller, E.: Nutzung von Telekom-Netzstruktur wird für Wettbewerber billiger. Http://www.teltarif.de/arch/2001/kw42/s6347.html, 2001, Abruf am 03.07.2002.

Müller (2001b)
Müller, E.: Telekom: Interconnection mit Arcor wird günstiger. Http://www.teltarif.de/arch/2001/kw21/s5241.html, 2001, Abruf am 03.07.2002.

Müller, Hausdorf und Schneeberger (1998)
Müller, M.; Hausdorf, C.; Schneeberger, J.: Zur Interessantheit bei der Entdeckung von Wissen in Datenbanken. In: Nakhaeizadeh, G. (Hrsg): Data Mining: theoretische Aspekte und Anwendungen. Heidelberg 1998, S. 248 - 264.

Nauck, Klawonn und Kruse (1996)
Nauck, D.; Klawonn, F.; Kruse, R.: Neuronale Netze und Fuzzy-Systeme. Grundlagen des Konnektionismus, Neuronaler Fuzzy-Systeme und der Kopplung mit wissensbasierten Methoden. 2. Aufl., Braunschweig, Wiesbaden 1996.

Neuneier und Zimmermann (1998)
Neuneier, R.; Zimmermann, H. G.: How to train neural networks. In: Orr, G. B.; Müller, K.-R.: Neural networks. Tricks of the trade. Berlin et al. 1998, S. 373 - 423.

Niepold (1998)
Niepold, R.: Internationalisierung. In: Jung, V.; Warnecke, H.-J. (Hrsg.): Handbuch für die Telekommunikation. Berlin et al. 1998. S. 6-18 - 6-35.

Park, Chen und Yu (1995)
Park, J. S.; Chen, M.-S.; Yu, P. S.: An effective hash-based algorithm for mining assiciation rules. In: Carey, M. J.; Schneider, D. A. (Hrsg.): Proceedings of the 1995 ACM SIGMOD international conference on management of data. San Jose, 22.05.1995 - 25.05.1995, New York 1995, S. 175 - 186.

Pendse (2002)
Pendse, N.: What is OLAP? An analysis of what the increasingly misused OLAP term is supposed to mean. The OLAP report. Http://www.olapreport.com/fasmi.htm, 2002, Abruf am 12.08.2002.

Peters (2001)
Peters, S.: Wie Telekom-Firmen aneinander verdienen. In: Neue Zürcher Zeitung, 25.09.2001.

Petersen (1996)
Petersen, J.: Ein baukastenartiges Expertensystem-Architekturmodell mit fuzzy-fallbasierter Schlussfolgerungskomponente. Fortschritt-Bericht der VDI Reihe 20, Nr. 205, Düsseldorf 1996.

Petzke (1999)
Petzke, K.: Regulierer senkt Interconnect-Tarife stärker als beantragt. Http://www.teltarif.de/arch/1999/kw51/s1263.html, 1999, Abruf am 03.07.2002.

Petzke (2000)
Petzke, K.: Heftige Diskussionen um das Abrechnungsmodell der Zukunft. Http://www.teltarif.de/arch/2000/kw12/s1840.html, 2000, Abruf am 02.07.2002.

Piatetsky-Shapiro (1991)
Piatetsky-Shapiro, G.: Discovery, analysis, and presentation of strong rules. In: Frawley, W. J.; Piatetsky-Shapiro, G. (Hrsg.): Knowledge discovery in databases. Menlo Park et al. 1991, S. 229 - 248.

Piatetsky-Shapiro (2000)
Piatetsky-Shapiro, G.: Knowledge discovery in databases: 10 years after. In: SIGKDD Explorations 1 (2000) 2. S. 59 - 61.

Piatetsky-Shapiro (2002a)
Piatetsky-Shapiro, G.: Poll Results. Crisp-DM is the top methodology. Http://www.kdnuggets.com/news/2002/n15/1i.html, 2002, Abruf am 15.08.2002.

Piatetsky-Shapiro (2002b)
Piatetsky-Shapiro, G.: Poll Results. Which data mining technique do you use regularly? Http://www.kdnuggets.com/news/2002/n19/1i.html, 2002, Abruf am 09.10.2002.

Poddig (1994)
Poddig, T.: Mittelfristige Zinsprognose mittels KNN und ökonometrischer Verfahren. Eine Fallstudie über den Umgang mit kleinen Datenmengen. In: Rehkugler, H.; Zimmermann, H. G. (Hrsg.): Neuronale Netze in der Ökonomie. Grundlagen und finanzwirtschaftliche Anwendungen. München 1994. S. 209 - 289.

Poddig und Sidorovitch (2001)
Poddig, T.; Sidorovitch, I.: Künstliche Neuronale Netze. Überblick, Einsatzmöglichkeiten und Anwendungsprobleme. In: Hippner, H.; Küsters, U.; Meyer, M.; Wilde, K. (Hrsg.): Handbuch Data Mining im Marketing. Knowledge Discovery in Databases. Braunschweig, Wiesbaden 2001, S. 363 - 402.

Pokropp (1996)
Pokropp, F.: Stichproben. Theorie und Verfahren. 2. Aufl., München, Wien 1996.

Puppe, Stoyan und Studer (2000)
Puppe, F.; Stoyan, H.; Studer, R.: Knowledge Engineering. In: Görz, G.; Rollinger, C.-R.; Schneeberger, J. (Hrsg.): Handbuch der Künstlichen Intelligenz. 3. Aufl., München, Wien 2000, S. 599 - 641.

Pyle (1999)
Pyle, D.: Data preparation for data mining. San Francisco 1999.

Quinlan (1986)
Quinlan, J. R.: Induction of decision trees. In: Machine learning 1 (1986) 1, S. 81 - 106.

Quinlan (1993)
Quinlan, J. R.: C4.5: programs for machine learning. San Mateo 1993.

Quinlan et al. (1987)
Quinlan, J. R.; Compton, P. J.; Horn, K. A.; Lazarus, L.: Inductive knowledge acquisition: A case study. In: Quinlan, J. R. (Hrsg.): Applications of expert systems: Based on the proceedings of the second Australian conference. Sydney et al. 1987, S. 157 - 183.

Raimann (2001)
Raimann, J. : Application Service Providing. In: Back, A.; Becker, J.; König, W.; Krallmann, H.; Mertens, P.; Rieger, B.; Scheer, A.-W.; Seibt, D.; Stahlknecht, P.; Strunz, H.; Thome, R.; Wedekind, H. (Hrsg.): Lexikon der Wirtschaftsinformatik. 4. Aufl., Berlin et al. 2001, S. 48 - 49.

Rainsford und Roddick (2000)
Rainsford, C. P.; Roddick, J. F.: Visualisation of temporal interval association rules. In: Leung, K.-S.; Chan, L.-W.; Meng, H. (Hrsg.): Intelligent data engineering and automated learning. Data mining, financial engineering, and intelligent agents. Second international conference, Shatin, China, 13.12.2000 - 15.12.2000, Berlin et al. 2000, S. 91 - 96.

Raj (1968)
Raj, D.: Sampling theory. New York 1968.

RegTP (1999a)
RegTP (Hrsg.): Element Based Charging auf Basis eines Zonenmodells. Mitteilung Nr. 588/1999 der RegTP im Amtsblatt 23/99, 1999, S. 4117 - 4121.

RegTP (1999b)
RegTP (Hrsg.): Neues Interconnection-Regime bis 31. Januar 2001 festgelegt. Pressemitteilung der RegTP vom 23.12.1999. Http://www.regtp.de/aktuelles/pm/01427/index.html, 1999, Abruf am 04.07.2002.

RegTP (2000a)
RegTP (Hrsg.): Neue Rahmenbedingungen für Zusammenschaltung (Interconnection). Pressemitteilung der RegTP vom 11.09.2000. Http://www.regtp.de/aktuelles/pm/00146/index.html, 2000, Abruf am 04.07.2002.

RegTP(2000b)
RegTP (Hrsg.): Regulierungsbehörde sichert Anbietervielfalt im offenen Call-by-call. Pressemitteilung der RegTP vom 21.02.2000. Http://www.regtp.de/aktuelles/pm/01504/index.html, 2000, Abruf am 20.09.2002.

RegTP (2001)
RegTP (Hrsg.): EBC und TDN-Entscheidung gefallen. Pressemitteilung der RegTP vom 15.10.2001. Http://www.regtp.de/aktuelles/pm/02284/index.html, 2001, Abruf am 03.07.2002.

Reinartz (1999)
Reinartz, T.: Focusing solutions for data mining. Analytical studies and experimental results in real world domains. Berlin et al. 1999.

Relue, Wu und Huang (2001)
Relue, R.; Wu, X.; Huang, H.: Efficient runtime generation of association rules. In: Paques, H.; Liu, L.; Grossman, D. (Hrsg.): Proceedings of the tenth international conference on information and knowledge management. Atlanta, 05.11.2001 - 10.11.2001, New York 2001, S. 466 - 473.

Ripley (1987)
Ripley, B. D.: Stochastic simulation. New York et al. 1987.

Ritter et al. (1991)
Ritter, H.; Obermayer, K.; Schulten, K.; Rubner, J.: Self-organizing maps and adaptive filters. In: Domany, E.; van Hemmen, J. L.; Schulten, K. (Hrsg.): Models of neuronal networks. Berlin et al. 1991, S. 281 - 306.

Rojas (1996)
Rojas, R.: Neural networks. A systematic introduction. Berlin et al. 1996.

Rosenblatt (1958)
Rosenblatt, F.: The perceptron. A probabilistic model for information storage and organization in the brain. In: The psychological review 65 (1958) 6, S. 386 - 408.

Rudolph (1999)
Rudolph, A.: Data Mining in action. Statistische Verfahren der Klassifikation. Aachen 1999.

Rudolph (2001)
Rudolph, A.: Statistische Qualitätskontrolle: Theorie und Praxis. Aachen 2001.

Ruhland, Wittmann und Lehmann (1997)
Ruhland, J.; Wittmann, T.; Lehmann, T.: Entwicklung und Analyse von Imputationsalgorithmen für missing values zur Datenvorverarbeitung für Data Mining Algorithmen am Beispiel NEFCLASS. In: Kischka, P.; Lorenz, H.-W.; Derigs, U.; Domschke, W.; Kleinschmidt, P.; Möhring, R. (Hrsg.): Operations research proceedings 1997, selected papers of the symposium on operations research, Jena, 03.09.1997 - 05.09.1997. Berlin et al. 1997, S. 324 - 329.

Saathoff (2000)
Saathoff, I.: Kundensegmentierung aufgrund von Kassenbons - eine kombinierte Analyse mit Neuronalen Netzen und Clustering. In: Alpar, P.; Niedereichholz, J. (Hrsg.): Data Mining im praktischen Einsatz. Verfahren und Anwendungsfälle für Marketing, Vertrieb, Controlling und Kundenunterstützung. Braunschweig, Wiesbaden 2000, S. 119 - 142.

Särndal, Swensson und Wretman (1992)
Särndal, C.-E.; Swensson, B.; Wretmann, J.: Model assisted survey sampling. New York et al. 1992 (4. Nachdruck 1997).

Sarwar et al. (2000)
Sarwar, B.; Karypis, G.; Konstan, J.; Riedl, J.: Analysis of recommendation algorithms for e-commerce. In: ACM (Hrsg.): Proceedings of the second ACM conference on electronic commerce. Minneapolis, 17.10.2000 -20.10.2000, New York 2000, S. 158 - 167.

Säuberlich (2000)
Säuberlich, F.: KDD und Data Mining als Hilfsmittel zur Entscheidungsunterstützung. Frankfurt am Main et al. 2000.

Savasere, Omiencinski und Navathe (1995)
Savasere, A.; Omiecinski, E.; Navathe, S.: An efficient algorithm for mining association rules in large databases. In: Dayal, U.; Gray, P. M. D.; Nishio, S. (Hrsg.): Proceedings of 21st international conference on very large data bases. Zürich, 11.09.1995 - 15.09.1995, San Francisco 1995, S. 432 - 444.

Schaffer (1993)
Schaffer, C.: Overfitting avoidance as bias. In: Machine learning 10 (1993), S. 153 - 178.

Schinzer, Bange und Mertens (1999)
Schinzer, H.; Bange, C.; Mertens, H.: Data Warehouse und Data Mining. Marktführende Produkte im Vergleich. 2. Aufl., München 1999.

Schlageter und Stucky (1983)
Schlageter, G.; Stucky, W.: Datenbanksysteme. Konzepte und Modelle. 2. Aufl., Stuttgart 1983.

Schlittgen (2000)
Schlittgen, R.: Einführung in die Statistik. Analyse und Modellierung von Daten. 9. Aufl., München, Wien 2000.

Schmidt et al. (1999)
Schmidt, F.; López, F. G.; Hackbarth, K.; Cuadra, A.: Ein analytisches Kostenmodell für das nationale Verbindungsnetz. Wissenschaftliches Institut für Kommunikations-dienste GmbH, Referenzdokument, Bonn 1999.

Schmidt von Rhein und Rehkugler (1994)
Schmidt von Rhein, A.; Rehkugler, H.: KNN zur Kreditwürdigkeitsprüfung bei Privatkundenkrediten. In: Rehkugler, H.; Zimmermann, H. G. (Hrsg.): Neuronale Netze in der Ökonomie. Grundlagen und finanzwirtschaftliche Anwendungen. München 1994. S. 491 - 545.

Schöneburg (1993)
Schöneburg, E. (Hrsg.): Industrielle Anwendung Neuronaler Netze. Fallbeispiele und Anwendungskonzepte. Bonn et al. 1993.

Schweizer (1999)
Schweizer, A.: Data Mining, Data Warehousing. Datenschutzrechtliche Orientierungshilfen für Privatunternehmen. Zürich 1999.

Shafer, Agrawal und Mehta (1996)
Shafer, J. C.; Agrawal, R.; Mehta, M.: SPRINT: A scalable parallel classifier for data mining. In: Vijayaraman, T. M.; Buchmann, A. P.; Mohan, C.; Sarda, N. L. (Hrsg.): Proceedings of 22nd international conference on very large data bases. Mumbai (Bombay), India, 03.09.1996 - 06.09.1996, San Francisco 1996, S. 544 - 555.

Shannon (1948a)
Shannon, C. E.: The mathematical theory of communication. In: The Bell systems technical journal 27 (1948) 3, S. 379 - 423.

Shannon (1948b)
Shannon, C. E.: The mathematical theory of communication. In: The Bell systems technical journal 27 (1948) 4, S. 623 - 656.

Shih (1999)
Shih, Y.-S.: Families of splitting criteria for classification trees. In: Statistics and computing 9 (1999) 3, S. 309 - 315.

Siebes (2002)
Siebes, A.: From discovered knowledge to decisionmaking. In: Klösgen, W.; Zytkow, J. M. (Hrsg.): Handbook of data mining and knowledge discovery. Oxford et al. 2002, S. 524 - 528.

Siegmund (2002)
Siegmund, G.: Technik der Netze. 5. Aufl., Heidelberg 2002.

Silberschatz und Tuzhilin (1995)
Silberschatz, A.; Tuzhilin, A.: On subjektive measures of interestingness in knowledge discovery. In: Fayyad, U.; Uthurusamy, R. (Hrsg.): Proceedings of the first international conference on knowledge discovery and data mining. Montreal, 20.08.1995 – 21.08.1995, Menlo Park 1995, S. 275 - 281.

Silberschatz und Tuzhilin (1996)
Silberschatz, A.; Tuzhilin, A.: What makes patterns interesting in knowledge discovery systems. In: IEEE transactions on knowledge and data engeneering 8 (1996) 6, S. 970 - 974.

Simoudis, Livezey und Kerber (1995)
Simoudis, E.; Livezey, B.; Kerber, R.: Using Recon for data cleaning. In: Fayyad, U.; Uthurusamy, R. (Hrsg.): Proceedings of the first international conference on knowledge discovery and data mining. Montreal, 20.08.1995 – 21.08.1995, Menlo Park 1995, S. 282 - 287.

Srikant und Agrawal (1995a)
Srikant, R.; Agrawal, R.: Mining generalized association rules. IBM Almaden research center, research report RJ 9963, San Jose 1995.

Srikant und Agrawal (1995b)
Srikant, R.; Agrawal, R.: Mining generalized association rules. In: Dayal, U.; Gray, P. M. D.; Nishio, S. (Hrsg.): Proceedings of 21st international conference on very large data bases. Zürich, 11.09.1995 - 15.09.1995, San Francisco 1995, S. 407 - 419.

Srikant und Agrawal (1996a)
Srikant, R.; Agrawal, R.: Mining quantitative association rules in large relational tables. In: Jagadish, H., V.; Mumick, I. S. (Hrsg.): Proceedings of the 1996 ACM SIGMOD international conference on management of data. Montreal, 04.06.1996 - 06.06.1996, New York 1996, S. 1 - 12.

Srikant und Agrawal (1996b)
Srikant, R.; Agrawal, R.: Mining sequential patterns. Generalizations and performance improvements. In: Apers, P. M. G.; Bouzeghoub, M.; Gardarin, G. (Hrsg.): Advances in database technology. Proceedings of the fifth international conference on extending database technology. Avignon, 25.03.1996 - 29.03.1996, Berlin et al. 1996, S. 3 - 17.

Srikant, Vu und Agrawal (1997)
Srikant, R.; Vu, Q.; Agrawal, R.: Mining association rules with item constraints. In: Heckerman, D.; Mannila, H.; Pregibon, D.; Uthurusamy, R. (Hrsg.): Proceedings of the third international conference on knowledge discovery and data mining. Newport Beach, 14.08.1997 - 17.08.1997, Menlo Park 1997, S. 67 - 73.

Steiner (2000)
Steiner, R.: Theorie und Praxis relationaler Datenbanken. Eine grundlegende Einführung für Studenten und Datenbankentwickler. 4. Aufl., Braunschweig, Wiesbaden 2000.

Stock (2001)
Stock, S.: Modellierung zeitbezogener Daten im Data Warehouse. Dissertation, Wiesbaden 2001.

Stulajter (2002)
Stulajter, F.: Predictions in time series using regression models. New York et al. 2002.

Tan und Kumar (2000)
Tan, P.-N.; Kumar, V.: Interestingness measures for association patterns: A perspective. University of Minnesota, department of computer science, technical report TR00-036, Minnesota 2000.

Temme und Decker (1999)
Temme, T.; Decker, R.: CHAID als Instrument des Data Mining in der Marketingforschung. Universität Bielefeld, Fakultät für Wirtschaftswissenschaften, Betriebswirtschaftslehre und Marketing, Diskussionspapier Nr. 439, Bielefeld 1999.

Thomsen (1997)
Thomsen, E.: OLAP solutions. Building multidimensional information systems. New York et al. 1997.

Ting (1998)
Ting, K. M.: Inducing cost-sensitive trees via instance weighting. In: Zytkow, J. M.; Quafafou, M. (Hrsg.): Principles of data mining and knowledge discovery. Proceedings of the second European symposium. Nantes, France, 23.09.1998 - 26.09.1998, Berlin et al. 1998, S. 139 - 147.

Toivonen (1996)
Toivonen, H.: Sampling large databases for association rules. In: Vijayaraman, T. M.; Buchmann, A. P.; Mohan, C.; Sarda, N. L. (Hrsg.): Proceedings of 22nd international conference on very large data bases. Mumbai (Bombay), India, 03.09.1996 - 06.09.1996, San Francisco 1996, S. 134 - 145.

Totok (2000)
Totok, A.: Modellierung von OLAP- und Data-Warehouse-Systemen. Dissertation, Wiesbaden 2000.

Turau (1996)
Turau, V.: Algorithmische Graphentheorie. Bonn et al. 1996.

Tutz (2000)
Tutz, G.: Die Analyse kategorialer Daten. Anwendungsorientierte Einführung in Logit-Modellierung und kategoriale Regression. München, Wien 2000.

Uhlmann (1982)
Uhlmann, W.: Statistische Qualitätskontrolle. Eine Einführung. 2. Aufl., Stuttgart 1982.

Viveros, Nearhos und Rothman (1996)
Viveros, M. S.; Nearhos, J. P.; Rothman, M. J.: Applying data mining techniques to a health insurance information system. In: Vijayaraman, T. M.; Buchmann, A. P.; Mohan, C.; Sarda, N. L. (Hrsg.): Proceedings of 22nd international conference on very large data bases. Mumbai (Bombay), India, 03.09.1996 - 06.09.1996, San Francicso 1996, S. 286 - 294.

Voß und Gutenschwager (2001)
Voß, S.; Gutenschwager, K.: Informationsmanagement. Berlin et al. 2001.

Vossen (2000)
Vossen, G.: Datenmodelle, Datenbanksprachen und Datenbankmanagementsysteme. 4. Aufl., München, Wien 2000.

Wedekind (1975)
Wedekind, H.: Datenorganisation. 3. Aufl., Berlin, New York 1975.

Williams und Huang (1996)
Williams, G. J.; Huang, Z.: A case study in knowledge acquisition for insurance risk assessment using KDD methodology. In: Compton, P.; Mizoguchi, R.; Motoda, H.; Menzies, T. (Hrsg.): Proceedings of the Pacific rim knowledge acquisition workshop, Sydney, 23.10.1996 - 25.10.1996, University of New South Wales, department of artificial intelligence, school of computer science and engineering, Sydney 1996, S. 117 - 129.

Wirth und Hipp (2000)
Wirth, R.; Hipp, J.: CRISP-DM: Towards a standard process model for data mining. In: Practical Application Company (Hrsg.): Proceedings of the fourth international conference and exhibition on the practical application of knowledge discovery and data mining. Manchester, 11.04.2000 - 13.04.2000, Blackpool 2000, S. 29 - 39.

Wirth und Reinartz (1996)
Wirth, R.; Reinartz, T. P.: Towards a task model for KDD-Processes. In: Kodratoff, Y.; Nakhaeizadeh, G. (Hrsg.): Workshop notes; statistics machine learning, and knowledge discovery in databases. MLNet Familiarization Workshop, 1996 (zitiert nach Säuberlich (2000), S. 235).

Witten und Frank (1999)
Witten, I. H.; Frank, E.: Data mining. Practical machine learning tools and techniques with Java implementations. San Francisco et al. 1999.

Wittmann (1959)
Wittmann, W.: Unternehmung und unvollkommene Information: unternehmerische Voraussicht – Ungewissheit und Planung. Köln, Opladen 1959.

Wittmann und Ruhland (1998)
Wittmann, T.; Ruhland, J.: Fallstudie zum Knowledge Discovery in Databases mit Neuro-Fuzzy-Systemen. In: Kruse, R.; Saake, G. (Hrsg.): Data Mining und Data Warehousing. Fakultät für Informatik, Otto-von-Guericke-Universität Magdeburg, Arbeitsbericht Nr. 14, Magdeburg 1998, S. 81 - 92.

Wrobel, Morik und Joachims (2000)
Wrobel S.; Morik, K.; Joachims, T.: Maschinelles Lernen und Data Mining. In: Görz, G.; Rollinger, C.-R.; Schneeberger, J. (Hrsg.): Handbuch der Künstlichen Intelligenz. 3. Aufl., München, Wien 2000, S. 517 - 597.

Zaki et al. (1996)
Zaki, M. J.; Parthasarathy, S.; Li, W.; Ogihara, M.: Evaluation of sampling for data mining of association rules. University of Rochester, department of computer science, technical report 617, New York 1996.

Zaki et al. (1997a)
Zaki, M. J.; Parthasarathy, S.; Li, W.; Ogihara, M.: Evaluation of sampling for data mining of association rules. In: Proceedings of the seventh international workshop on research issues in data engineering. Birmingham, 07.04.1997 - 08.04.1997, o. O. 1997, S. 42 - 50.

Zaki et al. (1997b)
Zaki, M. J.; Parthasarathy, S.; Ogihara, M.; Li, W.: New algorithms for fast discovery of association rules. In: Heckerman, D.; Mannila, H.; Pregibon, D.; Uthurusamy, R. (Hrsg.): Proceedings of the third international conference on knowledge discovery and data mining. Newport Beach, 14.08.1997 - 17.08.1997, Menlo Park 1997, S. 283 - 286.

Zehnder (1998)
Zehnder, C.: Informationssysteme und Datenbanken. 6. Aufl., Stuttgart 1998.

Zell (2000)
Zell, A.: Simulation Neuronaler Netze. München, Wien 2000.

Zieschang (1997)
Zieschang, H.: Lineare Algebra und Geometrie. Stuttgart 1997.

Zimmermann (1994)
Zimmermann, H. G.: Neuronale Netze als Entscheidungskalkül. Grundlagen und ihre ökonomische Bedeutung. In: Rehkugler, H.; Zimmermann, H. G. (Hrsg.): Neuronale Netze in der Ökonomie. Grundlagen und finanzwirt-schaftliche Anwendungen. München 1994, S. 1 - 87.

Zimmermann (1995)
Zimmermann, H.-J. (Hrsg): Datenanalyse: Anwendung von DataEngine mit Fuzzy Technologien und Neuronalen Netzen. Düsseldorf 1995.

Zytkow und Baker (1991)
Zytkow, J. M.; Baker, J.: Interactive mining of regularities in databases. In: Frawley, W. J.; Piatetsky-Shapiro, G. (Hrsg.): Knowledge discovery in databases. Menlo Park 1991, S. 31 - 53.

Anhang

Im Folgenden wird gezeigt, dass die in Formel (4.45) angegebenen Funktion für n bezüglich P ($0 < P < 1$) monoton fallend ist.

Dazu wird der Funktionsterm zunächst umgeformt:

$$\frac{u^2_{1-\frac{\alpha}{2}} NP(1-P)}{(N-1)\delta^2 P^2 + u^2_{1-\frac{\alpha}{2}} P(1-P)} = \frac{N(1-P)}{\frac{(N-1)\delta^2}{u^2_{1-\frac{\alpha}{2}}} P + (1-P)} = \frac{N - NP}{1 + (A-1)P}$$

wobei offensichtlich $\frac{(N-1)\delta^2}{u^2_{1-\frac{\alpha}{2}}} = A > 0$ gilt.

Die erste Ableitung dieses Terms ergibt:

$$\frac{-N(1+(A-1)P) - (N-NP)(A-1)}{(1+(A-1)P)^2} = \frac{-N - N(A-1)}{(1+(A-1)P)^2}$$

Die gewünschte Monotonieeigenschaft liegt vor, wenn der Zählerterm negativ ist. Dies ist der Fall wegen

$$\begin{aligned} & -N - N(A-1) < 0 \\ \Leftrightarrow \quad & -1 - A + 1 < 0 \\ \Leftrightarrow \quad & 0 < A \end{aligned}$$

Damit ist die Monotonieeigenschaft gezeigt.

Weiterhin ist die in Formel (4.46) angegebene Funktion ebenfalls monoton fallend für P ($0 < P < 1$), da für die erste Ableitung gilt:

$$\frac{\partial}{\partial P} \frac{u^2_{1-\frac{\alpha}{2}}(1-P)}{\delta^2 P} = \frac{u^2_{1-\frac{\alpha}{2}}}{\delta^2} \frac{-P-(1-P)}{P^2} = \frac{u^2_{1-\frac{\alpha}{2}}}{\delta^2} \frac{-1}{P^2} < 0.$$

GPSR Compliance

The European Union's (EU) General Product Safety Regulation (GPSR) is a set of rules that requires consumer products to be safe and our obligations to ensure this.

If you have any concerns about our products, you can contact us on ProductSafety@springernature.com

In case Publisher is established outside the EU, the EU authorized representative is:

Springer Nature Customer Service Center GmbH
Europaplatz 3
69115 Heidelberg, Germany

Batch number: 10815964

Printed by Printforce, the Netherlands